U0822524

LAW&BUSINESS 法商砺青

CITY DEVELOPMENT LAW FIRM 建纬

全过程工程咨询法律风险识别与合规指引

雷　涛/主　编
代　倩/副主编

法律出版社 | LAW PRESS
北京

图书在版编目(CIP)数据

全过程工程咨询法律风险识别与合规指引 / 雷涛主编；代倩副主编. -- 北京：法律出版社，2022
ISBN 978-7-5197-7225-3

Ⅰ. ①全… Ⅱ. ①雷… ②代… Ⅲ. ①建筑法－研究－中国 Ⅳ. ①D922.297.4

中国版本图书馆CIP数据核字(2022)第197809号

全过程工程咨询法律风险识别与合规指引
QUANGUOCHENG GONGCHENG ZIXUN FALÜ FENGXIAN SHIBIE YU HEGUI ZHIYIN

雷　涛　主　编
代　倩　副主编

策划编辑　肖　越
责任编辑　肖　越
装帧设计　汪奇峰

出版发行 法律出版社
编辑统筹 法商出版分社
责任校对 裴　黎
责任印制 胡晓雅
经　　销 新华书店

开本 710毫米×1000毫米　1/16
印张 27　　**字数** 393千
版本 2022年11月第1版
印次 2022年11月第1次印刷
印刷 永清县金鑫印刷有限公司

地址：北京市丰台区莲花池西里7号(100073)
网址：www.lawpress.com.cn
投稿邮箱：info@lawpress.com.cn
举报盗版邮箱：jbwq@lawpress.com.cn

销售电话：010-83938349
客服电话：010-83938350
咨询电话：010-63939796

版权所有·侵权必究

书号：ISBN 978-7-5197-7225-3　　**定价**：118.00元

凡购买本社图书，如有印装错误，我社负责退换。电话：010-83938349

序

执业十余年，团队一直专注于从事与建筑工程、房地产有关的诉讼与非诉讼法律服务，其中包括建筑领域的刑事犯罪、建筑领域的合规与风控、建筑领域的破产重整、建筑领域的投融资及建筑房地产企业的管理架构、经营模式设计等法律事务。团队始终围绕着建筑领域开展业务和研发开拓新的法律服务，这也是团队在细分领域深度专业化的体现。

2017 年 2 月，国务院办公厅发布了《关于促进建筑业持续健康发展的意见》（国办发〔2017〕19 号），引起了业界的广泛关注和热议。该意见首次提出了“培育全过程工程咨询”，即鼓励投资咨询、勘察、设计、监理、招标代理、造价等企业采取联合经营、并购重组等方式发展全过程工程咨询，培育一批具有国际水平的全过程工程咨询企业，制定全过程工程咨询服务技术标准和合同范本，政府投资工程将带头推行全过程工程咨询。2019 年 3 月，国家发展和改革委员会、住房和城乡建设部联合发布了《关于推进全过程工程咨询服务发展的指导意见》（发改投资规〔2019〕515 号），要求创新咨询服务组织实施方式，大力发展以市场需求为导向、满足委托方多样化需求的全过程工程咨询服务模式，重点培育发展投资决策综合性咨询和工程建设全过程咨询，为固定资产投资及工程建设活动提供高质量智力技术服务，全面提升投资效益、工程建设质量和运营效率，推动高质量发展。2020 年 8 月，住房和城乡建设部等九部门共同发布了《关于加快新型建筑工业化发展的若干意见》（建标规〔2020〕8 号），提出了“发展全过程工程咨询”，即大力发展以市场需求为导向、满足委托方多样化需求的全过程工程咨询服务，培育具备勘察、设计、监理、招标代理、造价等业务能力的全过程工程咨询企业。在此期间，全国各地也陆续出台了与全过程工程咨询相关的政策文件、示范合同文本等，至此全过程工程咨询在全国各地全面铺开、如火如荼，但不足的是，与全过程工程咨询有关的政策文件上升到法律、行政法规层面的却非常少，即全过程工程咨询领域尚未形成完善的配套法律法规体系，有些争议问题还没有很确切的法律参考依据或者需要通过修订法律、行政法规的方式把全过程工程咨询单位这一新的主体列入其中。

国家大力发展全过程工程咨询的这种政策导向既是完善工程建设组织模式，也是行业发展进步的体现。这对于专业从事建筑工程、房地产业务的律师团队是一次很好的发展机遇，也是团队法律业务的一个新的增长点。随着律师行业专业化进程的加快，专业从事建筑工程、房地产业务的律师团队也逐渐增多，业务承接市场竞争日益激烈，团队亟须紧跟国家政策导向和市场需求，不断地提高法律服务专业能力、创新能力和研发新法律服务产品的能力，时刻保持走在法律服务市场需求的最前沿。这也是团队一直以来所坚持的发展理念。也正基于此，团队成员开始着手研究全过程工程咨询领域相关的法律服务问题，依托于律所新成立的“全过程工程咨询业务中心”这一平台，通过积极参与《建筑法》的修订、《全过程工程咨询服务合同示范文本（征求意见稿）》的修订和《全过程工程咨询服务导则》的编写工作等，为本书的框架搭建与内容撰写积累了大量的理论与实务经验，本书的出版也是团队近一年来的研究成果之一。

本书经过多次讨论、修改，最终整体结构按照全过程工程咨询单位提供咨询服务的各阶段进行划分，例如，投资决策阶段的法律风险、勘查设计阶段的法律风险、项目管理阶段的法律风险、运营维护阶段的法律风险等，并加入了业务承接阶段签订全过程工程咨询服务合同的法律风险和合规管理等内容。每一章不仅涵盖了全过程工程咨询服务的内容，更重点体现了全过程工程咨询单位的角色定位和法律风险、合规管理等，力求填补全过程工程咨询法律服务领域的空白。

在本书的编写过程中，特别感谢副主编代倩律师在体例、内容上的创意和对编写工作勤勤恳恳的付出，也特别感谢项赛花、石少玉、赵晶晶、肖阳在前期编写工作中给予查找案例、法律法规、政策资料等帮助，使本书得以出版。

由于本书的编写都是在繁忙的工作之余赶工完成，不足之处在所难免，希望读者不吝赐教，以便再版时予以修正，也为本书质量的不断提高提供帮助。

雷　涛

2022 年 5 月 3 日

全称、简称对照表

一、国家机构、政府机关和社会组织

全　称	简　称
最高人民法院	最高院
××省/市高级人民法院	××高院
××市中级人民法院	××中院
××市/区/县基层人民法院	××法院
最高人民检察院	最高检
住房和城乡建设部/厅/局	住建部/厅/局
住房和城乡建设管理委员会	住建委
建设行政主管部门、建设主管部门	建设主管部门
国家发展和改革委员会	国家发改委
国务院办公厅	国务院办公厅/国办
中国工程建设标准化协会	中国建设标协
市场监督管理局	市监局

二、规范性文件简称

（一）法律

全　称	简　称
《中华人民共和国民法典》	《民法典》
《中华人民共和国建筑法》	《建筑法》
《中华人民共和国城乡规划法》	《城乡规划法》

续表

全　称	简　称
《中华人民共和国招标投标法》	《招投标法》
《中华人民共和国行政处罚法》	《行政处罚法》
《中华人民共和国安全生产法》	《安全生产法》
《中华人民共和国民事诉讼法》	《民事诉讼法》
《中华人民共和国著作权法》	《著作权法》
《中华人民共和国刑法》	《刑法》
《中华人民共和国政府采购法》	《政府采购法》
《中华人民共和国仲裁法》	《仲裁法》
《中华人民共和国特种设备安全法》	《特种设备安全法》
《中华人民共和国民法通则》(已失效)	《民法通则》
《中华人民共和国民法总则》(已失效)	《民法总则》
《中华人民共和国合同法》(已失效)	《合同法》
《中华人民共和国侵权责任法》(已失效)	《侵权责任法》
《中华人民共和国价格法》	《价格法》
《中华人民共和国环境影响评价法》	《环境影响评价法》
《中华人民共和国土地管理法》	《土地管理法》
《中华人民共和国专利法》	《专利法》
《中华人民共和国广告法》	《广告法》
《中华人民共和国反不正当竞争法》	《反不正当竞争法》
《中华人民共和国商标法》	《商标法》
《中华人民共和国消费者权益保护法》	《消费者权益保护法》
《中华人民共和国消防法》	《消防法》
《中华人民共和国治安管理处罚法》	《治安管理处罚法》

（二）行政法规、部门规章和规范性文件

全　称	简　称
《建设工程质量管理条例》(2019 修订)	《建设工程质量管理条例》
《建设工程安全生产管理条例》(国务院令第 393 号)	《建设工程安全生产管理条例》
《特种设备安全监察条例》(国务院令第 373 号)	《特种设备安全监察条例》
《建设工程勘察设计管理条例》(2017 修订)	《建设工程勘察设计管理条例》
《中华人民共和国招标投标法实施条例》(2019 修订)	《招投标法实施条例》
《保障农民工工资支付条例》(国务院令第 724 号)	《保障农民工工资支付条例》
《企业投资项目核准和备案管理条例》(国务院令第 673 号)	《企业投资项目核准和备案管理条例》
《危险化学品安全管理条例》(国务院令第 591 号)	《危险化学品安全管理条例》
《生产安全事故报告和调查处理条例》(国务院令第 493 号)	《生产安全事故报告和调查处理条例》
《保障中小企业款项支付条例》(国务院令第 728 号)	《保障中小企业款项支付条例》
《安全生产许可证条例》(国务院令第 397 号)	《安全生产许可证条例》
《政府投资条例》(国务院令第 712 号)	《政府投资条例》
国务院《关于投资体制改革的决定》(国发〔2004〕20 号)	国务院《关于投资体制改革的决定》
国务院办公厅《关于全面治理拖欠农民工工资问题的意见》(国办发〔2016〕1 号)	《关于全面治理拖欠农民工工资问题的意见》
国家发改委、(原)建设部、(原)铁道部、交通部、水利部、产业部、中国民用航空总局《工程建设项目货物招标投标办法》(七部委 27 号令,2013 年 23 号令修改)	《工程建设项目货物招投标办法》
住房和城乡建设部《房屋建筑和市政基础设施工程施工图设计文件审查管理办法》(2018 修订)	《房建市政工程施工图审查管理办法》
住房和城乡建设部《建筑工程施工发包与承包违法行为认定查处管理办法》(建市规〔2019〕1 号)	《施工发承包违法行为管理办法》
国家发展和改革委员会《工程咨询行业管理办法》(国家发改委令第 9 号)	《工程咨询行业管理办法》
住房和城乡建设部《建筑工程设计文件编制深度规定(2016 版)》	《2016 版建筑工程设计深度规定》
住房和城乡建设部《建设工程勘察质量管理办法》(2021 修订)	《建设工程勘察质量管理办法》

续表

全　称	简　称
住房和城乡建设部、国家发展和改革委员会《房屋建筑和市政基础设施项目工程总承包管理办法》(建市规〔2019〕12 号)	《房建市政工程总承包管理办法》
住房和城乡建设部《关于推进建筑业发展和改革的若干意见》(建市〔2014〕92 号)	《推进建筑业发展改革的意见》
劳动和社会保障部、建设部《建设领域农民工工资支付管理暂行办法》(劳社部发〔2004〕22 号)	《建设领域农民工工资支付暂行办法》
国家发展和改革委员会、住房和城乡建设部《关于推进全过程工程咨询服务发展的指导意见》(发改投资规〔2019〕515 号)	《关于推进全过程工程咨询服务发展的指导意见》
国务院办公厅《关于促进建筑业持续健康发展的意见》(国办发〔2017〕19 号)	《关于促进建筑业持续健康发展的意见》
国家发展和改革委员会、住房和城乡建设部《关于就〈房屋建筑和市政基础设施建设项目全过程工程咨询服务技术标准(征求意见稿)〉公开征求意见的公告》	《房屋建筑和市政基础设施建设项目全过程工程咨询服务技术标准(征求意见稿)》
住房和城乡建设部《关于印发〈建筑工程五方责任主体项目负责人质量终身责任追究暂行办法〉的通知》(建质〔2014〕124 号)	《建筑工程五方责任主体项目负责人质量终身责任追究暂行办法》
住房和城乡建设部《关于开展全过程工程咨询试点工作的通知》(建市〔2017〕101 号)	《关于开展全过程工程咨询试点工作的通知》
住房和城乡建设部《房屋建筑和市政基础设施工程施工招标投标管理办法》(建设部令第 89 号,住建部令第 43 号修正)	《房屋建筑和基础设施工程施工招标投标管理办法》
住房和城乡建设部、建筑市场监管司《关于征求推进全过程工程咨询服务发展的指导意见(征求意见稿)和建设工程咨询服务合同示范文本(征求意见稿)意见的函》(建市监函〔2018〕9 号)	《关于征求推进全过程工程咨询服务发展的指导意见(征求意见稿)和建设工程咨询服务合同示范文本(征求意见稿)意见的函》
住房和城乡建设部《关于印发"十四五"建筑业发展规划的通知》(建市〔2022〕11 号)	《"十四五"建筑业发展规划》
国家发展和改革委员会《企业投资项目核准和备案管理办法》(国务院发改委令第 2 号)	《企业投资项目核准和备案管理办法》
国务院办公厅《关于加强和规范新开工项目管理的通知》(国办发〔2007〕64 号)	《关于加强和规范新开工项目管理的通知》

续表

全　称	简　称
住房和城乡建设部《危险性较大的分部分项工程安全管理规定》(住建部令第 37 号)	《危险性较大的分部分项工程安全管理规定》
国家安全生产监督管理总局《安全生产事故隐患排查治理暂行规定》(国家安监总局令第 16 号)	《安全生产事故隐患排查治理暂行规定》
国家安全生产监督管理总局《安全生产违法行为行政处罚办法》(国家安监总局令第 77 号)	《安全生产违法行为行政处罚办法》
住房和城乡建设部《建筑工程施工许可管理办法》(中华人民共和国建设部令第 71 号)	《建筑工程施工许可管理办法》
财政部、建设部《建设工程价款结算暂行办法》(财建〔2004〕369 号文件)	《建设工程价款结算暂行办法》
人力资源和社会保障部、住房和城乡建设部、交通运输部、水利部、中国银行保险监督管理委员会、国家铁路局、中国民用航空局《工程建设领域农民工工资保证金规定》(人社部发〔2021〕65 号)	《工程建设领域农民工工资保证金规定》
国务院国有资产监督管理委员会《中央企业合规管理指引(试行)》(国资发法规〔2018〕106 号)	《中央企业合规管理指引(试行)》
国家发展和改革委员会、外交部、商务部等《企业境外经营合规管理指引》(发改外资〔2018〕1916 号)	《企业境外经营合规管理指引》
国务院国有资产监督管理委员会《中央企业合规管理办法》	《中央企业合规管理办法(公开征求意见稿)》
国家质量监督检验检疫总局、国家标准化管理委员会《合规管理体系指南》(GB/T 35770—2017)	《合规管理体系指南》
国家发展和改革委员会《必须招标的工程项目规定》(国家发改委令第 16 号)	《必须招标的工程项目规定》
国家发展和改革委员会《中央预算内直接投资项目管理办法》(国家发改委令第 7 号)	《中央预算内直接投资项目管理办法》
国家发展和改革委员会《中央预算内直接投资项目概算管理暂行办法》(发改投资〔2015〕482 号)	《中央预算内直接投资项目概算管理暂行办法》
住房和城乡建设部关于印发《建设单位项目负责人质量安全责任八项规定(试行)》等四个规定的通知(建市〔2015〕35 号)	《建筑工程勘察单位项目负责人质量安全责任七项规定(试行)》

续表

全　称	简　称
住房和城乡建设部关于印发《建设单位项目负责人质量安全责任八项规定(试行)》等四个规定的通知(建市〔2015〕35号)	《建筑工程项目总监理工程师质量安全责任六项规定(试行)》
住房和城乡建设部、人力资源和社会保障部关于印发《建筑工人实名制管理办法(试行)》的通知(建市〔2019〕18号)	《建筑工人实名制管理办法(试行)》
住房和城乡建设部《房屋建筑和市政基础设施工程竣工验收备案管理办法》(住建部令第2号)	《房屋建筑和市政基础设施工程竣工验收备案管理办法》
国家发展和改革委员会关于印发《中央政府投资项目后评价管理办法》和《中央政府投资项目后评价报告编制大纲(试行)》的通知(发改投资〔2014〕2129号)	《中央政府投资项目后评价管理办法》
江苏省住房和城乡建设厅《全过程工程咨询服务导则(试行)》(苏建科〔2018〕940号)	江苏省住建厅《全过程工程咨询服务导则(试行)》
浙江省住房和城乡建设厅《全过程工程咨询服务标准》(公告〔2020〕第28号)	浙江省住建厅《全过程工程咨询服务标准》
陕西省住房和城乡建设厅《陕西省全过程工程咨询服务导则(试行)》(陕建发〔2019〕1007号)	《陕西省全过程工程咨询服务导则(试行)》
广东省住房和城乡建设厅《建设项目全过程工程咨询服务指引(咨询企业版)(征求意见稿)》(粤建市商〔2018〕26号)	广东省住建厅《建设项目全过程工程咨询服务指引(咨询企业版)(征求意见稿)》
上海市住房和城乡建设管理委员会《关于进一步加强本市建设工程项目管理服务的通知》(沪建建管〔2017〕125号,现已失效)	上海市住建委《关于进一步加强本市建设工程项目管理服务的通知》
江苏省住房和城乡建设厅《关于印发〈江苏省开展全过程工程咨询试点工作方案〉的通知》(苏建科〔2017〕526号)	江苏省住建厅《江苏省开展全过程工程咨询试点工作方案》
江苏省住房和城乡建设厅《关于印发〈江苏省全过程工程咨询服务导则(试行)〉的通知》(苏建科〔2018〕940号)	江苏省住建厅《江苏省全过程工程咨询服务导则(试行)》
浙江省住房和城乡建设厅《关于印发〈浙江省全过程工程咨询试点工作方案〉的通知》(建建发〔2017〕208号)	浙江省住建厅《浙江省全过程工程咨询试点工作方案》
浙江省发展和改革委员会、住房和城乡建设厅《关于贯彻落实〈国家发展和改革委　住房城乡建设部关于推进全过程工程咨询服务发展的指导意见〉的实施意见》(浙发改基综〔2019〕324号)	浙江省发改委、住建厅《国家发展改革委　住房城乡建设部关于推进全过程工程咨询服务发展的指导意见》

续表

全　称	简　称
福建省住房和城乡建设厅、福建省发展和改革委员会《关于印发〈福建省全过程工程咨询试点工作方案〉》（闽建科〔2017〕36号）	福建省住建厅、发改委《福建省全过程工程咨询试点工作方案》
湖南省住房和城乡建设厅《湖南省全过程工程咨询试点工作方案》（湘建设函〔2017〕446号）	湖南省住建厅《湖南省全过程工程咨询试点工作方案》
广东省住房和城乡建设厅《关于印发〈广东省全过程工程咨询试点工作实施方案〉的通知》（粤建市〔2017〕167号）	广东省住建厅《广东省全过程工程咨询试点工作实施方案》
四川省住房和城乡建设厅《关于印发〈四川省全过程工程咨询试点工作方案〉的通知》（川建发〔2017〕11号）	四川省住建厅《四川省全过程工程咨询试点工作方案》
广西壮族自治区住房和城乡建设厅《关于印发〈广西全过程工程咨询试点工作方案〉的通知》（桂建发〔2018〕2号）	广西壮族自治区住建厅《广西全过程工程咨询试点工作方案》
贵州省发展和改革委员会、住房和城乡建设厅《关于加快推进我省全过程工程咨询服务发展的实施意见》（黔建建发〔2020〕1号）	贵州省发改委、住建厅《关于加快推进我省全过程工程咨询服务发展的实施意见》
宁夏回族自治区住房和城乡建设厅《全过程工程咨询试点工作方案》（宁建（建）发〔2018〕31号）	宁夏回族自治区住建厅《全过程工程咨询试点工作方案》
山东省发展和改革委员会、住房和城乡建设厅《关于在房屋建筑和市政工程领域加快推行全过程工程咨询服务的指导意见》（鲁建建管字〔2019〕19号）	山东省发改委、住建厅《关于在房屋建筑和市政工程领域加快推行全过程工程咨询服务的指导意见》
吉林省住房和城乡建设厅《关于印发〈关于推进全过程工程咨询服务发展的指导意见〉的通知》（吉建办〔2018〕28号）	吉林省住建厅《关于推进全过程工程咨询服务发展的指导意见》
吉林省住房和城乡建设厅、发展和改革委员会《关于印发〈吉林省推进房屋建筑和市政基础设施工程全过程咨询服务的实施意见〉的通知》（吉建建发〔2021〕16号）	吉林省住建厅、发改委《吉林省推进房屋建筑和市政基础设施工程全过程咨询服务的实施意见》
河南省住房和城乡建设厅《关于印发〈河南省全过程工程咨询试点工作方案（试行）〉的通知》（豫建设标〔2018〕44号）	河南省住建厅《河南省全过程工程咨询试点工作方案（试行）》
安徽省住房和城乡建设厅〈关于印发〈安徽省开展全过程工程咨询试点工作方案〉的通知〉（建市〔2018〕138号）	安徽省住建厅《安徽省开展全过程工程咨询试点工作方案》

续表

全　称	简　称
内蒙古自治区住房和城乡建设厅《关于印发〈工程建设全过程咨询服务导则(试行)〉的通知》(内工建协〔2019〕9 号)	内蒙古自治区住建厅《工程建设全过程咨询服务导则(试行)》
内蒙古自治区住房和城乡建设厅《关于开展全过程工程咨询试点工作的通知》(内建工〔2018〕544 号)	内蒙古自治区住建厅《关于开展全过程工程咨询试点工作的通知》
陕西省住房和城乡建设厅《关于印发〈陕西省全过程工程咨询服务导则(试行)〉的通知》(陕建发〔2019〕1007 号)	陕西省住建厅《陕西省全过程工程咨询服务导则(试行)》
陕西省住房和城乡建设厅《关于开展全过程工程咨询试点的通知》(陕建发〔2018〕388 号)	陕西省住建厅《关于开展全过程工程咨询试点的通知》
黑龙江省住房和城乡建设厅《关于征求〈黑龙江省全过程工程咨询导则〉修改意见的函》(〔2020〕1618 号)	黑龙江省住建厅《黑龙江省全过程工程咨询导则(征求意见稿)》
深圳市住房和建设局《深圳市全过程工程咨询服务导则(征求意见稿)》	深圳市住建局《深圳市全过程工程咨询服务导则(征求意见稿)》
江西省住房和城乡建设厅《关于加快推进我省全过程工程咨询服务发展的实施意见》(赣建建〔2021〕7 号)	江西省住建厅《关于加快推进我省全过程工程咨询服务发展的实施意见》
甘肃省住房和城乡建设厅、发展和改革委员会《关于在房屋建筑和市政基础设施工程领域推进全过程工程咨询服务发展的实施意见》(甘建建〔2021〕2 号)	甘肃省住建厅、发改委《关于在房屋建筑和市政基础设施工程领域推进全过程工程咨询服务发展的实施意见》
温州市住房和城乡建设委员会《关于印发〈温州市全过程工程咨询试点工作实施方案〉的通知》(温住建发〔2018〕130 号)	温州市住建委《温州市全过程工程咨询试点工作实施方案》
厦门市建设局、厦门市发展和改革委员会、厦门市财政局《关于印发〈厦门市全过程工程咨询试点工作实施方案〉的通知》(厦建勘设〔2017〕33 号)	厦门市建设局、厦门市发改委、厦门市财政局《厦门市全过程工程咨询试点工作实施方案》
重庆市发展和改革委员会、住房和城乡建设委员会《关于转发〈国家发展改革委　住房城乡建设部关于推进全过程工程咨询服务发展的指导意见〉的通知》(渝发改投〔2019〕1600 号)	重庆市发改委、住建委《关于转发〈国家发展改革委　住房城乡建设部关于推进全过程工程咨询服务发展的指导意见〉的通知》

续表

全　称	简　称
杭州市城乡建设委员会《关于印发〈杭州市全过程工程咨询试点工作方案〉的通知》(杭建市发〔2017〕395 号)	杭州市城建委《关于印发杭州市全过程工程咨询试点工作方案》的通知
苏州市人民政府《苏州市建筑施工安全监督管理办法》(苏州市人民政府令第 44 号)	《苏州市建筑施工安全监督管理办法》

(三)司法解释、地方高院文件

全　称	简　称
《最高人民法院关于审理建设工程施工合同纠纷案件适用法律问题的解释(一)》(法释〔2020〕25 号)	2020《施工合同司法解释(一)》
《最高人民法院关于审理建设工程施工合同纠纷案件适用法律问题的解释》(法释〔2004〕14 号)(已失效)	2004《施工合同司法解释》
《最高人民法院关于审理建设工程施工合同纠纷案件适用法律问题的解释(二)》(法释〔2018〕20 号)(已失效)	2018《施工合同司法解释(二)》
《最高人民法院关于适用〈中华人民共和国合同法〉若干问题的解释(一)》(法释〔1999〕19 号,已废止)	《合同法司法解释(一)》
《最高人民法院关于适用〈中华人民共和国民事诉讼法〉的解释》(2022 修正)	《民事诉讼司法解释》
《最高人民法院关于民事诉讼证据的若干规定》(法释〔2001〕33 号,已被修订)	2001《民诉证据规定》
《最高人民法院关于民事诉讼证据的若干规定》(法释〔2019〕19 号)	2019《民诉证据规定》
《最高人民法院、最高人民检察院关于办理危害生产安全刑事案件适用法律若干问题的解释》(法释〔2015〕22 号)	《高检高法办理危害生产安全刑事案件司法解释》
《最高人民法院关于审理拒不支付劳动报酬刑事案件适用法律若干问题的解释》	《拒不支付劳动报酬案件司法解释》
《最高人民法院关于进一步加强危害生产安全刑事案件审判工作的意见》(法发〔2011〕20 号)	《最高法危害生产安全刑事案件审判意见》
《最高人民法院关于审理著作权民事纠纷案件适用法律若干问题的解释》(法释〔2002〕31 号)	《最高人民法院关于审理著作权民事纠纷案件适用法律若干问题的解释》

续表

全　称	简　称
《最高人民法院关于审理专利纠纷案件适用法律问题的若干规定》	《关于审理专利纠纷案件适用法律问题的若干规定》
《最高人民法院关于当前形势下审理民商事合同纠纷案件若干问题的指导意见》(法发〔2009〕40号)	《关于当前形势下审理民商事合同纠纷案件若干问题的指导意见》
《最高人民法院关于审理民事案件适用诉讼时效制度若干问题的规定》(法释〔2020〕17号)	《最高人民法院关于审理民事案件适用诉讼时效制度若干问题的规定》
《最高人民检察院、公安部关于公安机关管辖的刑事案件立案追诉标准的规定(一)》(公通字〔2008〕36号)	《公安机关管辖刑事案件追诉规定(一)》
《最高人民检察院、公安部关于公安机关管辖的刑事案件立案追诉标准的规定(二)》(公通字〔2010〕23号)	《公安机关管辖刑事案件追诉规定(二)》

三、示范文本、行业标准

全　称	简　称
住房和城乡建设部、国家工商行政管理总局《建设工程施工合同(示范文本)》(GF—2017—0201)	《2017版施工合同示范文本》
中国建筑业协会《全过程工程咨询服务管理标准(T－CCIAT 0024－2020)》	《全过程工程咨询服务管理标准》
中国工程建设标准化协会《建设项目全过程工程咨询标准(T/CECS 1030－2022)》	《建设项目全过程工程咨询标准》
住房和城乡建设部、建筑市场监管司《关于征求〈全过程工程咨询服务合同示范文本(征求意见稿)〉意见的函》(建司局函市〔2020〕199号)	《全过程工程咨询服务合同示范文本(征求意见稿)》
浙江省全过程工程咨询与监理管理协会《建设项目全过程工程咨询企业服务能力评价办法(试行)》(浙咨监协〔2019〕16号)	浙江省全过程工程咨询与监理管理协会《建设项目全过程工程咨询企业服务能力评价办法》(试行)
浙江省住房和城乡建设厅《全过程工程咨询服务标准》(〔2020〕28号)	浙江省住建厅《全过程工程咨询服务标准》

续表

全　称	简　称
浙江省住房和城乡建设厅、浙江省市场监督管理局印发《浙江省建设工程咨询服务合同示范文本》	《浙江省建设工程咨询服务合同示范文本》
山东省住房和城乡建设厅、山东省市场监督管理局制定《山东省房屋建筑和市政基础设施项目全过程工程咨询服务合同示范文本》	《山东省房屋建筑和市政基础设施项目全过程工程咨询服务合同示范文本》
武汉市城乡建设局、武汉市发展改革委员会印发《武汉市全过程工程咨询服务合同示范文本(试行)》	《武汉市全过程工程咨询服务合同示范文本(试行)》
深圳市住房和城乡建设局发布《深圳市全过程工程咨询服务合同示范文本(征求意见稿)》	《深圳市全过程工程咨询服务合同示范文本(征求意见稿)》
贵州省住房和城乡建设厅出具《贵州省建设工程全过程咨询服务合同示范文本》	《贵州省建设工程咨询服务合同示范文本》
内蒙古自治区工程建设协会制定《内蒙古自治区工程建设全过程咨询服务合同(试行)》	《内蒙古自治区工程建设全过程咨询服务合同(试行)》
四川省建设工程质量安全与监理协会组织编制《四川省全过程工程咨询服务招标文件示范文本(试行)》	《四川省全过程工程咨询服务招标文件示范文本(试行)》
四川省建设工程质量安全与监理协会组织编制《四川省全过程工程咨询服务合同示范文本(试行)》	《四川省全过程工程咨询服务合同示范文本(试行)》
陕西省住房和城乡建设厅《陕西省全过程工程咨询服务导则(试行)》	《陕西省全过程工程咨询服务导则(试行)》
陕西省住房和城乡建设厅印发《陕西省全过程工程咨询服务合同示范文本(试行)》	《陕西省全过程工程咨询服务合同示范文本(试行)》
江苏省住房和城乡建设厅组织制定《江苏省全过程工程咨询服务合同示范文本(试行)》	《江苏省全过程工程咨询服务合同示范文本(试行)》

CONTENTS 目　录

第一章
导　　论

近年来，随着我国建设工程咨询服务行业市场化、专业化的快速发展，单一的传统建设工程项目管理模式已经无法满足建设方日益增长的综合性咨询服务需求，建立一套具备跨阶段、一体化特点的综合咨询服务体系已是大势所趋。为促进整个建设工程行业能够更加健康、规范地朝着高质量方向发展，同时实现建设项目全生命周期的价值最大化，自 2017 年以来，国家开始大力推行全过程工程咨询服务，其中最具标志意义的即为国务院办公厅于 2017 年 2 月 21 日发布的《关于促进建筑业持续健康发展的意见》，该文件首次提出“全过程工程咨询”的概念。随后，为了深化投融资体制改革，提升固定资产投资决策科学化水平，进一步完善工程建设

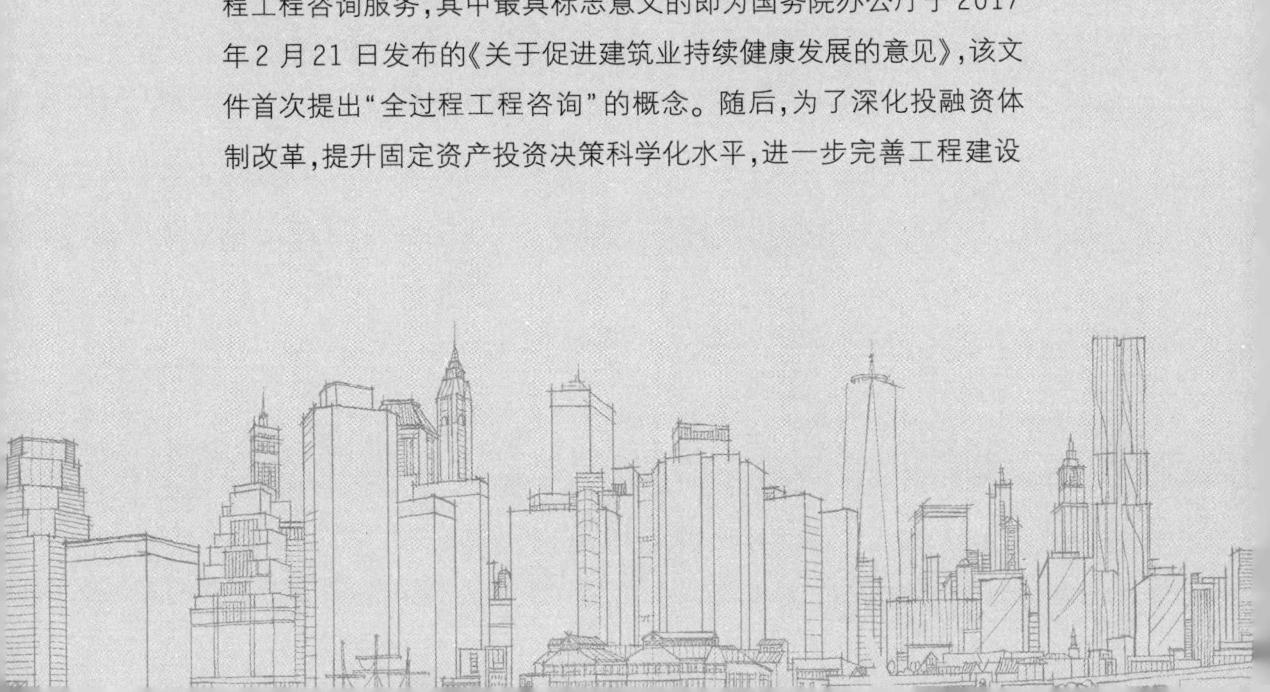

组织模式，提高投资效益、工程建设质量和运营效率，国家发改委、住建部于2019年3月15日发布了《关于推进全过程工程咨询服务发展的指导意见》，从鼓励发展多种形式全过程工程咨询、重点培育全过程工程咨询模式、优化市场环境、强化保障措施等方面提出一系列政策措施；于2020年4月27日发布了《房屋建筑和市政基础设施建设项目全过程工程咨询服务技术标准（征求意见稿）》，明确全过程工程咨询系工程咨询方综合运用多学科知识、工程实践经验、现代科学技术和经济管理方法，采用多种服务方式组合，为委托人在项目投资决策、建设实施乃至运营维护阶段持续提供局部或整体解决方案的智力性服务活动。

在国家政策的指导下，各部委和各试点地区先后发文支持并引导全过程工程咨询服务模式的推进与发展。本书在对现行全过程工程咨询相关法律法规和政策文件进行梳理的基础上，拟参照现有工程领域相对成熟的主体以及责任界定，通过结合全过程工程咨询的特有模式，对全过程工程咨询服务的基本概念、服务内容以及全过程工程咨询单位在各阶段所承担的角色类型进行法律分析，进而实现对全过程工程咨询单位的法律风险探析，以期帮助全过程工程咨询单位及相关从业者更好地规避风险，做到防患于未然。

第一节　全过程工程咨询的基本概念

关于全过程工程咨询的法律概念,当前理论界与实务界尚未进行统一界定,故本书将通过整合各省市对全过程工程咨询的解释,在分析全过程工程咨询与相关概念的联系与区别的基础上,以求更好地把握全过程工程咨询的实质内容。

一、全过程工程咨询的定义

通过对比研究全国各地发布的涉及全过程工程咨询相关政策的文件内容可以看出,各地于不同时期对全过程工程咨询的概念描述存在一定差异,但应当肯定的是,随着对全过程工程咨询认知的不断深入,涉及全过程工程咨询的概念界定也在不断完善。

以下就全过程工程咨询概念的细化过程,特列举部分以供参考:

1. 2020 年 4 月 27 日,国家发改委、住建部《房屋建筑和市政基础设施建设项目全过程工程咨询服务技术标准(征求意见稿)》第 2. 0. 2 条规定:“全过程工程咨询　工程咨询方综合运用多学科知识、工程实践经验、现代科学技术和经济管理方法,采用多种服务方式组合,为委托方在项目投资决策、建设实施乃至运营维护阶段持续提供局部或整体解决方案的智力性服务活动。”

2. 2020 年 8 月 28 日,住建部、建筑市场监管司《全过程工程咨询服务合同示范文本(征求意见稿)》第二部分通用合同条件第 1. 1. 11 条规定:“全过程工程咨询服务:在组成本合同的全部文件中也可简称为咨询服务,是指咨询人接受委托人的委托,并在合同协议书和附件 1[服务范围]中明确的,在项目投资决策阶段、工程建设阶段和运营维护阶段,综合运用多学科知识、工程实践经验、现代科学和管理方法,采用多种服务方式组合,为委托人提供阶段性或整体解决方案的综合性智力服务活动。”

3. 2020 年 10 月 15 日,中国建筑业协会《全过程工程咨询服务管理标准》第 2. 0. 1 条规定:“全过程工程咨询(Whole Process Engineering Consulting)　对建设项目投资决策、工程建设和运营的全生命周期提供包含涉及组织、管理、经济和技术等各有关方面的局部或整体解决方案的智力服务活动。”

第 2.0.2 条规定:“全过程工程咨询服务(Whole Process Engineering Consulting Service) 对建设项目全生命周期提供的组织、管理、经济和技术等各有关方面的工程咨询服务。包括项目的全过程工程项目管理以及投资咨询、勘察、设计、造价咨询、招标代理、监理、运行维护咨询、BIM 咨询及其他咨询等全部或部分专业咨询服务。”

4. 2022 年 3 月 8 日,中国工程建设标准化协会《建设项目全过程工程咨询标准》第 2.0.1 条规定:“全过程工程咨询　咨询人在建设项目投资决策阶段、工程建设准备阶段、工程建设阶段、项目运营维护阶段,为委托人提供涉及技术、经济、组织和管理在内的整体或局部的服务活动,包括全过程总控管理服务和单项咨询服务,其中单项咨询又包括基本咨询和专项咨询。简称‘全咨管理(WMC)’。”

5. 2020 年 12 月 10 日,深圳市住建局《深圳市全过程工程咨询服务导则(征求意见稿)》第 2.0.2 条规定:“全过程工程咨询是指对建设项目全生命周期提供组织、管理、经济和技术等各有关方面的工程咨询服务,可包括项目的全过程工程项目管理、投资决策综合性咨询、勘察、设计、招标采购、造价咨询、监理、运营维护咨询以及 BIM 咨询等专业咨询服务。全过程工程咨询服务可采用多种组织方式,由投资人授权一家单位负责或牵头,为项目从决策至运营持续提供局部或整体解决方案以及管理服务。”

6. 2020 年 6 月 5 日,浙江省住建厅《全过程工程咨询服务标准》第 2.0.1 条规定:“全过程工程咨询(Whole Process Engineering Consulting)　采用多种服务方式组合,为项目决策、实施和运营持续提供局部或整体解决方案以及管理的服务。”

第 2.0.3 条规定:“全过程工程咨询服务(Whole Process Engineering Consultanly Service)　由项目建设管理和一项或多项的项目专项咨询组成的咨询服务,包括项目建设管理和项目专项咨询两部分内容。”

7. 2019 年 1 月 9 日,陕西省住建厅《陕西省全过程工程咨询服务导则(试行)》第 2.1 条规定:“全过程工程咨询是指采用多种形式,为项目决策阶段、施工准备阶段、施工阶段和运维阶段提供部分或整体工程咨询服务,包括项目管理、决策咨询、工程勘察、工程设计、招标采购咨询、造价咨询、工程监理、运营维护咨询以及 BIM 咨询等服务。”

8. 2018 年 12 月 14 日，江苏省住建厅《江苏省全过程工程咨询服务导则（试行）》第 2. 1 条规定：“全过程工程咨询是对工程建设项目前期研究和决策以及工程项目实施和运行（或称运营）的全生命周期提供包含设计在内的涉及组织、管理、经济和技术等各有关方面的工程咨询服务。”

第 2. 2 条规定：“全过程工程咨询服务指采用多种组织方式，为项目决策、实施和运营持续提供局部或整体解决方案。从事工程咨询服务的企业，受委托人委托，在委托人授权范围内对工程建设全过程进行的专业化管理咨询服务活动。”

9. 2018 年 4 月 4 日，广东省住建厅《建设项目全过程工程咨询服务指引（咨询企业版）（征求意见稿）》第 2. 0. 2 条规定：“全过程工程咨询是指对建设项目全生命周期提供组织、管理、经济和技术等各有关方面的工程咨询服务，包括项目的全过程工程项目管理以及投资咨询、勘察、设计、造价咨询、招标代理、监理、运行维护咨询以及 BIM 咨询等专业咨询服务。”

10. 2017 年 2 月 8 日，上海市住建委《关于进一步加强本市建设工程项目管理服务的通知》（已失效），首次将“建设工程项目管理”与“全过程管理”进行区分。其中第 1 条规定：“本通知所称建设工程项目管理，是指从事工程项目管理的单位受建设单位委托，在其资质许可范围内开展工程项目前期策划、项目设计、施工前准备、施工、竣工验收和保修等全过程或若干阶段的项目管理服务。”第 8 条规定：“工程项目管理全过程包括项目前期策划、项目设计、施工前准备、施工、竣工验收和保修等六个阶段……”值得一提的是，该通知发布时间早于国务院办公厅发布的《关于促进建筑业持续健康发展的意见》，虽并未使用“全过程工程咨询”的术语，但是上述解释的理念、范围等内容与全过程工程咨询定义已十分接近，可以说是全过程工程咨询的概念雏形。

从上述各时期关于全过程工程咨询概念的描述可以看出，尽管各文件描述本身稍有差异，但实质内容却是趋向一致的。概言之，全过程工程咨询是一项工程咨询类服务，业务范围涵盖项目工程前期投资决策至中期项目管理再至后期运营维护的全过程，全过程工程咨询服务既可以由一家全能型的全过程工程咨询单位提供，也可以由多家具有不同资质的全过程工程咨询单位联合提供。

二、全过程工程咨询的相关概念

自20世纪以来，我国开启了工程项目建设管理模式的多样化发展，在经历了施工总承包、代建制、工程总承包等专业项目管理模式的探索后，当前国家正基于经济发展的新特点以及建工领域的新需求，开始大力推行具有集成性、综合性、一体化特点的全过程工程咨询服务模式。这既是建设工程项目管理的必然趋势，也是新时代建筑业发展的必然要求。

(一)全过程工程咨询、工程总承包及工程代建的辨析(见表1－1)

表1－1　全过程工程咨询、工程总承包及工程代建的辨析

事项	全过程工程咨询	工程总承包	工程代建
概念	《房屋建筑和市政基础设施建设项目全过程工程咨询服务技术标准(征求意见稿)》第2.0.2条规定："全过程工程咨询　工程咨询方综合运用多学科知识、工程实践经验、现代科学技术和经济管理方法，采用多种服务方式组合，为委托方在项目投资决策、建设实施乃至运营维护阶段持续提供局部或整体解决方案的智力性服务活动。"	《房建市政工程总承包管理办法》第3条规定："本办法所称工程总承包，是指承包单位按照与建设单位签订的合同，对工程设计、采购、施工或者设计、施工等阶段实行总承包，并对工程的质量、安全、工期和造价等全面负责的工程建设组织实施方式。"	国务院《关于投资体制改革的决定》第3条第5款规定，"代建制"指通过招标等方式选择专业化的项目管理单位负责建设实施，严格控制项目投资、质量和工期，竣工验收后移交给使用单位。 "代建制"首次被定义
服务范围	投资决策综合性咨询 工程勘察设计咨询 工程招标采购咨询 工程监理与项目管理服务 运营维护咨询服务	工程设计、采购、施工(EPC)或者设计、施工(DB)	办理或参与项目立项、审批，选定施工单位，施工准备，施工阶段对工期、工程质量、工程款支付进行全程控制，对施工单位监督指导，项目后期竣工验收、结算、资料移交、试运行等
合同主体 合同名称	委托人(接受咨询服务的一方)和咨询人(全过程工程咨询单位) 《全过程工程咨询服务合同》	发包人(建设单位)和承包人 《建设工程总承包合同》	委托方(建设单位)和代建方(代建单位) 《委托代建合同》

续表

事项	全过程工程咨询	工程总承包	工程代建
各参建方关系	①全过程工程咨询单位、代建单位与委托方:委托与被委托关系 ②全过程工程咨询单位与工程总承包方:管理与被管理的关系		
资质要求	试点地区多要求具备1项以上即可	承包人应当同时具有与工程规模相适应的工程设计资质和施工资质,或者由具有相应资质的设计单位和施工单位组成联合体	部分地区要求具备甲级工程咨询资质,同时具备乙级及以上工程监理、招标代理、设计资质和一级及以上施工资质等四项资质中的一项
合作方式或是否需要招标	招标或直接发包 各试点地区存在差异,详见后文阐述	招标或直接发包 工程总承包项目范围内的设计、采购或者施工中,有任一项属于依法必须进行招标的项目的,该项目都应采用招标的方式选择工程总承包单位	招标或直接发包

(二)全过程工程咨询、工程总承包及工程代建的模式架构

1. 工程代建模式架构

在代建模式体系下,相关参建单位之间的关系架构(如图1－1所示)。

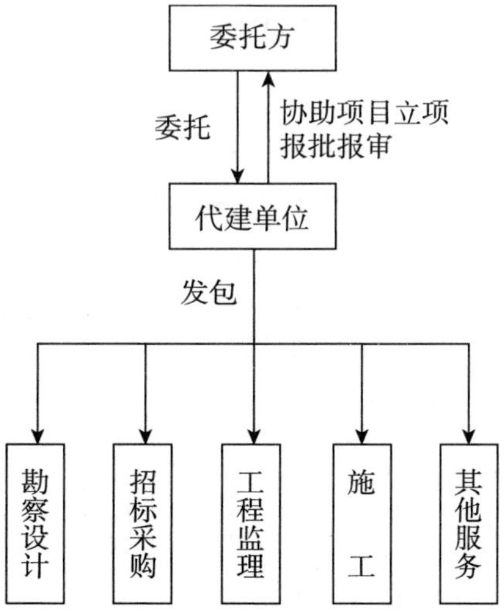

图1－1　工程代建模式架构

2. 工程总承包模式架构

在工程总承包模式体系下，相关参建单位之间的关系架构（如图1－2所示）。

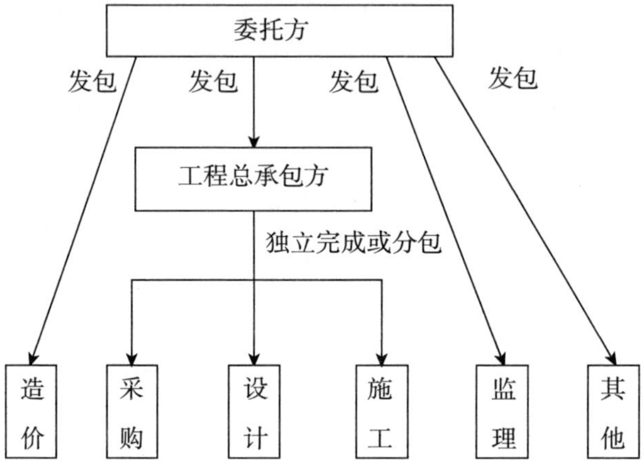

图1－2　工程总承包模式架构

3. 全过程工程咨询模式架构

在全过程工程咨询服务模式体系下，相关参建单位之间的关系架构（如图1－3所示）。

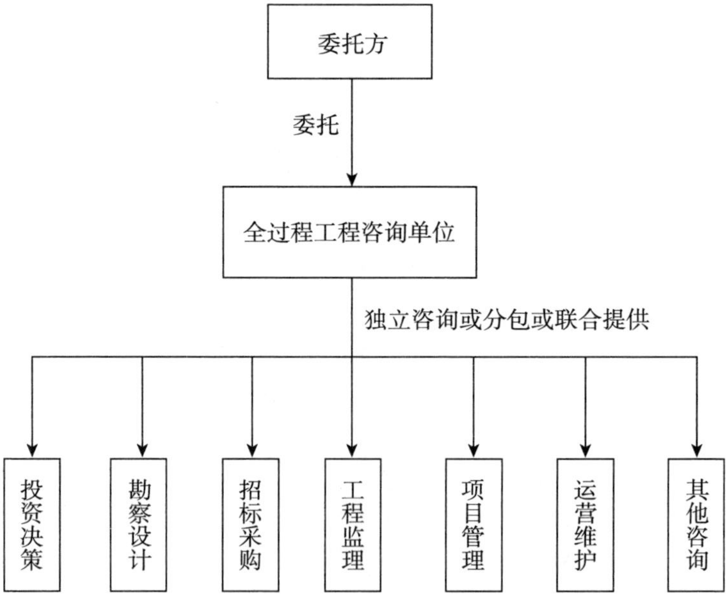

图1－3　全过程工程咨询模式架构

第二节　全过程工程咨询的具体适用

自2017年2月21日国务院办公厅首次提及大力推广全过程工程咨询服务模式以来,全国各省市陆续开启了全过程工程咨询服务的试点工作,从第一批的北京、上海、江苏、浙江、福建、湖南、广东、四川、广西,到后续的贵州、宁夏、山东、吉林、河南、安徽、内蒙古、陕西、重庆、青海等地,各地区基于各自地域发展的不同,关于全过程工程咨询的适用亦有差异。

一、项目类型

关于全过程工程咨询服务模式的适用项目类型,目前从全国各地发布的政策文件来看,主要包括政府投资建设类项目和社会投资建设类项目,具体可细分为房屋建筑项目、市政工程项目、水利水电工程项目、石化工程项目、PPP项目和工业园区项目等。

二、服务范围

全过程工程咨询可分为投资决策综合性咨询和工程建设实施全过程咨询两大阶段,其中工程建设实施阶段的咨询又可细分为工程勘察设计咨询阶段、工程招标采购咨询阶段、工程监理咨询和施工项目管理咨询阶段。

具体来说,全过程工程咨询服务内容在投资决策综合性咨询阶段主要包括投资策划咨询、可行性研究咨询、建设项目选址论证咨询、建设项目环境影响评价咨询、节能评估咨询、政府和社会资本合作咨询(PPP)等;在勘察设计阶段的咨询服务内容主要包括工程勘察管理咨询、工程设计管理咨询等;在招标采购阶段的咨询服务内容主要包括工程监理招标代理咨询、工程施工招标代理咨询和材料设备采购代理咨询等;在工程监理和项目管理阶段的咨询服务内容主要包括工程监理咨询、施工项目管理服务咨询等。除此之外,全过程工程咨询单位也可以根据委托方和工程项目的实际需求提供其他专项咨询服务,如项目融资咨询、工程造价咨询、建筑节能与绿色建筑咨询、工程保险咨询等。

三、地区适用差异

各地区关于全过程工程咨询服务模式的适用项目类型以及服务范围方面的差异，主要体现在以下几个方面：

(一)项目类型适用差异

1. 投资项目类型的适用范围存在差异

在目前已经发布过全过程工程咨询相关文件的地区中，除了四川省、内蒙古自治区，其他地区均强调政府投资项目应当采取全过程工程咨询服务模式。除此之外，山东省和贵州省将国有投资项目和政府投资项目同时列为应当采取全过程工程咨询服务模式的项目类型范畴；湖南省提出 PPP 项目和工业园区项目可以采取全过程工程咨询服务；四川倡导房屋建筑和市政基础设施工程均可适用全过程工程咨询服务模式；内蒙古则支持采取代建、工程总承包、PPP 等方式建设的房屋建筑项目和市政工程建设项目均可采取全过程工程咨询服务模式。

2. 投资项目类型的表述存在差异

以“民营资本投资类项目”为例，江苏省、福建省、广东省等地发布的文件均将其表述为“非政府投资项目”，浙江省、河南省发布的文件中则将其表述为“社会投资项目”，而山东省又在相关文件中表述为“民间投资项目”。应当明确的是，当前各地文件均未对不同称谓下相关表述的内涵与外延是否一致作出相应解释。

(二)业务范围适用差异

关于全过程工程咨询服务模式在不同地区适用的服务范围的差异：

一方面，涉及的具体咨询服务内容存在不同。譬如，广西壮族自治区发布的文件中未明确是否包含勘察咨询和设计咨询服务，而河南省发布的文件仅包含设计咨询服务，其他诸如江苏省、浙江省、湖南省、广东省等则将勘察咨询和设计咨询全部包括在内。

另一方面，关于全过程工程咨询业务是否必须招标、是否可以分包、是否允许联合体投标等方面的规定也都存在差异。譬如，全过程工程咨询业务是否必须招标，广东省未明确咨询业务是否必须招标，而四川省、宁夏回族自治区均认为只需对设计、监理其中一项完成招标即可，湖南省则强调政府或国有投资试点项目必须招标；关于全过程工程咨询业务是否可以分包，江苏省、福建省、山东省、河南省均明确可以分包，吉林省、安徽省要求附条件分包，广东省则明确全过程工程咨询单位承接全过程工程咨询服务后,如不具备相应资质则可进行分包;关于全过程工程咨询业务是否允许联合体投标,四川省、广西壮族自治区发文仅允许两家组成的联合体投标,浙江省、湖南省、河南省就该部分并未明确约定,吉林省则细化为可以和监理、设计单位组成联合体投标。

关于全过程工程咨询服务模式在不同地区适用的服务范围的具体差异,可见本章后附各地区全过程工程咨询政策概览一表。

综上,全过程工程咨询单位在为委托方提供咨询服务的过程中,应当充分关注工程所在地关于项目适用类型、服务范围等内容的相关要求,并特别注意建设项目实施过程中当地地方性法规及政策的相关规定,以免委托方或全过程工程咨询单位面临本可以避免的法律风险。

第三节 全过程工程咨询的参与主体

建设项目全过程工程咨询服务的顺利开展有赖于各参与主体的共同努力,其中便包括委托方、全过程工程咨询单位、咨询师等在内,厘清各参与主体之间的权利义务关系将有助于更好地开展全过程工程咨询服务工作。

一、委托方

在当前各地已发布的全过程工程咨询文件中,全过程工程咨询服务的委托方又被称为"建设单位"或"投资方"①。

国家发改委、住建部发布的《房屋建筑和市政基础设施建设项目全过程工程咨询服务技术标准(征求意见稿)》中表述为"委托方、建设单位或投资方"。住建部发布的《关于征求推进全过程工程咨询服务发展的指导意见和建设工程咨询服务合同示范文本意见的函》中称,鼓励"投资者"或"建设单位"根据咨询服务节约的投资额对咨询单位予以奖励。浙江省全过程工程咨询与监理管理协会《建设项目全过程工程咨询企业服务能力评价办法(试行)》和江苏省住建厅《全过程工程咨询服务导则(试行)》的表述均为"委托人"。广东省住建厅《建设项

① 为便于理解,本书将全过程工程咨询服务的委托人、建设单位或投资方统称为"委托方"。

目全过程工程咨询服务指引（咨询企业版）（征求意见稿）》中则表述为“投资人”，同时阐述“投资人”是指，“投入现金购买某种资产以期获取利益或利润的自然人和法人，在全过程工程咨询中的资产主要以固定资产为主，投资人包括政府、企业、个人、混合经济体（含PPP）等”。

二、全过程工程咨询单位和咨询师

（一）全过程工程咨询单位

全过程工程咨询单位又称为“全过程工程咨询企业”、“全过程工程咨询服务机构”或“工程咨询方”①。

其中，国务院办公厅《关于促进建筑业持续健康发展的意见》中使用“全过程工程咨询企业”这一称谓。国家发改委、住建部《房屋建筑和市政基础设施建设项目全过程工程咨询服务技术标准（征求意见稿）》表述为“工程咨询方”。江苏省住建厅《全过程工程咨询服务导则（试行）》称为“全过程工程咨询服务机构”。浙江省住建厅发布的《全过程工程咨询服务标准》则表述为“全过程工程咨询单位”，同时明确“全过程工程咨询单位”是指，“建设项目全过程工程咨询的受托方，且具有国家现行法律规定的与工程规模和委托工作内容相适应的工程勘察、设计、监理、造价咨询等资质的单位”。

值得注意的是，“工程咨询机构”与“全过程工程咨询单位”并非同一概念，应正确区分。其中，关于“工程咨询机构”的界定，国家发改委、住建部《房屋建筑和市政基础设施建设项目全过程工程咨询服务技术标准（征求意见稿）》明确指出，“工程咨询机构”是工程咨询方设立的负责履行全过程工程咨询合同的组织机构。因此，工程咨询机构是全过程工程咨询单位为更好地向项目工程提供专业咨询服务而根据项目规模、服务内容等情况而设立的项目机构或项目部门。

（二）总咨询师、专业咨询工程师

根据广东省住建厅《建设项目全过程工程咨询服务指引（咨询企业版）（征求意见稿）》第2.0.8条、第2.0.9条之规定，“总咨询师”是指受全过程工程咨询单位委派或委托方指定，具有相关资格和能力为建设项目提供全过程工程咨询的项目总负责人，原则上总咨询师由具有注册建筑师、注册结构工程师及其他勘

---

① 为便于理解，本书将全过程工程咨询服务的受托方，即提供全过程工程咨询服务的全过程工程咨询单位、全过程工程咨询企业、全过程工程咨询服务机构或工程咨询方统称为“全过程工程咨询单位”。

察设计注册工程师、注册造价工程师、注册监理工程师、注册建造师、注册咨询工程师中一个或多个执业资格的人员担任。“专业咨询工程师”则是指具备相应资格和能力,在总咨询师管理协调下,开展全过程工程咨询服务的相关专业咨询的专业人士。专业咨询工程师主要包括但不限于以下专业人士:注册建筑师、注册结构工程师及其他勘察设计注册工程师、注册造价工程师、注册监理工程师、注册建造师、注册咨询工程师等及相关执业人员。

三、全过程工程咨询项目的其他参与主体

(一)承包人

承包人是指建设项目中受委托方委托的具有相应资质的施工承包主体、材料商、分包商等。其中广东省住建厅《建设项目全过程工程咨询服务指引(咨询企业版)(征求意见稿)》明确规定,承包人包括材料及设备供应商、分包商等。

(二)运营人

广东省住建厅《建设项目全过程工程咨询服务指引(咨询企业版)(征求意见稿)》第2.0.7条规定,运营人是指建设项目中受委托方或产权人委托的使用人、经营人。

四、全过程工程咨询项目各参与主体之间的关系

全过程工程咨询项目的参与主体不仅包括委托方、全过程工程咨询单位、总咨询师、专业咨询师、承包人,还包括独立承担建设项目勘察、设计和工程监理等工作的相关参建单位。

在全过程工程咨询服务模式下,全过程工程咨询单位受委托方的委托,可通过采取独立承担或是依法分包抑或联合提供的方式,承接建设项目包括投资决策综合性咨询以及项目建设全过程咨询、运营维护咨询在内的综合咨询服务,具体包括投资决策咨询、勘察设计咨询、招标采购咨询、工程监理咨询、项目管理咨询、运营维护咨询以及其他专业咨询。其中,总咨询师由全过程工程咨询单位委派,对全过程工程咨询服务成果总负责;专业咨询师则是在总咨询师的管理协调下,具体开展某一专项咨询服务并对该专项咨询服务成果负责。

各参与主体之间的关系(如图1-4所示)。

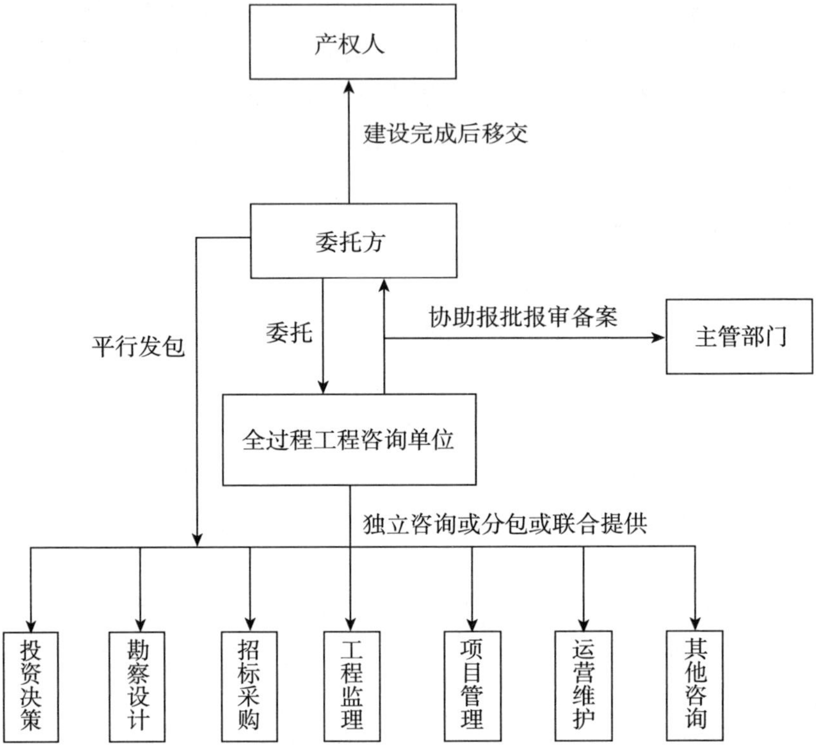

图1-4　全过程工程咨询项目各参与主体之间的关系

第四节　全过程工程咨询的服务模式

2019年3月15日，国家发改委、住建部发布的《关于推进全过程工程咨询服务发展的指导意见》（发改投资规〔2019〕515号）提出，为深化工程领域咨询服务供给侧结构性改革，破解工程咨询市场供需矛盾，必须完善政策措施，创新咨询服务组织实施方式，大力发展以市场需求为导向、满足委托方多样化需求的全过程工程咨询服务模式。

通过研究《关于推进全过程工程咨询服务发展的指导意见》以及全国各地发布的政策文件要求，同时结合全过程工程咨询单位的资质情况、全过程工程咨询项目的不同类型，当前全过程工程咨询服务主要有四种模式[①]（如表 1－2 所示）。

表 1－2　全过程工程咨询服务模式

<table>
<tr><th>委托方式</th><th>全过程工程咨询单位</th><th colspan="2">工程咨询单位的组织架构</th></tr>
<tr><td rowspan="2">委托一家全过程工程咨询单位</td><td>承接全部咨询服务且同时具备相应资质</td><td colspan="2">一家全能型：一家咨询单位承接全部咨询服务</td></tr>
<tr><td>承接全部咨询服务，但不具备部分资质</td><td colspan="2">另行分包型：全过程工程咨询单位可以分包</td></tr>
<tr><td rowspan="2">由两家或两家以上咨询单位共同接受委托</td><td rowspan="2">各咨询单位根据与委托方签署的咨询服务合同共同提供咨询服务</td><td rowspan="2">联合经营型</td><td>牵头咨询单位</td></tr>
<tr><td>其他咨询单位</td></tr>
<tr><td>委托一家全过程工程咨询单位，又将部分专业咨询服务另行发包（或平行发包）</td><td>各咨询单位根据分别与委托方签署的咨询服务合同提供相应咨询服务</td><td colspan="2">委托方平行发包/另行发包型</td></tr>
</table>

一、一家全能型

由一家具有相应资质和综合能力的全过程工程咨询单位作为集成化服务提供商，独立承担建设项目全过程的全部咨询服务工作，全面整合项目建设过程中所需的投资决策综合性咨询、工程建设全过程咨询以及专项咨询等服务项目，进而实现综合性、跨阶段的一体化、"一站式"集成咨询服务（如图 1－5 所示）。

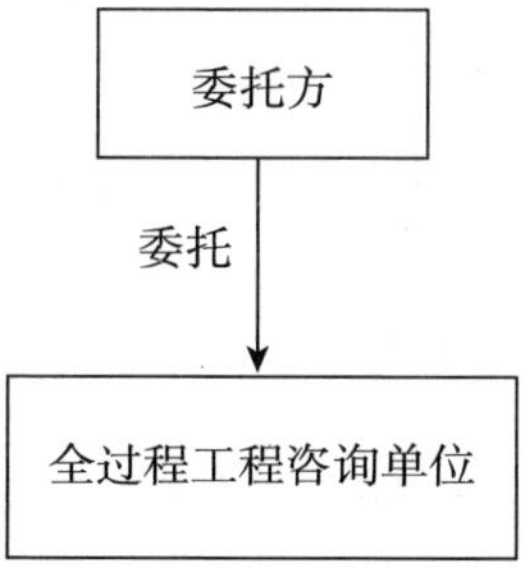

图 1－5　一家全能型

① 国家发改委、住建部《房屋建筑和市政基础设施建设项目全过程工程咨询服务技术标准（征求意见稿）》第 4. 1. 1、4. 1. 2、4. 2. 1 条；江苏省住建厅《全过程工程咨询服务导则（试行）》第 4. 3. 1 条；广东省住建厅《建设项目全过程工程咨询服务指引（咨询企业版）（征求意见稿）》第 3. 1. 3、3. 1. 6、3. 1. 7、4. 2. 1 条。参见皮德江：《全过程工程咨询内容解读和项目实践》，中国建筑工业出版社 2019 年版，第 43 页。

二、另行分包型

由一家全过程工程咨询单位接受委托方的委托，承担项目工程的全部咨询服务，具体包括投资决策综合性咨询、勘察设计咨询、招标采购咨询、工程监理与施工项目管理咨询、运营维护咨询等。其中如全过程工程咨询单位本身不具备项目勘察、设计或者监理等专项资质的，根据全过程工程咨询服务合同的约定或者经委托方同意后，全过程工程咨询单位可以将自身不具备相应资质的咨询服务工作另行分包给其他一家或者多家具有相应资质的咨询单位（如图1－6所示）。

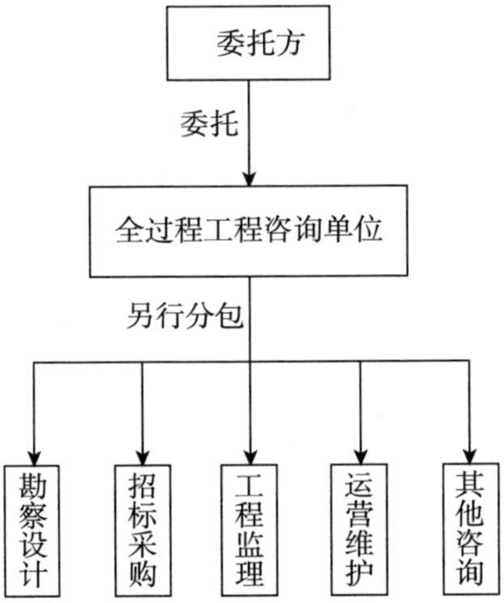

图1－6　另行分包型

三、联合经营型

对于一些规模较大或是较复杂的工程项目，为了整合优质资源、确保服务质量，委托方通常倾向于将该项目工程的全部咨询服务工作委托给多个咨询单位共同完成。换言之，在实践中，就同一项目工程，通常会由两家或两家以上具有相应资质和能力的全过程工程咨询单位组成联合体，先基于咨询项目内容签订合作协议，后共同向委托方提供完整的全过程工程咨询服务。

在联合经营模式下，其中一家为联合体的牵头单位，负责项目管理等综合性工作,其他联合体单位则在牵头单位的统一协调调动下,根据全过程工程咨询服务合同的约定分别负责相应的专业咨询服务工作(如图 1 –7 所示)。

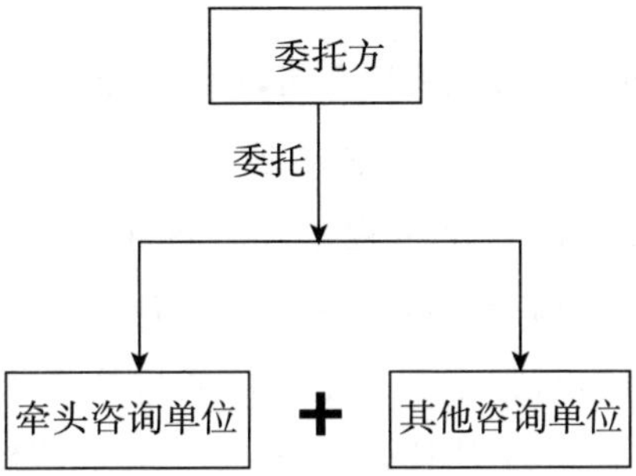

图 1 –7　联合经营型

四、委托方平行发包/另行发包型

委托方平行发包/另行发包的全过程工程咨询服务模式,即委托方就全过程工程咨询服务的全部项目,在将其中部分咨询服务内容委托给一家全过程工程咨询单位的同时,又将其他专项咨询服务项目另行委托给具备相应资质的其他咨询单位(如图 1 –8 所示)。

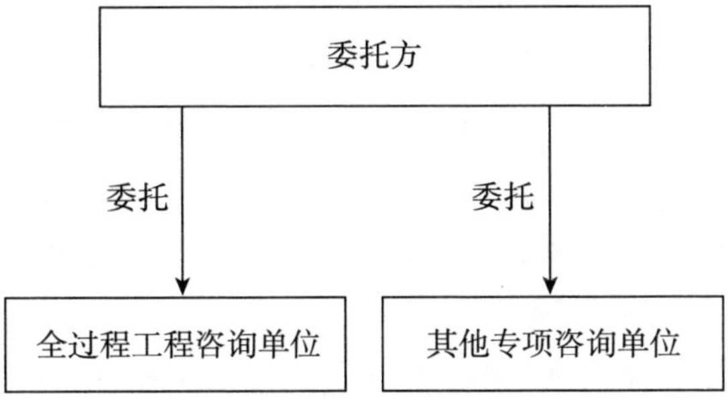

图 1 –8　委托方平行发包/另行发包型

第五节　全过程工程咨询的法律责任

从工程咨询服务行业和建设工程领域相关法律法规的发展历程来看,全过程工程咨询单位及相关从业人员的责任界定呈现进一步明晰并强化的趋势,即通过确立咨询成果终身负责制以及单位责任、领导责任和个人责任层层追究的机制,以在制度上实现有效问责,从而达到最终提高工程咨询行业整体服务水平的目的。

一、全过程工程咨询单位及相关人员的责任承担

(一)全过程工程咨询单位的责任承担

根据相关法律法规的规定,全过程工程咨询单位对其出具的咨询成果文件质量终身负责。与此同时,当全过程工程咨询单位具体负责项目工程的勘察、设计或是监理等服务时,还须对整个项目工程的质量终身负责。

关于全过程工程咨询单位对其咨询成果质量承担终身责任的相关法律规定,特列举如下:

《工程咨询行业管理办法》第 14 条第 2、3 款规定:“工程咨询单位对咨询质量负总责。主持该咨询业务的人员对咨询成果文件质量负主要直接责任,参与人员对其编写的篇章内容负责,实行咨询成果质量终身负责制。工程咨询单位在开展项目咨询业务时,应在咨询成果文件中就符合本办法第十三条要求,及独立、公正、科学的原则作出信用承诺。工程项目在设计使用年限内,因工程咨询质量导致项目单位重大损失的,应倒查咨询成果质量责任,并根据本办法第三十、三十一条进行处理,形成工程咨询成果质量追溯机制。”

《建筑法》第 56 条规定:“建筑工程的勘察、设计单位必须对其勘察、设计的质量负责。勘察、设计文件应当符合有关法律、行政法规的规定和建筑工程质量、安全标准、建筑工程勘察、设计技术规范以及合同的约定。设计文件选用的建筑材料、建筑构配件和设备,应当注明其规格、型号、性能等技术指标,其质量要求必须符合国家规定的标准。”

《建设工程质量管理条例》第 3 条规定:“建设单位、勘察单位、设计单位、施工单位、工程监理单位依法对建设工程质量负责。”

《建设工程勘察设计管理条例》第 5 条第 2 款规定:“建设工程勘察、设计单位必须依法进行建设工程勘察、设计,严格执行工程建设强制性标准,并对建设工程勘察、设计的质量负责。”

除了前述全过程工程咨询单位须对其咨询成果质量终身负责外,基于在不同的咨询服务模式下,全过程工程咨询单位须承担不同的咨询服务工作,具体包括勘察设计咨询、招标采购咨询或是工程监理咨询等,此时全过程工程咨询单位往往还

会受到勘察设计、招标采购、工程监理、项目管理等领域法律规范的规制。届时,全过程工程咨询单位不仅会面临违约、侵权等民事法律责任,还可能面临涉及质量、安全等方面不规范行为以致被行政机关处以警告、责令改正、罚款、吊销营业执照等行政法律责任,甚者还可能触碰刑事犯罪边界,受到严厉的刑罚处罚。

基于前述,只有充分认识全过程工程咨询项目的不同特点,掌握不同地区的不同政策以及不同交易环境等,方能做到准确识别全过程工程咨询单位在不同服务模式以及不同服务阶段下可能面临的法律风险,从而做到防患于未然。

(二)全过程工程咨询负责人的责任承担

全过程工程咨询服务项目实行项目总负责人责任制,负责监督、管理整个项目,其中涉及勘察、设计、监理等具体咨询服务业务的,相应的咨询服务业务实行专项负责人责任制。

具体规定列举如下:

2019 年 3 月 15 日,国家发改委、住建部发布了《房屋建筑和市政基础设施建设项目全过程工程咨询服务技术标准(征求意见稿)》,该标准第 4 章规定,工程咨询方应委派一名专业人员担任全过程工程咨询项目负责人,并在与委托方签订的全过程工程咨询合同中予以明确。全过程工程咨询实行咨询项目负责人责任制,工程咨询方负有监督、管理整个项目的责任,涉及勘察、设计、监理、造价咨询等具体咨询业务的,相应咨询业务分别实行项目负责人责任制。随后浙江、江苏、广东、安徽、陕西、内蒙古、广西等地区相继发布的全过程工程咨询相关标准或导则,也都基本上确认了全过程工程咨询服务项目总负责人和专项负责人各负其责的责任承担模式。

2017 年 11 月 6 日,国家发改委《工程咨询行业管理办法》第 14 条第 2 款规定:“工程咨询单位对咨询质量负总责。主持该咨询业务的人员对咨询成果文件质量负主要直接责任,参与人员对其编写的篇章内容负责。”

2014 年 8 月 25 日,住建部《建筑工程五方责任主体项目负责人质量终身责任追究暂行办法》第 2 条规定:“建筑工程五方责任主体项目负责人是指承担建筑工程项目建设的建设单位项目负责人、勘察单位项目负责人、设计单位项目负责人、施工单位项目经理、监理单位总监理工程师。建筑工程开工建设前,建设、勘察、设计、施工、监理单位法定代表人应当签署授权书,明确本单位项目负责人。”第 3 条规定:“建筑工程五方责任主体项目负责人质量终身责任,是指参与新建、扩建、改建的建筑工程项目负责人按照国家法律法规和有关规定，在工程设计使用年限内对工程质量承担相应责任。”

（三）责任承担一览表

全过程工程咨询服务不同模式下的责任承担（如表1－3所示）。

表1－3 全过程工程咨询服务的责任承担

服务模式	负责人任命方式	负责人主要义务	咨询单位责任承担	负责人责任承担
一家全能型	项目总负责人由工程咨询单位委派或委托方指定，可同时兼任项目的勘察负责人、设计负责人、总监理负责人之一项或多项职务	项目总负责人向委托方履行质量安全报告义务	由咨询单位承担合同违约责任和工程质量安全责任等其他法定责任	专项负责人承担相应直接责任；项目总负责人承担连带管理责任
另行分包型	分包单位报项目总负责人批准后任命项目的勘察负责人、设计负责人、总监理负责人等	各分包单位及其任命的负责人向全过程工程咨询单位和项目总负责人履行质量安全报告义务	分包单位承担相应直接责任；咨询单位承担连带责任、合同违约责任及其他法定责任	专项负责人承担相应的直接责任；项目总负责人承担连带管理责任
联合经营型	由项目总负责人任命各专业服务的专项负责人	项目总负责人向委托方履行质量安全报告义务	牵头单位承担主要责任和违约责任	专项负责人承担相应直接责任；项目总负责人承担连带管理责任
委托方平行分包/另行发包型	经委托方同意由各承接咨询服务的单位任命其专项负责人	各承接咨询服务单位的专项负责人向委托方履行质量安全报告义务	咨询单位承担承接部分的质量安全责任	项目总负责人和专项负责人各自承担承接部分相应的直接责任

二、“六方责任主体”的探讨与展望

根据《建筑工程五方责任主体项目负责人质量终身责任追究暂行办法》的规定，承担建筑工程项目建设的建设单位项目负责人、勘察单位项目负责人、设计单位项目负责人、施工单位项目经理、监理单位总监理工程师，在工程设计使用年限内对工程质量承担终身责任。

虽然当前我国法律法规并未将全过程工程咨询单位明确纳入五方责任主体范

畴,但是根据全过程工程咨询的服务范围以及服务模式可以看出,全过程工程咨询单位在不同的服务模式下,往往还须承担“勘察单位”、“设计单位”或是“监理单位”的工作职责。在此情况下,相关负责人的行为则受勘察、设计、监理服务领域相关法律规定以及技术规范的约束,即《建筑工程五方责任主体项目负责人质量终身责任追究暂行办法》同样适用于全过程工程咨询单位,由其对建设工程质量终身负责。

随着全过程工程咨询服务模式在建设工程领域的逐步推广覆盖,未来全过程工程咨询单位相关负责人不排除会被纳入五方责任主体范畴,构成建工领域新形势下的“六方责任主体”(见图1－9所示)。基于此,在当前我国对全过程工程咨询服相关内容的法律规制尚待完善的情况下,全过程工程咨询单位极有必要以传统建工领域中各责任主体的责任承担内容为参照对象,在项目工程建设全过程中规范自身行为,从而有效防范潜在法律风险。

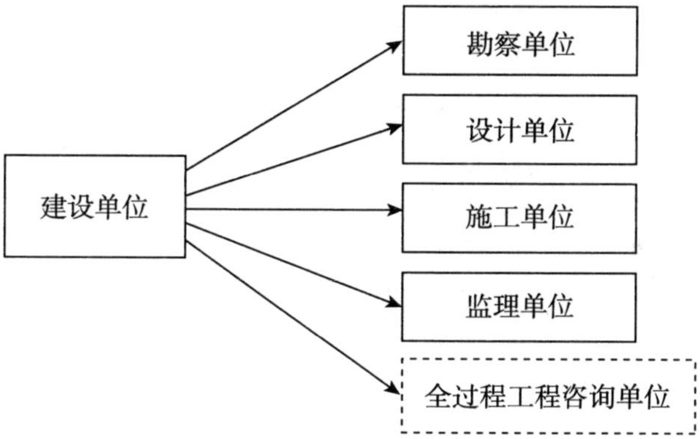

图1－9　六方责任主体

第六节　各地区全过程工程咨询政策概览

自全过程工程咨询试点工作开展以来,各地基于自身地域特点以及发展情况,分别就全过程工程咨询业务的开展进行了相应探索和实践。考虑到各地关于全过程工程咨询的规定仍存有一定差异,这种差异也将导致全过程工程咨询各参与主体的权利、义务、责任等有所区别,故下述将就各地区涉及全过程工程咨询相关政策进行列举,以供各方参考(如表1－4所示)。

表 1－4　各地区全过程工程咨询政策的差异对比

序号	试点地区	全过程工程咨询服务/业务/单位								
		咨询范围是否含勘察、设计咨询	适用项目类型	咨询单位资质要求[1]	咨询单位负责人资格要求	咨询业务是否必须招标	咨询单位是否可以分包	咨询单位能否承担同一项目其他业务[2]	咨询业务是否允许联合体投标	有无咨询服务合同范本正式版或征求意见稿
1	江苏[3]	包含	1. 政府投资项目； 2. 非政府投资项目； 3. 重点选择有条件的房屋建筑和市政工程项目	1 项即可	1 项注册资格即可，或工程类、工程经济类高级职称＋经验	中标项目管理，免招监理；建筑师负责制的项目，监理、招标代理和造价咨询免招	可以分包	禁止施工和材料设备供应单位存在利益关系； 设计单位未明确	允许	有
2	浙江[4]	包含[5]	1. 政府（国有）投资项目； 2. 有条件的社会投资项目	1 项即可	1 项注册资格即可	社会投资项目可直接委托，其他依法招标	未明确	禁止与设计、施工和材料设备供应单位存在利益关系	未明确	有
3	福建[6]	包含	1. 政府投资项目； 2. 非政府投资项目； 3. 规模大的房屋建筑和市政工程项目作为试点项目	勘察设计龙头企业之外的单位具备 1 项	1 项注册资格即可	未明确	可以分包	禁止与施工、材料设备供应单位存在利益关系	允许	有

续表

序号	试点地区	全过程工程咨询服务/业务/单位							
		咨询范围是否含勘察、设计咨询	适用项目类型	咨询单位资质要求	咨询单位负责人资格要求	咨询业务是否必须招标	咨询单位是否可以分包	咨询单位能否承担同一项目其他业务	咨询业务是否允许联合体投标	有无咨询服务合同范本正式版或征求意见稿
4	湖南[7]	包含	1. 重点工程； 2. PPP 项目； 3. 政府投资项目； 4. 工业园区项目	未明确	1 项注册资格即可	政府或国有投资试点项目应招标，已公开招标单向，可签补充合同	建设单位可自行确定	禁止施工和材料设备供应单位存在利益关系； 设计未明确	未明确	有
5	广东[8]	包含	1. 政府投资项目； 2. 非政府投资项目	具有与工程规模和委托工作内容相适应的工程咨询、规划、勘察、设计、施工、监理、招标代理、造价咨询等一项或多项资质	1 项注册资格即可	未明确	承接后不具备资质则可分包	不得与承包人有利益关系；禁止施工和材料设备供应单位存在利益关系； 设计未明确	未明确	有
6[9]	四川	包含	重点选择通用房屋建筑和市政基础设施工程	两项及以上	1 项注册资格即可	对设计、监理其中一项招标即可	未明确	禁止与施工、材料设备供应单位存在利益关系	只允许两家组成的联合体	有

续表

序号	试点地区	全过程工程咨询服务/业务/单位							
		咨询范围是否含勘察、设计咨询	适用项目类型	咨询单位资质要求	咨询单位负责人资格要求	咨询业务是否必须招标	咨询单位是否可以分包	咨询单位能否承担同一项目其他业务	咨询业务是否允许联合体投标	有无咨询服务合同范本正式版或征求意见稿
7	广西[10]	未明确	1. 政府投资项目; 2. 非政府投资项目	工程设计、工程监理和造价咨询两项及以上或单一资质且年营收全区前三	1 项注册资格即可 + 在咨询企业注册	未明确	附条件分包	禁止与设计、施工和材料设备供应单位存在利益关系	只允许两家	无
8	贵州[11]	包含	1. 政府投资; 2. 国有投资项目	1 项即可	1 项注册资格 + 工程类、工程经济类高级职称 + 类似工程经验	未明确	附条件分包	禁止与施工、设备供应单位存在利益关系,未明确设计	允许	有
9	宁夏[12]	包含	1. 政府投资项目; 2. 非政府投资项目	1 项即可	1 项注册资格即可	只需对设计、工程监理其中一项进行招标,其他咨询服务无须招标	未明确	未明确	允许	无

续表

序号	试点地区	全过程工程咨询服务/业务/单位								
		咨询范围是否含勘察、设计咨询	适用项目类型	咨询单位资质要求	咨询单位负责人资格要求	咨询业务是否必须招标	咨询单位是否可以分包	咨询单位能否承担同一项目其他业务	咨询业务是否允许联合体投标	有无咨询服务合同范本正式版或征求意见稿
10	山东[13]	包含	1. 政府投资项目； 2. 国有投资项目； 3. 民间投资项目	未明确	1 项注册资格 + 工程类工程经济类高级职称 + 类似工程经验	未明确	可以分包	禁止与施工、设备供应单位存在利益关系，未明确设计	允许	无
11	吉林[14]	包含	1. 政府投资项目； 2. 民间投资项目	1 项以上	1 项注册资格 + 工程类、工程经济类高级职称 + 类似经验	任何一项咨询业务需要依法招标的则应当依法招标	未明确	禁止与施工供应单位存在利益关系 不能与同一项目的工程总承包单位、施工企业以及建筑材料、构配件和设备供应企业之间有控股、参股、隶属或其他管理等利益关系	允许	无

续表

序号	试点地区	全过程工程咨询服务/业务/单位								
		咨询范围是否含勘察、设计咨询	适用项目类型	咨询单位资质要求	咨询单位负责人资格要求	咨询业务是否必须招标	咨询单位是否可以分包	咨询单位能否承担同一项目其他业务	咨询业务是否允许联合体投标	有无咨询服务合同范本正式版或征求意见稿
12	河南[15]	仅包含设计	1. 政府投资项目; 2. 社会投资项目	工程设计、工程监理和造价咨询两项及以上或单一资质且年营收各省市/直辖县前三	1项注册资格或以工程类、工程经济类高级职称替代	依法发包的项目可不招标	可以分包	禁止与施工、材料设备供应单位存在利益关系	未明确	无
13	安徽[16]	包含	1. 政府投资项目; 2. 非政府投资项目	1项即可	1项注册资格	未明确	附条件可以分包	禁止与施工、材料设备供应单位存在利益关系	允许	有
14	内蒙古[17]	包含	支持采取代建、工程总承包、PPP等方式建设的房屋建筑项目和市政工程建设项目	未明确	1项以上注册类+工程类/工程经理类高级职称+工作经验	未明确	未明确	禁止与施工、材料设备供应单位存在利益关系	允许	有

续表

序号	试点地区	全过程工程咨询服务/业务/单位								
		咨询范围是否含勘察、设计咨询	适用项目类型	咨询单位资质要求	咨询单位负责人资格要求	咨询业务是否必须招标	咨询单位是否可以分包	咨询单位能否承担同一项目其他业务	咨询业务是否允许联合体投标	有无咨询服务合同范本正式版或征求意见稿
15	陕西[18]	包含	1. 政府投资项目； 2. 非政府投资项目	1 项即可	1 项以上注册资格 + 工作经验	未明确	可以分包	禁止与施工、材料设备供应单位存在利益关系	允许	有
16	黑龙江[19]	包含	1. 政府投资项目； 2. 国有投资项目； 3. 企业投资项目	具有相应工程监理、工程勘察设计资质	1 项以上注册资格 + 工程类、工程经济类高级职称	政府投资或国有投资项目应当招投标	可以分包	不得与总承包、施工、建筑材料等供应单位有利益关系或为同一法定代表人	允许	有
17	深圳[20]	包含	1. 政府投资项目； 2. 民间投资项目	应具有承接委托业务的资质	注册资格 + 工程类或工程经济类高级职称 + 工作经验	政府投资项目主要采取公开招标	可以	不得与总承包、施工、建筑材料等供应单位有利害关系	允许	有

续表

序号	试点地区	全过程工程咨询服务/业务/单位								
		咨询范围是否含勘察、设计咨询	适用项目类型	咨询单位资质要求	咨询单位负责人资格要求	咨询业务是否必须招标	咨询单位是否可以分包	咨询单位能否承担同一项目其他业务	咨询业务是否允许联合体投标	有无咨询服务合同范本正式版或征求意见稿
18	江西[21]	包含	1. 政府投资项目； 2. 民间投资项目	具有与工程规模及委托内容相适应的资质条件	工程建设类注册执业资格+具有工程类、工程经济类高级职称+具有类似工程经验（业绩）	未明确	未明确	不能与同一项目的工程总承包单位、施工企业以及建筑材料、构配件和设备供应企业之间有利益关系，也不能为同一法定代表人	未明确	无
19	甘肃[22]	包含	1. 政府投资项目； 2. 国有企业投资项目； 3. 非政府投资项目	应当具有与工程规模及委托内容相适应的资质条件	取得工程建设类注册执业资格并注册在派出单位+具有工程类、工程经济类高级职称+具有类似工程经验	未明确	未明确	与工程总承包、施工、材料设备供应单位之间不得有控股、参股、隶属或其他管理等利害关系	未明确	无

续表

序号	试点地区	全过程工程咨询服务/业务/单位							
		咨询范围是否含勘察、设计咨询	适用项目类型	咨询单位资质要求	咨询单位负责人资格要求	咨询业务是否必须招标	咨询单位是否可以分包	咨询单位能否承担同一项目其他业务	咨询业务是否允许联合体投标	有无咨询服务合同范本正式版或征求意见稿
20	温州市[23]	包含	1. 政府投资项目； 2. 社会投资项目	具有与工程规模和委托工作内容相适应的设计、监理、造价咨询等相应资质	工程建设类注册执业资格 + 建设工程类高级及以上专业技术职称 + 必须为本单位专职人员	未明确	未明确	不得与所服务项目的工程总承包企业、设计企业、施工企业以及建筑材料、构配件和设备供应企业之间有隶属关系或者其他利害关系，也不能为同一法定代表人	未明确	无
21	厦门市[24]	包含	1. 政府投资项目； 2. 其他投资项目	具有工程设计等一项或多项资质的企业或其组成的联合体	未明确	依法必须招标的政府投资试点项目需招标	未明确	不得与所服务项目的工程总承包企业、施工企业以及建筑材料、构配件和设备供应企业之间有隶属关系或者其他利害关系	允许	无

续表

序号	试点地区	全过程工程咨询服务/业务/单位							
		咨询范围是否含勘察、设计咨询	适用项目类型	咨询单位资质要求	咨询单位负责人资格要求	咨询业务是否必须招标	咨询单位是否可以分包	咨询单位能否承担同一项目其他业务	咨询业务是否允许联合体投标	有无咨询服务合同范本正式版或征求意见稿
22	宁波市	仅包含设计	1. 政府投资项目； 2. 社会投资项目	具有工程设计、监理、招标代理和造价咨询等一项或多项资质的企业或其组成的联合体	应具有工程建设类注册执业资格，或具有建设工程类高级及以上专业技术职称	未明确	未明确	不得与所服务项目的工程总承包企业、施工企业以及建筑材料、构配件和设备供应企业之间有隶属关系或者其他利害关系	允许	无
23	青海省	包含	1. 政府投资项目； 2. 国有资金投资或控股项目； 3. 民间投资项目	具有与工程规模和委托工作内容相适应的勘察、设计、监理等一项或多项资质	具有一项或多项与工程规模和委托工作内容相适应的注册执业资格	各项咨询服务中有任一项属于依法必须招标的，应当采用招标方式	未明确	不能与本项目的代建单位、施工单位、材料设备供应商之间有控股、参股、隶属等利益关系	允许	无

续表

序号	试点地区	全过程工程咨询服务/业务/单位							
		咨询范围是否含勘察、设计咨询	适用项目类型	咨询单位资质要求	咨询单位负责人资格要求	咨询业务是否必须招标	咨询单位是否可以分包	咨询单位能否承担同一项目其他业务	咨询业务是否允许联合体投标	有无咨询服务合同范本正式版或征求意见稿
24	重庆市[25]	包含	政府投资项目	具有全过程工程咨询服务对应任务一项及以上的甲级资质(资信)	未明确	全过程咨询服务费用达到《必须招标的工程项目规定》必须招标条件的,必须依法招标	未明确	未明确	允许	无
25	杭州市[26]	仅含设计	1. 政府投资项目; 2. 国有投资项目; 3. 非政府投资工程	未明确	未明确	未明确	未明确	未明确	未明确	无

〔1〕咨询单位资质要求,是指关于勘察、设计、监理、招标代理、造价咨询以及工程咨询类型资质,各试点省份要求咨询服务单位具备几项。

〔2〕其他业务,是指工程设计、施工、材料设备供应业务。

〔3〕江苏省住建厅《江苏省开展全过程工程咨询试点工作方案》;江苏省住建厅《全过程工程咨询服务导则(试行)》。

〔4〕浙江省住建厅《浙江省全过程工程咨询试点工作方案》;浙江省发改委、住建厅《国家发展改革委住建部关于推进全过程工程咨询服务发展的指导意见》;浙江省住建厅《全过程工程咨询服务标准》。

〔5〕一个省份发布的多份关于全过程工程咨询业务的意见或文件存在冲突时,以最新的文件内容为准,下同。

〔6〕福建省住建厅、发改委、住建厅《福建省全过程工程咨询试点工作方案》。

〔7〕湖南省住建厅《湖南省全过程工程咨询试点工作方案》。

〔8〕广东省住建厅《建设项目全过程工程咨询服务指引(咨询企业版)(征求意见稿)》;广东省住建厅《广东省全过程工程咨询试点工作实施方案》。

〔9〕四川省住建厅《四川省全过程工程咨询试点工作方案》。

〔10〕广西壮族自治区住建厅《广西全过程工程咨询试点工作方案》。

〔11〕贵州省发改委、住建厅《关于加快推进我省全过程工程咨询服务发展的实施意见》。

〔12〕宁夏回族自治区住建厅《全过程工程咨询试点工作方案》。

〔13〕山东省发改委、住建厅《关于在房屋建筑和市政工程领域加快推行全过程工程咨询服务的指导意见》。

〔14〕吉林省住建厅《关于推进全过程工程咨询服务发展的指导意见》；吉林省住建厅《吉林省推进房屋建筑和市政基础设施工程全过程咨询服务的实施意见》。

〔15〕河南省住建厅《河南省全过程工程咨询试点工作方案（试行）》。

〔16〕安徽省住建厅《安徽省开展全过程工程咨询试点工作方案》。

〔17〕内蒙古自治区住建厅《工程建设全过程咨询服务导则（试行）》；内蒙古自治区住建厅《关于开展全过程工程咨询试点工作的通知》。

〔18〕陕西省住建厅《陕西省全过程工程咨询服务导则（试行）》；陕西省住建厅《关于开展全过程工程咨询试点的通知》。

〔19〕黑龙江省住建厅《黑龙江省全过程工程咨询导则（征求意见稿）》。

〔20〕深圳市住建局《深圳市全过程工程咨询服务导则（征求意见稿）》。

〔21〕江西省住建厅《关于加快推进我省全过程工程咨询服务发展的实施意见》。

〔22〕甘肃省住建厅、发改委《关于在房屋建筑和市政基础设施工程领域推进全过程工程咨询服务发展的实施意见》。

〔23〕温州市住建委《温州市全过程工程咨询试点工作实施方案》。

〔24〕厦门市建设局、发改委、财政局《厦门市全过程工程咨询试点工作实施方案》。

〔25〕重庆市发改委、住建委《关于转发〈国家发展改革委　住房城乡建设部关于推进全过程工程咨询服务发展的指导意见〉的通知》。

〔26〕杭州市住建委《关于印发杭州市全过程工程咨询试点工作方案》的通知。

当前越来越多的咨询单位以及从业人员正在通过不断提升自身的咨询服务能力、打破行业壁垒，力求加入全过程工程咨询的服务行列，从而实现由单一咨询服务模式向多样化咨询服务模式的产业结构转型升级，并最终达成经济效益稳步提升的目标。鉴于现今关于全过程工程咨询的法律法规亟待完善，故在探究全过程工程咨询单位于各阶段面临的法律风险时，便须参考传统工程领域已经相对成熟的主体类型，并结合全过程工程咨询服务的特有模式，从而对全过程工程咨询单位进行法律角色主体定位，最终完成对全过程工程咨询单位在各阶段的法律风险分析。

本书后续第二章至第八章将分别从全过程工程咨询单位在业务承接、投资决策、招标采购、勘察设计、工程监理、项目管理以及运营维护各阶段的咨询服务内容着手，通过赋予全过程工程咨询单位在不同阶段的不同法律角色类型，以全面分析全过程工程咨询单位在各个阶段将会面临的法律风险，进而于第九章从全面合规的角度为全过程工程咨询单位以及从业人员提供合规管理建议，以供参考借鉴。

第二章

全过程工程咨询单位在业务承接阶段的法律风险

全过程工程咨询单位承接工程建设全过程工程咨询服务业务,主要包括业务磋商与合同订立两个阶段。为此,全过程工程咨询单位一方面须综合评估自身资质条件并通过采取科学合理的磋商方式,争取与委托方达成合意以承接咨询业务;另一方面更须防范在业务承接过程中可能会产生的法律风险。

基于前述,本章将对全过程工程咨询单位在业务承接阶段的主要内容、法律角色定位以及法律风险进行分析,以期为全过程工程咨询单位在承接全过程工程咨询服务业务过程中提供有效的风险防范。

第一节　业务承接阶段的主要内容

一、全过程工程咨询业务磋商

全过程工程咨询业务磋商，是指全过程工程咨询单位拟承接某一建设项目从投资决策、勘察设计、招标采购、工程监理、项目管理至运营维护等各阶段在内的全过程工程咨询服务工作，从而与委托方展开谈判协商并通过招投标或是直接受托等方式以最终达成合意并订立全过程工程咨询服务合同的全过程。根据《房屋建筑和市政基础设施建设项目全过程工程咨询服务技术标准（征求意见稿）》第3.0.4条规定："委托方可通过招标或直接委托方式委托全过程工程咨询业务。对于依法必须招标的工程咨询项目，在项目立项后即可通过招标方式委托工程咨询方实施全过程工程咨询。"

简言之，全过程工程咨询单位承接项目工程全过程工程咨询业务，主要系通过委托方直接委托或招标的方式予以实现，其中直接委托包括竞争性谈判、询价或者比价等模式，招标包括公开招标与邀请招标两种模式。

（一）招标

对于依法必须招标的全过程工程咨询项目，在项目立项后，委托方在选择承接项目工程全过程工程咨询服务的咨询单位时，必须按照法律强制性要求，通过公开招标或是邀请招标等方式进行最终确认。

1. 公开招标

公开招标，是指委托方通过发布招标公告，邀请不特定的符合条件的全过程工程咨询单位参加投标，并按照一定的评标程序和标准，从所有投标的全过程工程咨询单位中评选出一家中标的全过程工程咨询单位的采购方式。相对来说，由于公开招标方式的邀请对象范围更广，故对于投标单位而言，其竞争也相对更为激烈。

2. 邀请招标

邀请招标，是指委托方根据全过程工程咨询单位的资信、业绩等情况，以投标邀请书的方式，邀请一定数量的符合条件的全过程工程咨询单位参与投标竞争，从中选定一家全过程工程咨询单位的采购方式。通常来说，在邀请招标方式下，由于投标人的数量相对有限，且在一定程度上委托方的事前考察也更为清晰明确，因此对于被邀请投标的全过程工程咨询单位而言，其竞争压力也相对较小。

（二）直接委托

对于不适宜进行招标以及存在特殊情况可以不进行招标的项目，委托方与全过程工程咨询单位可通过竞争性谈判、询价或比价等方式，围绕全过程工程咨询服务内容以及双方权利义务等进行充分磋商，进而达成一致合意。

1. 竞争性谈判

委托方可直接邀请 3 家或者 3 家以上全过程工程咨询单位，就拟开展的全过程工程咨询业务进行谈判，最终由委托方根据谈判的情况，并综合评估采购需求、服务质量等因素确定最终承接项目工程全过程工程咨询服务的全过程工程咨询单位。

2. 询价或者比价

对于符合一定条件的政府采购全过程工程咨询服务项目，委托方可向 3 家或 3 家以上符合资格条件的全过程工程咨询单位发出询价通知，通过对提供报价的全过程工程咨询单位进行综合评估进而选择最优的全过程工程咨询服务商。

二、全过程工程咨询服务合同订立

《房屋建筑和市政基础设施建设项目全过程工程咨询服务技术标准（征求意见稿）》第 1.0.3 条规定，委托方与全过程工程咨询单位应以书面形式订立全过程工程咨询服务合同。全过程工程咨询单位与委托方在经过磋商后，需将双方达成合意的部分通过书面形式进行固定，即订立全过程工程咨询服务合同。全过程工程咨询服务合同是委托方与全过程工程咨询单位就明确双方权利义务和责任承担等内容的协议文件，同时也是全过程工程咨询单位提供全过程工程咨询服务的主要依据。自双方确认签署全过程工程咨询服务合同之时起，便视为双方自愿接受合同各条款的约束，包括双方各自所享有的权利、须履行的义务以及应承担的责任等，且任一方存在违反合同约定之行为，相对方都有权追究其违约赔偿之责任。

（一）发展历程

2017 年 2 月 21 日，国务院办公厅发布《关于促进建筑业持续健康发展的意见》，其中在“完善工程组织建设模式”部分，明确提出“制订全过程工程咨询服务技术标准和合同范本”。

2017 年 5 月 2 日，住建部发布《关于开展全过程工程咨询试点工作的通知》，选择北京、上海、江苏、浙江、福建、湖南、广东、四川 8 省（市）以及中国建筑设计院有限公司等 40 家企业开展全过程工程咨询试点。

2017 年 11 月 6 日，发改委制定《工程咨询行业管理办法》，其中第 11 条要求，“工程咨询单位应当和委托方订立书面合同，约定各方权利义务并共同遵守”。

2018 年 3 月 15 日，住建部建筑市场监管司出具《关于征求推进全过程工程咨询服务发展的指导意见（征求意见稿）和建设工程咨询服务合同示范文本（征求意见稿）意见的函》，要求在全过程工程咨询服务工作开展过程中，应当建立全过程工程咨询服务技术标准和合同体系，从而促进全过程工程咨询服务的科学化、标准化以及规范化。

2018 年 11 月 23 日，浙江省住建厅、浙江省市监局印发《浙江省建设工程咨询服务合同示范文本》。

2018 年 12 月 14 日，江苏省住建厅组织制定《江苏省全过程工程咨询服务合同示范文本（试行）》。

2019 年 1 月 9 日，陕西省住建厅印发《陕西省全过程工程咨询服务导则（试行）》及《陕西省全过程工程咨询服务合同示范文本（试行）》。

2019 年 3 月，发改委联合住建部发布《关于推进全过程工程咨询服务发展的指导意见》，再次强调全过程工程咨询服务技术标准和合同体系建立的重要性，同时提出全过程工程咨询服务需在房屋建筑和市政基础设施领域中全面推进。

2019 年 7 月 6 日，四川省建设工程质量安全与监理协会组织编制《四川省全过程工程咨询服务招标文件示范文本（试行）》及《四川省全过程工程咨询服务合同示范文本（试行）》。

2019 年 8 月 20 日，内蒙古自治区工程建设协会制定《内蒙古自治区工程建设全过程咨询服务合同（试行）》。

2020 年 4 月 27 日，《房屋建筑和市政基础设施建设项目全过程工程咨询服务技术标准（征求意见稿）》提出，全过程工程咨询单位应与委托方以书面形式订立全过程工程咨询合同，合同中应明确工程咨询服务的范围、内容、服务期限和酬金、咨询成果形式，以及双方义务、违约责任等条款。

2020年6月30日，贵州省住建厅出具《贵州省建设工程咨询服务合同示范文本》。

2020年8月28日，住建部建筑市场监管司发布《全过程工程咨询服务合同示范文本（征求意见稿）》。

2020年12月10日，深圳市住建局发布《深圳市全过程工程咨询服务合同示范文本（征求意见稿）》。

2021年5月17日，武汉市城乡建设局、武汉市发改委印发《武汉市全过程工程咨询服务合同示范文本（试行）》。

2021年8月17日，山东省住建厅、山东省市监局制定《山东省房屋建筑和市政基础设施项目全过程工程咨询服务合同示范文本》。

2022年1月19日，住建部组织编制《"十四五"建筑业发展规划》，强调发展全过程工程咨询服务，需要"加快建立全过程工程咨询服务交付标准、工作流程、合同体系和管理体系，明确权责关系，完善服务酬金计取方式。发展涵盖投资决策、工程建设、运营等环节的全过程工程咨询服务模式，鼓励政府投资项目和国有企业投资项目带头推行。培养一批具有国际竞争力的全过程工程咨询企业和领军人才"。

除前述外，各试点地区分别根据自身开展全过程工程咨询服务的实践情况以及研究成果，先后发布了全过程工程咨询服务合同示范文本或者征求意见稿。

（二）文本形式

现阶段各地适用的全过程工程咨询服务合同文本主要由三部分组成，分别为合同协议书、通用合同条件以及专用合同条件三部分。具体如下：合同协议书，该部分集中约定了合同当事人的基本权利义务，包括项目概况、服务范围、委托人代表与咨询项目总负责人、服务费用、服务期限、合同文件的组成、双方承诺、词语含义等重要内容，并约定了合同订立生效条件及合同订立的时间、地点和合同份数。

通用合同条件，该部分是合同当事人根据《民法典》《建筑法》《政府投资条例》等法律、法规和规章的规定，就全过程工程咨询服务的提供内容及相关事项，对合同当事人的权利义务做出的原则性规定。主要包括：一般规定、委托人、咨询人、服务要求和服务成果、进度计划、延误和暂停、服务费用和支付、变更和服务费用调整、知识产权、保险、不可抗力、违约责任、合同解除、争议解决等。

专用合同条件，该部分系合同当事人根据项目建设的实际情况以及双方谈判的具体内容，对通用合同条件这一原则性部分进行细化、修改、补充、完善后的结果，也系双方在发生合同争议纠纷后可进行优先解释适用的部分。

（三）文本使用

值得注意的是，当前住建部以及各试点地区已分别提供了相应的合同示范文本供全过程工程咨询服务项目签约使用，关于合同示范文本的具体适用，特别提示如下：

各示范文本仅供全过程工程咨询单位和委托方参考使用。

考虑到全过程工程咨询服务项目存在持续时间长、地域覆盖范围广、服务阶段跨越大、服务难度系数高等特点，加之不同的全过程工程咨询服务项目具备不同的特点以及不同的需求。因此在实践中，如若一味地套用示范合同模板，不但无法满足委托方以及全过程工程咨询单位的切实利益，也无法覆盖到全过程工程咨询服务项目的重点以及细节，更无法有效界定合同双方的权利义务内容以为后续的风险防范提供合理有效的合同依据。综合前述，在全过程工程咨询服务合同订立过程中，应当充分考虑全过程工程咨询服务项目的自身特点以及项目所在地的政策规范、人文风俗，在全过程工程咨询单位与委托方达成的磋商结果的基础上，通过全过程工程咨询服务项目领域的法律以及技术等专业人士的介入辅助，对示范文本进一步细化、优化，从而起到有效维护合同签订主体合法权益的作用。

第二节　全过程工程咨询单位的法律角色定位

全过程工程咨询单位在业务承接阶段，需通过直接受托或是投标的业务磋商方式与委托方就全过程工程咨询项目的服务范围、权利义务等内容达成一致合意，并依据该合意订立全过程工程咨询服务合同。

具体来说，全过程工程咨询单位在业务承接阶段，主要存在以下两种法律角色：

一是全过程工程咨询单位在参与全过程工程咨询业务的招投标程序中，无论委托方是通过公开招标方式还是邀请招标方式,全过程工程咨询单位承担的法律角色均为“投标人”。即全过程工程咨询单位在投标过程中不但应严格遵守国家招投标法律强制性规定,还应履行单位内部的招投标管理制度规范。一旦全过程工程咨询单位存在违法违规行为,将面临民事侵权赔偿、行政处罚乃至刑罚处罚等法律风险。

二是全过程工程咨询单位在与委托方订立全过程工程咨询服务合同过程中,其承担的法律角色则为“合同当事人”。即全过程工程咨询单位在合同订立过程中应全面关注《民法典》及相关法律、法规、司法解释中涉及合同订立的规定,否则极易产生合同未生效、合同无效或是表见代理等法律后果。

第三节 全过程工程咨询单位的法律风险

在业务承接阶段,全过程工程咨询单位作为投标人时,主要面临因未能遵守招投标法律法规要求而导致的民事、行政以及刑事法律风险;而全过程工程咨询单位在作为合同当事人时,则主要面临因自身资质缺陷或是授权程序不完善等问题而导致的合同无效或是表见代理法律风险。

一、全过程工程咨询业务磋商法律风险

(一)民事法律风险

1. 侵权赔偿责任

在全过程工程咨询服务项目招投标阶段,全过程工程咨询单位作为投标人,应当本着诚实守信的原则,严格遵守招投标法相关法律法规的规定,避免出现以下侵权行为以损害他人合法权益,进而导致自身将面临承担侵权赔偿法律责任的风险。

(1)全过程工程咨询单位通过实施串通投标报价的行为,进而侵害其他投标人公平竞标的权利,同时损害委托方的合法权益。

典型案例2-1

【案号】福建省福州市中级人民法院(2021)闽01民终4430号

【案情简介】2020年9月25日,招标人C公司发布招标公告,就白改黑道路

工程公开进行招标，并要求投标人通过宁德市公共资源交易网递交电子投标文件。为此，A公司、B公司均委托唐某制作上述工程的标书，后各支付唐某费用100元。唐某因工作失误将A公司的文件名“9.75领路.zip”标书通过QQ邮箱发给B公司，B公司直接将该文件递交宁德市公共资源交易网，造成B公司与A公司同时使用“9.75领路.zip”标书。2020年10月26日，上述工程评标委员会评定D公司为第一中标候选人。宁德市公共资源交易中心出具的白改黑道路工程软硬件信息雷同分析报告显示：B公司与A公司已标价工程量清单XML电子文档记录的计价软件加密锁序列号信息、硬件信息一致。后C公司没收A公司投标保证金。A公司起诉要求唐某、B公司共同赔偿其投标保证金被没收的经济损失。

【裁判观点】法院裁判认为，本案案由系侵权责任纠纷。行为人因过错侵害他人民事权益造成损害的，应当承担侵权责任。本案中，唐某未尽注意义务误将其为A公司制作的标书发给B公司，具有一定的过错。B公司作为白改黑道路工程的投标人，负有保证其所提供的投标文件的真实性的义务，但其未经认真审核直接将他人文件递交宁德市公共资源交易网，造成B公司与A公司已标价工程量清单XML电子文档记录的计价软件加密锁序列号信息、硬件信息一致，导致A公司被C公司没收投标保证金30万元，B公司具有重大的过错。唐某、B公司分别实施侵权行为造成A公司的经济损失，根据各自的过错程度，确定唐某承担A公司经济损失20%的赔偿责任，B公司承担A公司经济损失80%的赔偿责任。

（2）全过程工程咨询单位泄露或者不正当地使用在招投标过程中知悉的委托方以及招标项目相关的商业秘密，进而给委托方造成一定损失。

典型案例2-2

【案号】上海市浦东新区人民法院（2011）浦民三（知）初字第473号

【案情简介】中某项目由A公司就“威海中某光电特气系统、设备改造项目”公开招标。其中B技术有限公司技术方案与上海C科技有限公司技术方案均包含工程概况、技术方案、GDS简介、工程实施、质量控制、施工安全规范等，经比对，两者内容相同，只是对应上海C科技有限公司技术方案中的“TRIED”字样处，在B技术有限公司技术方案中显示为“TRIED LETRY”。庭审中，双方确认双方技术方案中的施工人员除李某系B技术有限公司股东外,其余全部为上海C科技有限公司工作人员。在中某项目中,上海C科技有限公司未投标;B技术有限公司虽投标,但未中标。

某某项目由武汉D公司就"天津某某鑫茂光纤气路系统招标工程"公开招标。2010年5月14日,刘某发送主题为"某某清单"的电子邮件给李某,附件中,上海C科技有限公司就某某项目的工程报价总价为495,916.59元。同年5月15日,B技术有限公司就某某项目向武汉D公司投标,总报价为408,849.29元,代理人为李某。庭审中,双方确认双方均参与了某某项目的投标,但均未中标。

【裁判观点】法院裁判认为,投标文件是投标人在投标日期截止前为争取中标而按照招标要求和条件制定的文件。在开标之前该投标文件不为公众所知悉。投标文件中的相关报价及技术方案,决定着投标人是否具有竞争优势、能否中标。在开标之前,竞争对手一旦知悉他人的投标报价及技术方案,便可以有针对性地调整自己的相关报价及方案,以获得较高的中标机会。因此,该些信息无论对于投标人自身还是对于其他潜在投标人来说,都具有重要的商业价值,能给投标人带来经济利益。在中某项目中,上海C科技有限公司根据招标要求制定了包括工程报价汇总、管路系统报价、设备部分报价、GDS & Power System 报价、人工及测试部分报价在内的报价信息,及实现招标项目所需的技术方案;在某某项目中,上海C科技有限公司制定了包括工程报价汇总、主管路系统材料、人工及测试部分报价在内的报价信息。该些报价信息及技术方案体现了上海C科技有限公司在中某项目及某某项目投标中的竞争能力,对于上海C科技有限公司及其竞争对手而言,具有现实和潜在的商业价值,符合秘密性、价值性、实用性、保密性的法定要件,构成上海C科技有限公司的商业秘密。

关于B技术有限公司是否实施了侵犯商业秘密的行为,法院认为,第三人明知他人违反约定或违反权利人有关保守商业秘密的要求,披露、使用或允许他人使用其所掌握的商业秘密,而获取使用或者披露他人的商业秘密,视为侵犯商业秘密。在中某项目投标过程中,2010年3月23日刘某尚在就上海C科技有限公司投标事宜与作为招标单位的A公司联系,3月26日还将上海C科技有限公司报价与技术方案发送给李某。可见,李某、刘某均知悉上海C科技有限公司关于中某项目的报价信息及技术方案。B技术有限公司作为与上海C科技有限公司同样从事洁净设备的设计、安装等的企业，经营业务本身就与上海C科技有限公司存在竞争关系，在中某项目与某某项目两个招投标项目中又同为潜在竞标者，在竞标之前，如果知晓上海C科技有限公司的报价及技术方案，必然会使自己处于强于原告的竞争优势。B技术有限公司明知刘某和李某系原告工作人员，且两人因参与原告同项目的投标工作必然知悉上海C科技有限公司上述商业秘密，仍授权两人分别在两个投标项目中代表被告竞标，且在中某项目中直接使用与上海C科技有限公司相同的技术方案，可见B技术有限公司有使用原告商业秘密的故意，其行为应视为侵犯商业秘密。

2. 缔约过失责任

全过程工程咨询单位在合同订立前违反先合同义务（基于诚实信用原则产生的保密、告知、忠实等义务），导致合同未能成立，进而导致委托方基于缔约而产生的信赖利益遭受损害，则全过程工程咨询单位将承担相应的缔约过失责任。

根据《招投标法》第33条、《招投标法实施条例》第74条的规定，全过程工程咨询单位在投标过程中存在的缔约过失行为主要有：

（1）全过程工程咨询单位冒用他人名义进行投标而给招标人造成损失的，具体包括通过受让、租借、偷盗等方式获取他人资格、资质证书等。

典型案例2-3

【案号】安徽省高级人民法院（2020）皖民终1038号

【案情简介】2017年6月30日，A公司通过安庆市公共资源交易中心发布招标公告，招标项目为太湖县人民医院整体搬迁项目（一期）施工，项目概算约为3.5亿元，投标保证金为600万元。B公司按照招标文件的规定提交的投标文件包括资质资格证书、业绩及奖项证明等，并于2017年7月17日向指定账户交纳投标保证金600万元。2017年7月21日，安庆市公共资源交易平台就案涉招标工程进行中标公示，第一中标候选人为C公司，第二中标候选人为B公司，其中B公司拟派项目经理为邵某，该项目经理业绩为东南大学教学医疗综合大楼土建及安装工程，且东南大学教学医疗综合大楼工程荣获2014～2015年度中国建设工程鲁班奖（国家优质工程）。2017年8月25日，因B公司被投诉，安庆市公共资源交易监督管理局调查后认定东南大学教学医疗综合大楼工程的项目经理为蒋某，项目技术负责人为邵某。该项目竣工之前，邵某一级建造师并未聘用到

B 公司，不具备担任项目经理资格条件，故 B 公司竞标案涉工程项目时提供的拟派项目经理业绩证明材料不属实，存在弄虚作假骗取中标的行为。安庆市公共资源交易监督管理局决定：取消 B 公司中标候选人资格，对 B 公司弄虚作假骗取中标的行为记不良行为记录并向社会公示，对于 B 公司缴纳的投标保证金 600 万元由 A 公司不予退还。后安徽省高级人民法院再审审理后，以没有法律依据为由撤销"投标保证金人民币 600 万元，由招标人不予退还"的内容。后 B 公司以缔约过失责任纠纷提起本案民事诉讼。

【裁判观点】法院裁判认为，依照《民法总则》第 6 条"民事主体从事民事活动，应当遵循公平原则，合理确定各方的权利和义务"和第 7 条"民事主体从事民事活动，应当遵循诚信原则，秉持诚实，恪守承诺"的规定①，A 公司和 B 公司在招投标过程中均应当遵循公平原则和诚信原则。B 公司在投标过程中弄虚作假，违反诚信原则，理应承担法律责任，即取消其中标资格，有关机构也可以依照《招投标法》第 54 条第 2 款的规定，从行政管理方面给予 B 公司其他处罚。如果因为 B 公司违反诚信原则的行为而不返还 B 公司高达 600 万元的投标保证金，A 公司将因此获得巨额利益，双方的权利义务明显失衡，不符合公平原则。

但鉴于 B 公司在投标过程中弄虚作假被取消中标资格，导致 A 公司进行第三次招标，增加了重新确定中标人的时间、组织、标差等成本。对此，B 公司应承担一定责任，根据相关法律法规规章及招投标文件的规定，并考虑 B 公司已承担被取消中标候选人资格、被记不良行为记录并向社会公示的不利后果，酌定 A 公司退还 520 万元投标保证金给 B 公司，对 B 公司要求 A 公司支付利息的请求不予支持。

（2）全过程工程咨询单位弄虚作假骗取中标而给招标人造成损失的，其中弄虚作假的手段包括但不限于：伪造或变造资质证书等许可文件，提供虚假的财务信用状况、业绩内容，编造虚假的项目负责人或是主要技术人员的简历、资历或劳动关系证明等。

---

① 2021 年 1 月 1 日《民法典》正式施行，《民法总则》同时废止。为保证案例客观性，本书仍援引案件裁判作出时的法律法规。

典型案例 2 - 4

【案号】安徽省蚌埠市中级人民法院(2021)皖03民终3358号

【案情简介】2020年9月,A公司发布固镇县城南生态区路网PPP项目沥青工程招标文件,对固镇县城南生态区路网PPP项目沥青工程进行招标,预估金额3912.4万元,投标保证金50万元,若投标人发生任何以下任一种情况,其缴纳的投标保证金将不予退还:……(4)投标人在投标过程中以提供虚假资料等弄虚作假方式投标并查证属实的。B公司于2020年9月28日按照招标文件要求向A公司银行账户缴纳投标保证金50万元,并于2020年9月30日前提交了投标文件。2020年10月10日,A公司向B公司发出《关于要求提交相关资料原件核验的通知》,主要要求B公司在2020年10月14日15:00前提交其在招标文件中提供的某工程的合同、结算资料、增值税发票、银行转账凭证、银行流水(加盖银行章)等相关证明材料原件,否则有权认定B公司存在虚假资料投标行为。因B公司并未按时间要求提供上述资料,且未在规定时间内进行澄清说明,故不予退还50万元投标保证金,B公司遂诉至法院。

【裁判观点】法院裁判认为,缔约过失责任,是指在订立合同过程中,当事人因实施违反诚实信用原则的行为给对方造成损失后应承担的法律责任。因B公司在A公司进行的招标中,存在以提供虚假资料等弄虚作假方式投标的违规行为,违反了诚实信用原则,构成缔约过失。

招标文件对于B公司具有约束力,双方已经就投标保证的条款达成合意。但是,投标保证金,是指投标人按照招标文件的要求向招标人出具的,以一定金额表示的、约束自己履行投标义务的一种担保,其实质是为了避免因投标人在投标有效期内随意撤销投标、中标后无正当理由不与招标人签订合同等行为给招标人造成损失。其目的是为维护招标投标关系、保证招标投标活动顺利进行。依照《招投标法实施条例》的规定,投标保证金不予退还的情形有两种:一是投标截止后,投标人撤销投标文件的;二是中标人无正当理由不与招标人订立合同,在签订合同时向招标人提出附加条件,或者不按照招标文件要求提交履约保证金的。同时由国家发改委、财政部、建设部、铁道部、交通部、信息产业部、水利部、民用航空总局、广播电影电视总局九部委联合编制的《标准施工招标文件》中的"投标人须知"投标保证金不予退还的情形也仅有两种,与上述规定情形一致。

在九部委随后又联合颁布《〈标准施工招标资格预审文件〉和〈标准施工招标文件〉试行规定》(以下简称“九部委2007年第56号令”)中,对《标准施工招标文件》的使用作出了明确要求:行业标准施工招标文件应不加修改地引用《标准施工招标文件》中的“投标人须知”(投标人须知前附表和其他附表除外)。本案A公司提供的招标公告除法定不予退还投标保证金的两种情形外,增加了“投标人在投标过程中以提供虚假资料等弄虚作假方式投标并查证属实的”的内容。该内容明显加重了投标人的责任,也不符合上述法规规章的规定,且与九部委2007年第56号令中如何引用《标准施工招标文件》的要求相悖。依照《民法总则》第6条“民事主体从事民事活动,应当遵循公平原则,合理确定各方的权利和义务”和第7条“民事主体从事民事活动,应当遵循诚信原则,秉持诚实,恪守承诺”的规定,B公司在投标过程中弄虚作假,违反诚信原则,扰乱招标投标市场,对于其他合规投标人也造成一定不利影响,如果不予惩戒将造成不良的示范效应,B公司理应承担相应的法律责任。虽然双方对于投标保证金的条款已经达成合意,但该不予退还保证金的条款实质是一种具有惩罚性质的违约条款,如果因为B公司违反诚信原则的违约行为而不返还B公司高达50万元的投标保证金,在A公司没有证据证明其实际损失的情况下,A公司将因此获得大额利益,双方的权利义务明显失衡,不符合公平原则,故酌定A公司退还45万元投标保证金给B公司,对B公司要求A公司支付利息的诉讼请求不予支持。

(3)全过程工程咨询单位中标后,无正当理由不与委托方签订全过程工程咨询服务合同,或者在签订合同时向委托方提出附加条件,或者不按照招标文件要求提交履约保证金等。

典型案例2-5

【案号】山东省泰安市中级人民法院(2021)鲁09民终1784号

【案情简介】A公司招标生态健康食品建工项目施工招标二标段,由B公司代理,C公司以10,819,421元的报价投标且向B公司交纳100,000元的履约保证金,并在《投标函》中承诺若中标在收到中标通知书后,在中标通知书规定的期限内签订合同,如违反承诺,招标人有权解除合同,并对我方处以合同金额5%的违约金,列入不良行为名单。2020年11月16日,B公司员工通过电子邮件向C公司发送中标结果告知函,告知C公司中标。2020年12月31日,C公司向A公司、B公司发出《诉求函》,载明:经贵方招标小组评审后我公司于2020年11月16日中标;双方进行了多次电话、面对面协商,2020年12月22日基本达成合同条款内容的一致意见;在双方协商期间遇到市场不可抗的原材料价格剧烈上涨,截至2020年12月30日,原材料成本共计上涨754,000元;为保证本项目顺利实施,我公司提出诉求。2021年1月18日,B公司通知C公司,因未在投标有效期内与招标人按照招标文件和投标文件签订书面合同,取消其中标资格,本项目作废标处理,废标时间为2021年1月18日。

【裁判观点】法院裁判认为,《招投标法实施条例》第57条第1款规定:“招标人和中标人应当依照招标投标法和本条例的规定签订书面合同,合同的标的、价款、质量、履行期限等主要条款应当与招标文件和中标人的投标文件的内容一致。招标人和中标人不得再行订立背离合同实质性内容的其他协议。”综合本案现有证据,足以认定C公司在中标后又多次意图调高价格以背离招投标文件的内容。在招标代理机构已为C公司预留订立合同合理期限的情况下,因C公司违背诚实信用原则的行为导致的废标后果,应由C公司自行承担相应责任。

(二)行政法律风险

1. 串通投标或行贿谋取中标

(1)投标人相互串通投标

根据《招投标法实施条例》第39条的规定,属于投标人串通投标的行为有:a. 投标人之间协商投标报价等投标文件的实质性内容;b. 投标人之间约定中标人;c. 投标人之间约定部分投标人放弃投标或者中标;d. 属于同一集团、协会、商会等组织成员的投标人按照该组织要求协同投标;e. 投标人之间为谋取中标或者排斥特定投标人而采取的其他联合行动。

根据《招投标法实施条例》第40条规定,视为投标人相互串通投标的行为有:a. 不同投标人的投标文件由同一单位或者个人编制;b. 不同投标人委托同一单位或者个人办理投标事宜;c. 不同投标人的投标文件载明的项目管理成员为同一人;d. 不同投标人的投标文件异常一致或者投标报价呈规律性差异;e. 不同投标人的投标文件相互混装;f. 不同投标人的投标保证金从同一单位或者个人的账户转出。

典型案例2-6

【案号】深圳市龙华区住建局深龙华建罚字〔2020〕028号

【案情简介】山东某公司在参与投标人为深圳某街道办事处的桔路塘道路工程(监理)的投标过程中,被发现其编制投标文件的芯片批次号、硬盘和网卡序号与该项目另一投标人存在相同的情况。

【行政处罚】深圳市龙华区住建局认为该行为构成串通投标,对山东某公司处以罚款人民币3105元。

(2)向招标人或者评标委员会成员行贿谋取中标

根据《招投标法》第32条第3款规定:"禁止投标人以向招标人或者评标委员会成员行贿的手段谋取中标。"

典型案例2-7

【案号】深圳市市场监督管理局深市监罚字〔2021〕罗5号

【案情简介】中原某公司涉嫌向采购项目相关人行贿或者提供其他不当利益。

【行政处罚】深圳市市场监督管理局处吊销许可证,法律、法规规定的其他行政处罚方式。

(3)投标人与招标人串通投标

根据《招投标法实施条例》第41条规定,属于招标人与投标人串通投标的行为有:a.招标人在开标前开启投标文件并将有关信息泄露给其他投标人;b.招标人直接或者间接向投标人泄露标底、评标委员会成员等信息;c.招标人明示或者暗示投标人压低或者抬高投标报价;d.招标人授意投标人撤换、修改投标文件;e.招标人明示或者暗示投标人为特定投标人中标提供方便;f.招标人与投标人为谋求特定投标人中标而采取的其他串通行为。

典型案例2-8

【案号】庆阳市住建局庆住建罚决〔2021〕第1-1-1号

【案情简介】A公司和B公司在参与庆阳市西峰区育才路社区片区老旧小区改造项目监理投标时,串通投标。

【行政处罚】庆阳市住建局对 A 公司处 4120 元罚款。

综上，根据《招投标法》第 53 条、《招投标法实施条例》第 67 条规定，投标人相互串通投标或者与招标人串通投标，或投标人以向招标人或者评标委员会成员行贿的手段谋取中标的，将存在以下法律风险：中标无效；给招标人造成损失的，依法承担损失赔偿责任；对单位以及单位直接负责的主管人员和其他直接责任人员罚款；没收违法所得；情节严重的，取消 1 年至 2 年内参加依法必须进行招标的项目的投标资格并予以公告，直至由工商行政管理机关吊销营业执照；构成犯罪的，依法追究刑事责任。

2. 以他人名义投标或者骗取中标

根据《招投标法》第 54 条规定，投标人以他人名义投标或者以其他弄虚作假的方式骗取中标的，将存在如下法律风险：中标无效；给招标人造成损失的，依法承担损失赔偿责任；对单位处罚款；对单位直接负责的主管人员和其他直接责任人员处罚款；有违法所得的没收违法所得；情节严重的，取消其 1 年至 3 年内参加依法必须进行招标的项目的投标资格并予以公告，直至由工商行政管理机关吊销营业执照；构成犯罪的，依法追究刑事责任。

典型案例 2－9

【案号】深圳市住房和建设局深建罚〔2020〕112 号

【案情简介】重庆某咨询有限公司在深圳市吉华医院（原市肿瘤医院）全过程工程咨询项目投标过程中，提供了虚假的业绩。

【行政处罚】深圳市住房和建设局认定重庆某咨询有限公司存在违反招标投标规定的行为，故对其处罚款 44.6505 元。

典型案例 2－10

【案号】浙江发展改革委浙发改法字〔2017〕47 号

【案情简介】A 工程咨询公司参与杭州至临安城际铁路 JLHL－8 标段绿汀路站土建工程施工监理项目投标中，提供的“宁波轨道交通 1 号线一期工程 JL1－1106 标段”业绩存在弄虚作假的情况。

【行政处罚】浙江发展改革委认为 A 工程咨询公司的行为违反了《招投标法》第 33 条、《招投标法实施条例》第 42 条的相关规定，根据《行政处罚法》第 8

条、《招投标法》第54条对A工程咨询公司和参与本次投标活动的直接负责人、直接责任人分别处以罚款。

3. 中标后无正当理由不订立合同

根据《招投标法实施条例》第74条规定，中标人无正当理由不与招标人订立合同，或是在签订合同时向招标人提出附加条件，再或是不按照招标文件要求提交履约保证金的，将存在如下法律风险：中标资格取消且投标保证金不予退还；有关行政监督部门责令进行改正；处罚款。

典型案例2-11

【案号】广州市番禺区住建局番住建罚〔2021〕175号

【案情简介】经查，A公司、B公司、C设计研究院有限公司组成联合体在北亭广场升级改造工程设计施工总承包项目存在中标人自中标通知书发出之日起超过30日无正当理由不与招标人签订合同，不按照招标文件要求提交履约保证金的行为。

【行政处罚】广州市番禺区住建局认定C设计研究院有限公司违反了《招投标法》第46条"招标人和中标人应当自中标通知书发出之日起三十日内，按照招标文件和中标人的投标文件订立书面合同。招标人和中标人不得再行订立背离合同实质性内容的其他协议。招标文件要求中标人提交履约保证金的，中标人应当提交"的规定以及构成《招投标法实施条例》第74条规定的中标人无正当理由不与招标人订立合同，不按照招标文件要求提交履约保证金的情形，对C设计研究院有限公司处罚款80.136,236万元。

4. 中标后订立的合同与招标文件内容不一致

根据《招投标法实施条例》第75条规定，招标人和中标人不按照招标文件和中标人的投标文件订立合同，包括合同的主要条款与招标文件、中标人的投标文件的内容不一致，或者招标人、中标人订立背离合同实质性内容的协议的，将存在如下法律风险：被有关行政监督部门责令改正；处罚款。

典型案例2-12

【案号】锦州市港口与口岸局锦港局罚〔2017〕03号

【案情简介】A监理单位于2012年7月18日，在B咨询有限公司中标锦州港煤炭码头一期工程施工监理JL－3标段后，与B咨询有限公司共同商议，由B咨询有限公司向招标人上报《关于锦州港煤炭码头一期工程施工监理JL－3标段联合监理的请示》，请示中错误解释《锦州港煤炭码头一期工程施工监理JL－3标段合同》通用条件第5.1a条的真实含义，提出B咨询有限公司与A监理单位联合监理等事项请求。2012年7月19日获招标人《关于〈关于"锦州港煤炭码头一期工程施工监理JL－3标段"联合监理的请示〉的批复》同意后，A监理公司与B咨询有限公司达成《联合监理协议》。从2012年7月起直至2016年8月底，A监理公司与B咨询有限公司联合参与了锦州港煤炭码头一期工程施工监理JL－3标段监理活动。A监理单位直接参与了B咨询有限公司与招标人间的请示和批复事项的起草和实施，错误解释《锦州港煤炭码头一期工程施工监理JL－3标段合同》通用条件第5.1a条"在另一方完全自主决定的情况下，事先征得其同意后，可以将全部或任何部分转让"的真实含义，与B咨询有限公司共同实施了招标人与中标人再行订立背离合同实质性内容的其他协议。

【行政处罚】锦州市港口与口岸局对A监理公司与B咨询有限公司共同实施招标人与中标人再行订立背离合同实质性内容的其他协议的行为，处A监理公司《锦州港煤炭码头一期工程施工监理JL－3标段合同》金额7‰，即17.29万元罚款的行政处罚。

（三）刑事法律风险

1. 串通投标罪

根据《刑法》第223条规定，串通投标罪是指投标者相互串通投标报价，损害招标人或者其他投标人利益，或者投标人与招标人串通投标，损害国家、集体、公民合法权益的情节严重的行为。对于触犯串通投标罪的行为主体，将被苛以"三年以下有期徒刑或者拘役，并处或者单处罚金"的刑罚处罚。

典型案例2－13

【案号】黑龙江省绥化市北林区人民法院（2016）黑1202刑初284号

【案情简介】A建设工程咨询有限责任公司副总经理李某在没有履行招投标程序的情况下，出具金旺公司、宇翔公司、嘉荫公司中标的相关文件，并收取50万元招标代理费。

【裁判观点】法院裁判认为,A建设工程咨询有限责任公司作为招标代理机构,违反《招投标法》的有关规定,在依法必须进行招标的工程建设项目中,以营利为目的,未能履行招标的相关程序,受招标人的指使,在未公开招标的情况下,帮助招标单位指定的投标人补办和完善招投标的相关材料。其行为损害国家、集体、公民的合法利益,情节严重,已构成单位串通投标罪。李某作为该单位招标代理项目的主要负责人和责任人,在明知违法的情况下,仍为单位牟取不正当利益,并直接领导、指使单位员工开展该项目的运作,其行为亦构成单位串通投标罪。

2. 行贿罪

根据《刑法》第389条规定,行贿罪是指为谋取不正当利益,给予国家工作人员以财物的行为。在全过程工程咨询服务模式下,行贿罪主要表现为全过程工程咨询单位人员,在其咨询服务成果不合格或是不具备审批条件等情况下,通过给予行政主管部门有关工作人员以财产或财产性利益等方式,包括各种名义的卡券、回扣、纪念品、手续费等,进而蒙混过关以达到其不法利益。凡触犯行贿罪的,行为人将被处以"处五年以下有期徒刑或者拘役,并处罚金;因行贿谋取不正当利益,情节严重的,或者使国家利益遭受重大损失的,处五年以上十年以下有期徒刑,并处罚金;情节特别严重的,或者使国家利益遭受特别重大损失的,处十年以上有期徒刑或者无期徒刑,并处罚金或者没收财产"的刑罚处罚。

典型案例2-14

【案号】福建省福州市中级人民法院(2017)闽01刑终58号

【案情简介】甲为A工程咨询有限公司负责人,为了感谢鼓楼区某小学建设项目负责人乙(受鼓楼区教育局委派)在该校教学楼项目招标投标及施工过程中提供帮助,甲先后三次送给乙钱款共计42万元人民币,为A工程咨询有限公司谋取了在咨询服务业务中的不正当利益。

【裁判观点】法院裁判认为,甲为谋取不正当利益,给予国家工作人员钱款计42万元人民币,情节严重,其行为已构成行贿罪,判处有期徒刑1年6个月,与受贿罪合并执行有期徒刑2年10个月,并处罚金人民币20万元。

3. 单位行贿罪

根据《刑法》第 393 条规定，单位行贿罪是指单位为谋取不正当利益而违反国家规定，给予国家工作人员以财产或财产性利益的情节严重的行为。对于触犯该罪的单位，将被判处罚金，同时对于直接负责的主管人员和其他直接责任人员，也将被处 5 年以下有期徒刑或者拘役，并处罚金。

典型案例 2 – 15

【案号】福建省宁德市中级人民法院(2017)闽 09 刑终 402 号

【案情简介】2011 年至 2015 年，A 咨询公司在宁德市辖县对外承接有关建设项目可行性研究报告、环境影响评估报告等文件的编制业务过程中，其实际经营人廖某为优先承接业务并在报告审批时能得到时任宁德市发改委审批科科长雷某 1、宁德市城市建设发展有限公司副总经理郑某 2、蕉城区环境保护局副主任科员黄某 3、蕉城区环境保护局开发监督股股长殴某、福安市发展和改革局投资股股长王某 1、福安市发展和改革局农业发展股负责人郑某 1、霞浦县发展和改革局农村经济和社会事业股股长谢某 1、寿宁县环境保护局审批股股长刘某 4、古田县发展和改革局农经股股长胡某、古田县发展和改革局投资股股长林某 1 的关照与支持，违反国家规定多次贿送给上述十人逾百个项目报告编制费回扣款共计 65. 976 万元。

【裁判观点】法院裁判认为，A 咨询公司、廖某在对外承接业务中，违反国家规定，给予国家工作人员以回扣，数额达 65. 976 万元，情节严重，其行为均已构成单位行贿罪，故对 A 咨询公司判处罚金人民币 70 万元，对廖某判处有期徒刑 1 年 2 个月。

二、全过程工程咨询服务合同订立法律风险

(一)合同无效

广东省住建厅《建设项目全过程工程咨询服务指引(咨询企业版)(征求意见稿)》第 2. 0. 3 条明确规定，“全过程工程咨询单位应具有国家现行法律规定的与工程规模和委托工作内容相适应的勘察、设计、监理、造价咨询等资质，可以是独立咨询单位或(总分包性质的)联合体”。进言之，根据《民法典》《建筑法》《招投标法》等有关规定，全过程工程咨询单位向委托方提供工程勘察、工程设计、工

程监理和工程造价等一体化咨询服务时，必须具备相应的资质条件。一旦全过程工程咨询单位不具有承接全过程工程咨询服务项目的资质，或是超越本单位资质等级承接全过程工程咨询服务项目的，将导致其与委托方订立的全过程工程咨询服务合同归于无效，届时全过程工程咨询单位的合法权益也将无法得到有效保障。

（二）表见代理

根据《民法典》第 172 条规定："行为人没有代理权、超越代理权或者代理权终止后，仍然实施代理行为，相对人有理由相信行为人有代理权的，代理行为有效。"因全过程工程咨询服务业务存在持续周期较长久、咨询服务内容较全面、权利义务界定较复杂等特点，导致全过程工程咨询单位在与委托方订立全过程工程咨询服务合同过程中，一旦存在内部印章管理、授权委托管理、挂靠借用资质等合同订立流程不到位、不完善的情况，将极易发生全过程工程咨询单位分支机构、部门或工作人员等超出授权事项、范围、期限等对外订立合同、确认资料等风险行为，而前述代理行为在司法实践中往往会被认定为表见代理，即前述代理行为所产生的一切法律后果都将由全过程工程咨询单位自行承担。

全过程工程咨询单位面临的表见代理风险主要包括以下情形：

1. 不具备与全过程工程咨询服务项目相匹配的资质条件的主体以具备该资质的全过程工程咨询单位名义订立全过程工程咨询服务合同时，即便双方签订有内部"挂靠（或合作）"协议，但对于合同订立相对人而言，其完全有理由相信挂靠人具有合法代理权，此时被挂靠的全过程工程咨询单位则可能面临表见代理的法律风险。

2. 全过程工程咨询单位若将具有代理权证明意义的文书印鉴交予第三人，而该第三人也凭此以全过程工程咨询单位的名义与合同相对方订立全过程工程咨询服务合同，则全过程工程咨询单位需承担相应的表见代理法律责任。其中文书印鉴包括全过程工程咨询单位的印章、合同章、盖章的空白证明信、空白委托书、空白合同文书等。

3. 当全过程工程咨询单位明知行为人没有代理权限或是已经超越被授予的代理权限，再或是该授权已经到期、终止或者被撤回，但行为人却仍以全过程工程咨询单位的名义订立全过程工程咨询服务合同时，如全过程工程咨询单位未及时对外披露，那么在合同订立相对人确为善意的情况下，即构成表见代理，由此形成的全过程工程咨询服务合同内容将直接约束全过程工程咨询单位自身。

典型案例2-16

【案号】山东省梁山县人民法院(2021)鲁0832民初844号

【案情简介】2017年11月6日,A工程咨询有限公司的分公司C公司向B公司发送《招标代理服务费付款通知》,载明B公司为中标单位(成交人),招标代理服务费为41万元。2017年12月16日,B公司甘肃分公司向C公司支付"×××××项目招标代理费"41万元。A工程咨询有限公司主张,B公司应向其支付招标代理费205,050元并支付违约金、支付造价咨询服务费1,557,834.44元并支付违约金。

【裁判观点】法院裁判认为,行为人没有代理权、超越代理权或者代理权终止后以被代理人名义订立合同,相对人有理由相信行为人有代理权的,该代理行为有效。C公司系A工程咨询有限公司的分支机构,分支机构代理签约行为应当对被代理人A工程咨询有限公司产生法律效果。此后,虽然A工程咨询有限公司对其分支机构实施的该行为不予认可,但对债务人而言,其足以相信分支机构发送《招标代理服务费付款通知》代表A工程咨询有限公司。A工程咨询有限公司的分支机构发送《招标代理服务费付款通知》行为构成了表见代理。

(三)《全过程工程咨询服务合同(示范文本)》使用提示

自2020年8月28日住建部建筑市场监管司发布《全过程工程咨询服务合同示范文本(征求意见稿)》以来,各地基于对全过程工程咨询内容的研究以及当地发展的实际情况,分别提供了相应的合同示范文本以供全过程工程咨询服务项目签约参考使用。鉴于当前全过程工程咨询模式尚处于不断完善的阶段,相关的合同示范文本也有待在实践中进一步优化,而合同作为全过程工程咨询项目顺利推进的重要基石,故在参考传统施工总承包合同、工程总承包合同条款设置法律风险的基础上,就全过程工程咨询服务合同示范文本的使用,特提示如下:

1.服务范围条款

全过程工程咨询服务范围主要包括投资决策综合性咨询服务、工程建设全过程咨询服务以及其他工程单项咨询服务。在全过程工程咨询服务合同的签订过程中,应当具体化全过程工程咨询服务单位向委托方提供的咨询服务项目,包括工作内容、成果文件、标注和要求、相关管理和配合服务、委托方委托的其他服务人员与全过程工程咨询人员的服务界面划分等，以便于全过程工程咨询单位有效规避非自身服务范畴的风险。

在设置服务范围条款时，还应关注服务范围的变更条款，对于在合同履行过程中可能发生的因建设项目内容、规模、功能、条件、投资额等变化而引起的咨询服务范围、内容、方式等发生相应变化的情况，应在遵守"变更不发生合同实质性变更"原则以确保合同有效性的前提下，将变更情形、变更程序、变更结果全面考虑并固定于合同中，以便于全过程工程咨询单位在主张因变更而产生的费用调整以及进度延期时有据可依。

2. 授权委托条款

当前，全过程工程咨询服务主要有四种模式，分别为：一家全能型（由一家具有相应资质和综合能力的全过程工程咨询单位独立承担项目工程的全部咨询服务工作）；另行分包型（由一家全过程工程咨询单位承接项目工程的全部咨询服务后，根据全过程工程咨询服务合同的约定或者经委托方同意，再将其自身不具备相应资质的咨询服务工作另行分包给其他一家或者多家具有相应资质的咨询单位）；联合经营型（由两家或两家以上具有相应资质和能力的全过程工程咨询单位组成联合体，共同向委托方提供完整的全过程工程咨询服务）；委托方平行发包/另行发包型（委托方将全过程工程咨询服务的部分工作委托给一家全过程工程咨询单位的同时，又将其他咨询服务项目另行委托给具备相应资质的其他咨询单位）。

在不同的咨询服务模式下，全过程工程咨询单位的授权范围并不相同，如全过程工程咨询单位在与委托方签订全过程工程咨询服务合同时未能将其授权范围界定清楚，则全过程工程咨询单位极有可能面临因自身权利行使不当而被委托方追究违约赔偿责任的风险。譬如，对于采取"另行分包"模式的全过程工程咨询项目，如全过程工程咨询服务合同中未将全过程工程咨询单位可自行分包以及须经委托方同意后方可另行分包的咨询服务内容分别列明，则全过程工程咨询单位极有可能出现越权分包的违约行为。另外，对于该模式下"须经委托方同意"这一条款的具体内容同样需要进一步细化，包括委托方的审查内容即全过程工程咨询单位应将分包单位的基本信息及资质能力、拟委派的咨询工程师基本资料及执业经历等报委托方书面审批，以及委托方的审批时限以及逾期不审批的后果等,该条款的具体化将有利于全过程工程咨询单位在因分包单位履约不到位而被委托方追究连带损失赔偿责任时,可依据《民法典》第 592 条"当事人都违反合同的,应当各自承担相应的责任。当事人一方违约造成对方损失,对方对损失的发生有过错的,可以减少相应的损失赔偿额"之规定,在一定程度上减少自身应承担的损失赔偿额。

除前述外,对于委托方代表及相关人员、全过程工程咨询单位委派项目负责人以及专项咨询负责人等咨询人员的权限范围,同样是全过程工程咨询服务合同"授权委托条款"的细化重点。譬如,无论是委托方还是全过程工程咨询单位委派的授权人员,都应将其身份信息以及权限范围进行明示,具体可包括处理合同所涉的工程业务事项、处理项目内部行政管理事务、报送报表资料等非经济事务。但对于涉及变更合同实质性内容(包括但不限于计价计量方式、质量安全、进度、违约条款等)、以委托方或是全过程工程咨询单位的名义作出不利承诺、以委托方或是全过程工程咨询单位的名义出具欠条或者提供担保、以委托方或是全过程工程咨询单位的名义出具结算单等行为时,全过程工程咨询合同中务必明示相关人员的行为必须经过委托方或是全过程工程咨询单位的书面授权同意或者加盖其印章,否则由此产生的后果由该行为人自行负责,不产生约束委托方以及全过程工程咨询单位的法律效力。

3. 权责界定条款

权责界定条款是全过程工程咨询服务合同的重点条款,一旦全过程工程咨询单位与委托方的权责界定不全面、不明晰,将导致全过程工程咨询单位承担过重的责任,不利于全过程工程咨询单位开展全过程工程咨询服务工作。

例如,对于采取"联合经营"模式的全过程工程咨询项目,除了联合体内部通过签订联合体协议以明确各自的咨询服务内容以及应承担的责任外,更为重要的是,在联合体与委托方签订全过程工程咨询服务合同时,同样应将联合体各成员的分工情况、权限范畴以及责任承担方式于全过程工程咨询服务合同中进行明示。只有委托方对于联合体的内部分工确属明知,才可以有效规避联合体牵头单位以表见代理、无权代理等违背联合体成员意愿的方式作出侵害联合体其他成员利益的行为,包括擅自变更合同内容、擅自达成签证结算等。与此同时,也只有委托方与联合体各方就责任承担方式达成一致,才可以避免委托方就联合体提供的咨询服务成果仅向联合体牵头单位追究相应责任的后果,从而起到以平衡联合体成员责任的方式激发联合体成员共同履约的积极性并提高联合体成员提供咨询服务的认真度的作用。

除前述外,对委托方的权利进行合理限制同样也是权责界定条款完善中应当关注的重点。全过程工程咨询服务实际上就是全过程工程咨询单位受委托方的委托,在委托方的授权范围内代表委托方对整个项目建设进行监督和管理,同时提供相应的工程咨询服务。鉴于全过程工程咨询项目周期较长且投入资金额较大,故委托方对于这种将项目工程交由全过程工程咨询单位的模式目前还存在一定疑虑以及不信任等因素。在此情况下,委托方往往会介入全过程工程咨询单位的监督管理工作中,甚至做出部分干预全过程工程咨询单位专业决策的行为,由此导致的后果便是工程多头管理、责任互相推诿,项目建设停滞不前。因此,全过程工程咨询单位极有必要在全过程工程咨询服务合同中将委托方的监督权限、监督范围以及因委托方擅自干预而导致项目工程出现进度、质量安全等问题的责任承担进行明确,在合理约束委托方的同时推动全过程工程咨询工作的顺利实施。

4. 服务进度条款

全过程工程咨询的服务期较长,且具有服务结果集成化及难以量化的特点,因此在全过程工程咨询单位与委托方签订全过程工程咨询服务合同时,应根据咨询服务进度设置相应的控制节点,由此既可实现委托方对于全过程工程咨询服务的监督,也可实现全过程工程咨询单位对其提供咨询服务工作的量化。

具体来说:首先,应确定服务开始的具体时间,既可以为委托人向全过程工程咨询单位发出开始服务通知中载明的日期,也可以为全过程工程咨询单位正式开始工作并给予委托方以书面记录中载明的日期。其次,确定全过程工程咨询单位完成所有咨询服务内容的具体顺序以及时间节点,包括将各项咨询服务成果交付委托人的关键日期以及由委托人或是第三方提供决策、同意、批准或资料的关键日期。最后,关于服务进度的变更、延误、暂停,尤其是非咨询人原因导致的服务进度变更、延误或是暂停情形,以及发生变更、延误或是暂停后全过程工程咨询单位的通知程序,委托人的响应程序,相应的变更、延误或暂停如何处理,服务费用是否调整等内容,均需要在合同中提前细化。

其中,为了避免出现委托人对全过程工程咨询单位提交服务进度计划、咨询服务成果、服务进度延后申请等材料迟迟不予回应进而影响整体服务进度或是损害全过程工程咨询单位的服务费用调整等情况，全过程工程咨询单位需就委托方的响应时间进行限定，如“委托方应在收到全过程工程咨询单位提交的服务进度计划/服务成果/服务进度延后申请后 × 天内完成审批或提出异议，逾期未审批或提出异议的，视为委托人认可该服务进度计划/咨询服务成果/服务进度延后申请”。

总而言之，若服务进度内容约定不明，一旦在合同履行过程中出现进度变更、延误或暂停等涉及服务费用调整的情形时，委托方与全过程工程咨询单位很难通过协商达成调解，届时也不利于合同的继续履行。

5. 结算支付条款

涉及结算支付条款，主要应从以下几个方面进行明晰：

其一，关于全过程工程咨询的计费方式。当前全过程工程咨询项目主要存在四种计费模式，分别为：(1)“单项收费汇总”模式。以传统取费模式为参照依据，将各单项咨询业务按市场价或规范定价进行汇总。(2)“1 + N 叠加计费”模式。其中“1”指全过程工程咨询服务费，“N”指全过程各专业咨询服务费。(3)“总价 × 费率”模式。根据合同中约定的工作内容多少，以收费基数和费率共同确定收费额。当前费率的确定方式主要有两种，一是根据市场标准确定费率；二是通过对项目策划、勘察、设计、造价咨询、招标采购、工程监理等费用进行综合计算，采用加权法确定费率。(4)“人工时计费”模式。该模式是以工日为单位进行计费，涉及每工日的收费标准，则需要综合考量当地经济发展水平、项目工作量以及难易程度、咨询服务人员的资质等级以及经验等。其中，单项收费模式是对传统咨询服务取费模式的延续，其适用极易导致在一个项目工程中各单项咨询业务拼凑情况的出现，不利于全过程工程咨询模式的推广与发展。而人工时取费模式则因考虑了各地区实际发展状况和物价水平，更适用于专业性较强的咨询业务。但总体来说，“总价 × 费率”模式更适用于大部分全过程工程咨询服务项目。在该模式下，全过程工程咨询单位可在对各阶段服务费用进行综合计算的基础上，用加权法确定费率，同时结合市场及企业现状，最终确定适用于不同规模与类型项目的费率区间，以此作为合同计费指导。

其二，关于咨询服务费的结算支付程序。结算支付程序条款的细化是后续全过程工程咨询单位主张咨询服务费的有利依据。以传统建设工程施工合同中关于“发包人对承包人提交的结算材料逾期不回复即视为认可结算”的内容为参考，在全过程工程咨询服务合同中，同样可以对委托方的审查期限进行限定约定。如可将委托方于各阶段的应付款数额以及时间置于结算条款中，同时注明："委托方在收到全过程工程咨询单位提报的咨询服务成果以及进度款/增加款/结算款审批材料后，应在不超过×天内审查完毕，如委托方审查未通过的，则应于×天内以书面形式通知全过程工程咨询单位，并说明不符合要求的具体内容；全过程工程咨询单位应根据委托方的要求进行修改后重新报送并重新计算审查期；审查期满后，委托方没有做出审查结论也没有提出异议的，视为认可咨询服务成果以及进度款/增加款/结算款，委托方应自认可之日起×天内按照该进度款/增加款/结算款向全过程工程咨询单位进行支付。"

6. 服务要求和服务成果条款

全过程工程咨询单位向委托方申请支付咨询服务费的前提即为向委托方提供了满足合同要求的咨询服务成果，故只有将全过程工程咨询服务的具体要求以及各阶段服务成果的交付、审查标准进行细化，方才有利于全过程工程咨询单位在面对委托方以咨询服务成果不满足要求为由迟延支付咨询服务费的情况时，可以进行有力抗辩。

具体来说，全过程工程咨询服务主要包括项目投资决策咨询、招标采购咨询、勘察设计咨询、工程监理咨询、工程项目管理、运营维护咨询以及涉及工程造价咨询、投融资咨询等在内的其他专项咨询，对于不同的咨询服务项目，应当在全过程工程咨询服务合同中明确具体的服务成果要求。比如，在投资决策阶段，全过程工程咨询单位应组织编制并提交项目投资决策过程中所形成的包括项目建议书、可行性研究报告等在内的咨询成果文件，且文件质量应当符合国家有关标准及行业规范。在工程监理阶段，全过程工程咨询单位则应设置工程监理机构，编制工程监理实施方案，通过旁站、巡视、检验等方式对施工单位的施工全过程实施监督和控制，按照项目管理要求对施工过程中所形成的咨询成果文件进行全面收集、整理与移交等。

在对全过程工程咨询单位提供的服务成果进行具体化约束后，关于委托方对服务成果的审查程序也应当进一步明确，避免出现因委托人原因致使服务成果审查无法进行或无法按期进行时服务费用或是服务期限的调整无据可依的不利后果。关于服务成果的审查，可在专用条款中约定委托方在收到全过程工程咨询单位提供的服务成果后的审查异议期，以及因委托方原因造成的服务成果不合格等无法通过审查情况下的服务费用、期限调整以及责任承担方式等。

7. 知识产权条款

全过程工程咨询单位向委托方提供全过程工程咨询服务的过程，在一定程度上可视为全过程工程咨询单位向委托方提供具有独创性智力成果的过程，期间全过程工程咨询单位编制的资料、文件、技术规范等具有独创性特点的成果，即属于知识产权的规制范畴。

对于委托方自行编制或向全过程工程咨询单位提供的技术规范、资料、文件或其他类似性质文件的知识产权，不可否认确属于委托方所有，但全过程工程咨询单位可于合同中明确其在提供咨询服务过程中享有一定的免费使用权。除此之外，对于全过程工程咨询单位独立于合同之外而创造、开发和拥有的知识产权，包括但不限于全过程工程咨询单位编制的各类书面文件等，则应在全过程工程咨询服务合同中明确约定系属于全过程工程咨询单位所有，并且对于委托方使用该部分知识产权而产生的费用，双方可进一步协商是否包含在咨询服务费中，如不包含，则计费标准、使用范围、后续转让事项等也需要进行书面细化。

8. 争议解决条款

对于全过程工程咨询合同在履行过程中存在的争议问题，可以采取传统的和解、调解、诉讼或仲裁等方式。在此强调，如全过程工程咨询单位与委托方约定适用诉讼或仲裁争议解决模式时，应尽量选择与己方具有密切联系的法院或仲裁委，规避不利于己方的法律环境因素。其中应特别注意的是，如选择适用仲裁模式，应将拟选择的仲裁机构名称、地点以及仲裁解决的争议范围以及仲裁规则等进行细化，以避免出现当地仲裁机构过多而无法定位、仲裁解决争议范围不明等导致仲裁条款无效的情况；此外，还须避免出现既约定诉讼解决又约定仲裁解决的无效条款出现。

除前述可采取诉讼或仲裁等传统争议解决模式外，全过程工程咨询单位与委托方还可以通过在专用合同条件中约定采取争议评审的方式以解决争议。争议评审是合同当事人在合同履行过程中发生争议时，根据约定，将有关争议提交独立的争议评审组，通过授予评审组调查、听证、建议或者裁决权等方式，由评审组作出评审意见，且该意见依约对当事人产生约束力。鉴于全过程工程咨询项目周期长、规模大且技术较为复杂，故适用争议评审制度，通过专家的介入、组织争议评审小组定期对项目进行实地考察，将便于项目后续产生争议时评审组可以及时介入、全面收集证据，并能够从技术、风险、合同及法律等多个角度对争议进行分析，从而使争议纠纷得到相对公平合理的解决。

因全过程工程咨询单位在业务承接阶段所涉及的业务磋商以及合同订立等事项，往往关系到全过程工程咨询服务项目能否顺利推进、全过程工程咨询单位的合法权益能否得到有效保障。因此在该阶段，全过程工程咨询单位对于自身可能存在的风险点应当进行全面且充分地识别，进而做到对自身法律风险的有效防范。

第三章

全过程工程咨询单位在投资决策阶段的法律风险

投资决策阶段作为全过程工程咨询服务体系中具有统领作用的重要阶段，决定着建设项目能否实现高效控制与顺利实施。在投资决策阶段，全过程工程咨询单位基于国家、地区、行业发展规划及重大专项建设规划、产业政策、技术标准及审批要求，对涉及投资项目相关的市场、技术、经济、生态环境、能源、资源、安全等影响项目可行性的要素进行全面分析和科学论证，从而向委托方提供综合性、一体化、便利化的决策依据和有效建议，进而起到深化投融资体制改革、优化营商环境、促进投资项目高质量发展的最终目的[①]。

① 《房屋建筑和市政基础设施建设项目全过程工程咨询服务技术标准(征求意见稿)》5.1.1、5.1.2。

本章将对全过程工程咨询单位在投资决策阶段的咨询服务内容、法律角色定位以及可能会面临的法律风险进行分析，以期为全过程工程咨询单位在提供投资决策咨询服务工作时提供合法有效且具有可行性价值的参考内容。

第一节　投资决策阶段咨询服务内容

在投资决策阶段，全过程工程咨询单位受托开展投资决策综合性咨询服务，即按照全过程工程咨询服务合同的要求，对建设项目进行包括投资策划咨询、项目建议书编制、可行性研究论证、投资估算、建设条件单项咨询等活动，并在此基础上编制形成符合建设项目投资决策基本程序要求的申报材料，同时协助投资方按规定完成投资决策阶段各项审批、核准或备案事项①。其中，为了提高投资决策效率、避免可行性研究论证的碎片化，涉及项目选址论证、建设项目压覆重要矿产资源评估、项目环境影响评价、节能评估、防洪影响评价、项目水土保持方案、水资源论证、建设工程文物保护、社会风险评估、政府和社会资本合作（PPP）咨询、交通影响评价等建设条件单项咨询论证，建议综合纳入可行性研究统筹论证中②。

一、项目投资策划咨询

项目投资策划咨询，是指全过程工程咨询单位根据委托方的委托，结合项目所在地整体规划、产业政策、投资条件、市场状况等开展投资策划咨询，最终提供投资机会研究成果③。

项目投资策划咨询服务须于可行性研究论证前完成。全过程工程咨询单位应基于类似案例、经验分析等大数据论证，结合实地调研、问卷调研、访谈等多种研究方式，对建设项目包括整体定位、投资机会、设计及运营策划等在内的事项进行数据收集与分析，进而形成《项目策划报告》，以作为委托方进行内部决策的依据以及后续制订投资计划和开展项目可行性研究的有力支撑。

二、项目建议书编制

项目建议书是根据国民经济和社会发展的长远规划、行业规划、地区规划及

---

① 《房屋建筑和市政基础设施建设项目全过程工程咨询服务技术标准（征求意见稿）》5.1.3。

② 《全过程工程咨询服务管理标准》5.1.4。

③ 《房屋建筑和市政基础设施建设项目全过程工程咨询服务技术标准（征求意见稿）》5.2.1.1。

经济建设的方针、任务和技术经济政策等要求,结合资源情况、建设条件、投资人的战略等,在广泛调查研究、收集资料、踏勘建设地点、初步分析投资效果的基础上进行编制①。

全过程工程咨询单位在编制项目建议书时,应重点论证项目建设的必要性,同时全面整合项目所在国家、地区、行业的经济、资源及总体发展等宏观信息,基于科学分析对项目建设做出合理性预测,同时提供有效的项目建设框架以及规划建议。项目建议书的编制内容可细化为:

1. 建设依据。阐述建设项目所在地的地理、经济、文化、资源等情况,以及该区域对项目建设的近、远期要求。

2. 建设必要性。基于项目所在地的整体规划以及发展要求,分析比较类似项目的发展情况,阐述项目建成对于所在地的积极作用。

3. 建设目标。细化项目建设各阶段的任务以及拟达成的目标。

4. 建设条件。初步论述项目所在地的水文、气候、地质、人文环境等内、外部因素,综合分析前述因素对建设项目产生的影响。

5. 项目初步建设方案。阐述建设项目的功能定位以及初步方案,并就该方案进行初步论证,包括初步建设内容以及大致规模等。

6. 环境影响初步评价。结合项目所在地的环境状况,初步论证项目建设对环境产生的有利以及不利影响,以及初步应对方案。

7. 项目实施初步方案。阐述项目建设的进度计划以及招投标方案等。

8. 项目经济初步评价。阐述项目建设资金的基本来源、项目成本的基本构成、项目利润分配的基本原则等。

9. 项目社会初步评价。阐述项目建成对当地居民以及目标群体的就业、收入、生活等带来的初步影响。

10. 结论。就前述内容进行综合阐述,对项目建设进行综合评价,并为后续建设工作提出总体建议。

三、可行性研究论证

可行性研究论证是投资决策综合性咨询服务的核心内容。全过程工程咨询

---

① 广东省住建厅《建设项目全过程工程咨询服务指引(咨询企业版)(征求意见稿)》6.2.1。

单位接受委托方的委托，就影响项目落地、实施、运营的各项因素进行全面分析与论述，进而提出项目建设必要性、可行性和合理性的研究结论，以支撑委托方的内部决策。

鉴于可行性研究报告是政府投资项目审批决策的重要依据，故全过程工程咨询单位在编制可行性研究报告时，需要结合项目的实际情况，同时参考国家现行的相关规范、标准以及审批要求，保证可行性研究报告的编制格式、内容和深度均达到规定要求。根据中国建筑业协会编制的《全过程工程咨询服务管理标准》5.4.2、5.4.3 之规定，可行性研究报告的编制应注意下述内容：(1)明确提出可行性研究报告编制工作的范围、重点、深度要求、完成时间、费用预算和质量要求。(2)可行性研究报告的编制团队应具有相应的专业水平、技术资格以及工作能力；编制格式、内容和深度均应达到规定要求；编制工作应包括调查收集资料、制定技术路线、编制方案及评价、撰写研究报告、成果验收报审、评审修改完善等具体阶段。(3)应符合国家、地方、行业的相关规划及重大项目建设计划，符合相关法律、法规和产业政策，符合有关技术标准、规范和审批要求等规定。(4)在调查研究的基础上，应按照客观情况进行论证和评价。(5)在对历史、现状资料研究分析的基础上，应对未来的市场需求、投资效益或效果进行预测和评估。(6)应统筹考虑影响项目可行性的各种因素，做好与单独开展的专项评价评估的协调、衔接，以及方案的比选优化。(7)投资估算、成本测算、财务评价数据要精确有效，利率、汇率要精确预估，项目收益率、折现率、涨价费率等指标要具有依据性和前瞻性，确保经济、财务分析有效和实用。(8)应在全面分析、预测、规避各类风险的基础上，提出切实可行、合理有效的风险规避策略和方法。

四、投资估算编制

在投资决策阶段，工程造价咨询服务主要表现为投资估算的编制。投资估算是在对建设地块和地质条件，项目的建设规模、技术方案、设备方案、工程方案及项目实施进度等进行研究并基本确定的基础上，估算项目投入总资金，并测算建设期内分年资金需要量。投资估算是制定融资方案、进行经济评价，以及编制初步设计概算的依据①。

① 广东省住建厅《建设项目全过程工程咨询服务指引(咨询企业版)(征求意见稿)》6.4.1。

全过程工程咨询单位在编制投资估算时,应满足《建设工程造价咨询规范》的相关要求,依据建设项目的特征、工程造价管理机构发布的工程计价依据或资料,在分析市场价格变化的基础上,合理确定项目费用构成以及主要技术经济指标的准确性、合理性与全面性。

根据中国建筑业协会《全过程工程咨询服务管理标准》5.5.2,投资估算的编制包括以下内容:

1.工程概况。工程概况包括拟建地点现状、拟建地址的建设条件(地质、交通、公用设施、征地拆迁工作等)、建设内容、建设规模、工程方案比选及推荐的工程方案(附规划图、总平面图、建筑平立剖图、工艺方案流程图等)、主要工程技术指标。

2.编制依据。编制依据包括:(1)项目建议书或可行性研究报告;投资估算指标,概算指标,技术经济指标。(2)造价指标(包括单项工程和单位工程造价指标)和类似工程造价。(3)设计参数,包括各种建筑面积指标,能源消耗指标等。(4)相关定额及其定额单价和当地材料,设备预算价格及市场价格(包括设备,材料价格,专业分包报价等)。(5)当地建筑工程取费标准,如措施费、企业管理费、规费、利润、税金以及与建设有关的其他费用标准等。

3.编制方法。对编制方法选择进行说明。

4.投资分析。应列出按投资构成划分、按设计专业划分或按生产用途划分的分析表。

5.主要技术经济指标。如单位产品投资指标等,与已建成或正在建设的类似项目投资做比较分析,并论述其产生差异的原因。

6.投资估算总表。投资估算总表是投资估算的核心内容,主要包括建设项目总投资构成,即从筹建到竣工验收交付使用的全部费用。包括固定资产投资和流动资金两部分。固定资产投资的内容按照费用的性质划分,包括建筑安装工程费、设备及工器具购置费、工程建设其他费用、基本预备费、涨价预备费、建设期贷款利息、固定资产投资方向调节税等。固定资产投资可分为静态部分和动态部分。涨价预备费、建设期贷款利息和固定资产投资方向调节税构成动态投资部分,其余部分为静态投资部分。流动资金是指生产经营性项目投产后,用于购买原材料、燃料、支付工资及其他经营费用等所需的周转资金。

投资决策阶段的投资估算编制应当与项目建议书、可行性研究报告的编写深度相适应,同时实现资源的合理利用及价值效益的最大化。

五、建设条件单项咨询

建设条件单项咨询包括建设项目选址论证、建设项目压覆重要矿产资源评估、建设项目环境影响评价、节能评估、防洪影响评价、生产建设项目水土保持方案、水资源论证、建设工程文物保护、社会风险评估、政府和社会资本合作（PPP）咨询等内容。具体如下：

1. 建设项目选址论证。论证内容包括项目基本情况、选址占地情况、用地是否符合土地利用总体规划、用地面积是否符合土地使用标准、用地是否符合供地政策等①。经过选址论证后，全过程工程咨询单位应形成建设项目用地预审和选址意见书的申报材料，同时协助委托方向相关部门报批报审。

2. 建设项目压覆重要矿产资源评估。评估内容包括项目基本情况、项目选址工作区地质矿产情况，主要确定压覆矿产的矿种、种类、面积及压覆矿产资源/储量的类型、质量、数量、经济价值、矿业权归属情况等②。

3. 建设项目环境影响评价。评价内容主要包括项目概况、项目周围环境现状、项目对环境可能造成影响的分析、预测和评估，项目环境保护措施及其技术、经济论证，项目对环境影响的经济损益分析、对项目实施环境监测的建议、环境影响评价的结论等③。在该单项咨询服务过程中，全过程工程咨询单位应根据项目对环境的影响程度不同，编制环境影响报告书、环境影响报告表或填报环境影响登记表。

4. 节能评估。节能评估内容主要包括分析评价依据；项目建设方案的节能分析和比选；选取节能效果好、技术经济可行的节能技术和管理措施；项目能源消费量、能源消费结构、能源效率等方面的分析；对所在地完成能源消耗总量和强度目标、煤炭消费减量替代目标的影响等方面的分析评价等④。

5. 防洪影响评价。内容包括项目概况、项目对防洪的影响、洪水对建设项目的影响、消除或减轻洪水影响的措施、结论与建议等⑤。

---

① 《房屋建筑和市政基础设施建设项目全过程工程咨询服务技术标准（征求意见稿）》5.3.1.2。
② 《房屋建筑和市政基础设施建设项目全过程工程咨询服务技术标准（征求意见稿）》5.3.2.2。
③ 《房屋建筑和市政基础设施建设项目全过程工程咨询服务技术标准（征求意见稿）》5.3.3.2。
④ 《房屋建筑和市政基础设施建设项目全过程工程咨询服务技术标准（征求意见稿）》5.3.4.2。
⑤ 《房屋建筑和市政基础设施建设项目全过程工程咨询服务技术标准（征求意见稿）》5.3.5.2。

6. 生产建设项目水土保持方案。内容主要包括生产建设项目概况及项目所在地区域概况、主体工程水土保持评价与水土流失预测,水土流失防治责任范围及防治分区,水土流失防治目标及防治措施布局,水土保持方案投资估算与效益分析等[①]。

7. 水资源论证。内容主要包括拟建项目概况、取水水源论证、用水合理性论证、退(排)水情况及其对水环境影响分析、对其他用水户权益的影响分析、其他事项等[②]。

8. 建设工程文物保护。主要内容包括项目概况、涉及文物保护单位概况、项目与文物保护单位的关系、项目对文物保护单位的影响分析、评估结论等[③]。

9. 社会风险评估。内容包括项目概况、社会风险调查分析、相关群众意见、风险点、风险发生的可能性及影响程度、防范和化解风险的方案措施、提出采取相关措施后的社会风险等级建议等[④]。

10. 政府和社会资本合作(PPP)咨询。对于拟采用政府和社会资本合作(PPP)模式的建设项目,全过程工程咨询单位应协助委托方,从政府投资必要性、政府投资方式比选、项目全生命周期成本、运营效率、风险管理以及是否有利于吸引社会资本参与等方面,对项目是否适宜采用 PPP 模式进行分析和论证[⑤]。

针对前述项目建设单项条件咨询服务的开展,国家鼓励将开工前必须完成的环境影响评价、节能评估、防洪影响评价和水土保持方案等建设条件单项咨询纳入可行性研究统筹论证范畴,同时鼓励将建设条件单项咨询成果以可行性研究报告的方式进行统一报批。

六、项目报建报批

在投资决策阶段,根据《国务院关于投资体制改革的决定》、《政府投资条例》、《企业投资项目核准和备案管理条例》以及《企业投资项目核准和备案管理

---

① 《房屋建筑和市政基础设施建设项目全过程工程咨询服务技术标准(征求意见稿)》5. 3. 6. 2。
② 《房屋建筑和市政基础设施建设项目全过程工程咨询服务技术标准(征求意见稿)》5. 3. 7. 2。
③ 《房屋建筑和市政基础设施建设项目全过程工程咨询服务技术标准(征求意见稿)》5. 3. 8. 2。
④ 《房屋建筑和市政基础设施建设项目全过程工程咨询服务技术标准(征求意见稿)》5. 3. 9. 2。
⑤ 《房屋建筑和市政基础设施建设项目全过程工程咨询服务技术标准(征求意见稿)》5. 3. 10. 2。

办法》等相关法律法规的规定,全过程工程咨询单位应当协助委托方在可行性研究的基础上,按照建设项目分类管理要求编制相应的申报材料,并依据项目类型分别进行审批、核准或者备案。

1. 政府投资项目。根据《政府投资条例》第 9 条以及《关于加强和规范新开工项目管理的通知》第 2 条,针对政府投资项目,全过程工程咨询单位应当协助委托方编制项目建议书、可行性研究报告、初步设计,并按照政府投资管理权限和规定的程序,报投资主管部门或者其他有关部门审批。具体为:首先,向发展改革等项目审批部门报送项目建议书,依据项目建议书批复文件分别向城乡规划、国土资源和环境保护部门申请办理规划选址、用地预审和环境影响评价审批手续;其次,在完成相关手续后再根据项目论证情况向发展改革等项目审批部门报送可行性研究报告,并附规划选址、用地预审和环评审批文件;最后,依据可行性研究报告批复文件向城乡规划部门申请办理规划许可手续,向国土资源部门申请办理正式用地手续。

2. 企业投资项目。根据《企业投资项目核准和备案管理办法》第 4 条规定,对于企业投资项目,按照不同情况,分别实行核准管理或备案管理,其中对关系国家安全、涉及全国重大生产力布局、战略性资源开发和重大公共利益等项目实行核准管理,其他项目实行备案管理。

实行核准制的企业投资项目,按照《关于加强和规范新开工项目管理的通知》第 2 条要求,"项目单位分别向城乡规划、国土资源和环境保护部门申请办理规划选址、用地预审和环评审批手续。完成相关手续后,项目单位向发展改革等项目核准部门报送项目申请报告,并附规划选址、用地预审和环评审批文件。项目单位依据项目核准文件向城乡规划部门申请办理规划许可手续,向国土资源部门申请办理正式用地手续"。

实行备案制的企业投资项目,按照《关于加强和规范新开工项目管理的通知》第 2 条要求,"项目单位必须首先向发展改革等备案管理部门办理备案手续,备案后,分别向城乡规划、国土资源和环境保护部门申请办理规划选址、用地和环评审批手续"。

基于前述,结合《政府投资条例》《企业投资项目核准和备案管理条例》和《企业投资项目核准和备案管理办法》等法律法规的规定,针对全过程工程咨询单位在投资决策阶段可提供的报批报审咨询服务内容(如图 3-1 所示)。

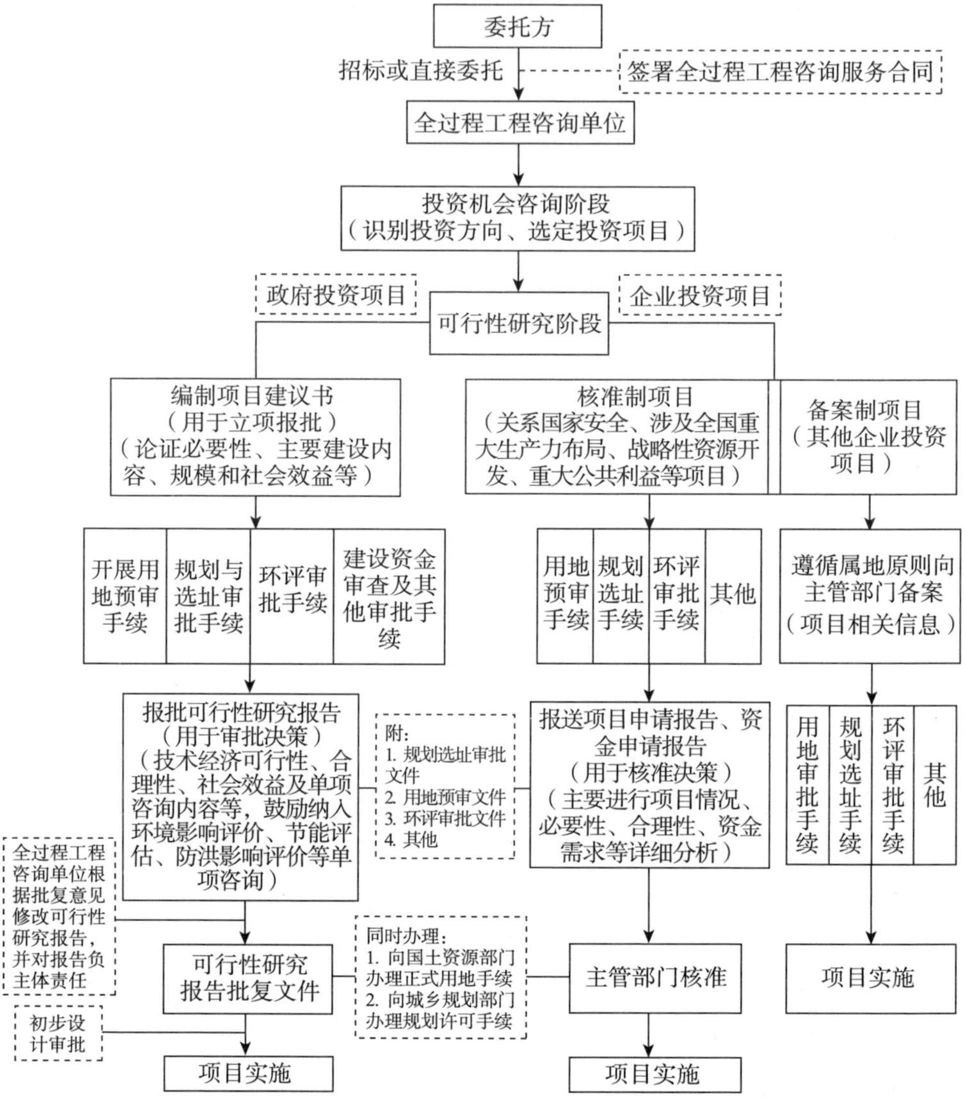

图3-1 全过程工程咨询单位在投资决策阶段提供的报批报审咨询服务内容

第二节　全过程工程咨询单位的法律角色定位

投资决策综合性咨询服务在全过程工程咨询服务中具有统领地位以及顶端优势，其对于整个建设项目的可持续发展以及效益最大化都发挥着不可替代的重要作用。在全过程工程咨询服务项目投资决策阶段，对于全过程工程咨询单位而言，主要存在以下两种法律角色：

一是全过程工程咨询单位接受委托方的委托，提供投资决策综合性咨询服务，包括编制项目建议书、可行性研究报告、建设条件单项咨询报告等文件材料并协助委托方向有关部门进行报批报审。此时，全过程工程咨询单位基于与委托方之间的委托关系，其承担的法律角色便为“受托人”，即全过程工程咨询单位应全面履行全过程工程咨询服务合同内容，做好咨询服务成果编制工作以及报批报审协助工作，避免出现因履约不到位、不全面而被委托方追责的法律风险。

二是全过程工程咨询单位作为提供包括出具可行性研究报告、环境影响评价报告、投资估算报告等在内的投资决策咨询服务的专业机构，根据《工程咨询行业管理办法》的相关规定，应对咨询报告质量及结论负责。此时，全过程工程咨询单位便承担了“咨询人”一角，如有违法违规行为，将会有行业监管、行政乃至刑罚处罚等法律风险。

第三节　全过程工程咨询单位的法律风险

一、提供可行性研究论证咨询服务过程中的法律风险

在投资决策咨询阶段，可行性研究论证是最具综合性咨询特征的核心内容，其成果包括但不限于以下文件：项目建议书、可行性研究报告、项目申请报告、资金申请报告，以及建设项目选址论证、交通影响评价报告、项目社会稳定性风险评价、环境影响评价报告、节能评估报告、项目安全评价、水土保持方案、地质灾

害危险性评估等[①]。

值得注意的是,可行性研究报告与各单项或专项研究报告之间并非简单的集合关系,根据法律法规以及各地政策的不同需要,部分单项或专项研究报告需纳入可行性研究报告文件当中,而部分单项或专项研究报告则需单独编制报批[②]。其中,必须包含在可行性研究报告中的咨询内容包括:用地预审与选址意见、建设资金审查、社会风险评估(重大社会风险的建设项目)[③]、多种建设方案[④]等主要建设条件单项咨询。

全过程工程咨询单位在提供可行性研究论证咨询服务过程中的主要法律风险具体如下:

(一)民事法律风险

作为投资决策咨询服务阶段的直接受托方,全过程工程咨询单位在与委托方签署全过程工程咨询服务合同后,要切实履行委托合同约定的各项义务,切实开展投资决策阶段的咨询服务工作,向委托方提交符合约定要求的项目建议书、可行性研究报告、项目申请报告、资金申请报告、单项咨询报告等可行性研究成果,并对可行性研究成果的真实性、有效性和科学性负主体责任[⑤]。否则,若是全过程工程咨询单位未按要求或未尽职尽责的编制、提交可行性研究成果,并给委托方造成损失的,根据《民法典》第 577 条之规定,将承担继续履行、采取补救措施或者赔偿损失等违约责任。具体来说,在司法实践中,如因全过程工程咨询单位原因导致委托方不能及时获悉政府职能部门就可行性研究、环境影响评价的工作安排及要求,或是因全过程工程咨询单位编制、提交的文件资料不达标以致无法通过行政主管部门审批等,阻碍全过程工程咨询项目的服务进度的,均视为全过程工程咨询单位未全面履行合同义务,届时其向委托方主张咨询费的主张将不予支持或是仅部分支持。

---

① 《房屋建筑和市政基础设施建设项目全过程工程咨询服务技术标准(征求意见稿)》5.1.4、5.2.2.1。

② 《房屋建筑和市政基础设施建设项目全过程工程咨询服务技术标准(征求意见稿)》5.2.2.9。

③ 《房屋建筑和市政基础设施建设项目全过程工程咨询服务技术标准(征求意见稿)》5.2.2.2。

④ 《房屋建筑和市政基础设施建设项目全过程工程咨询服务技术标准(征求意见稿)》5.2.2.5。

⑤ 《关于推进全过程工程咨询服务发展的指导意见》第 5 条、《房屋建筑和市政基础设施建设项目全过程工程咨询服务技术标准(征求意见稿)》5.4.5。

典型案例 3－1

【案号】广东省东莞市中级人民法院(2019)粤19民终1866号

【案情简介】A公司委托B公司办理编制涉案项目环评报告并向环保部门申报、取得环保部门出具的批复文件等工作,双方因对该工作的完成情况以及合同款项的支付问题产生争议,故诉至法院。

【裁判观点】法院裁判认为,根据案涉合同约定,B公司有义务编制项目环评报告并向环保部门申报、取得环保部门出具的批复文件,且案涉合同明确约定,与本项目有关的政府职能部门工作安排及要求发生变化,B公司应及时通告A公司。B公司在明知案涉项目属于《建设项目环境影响评价分类管理名录》中应当填报环境影响登记表的建设项目时,应当及时如实告知A公司案涉项目不需要或者不能编制建设项目环境影响评价报告,但B公司没有提交相应证据证明其在办理案涉项目的环境影响登记表之前已经如实告知A公司。因此,对B公司所主张的已办理环境影响登记表备案即为履行了案涉合同约定的义务,法院不予采纳。此外,案涉合同亦明确了项目的变更事宜,产生的费用由双方另行协商一致确认,B公司没有提交证据证明就办理的事宜发生变更一事与A公司就收费进行了协商确认,B公司要求A公司按照合同约定支付款项的主张,法院不予采纳。

典型案例 3－2

【案号】上海知识产权法院(2020)沪73民终300号

【案情简介】2014年1月1日,A公司与B公司就“悠络客发改委服务业发展引导资金项目”签订技术咨询合同,其中,A公司负责项目验收工作的材料准备撰写并提报,具体要求为:在B公司提供编制可行性研究报告所需全部资料后,A公司在发改委服务业发展引导资金要求的最后提交时间前完成可行性研究报告的编制,在项目获批后B公司提供资金申报及验收的材料后,A公司按时间节点及要求按时完成。合同签订后,A公司在2014年3月13日完成了可行性研究报告编制,并于同日以邮件形式将其发送给B公司,B公司接收并认可该报告。2015年8月至12月,B公司交付给A公司服务费35万元。2018年2月11日又支付A公司10万元,B公司已支付A公司相关费用共计45万元。此后双方就合同中约定下发资金30%服务费的剩余款项支付,进行过协商。A公司认为B公司未通知其已通过项目获批的事实，要求B公司按照合同约定支付剩余73万元服务费。B公司认为，A公司仅完成合同部分义务，项目获批后未协助B公司进行扶持资金的申报工作，且并未撰写验收工作的材料。

【裁判观点】法院裁判认为，涉案《技术咨询合同》系当事人自愿协商订立，内容合法有效，当事人应按约履行。该协议包含约定A公司向B公司提供发改委服务业发展引导资金项目获批前的可行性研究报告编制以及项目获批后扶持资金的申报、项目验收工作的材料准备撰写并提报两部分内容，两部分有先后关系，实为两个阶段实现一个合同目的，即确保B公司"基于云视频的联网监控及智能商业分析系统平台"项目能获市、区资金扶持。双方在合同中并未约定两部分内容的服务费用分段支付标准。2014年3月13日，A公司对于可行性研究报告已完成，并获得B公司认可，A公司该阶段义务履行完毕，A公司应当获得对价。

涉案合同约定的第二阶段即B公司协助申报资金，A公司负责验收工作的材料撰写并提报，仍属于合同的主要内容，应由A公司负责完成。但该阶段工作，A公司并未参与履行，B公司自行完成该阶段工作，并通过申报获得政府资金。A公司实际未能全部履行合同项下义务，就不能获得相应对价。本案中，双方对该阶段义务不履行的违约后果等均无约定。双方无证据证明委托人提供后续项目验收工作的相关资料提供情况，亦未提供双方的协调过程记录。又鉴于本合同目的属于申请国家支持项目资金，除在A公司的协助下完成项目可行性报告、完成扶持资金的申报、验收工作的材料准备等工作之外，B公司本身具备符合相应的国家政策规定的报批资格，是获得国家扶持资金关键条件。B公司系通过自身资质获得相关扶持资金，并非仅需A公司参与申报、验收材料撰写并提报即可获得资金。根据民事活动中公平合理原则，根据合同约定、合同履行情况、B公司的过错、A公司实际付出的对价等因素综合考量，酌情予以认定处理，确定B公司应当支付A公司上述款项为400,000元。

（二）行政法律风险

为加强对工程咨询行业的管理，规范从业行为，保障工程咨询服务质量，促进投资科学决策、规范实施，发挥投资对优化供给结构的关键性作用，国家发改委于2017年11月6日公布《工程咨询行业管理办法》，就工程咨询单位及其从业人员的行为要求以及法律责任进行了明确，强调工程咨询单位应对咨询质量负总责,其中主持该咨询业务的人员对咨询成果文件质量负主要直接责任,参与人员对其编写的篇章内容负责,工程咨询实行咨询成果质量终身负责制。若工程咨询行业有关单位、组织和人员存在违法违规信息,将被列入不良记录,并将通过在线平台和"信用中国"网站向社会公布,实行违法失信联合惩戒。

1. 全过程工程咨询单位的违法行为

全过程工程咨询单位有下列行为之一的,由发展改革部门责令改正,情节严重的给予警告处罚并从备案名录中移除,已获得资信评价等级的则由开展资信评价的组织取消其评价等级,对直接责任人员由发展改革部门责令改正或给予警告处罚:(1)备案信息存在弄虚作假或与实际情况不符的;(2)违背独立公正原则,帮助委托单位骗取批准文件和国家资金的;(3)弄虚作假、泄露委托方的商业秘密以及采取不正当竞争手段损害其他工程咨询单位利益的;(4)咨询成果存在严重质量问题的;(5)未建立咨询成果文件完整档案的;(6)伪造、涂改、出租、出借、转让资信评价等级证书的;(7)弄虚作假、提供虚假材料申请资信评价的;(8)弄虚作假、帮助他人申请咨询工程师(投资)登记的;(9)其他违反法律法规的行为。

典型案例3-3

【案号】惠州市环境保护局惠市环(仲恺)罚〔2020〕23号

【案情简介】《惠州市某公司建设项目环境影响报告表》实际编制单位为深圳市某环境有限公司[编制主持人张某(信用编号BH022114)已于2020年7月7日在环境影响评价信用平台注销]。经审查,《惠州市某公司建设项目环境影响报告表》存在较大质量问题,主要包括:未按要求开展环境影响评价范围内的相关环境要素现状调查与评价;危险物质数量与临界量比值Q值和大气污染源计算过程及结果抄袭、弄虚作假等。

【行政处罚】惠州市生态环境局对深圳市某环境有限公司处罚款4.8万元。

典型案例3-4

【案号】吉林省住建厅(吉建设)处罚〔2019〕02号

【案情简介】延边A造价咨询有限公司,2018年4月7日出具的工程造价成果文件《鉴定书》(延明工程造咨鉴字〔2018〕008号),违反了《吉林省建设工程造价管理办法》(省政府令第222号)、《注册造价工程师管理办法》(建设部令第150号)相关条款规定。

【行政处罚】吉林省住建厅决定给予延边A造价咨询有限公司处以10,000元罚款,并将此次行政处罚作为其不良记录记入信用档案,在“吉林省建筑市场监管公共服务平台”予以公布。

2. 全过程工程咨询单位从业人员的违法行为

在全过程工程咨询服务投资决策阶段,全过程工程咨询项目总咨询负责人须对咨询服务成果质量负总责,各专业咨询服务负责人则须对其专业咨询服务成果文件质量负直接责任。

如全过程工程咨询单位从业人员,包括总咨询负责人、各专业咨询负责人以及参与人员等,存在下列行为之一的,中国工程咨询协会将视情节轻重给予警告、通报批评、注销登记证书并收回执业专用章等处罚:(1)在执业登记中弄虚作假的;(2)准许他人以本人名义执业的;(3)涂改或转让登记证书和执业专用章的;(4)接受任何影响公正执业的酬劳的。

典型案例3-5

【案号】石家庄市城市管理局石城管综罚字〔2020〕第25号

【案情简介】邓某以欺骗等不正当手段取得了河北A造价咨询有限公司的注册造价工程师证书。

【行政处罚】石家庄市城市管理综合执法局对邓某处罚款3万元。

典型案例3-6

【案号】深圳市生态环境局深环罚字〔2020〕第001号、〔2020〕第002号、〔2020〕第003号、〔2020〕第004号

【案情简介】2020年1月7日,A单位作为深圳湾航道疏浚工程(一期)建设单位,与B事务中心签订《深圳湾航道疏浚工程(一期)委托代建管理合同》,委托B事务中心负责深圳湾航道疏浚工程(一期)的全部建设管理工作。B事务中心通过公开招标确定C公司作为全过程工程咨询单位,并签订了《深圳市建设工程项目全过程咨询委托合同》,服务内容包括环境影响评价等工作,C公司根据合同约定并经B事务中心认可后,将该项目环境影响评价工作交由D所承担,并

由其全资子公司与 D 所签订《技术咨询合同》，徐某某是深圳湾航道疏浚工程（一期）环境影响报告书的编制主持人兼主要编制人员。

2020 年 3 月 19 日，A 单位在深圳市交通运输局官方网站公示《深圳湾航道疏浚工程（一期）环境影响报告书送审稿公众参与公告》。3 月 25 日，A 单位在深圳市交通运输局官方网站发布《关于深圳湾航道疏浚工程（一期）环境影响报告书送审稿公示时间延长的公告》。经调查，D 所编制的《深圳湾航道疏浚工程（一期）环境影响报告书（送审稿）》多处出现"湛江"等字样，部分抄袭了《湛江港 30 万吨级航道改扩建工程环境影响报告书》内容，不符合环境影响评价标准和技术规范等有关规定，存在基础资料明显不实、内容虚假等严重质量问题。

【行政处罚】对 A 单位处以罚款人民币 100 万元；对 B 事务中心处以罚款人民币 200 万元；对 D 所处以罚款人民币 320 万元；禁止徐某某 5 年内从事环境影响报告书、环境影响报告表编制工作。

（三）刑事法律风险

全过程工程咨询单位在提供可行性研究咨询服务过程中，无论是项目策划书、项目建议书的编制，还是可行性研究报告、投资估算报告、环境影响评价报告的出具，其内容论证都应严格遵守客观真实、诚实守信、公正执业的基本原则。

《中央预算内直接投资项目管理办法》第 38 条规定："有关工程咨询机构或者设计单位在编制项目建议书、可行性研究报告、初步设计及投资概算以及开展咨询评估或者项目后评价时，弄虚作假或者咨询评估意见严重失实的，国家发展改革委和有关部门将其纳入不良信用记录，根据其情节轻重，依法给予警告、停业整顿、降低资质等级或者撤销资质等处罚；造成损失的，依法承担赔偿责任。相关责任人员涉嫌犯罪的，依法移送司法机关处理。"《环境影响评价法》第 32 条第 2、3、4 款规定："接受委托编制建设项目环境影响报告书、环境影响报告表的技术单位违反国家有关环境影响评价标准和技术规范等规定，致使其编制的建设项目环境影响报告书、环境影响报告表存在基础资料明显不实，内容存在重大缺陷、遗漏或者虚假，环境影响评价结论不正确或者不合理等严重质量问题的，由设区的市级以上人民政府生态环境主管部门对技术单位处所收费用三倍以上五倍以下的罚款；情节严重的，禁止从事环境影响报告书、环境影响报告表编制工作；有违法所得的，没收违法所得。编制单位编制主持人和主要编制人员五年内禁止从事环境影响报告书、环境影响报告表编制工作;构成犯罪的,依法追究刑事责任,并终身禁止从事环境影响报告书、环境影响报告表编制工作。"

根据前述,一旦全过程工程咨询服务单位在提供投资决策咨询服务过程中,存在违反国家有关规定,致使编制报告内容明显不实,存在重大遗漏、缺陷或虚假等严重质量问题时,根据《刑法》第229条规定:"承担资产评估、验资、验证、会计、审计、法律服务、保荐、安全评价、环境影响评价、环境监测等职责的中介组织的人员故意提供虚假证明文件,情节严重的,处五年以下有期徒刑或者拘役,并处罚金;有下列情形之一的,处五年以上十年以下有期徒刑,并处罚金:(一)提供与证券发行相关的虚假的资产评估、会计、审计、法律服务、保荐等证明文件,情节特别严重的;(二)提供与重大资产交易相关的虚假的资产评估、会计、审计等证明文件,情节特别严重的;(三)在涉及公共安全的重大工程、项目中提供虚假的安全评价、环境影响评价等证明文件,致使公共财产、国家和人民利益遭受特别重大损失的。有前款行为,同时索取他人财物或者非法收受他人财物构成犯罪的,依照处罚较重的规定定罪处罚。第一款规定的人员,严重不负责任,出具的证明文件有重大失实,造成严重后果的,处三年以下有期徒刑或者拘役,并处或者单处罚金。"相关责任人员将涉嫌提供虚假证明文件罪、出具证明文件重大失实罪、受贿罪、非国家工作人员受贿罪等刑事犯罪,并需面临严苛的刑罚处罚。

典型案例3-7

【案号】安徽省怀远县人民法院(2020)皖0321刑初39号

【案情简介】2013年5月,陈某和陈某某(另案处理)在安徽省合肥市注册成立了A公司,从事环保影响环评报告、节能报告、环境评估报告等业务,公司未取得环境影响评价资质,陈某、陈某某也未取得环境影响评价工程师职业资格。2013年年底左右,A公司以安徽B公司名义投标入驻怀远县行政服务中心,开始接收企业环评业务,陈某作为行政服务中心窗口工作人员,负责和企业对接、收集资料并编制环境影响评价文件,一般每个环评收取委托方6000元至10,000余元不等的费用,陈某作出环境影响评价文件后,交由有环境影响评价资质的公司审核通过后取得相关资质文件,之后编制完整的环境影响评价文件交给委托方或直接提交怀远县环保局审批。

2014年开始,A公司挂靠C公司对外出具环境影响评价文件,每份支付C

公司1000元至1500元不等的费用。2015年年初，陈某私刻C公司公章及其法人印章，并伪造工程师签名等资质文件，自2015年1月至2016年12月，共出具52份虚假的环境影响评价文件。

【裁判观点】法院裁判认为，陈某作为环境影响评价机构的人员，故意提供虚假环境影响评价文件，情节严重，其行为构成提供虚假证明文件罪，判处有期徒刑1年4个月，并处罚金3万元。

典型案例3-8

【案号】陕西省西安市雁塔区人民法院(2017)陕0113刑初415号

【案情简介】2011年至2012年，姬某在任西安市雁塔区民政局财务福彩科科长期间，在社区两项建设和福彩示范站建设的工程造价审计环节，姬某未向造价员董某提供出具结算报告所需图纸，在雷某授意下，姬某让郭某1找董某自行解决提供资料的问题。为了快速做出结算报告，郭某1分别于2011年国庆前、2012年春节前、2012年春节后、2012年8月，先后送给董某好处费共计6.5万元，董某将钱款用于个人消费和家庭支出。董某在收取好处费后，不按规定程序进行造价审核，在没有施工图纸，没有招标文件资料，没有对主要材料型号价格调查核实，没有进行施工现场勘查，甚至明知没有竣工验收的情况下，出具了结算审核报告。姬某未尽会计监督和委托方职责，在结算审核报告的真实性、合法性难以保证的情况下，仍然利用结算报告冲抵往来账，致使结算审核报告失去原有造价审计监督作用，而成为其财务冲账的依据，客观上造成郭某1利用虚假结算审核报告套取工程建设资金得以实现，致使国家利益遭受重大损失，虚构工程项目和重复结算、虚报工程量造成损失总计2,336,927.77元。

【裁判观点】法院裁判认为，董某身为工程造价咨询公司造价员利用职务之便，非法收受他人财物，为他人谋取利益，数额较大，其行为已构成非国家工作人员受贿罪，又严重不负责任，出具的证明文件有重大失实，造成严重后果，其行为已构成出具证明文件重大失实罪，依法应数罪并罚。

二、投资估算编制过程中的法律风险

工程项目造价咨询系全过程工程专项咨询服务中的重点内容，即全过程工程咨询服务单位根据全过程工程咨询服务合同的约定，为委托方提供覆盖项目投资决策和建设实施全过程或其中若干阶段的造价咨询服务。工程项目造价咨询服务在投资决策阶段体现为投资估算报告的编制。尤其是在政府投资项目中,根据《政府投资条例》第12条规定:“经投资主管部门或者其他有关部门核定的投资概算是控制政府投资项目总投资的依据。初步设计提出的投资概算超过经批准的可行性研究报告提出的投资估算10%的,项目单位应当向投资主管部门或者其他有关部门报告,投资主管部门或者其他有关部门可以要求项目单位重新报送可行性研究报告。”

考虑到长期以来项目建设超概算的情况屡屡发生,而建设方往往将工程造价风险置于工程招投标以及施工阶段,从而忽视投资决策这一造价源头的实质性影响,由此便导致后续项目融资以及各项审批手续出现问题、项目进度出现停滞、项目效益无法实现最大化以及最优化。除此之外,根据《中央预算内直接投资项目概算管理暂行办法》第17条规定:“申请调整概算的项目,如有未经国家发展改革委批准擅自增加建设内容、扩大建设规模、提高建设标准、改变设计方案等原因造成超概算的,除按照第15条提交调整概算的申报材料外,必须同时界定违规超概算的责任主体,并提出自行筹措违规超概算投资的意见,以及对相关责任单位及责任人的处理意见。国家发展改革委委托评审,待相关责任单位和责任人处理意见落实后核定调整概算,违规超概算投资原则上不安排中央预算内投资解决。”

具体到全过程工程咨询单位的责任承担,根据《中央预算内直接投资项目概算管理暂行办法》第17条之规定,如因全过程工程咨询单位的过错造成项目超概算的,委托方可以根据法律法规和合同约定向其追偿。与此同时,国家发改委可以商请资质管理部门建立不良信用记录,将过错单位纳入国家统一的信用信息共享交换平台,作为相关部门资质评级、续期的重要参考。

典型案例3-9

【案号】厦门市同安区城市管理局厦同城管罚〔2020〕285号

【案情简介】某单位在同安区环东海域西柯片区建设的“厦门市运动训练中心项目”已于2011年6月20日取得《建设用地批准书》(厦门市〔2011〕同字第057号),批准的总用地面积196,131.262平方米;于2012年4月11日取得《建设工程规划许可证》(编号:建字第350212201214035号),批准建设规模:总用地面积196,131.262平方米,建设用地面积179,982.59平方米,总建筑面积

74,922.02 平方米(地上 70,109.39 平方米,地下 4812.63 平方米)。

该项目于 2012 年 5 月开工,2015 年 12 月竣工。某单位未按照《建设工程规划许可证》进行建设,将原规划教学办公综合楼缓建部分和公寓综合楼缓建部分同步建成,总超建建筑面积 3576.442 平方米,其中教学办公综合楼超建部分为五层局部六层钢混铝合金结构建筑,超建总建筑面积 2744.073 平方米(其中第一层超建 539.886 平方米,第二至四层均超建 541.003 平方米,第五层超建 541.050 平方米,第六层超建 40.128 平方米)。公寓楼超建部分为第二层的钢混结构建筑,超建面积 832.369 平方米。按照《厦门市发展改革委关于市运动训练中心项目重新立项的批复》(厦发改社会〔2011〕111 号)"市运动训练中心投资概算审核表"进行核算,教学办公综合楼和公寓楼超建部分建设工程造价共计人民币 11,960,212.48 元,其中(1)教学办公综合楼建设工程造价审定金额为 4726.79 万元(建筑面积 14,134.3 平方米),每平方米造价为 3344.2 元,超建 2744.073 平方米建设工程造价为 9,176,728.93 元。(2)公寓楼建设工程造价审定金额为 5411 万元(建筑面积 16,181 平方米),每平方米造价为 3344.05 元,超建 832.369 平方米建设工程造价为 2,783,483.554 元。

【行政处罚】厦门市同安区城市管理局责令某单位于收到决定书之日起 15 日内向原规划审批机关办理审批变更手续,并处运动训练中心违法建设部分工程总造价 11,960,212.48 元的 6% 罚款,即罚款人民币 717,612.74 元。

典型案例 3 – 10

【案号】双牌县审计局双审投决〔2020〕1 号

【案情简介】该工程经双牌县财政投资评审中心评审的招标控制价(合理定价)为 4,273,217.93 元,经公开招标后中标单位中标价 4,273,217.93 元,经审计审核的工程竣工结算造价为 8,040,613.82 元,超县财政评审招标控制价(中标价)3,767,395.89 元,超标率为 88.16%。审计通过现场察看、丈量、分析、抽查计算等必要的审计方法,发现该工程竣工结算存在多计工程造价 1,051,295.89 元的情况。

【行政处罚】双牌县审计局根据《建设项目审计处理暂行规定》(审投发〔1996〕105 号)第 8 条、《财政违法行为处罚处分条例》(国务院令第 427 号)第 9 条、审计署《政府投资项目审计规定》(审投发〔2010〕173 号)第 8 条,对双牌县某建设投资有限公司竣工结算超招标控制价、建设单位与施工单位竣工结算多计工程造价的行为处罚款60,000.00元。

三、报批报审过程中的法律风险

在投资决策阶段,全过程工程咨询单位不仅仅需要向委托方提交符合标准的可行性研究成果,还需要履行协助委托方办理可行性研究成果报审、备案等手续的咨询义务。根据项目类别的不同,可行性研究成果的报审程序亦不相同,其中政府投资项目需要报投资主管部门或有关部门审批,而企业投资项目则需依据《企业投资项目核准和备案管理条例》《企业投资项目核准和备案管理办法》的规定进行核准或是备案。

无论是政府投资项目还是企业投资项目,在报批报审过程中,全过程工程咨询单位除了会面临因履行报批报审义务不到位以致给委托方造成损失的侵权或违约等民事法律风险外,其面临的行政以及刑事法律风险也相对较为突出,具体如下:

(一)政府投资项目审批过程中的行政法律风险

根据《政府投资条例》第34条之规定,项目单位有下列情形之一的,责令改正,根据具体情况,暂停、停止拨付资金或者收回已拨付的资金,暂停或者停止建设活动,对负有责任的领导人员和直接责任人员依法给予处分:(1)未经批准或者不符合规定的建设条件开工建设政府投资项目;(2)弄虚作假骗取政府投资项目审批或者投资补助、贷款贴息等政府投资资金;(3)未经批准变更政府投资项目的建设地点或者对建设规模、建设内容等作较大变更;(4)擅自增加投资概算。

根据《政府投资条例》第35条之规定,项目单位有以下情形的,责令改正,并对负有责任的领导人员和直接责任人员依法给予处分:(1)未按照规定将政府投资项目审批和实施过程中的有关文件、资料存档备查;(2)转移、隐匿、篡改、毁弃项目有关文件、资料。

典型案例3-11

【案号】临海市国土资源局临自然资规罚〔2019〕59号

【案情简介】金台某公司于2016年6月开始未经批准,擅自占用临海市古城街道、江南街道、杜桥镇、括苍镇、上盘镇、桃渚镇、汛桥镇、沿江镇、永丰镇和涌泉镇土地实施建设新建金华至台州铁路(临海段)项目,现已基本建成,扣除已批准的先行用地 94,734 平方米后,实际违法用地面积 1,639,833 平方米。

【行政处罚】现经查明,新建金华至台州铁路(临海段)项目属省级重点工程,用地手续现已组件上报至自然资源部。该工程于 2014 年 10 月 24 日经中国铁路总公司、浙江省人民政府批复项目建议书(铁总计统函〔2014〕1517 号),于 2015 年 3 月 27 日经浙江省人民政府办公厅同意列入省重点建设项目名单(浙政办发〔2015〕35 号),于 2015 年 9 月 11 日经中国铁路总公司、浙江省人民政府批复项目可行性研究报告(铁总计统函〔2015〕1005 号),于 2016 年 3 月 11 日经中国铁路总公司、浙江省人民政府批复项目初步设计(铁总鉴函〔2016〕183 号);于 2015 年 6 月 29 日取得省住建厅建设项目选址意见书(浙规选字第〔2015〕039 号),于 2015 年 9 月 6 日通过原国土资源部用地预审(国土资预审字〔2015〕187 号),按单独选址建设项目用地报批。2018 年 5 月 14 日,本项目列入浙江省发改委 2018 年省重点建设项目计划(浙发改基综〔2018〕263 号)。考虑到工期紧张,该工程项目边上报审批边实施建设。

该工程项目地块现状地类分别为农用地 1,234,825 平方米、建设用地 225,120 平方米、未利用地 179,888 平方米;以上地块在临海市土地利用总体规划上均属允许建设区,符合土地利用总体规划。

以上行为违反了《土地管理法》第 2 条第 3 款和第 43 条第 1 款之规定,构成未批先建、非法占地事实。

综上,临海市国土资源局决定对金台某公司处罚如下:(1)责令退还非法占用的土地 1,639,833.00 平方米;(2)没收在非法占用 1,639,833.00 平方米上新建的建筑物和其他设施;(3)并处罚款 10 元/平方米,计人民币 16,398,330.00 元。

典型案例 3-12

【案号】浙江省建德市城市管理综合行政执法局杭建综执罚决字〔2021〕第 02-0022 号

【案情简介】根据建国资委纪要〔2017〕3 号文件会议精神,A 公司为南山路 1 号南山福邸开发项目实施主体,进行项目整体建设及运营管理工作。该项目住宅部分共 20 幢,于 2010 年办理了建设工程规划许可证(建字第〔2010〕0160126),批准计算容积率建筑面积 27,456 平方米,经住建局批复调整建筑设计方案中总计算容积率建筑面积 30,404.52 平方米,现实施后总计算容积率建筑面积 32,289.06 平方米。该住宅部分按批准建筑设计方案实施的建筑面积 15,871.74(地上建筑面积 13,069.45 平方米,地下不计算容积率建筑面积 2802.29 平方米)属于可采取改正措施消除影响的情形。未按批准建筑设计方案实施的 12 幢住宅楼(2#、5#、9#、11#、12#、15#、16#、18#、19#、20#、21#、22#幢)半地下部分计算容积率建筑面积 1978.3 平方米。经 A 公司委托第三方机构评估,未按批准建筑设计方案实施的 12 幢住宅楼(2#、5#、9#、11#、12#、15#、16#、18#、19#、20#、21#、22#幢)半地下部分拆除后会影响建筑物耐久性、安全性,属于无法采取改正措施消除影响的情形。经浙江省建德市城市管理综合行政执法局委托第三方评估机构评估,未按批准建筑设计方案实施的半地下建筑面积 1978.3 平方米房产的市场价格为 4,850,848 元。另经查证,A 公司委托第三方评估机构评估建德市新安江街道南山路原靶场(南山路 1 号南山福邸)的房屋重置造价,该住宅部分建筑面积 17,850.04 平方米(地上建筑面积 13,069.45 平方米,地下建筑面积 4780.59 平方米)房屋重置造价评估为 2086 万元。

【行政处罚】A 公司的行为违反了《城乡规划法》第 43 条第 1 款"建设单位应当按照规划条件进行建设;确需变更的,必须向城市、县人民政府城乡规划主管部门提出申请"的规定,属于未按照建设工程规划许可的规定进行建设的违法行为。根据《城乡规划法》第 64 条"未取得建设工程规划许可证或者未按照建设工程规划许可证的规定进行建设的,由县级以上地方人民政府城乡规划主管部门责令停止建设;尚可采取改正措施消除对规划实施的影响的,限期改正,处建设工程造价百分之五以上百分之十以下的罚款;无法采取改正措施消除影响的,限期拆除,不能拆除的,没收实物或者违法收入,可以并处建设工程造价百分之十以下的罚款"的规定,结合《关于规范行政处罚自由裁量权有关事项的通知》中《违法建设合理误差外超建面积处罚标准》《规划建设工程造价确定方法》,对 A 公司作出如下行政处罚:(1)地上建筑面积 13,069.45 平方米,地下建筑面积 4780.59 平方米部分(合计建筑面积 17,850.04 平方米),按照建设工程造价 2086 万元的 10%处罚款人民币 2,086,000 元。(2)12 幢住宅楼(2#、5#、9#、11#、12#、15#、16#、18#、19#、20#、21#、22#幢)半地下部分(建筑面积 1978.3 平方米),按照房地产市场评估价值予以没收违法收入 4,850,800 元。

（二）企业投资项目核准或备案过程中的行政法律风险

1. 以分拆项目、隐瞒有关情况或者提供虚假申报材料等不正当手段申请核准、备案

根据《企业投资项目核准和备案管理办法》第55条规定，企业以分拆项目、隐瞒有关情况或者提供虚假申报材料等不正当手段申请核准、备案的，项目核准机关不予受理或者不予核准、备案，并给予警告。

根据《企业投资项目核准和备案管理办法》第51条规定，项目单位提供虚假项目核准或备案信息的，相关信息列入项目异常信用记录，并纳入全国信用信息共享平台。

典型案例3-13

【案号】银川市自然资源局银自然资行金处字〔2021〕1号

【案情简介】某工程咨询有限公司于2019年9月未经依法批准，擅自占用位于金凤区亲水北街西侧、自治区工人疗养院北侧西湖农场国有土地建设“自治区工人疗养院北侧规划路（阅海湖——亲水大街）道路工程项目”；于2020年9月，未经依法批准，擅自占用位于金凤区正源街三号路东侧、万科锦宸小区南侧上海西路街道办事处银丰村集体土地，建设“正源街东侧十号路（三号路——银色高地文化中心）道路工程”项目。

【行政处罚】某工程咨询有限公司的上述行为违反了《土地管理法》第2条第3款“任何单位和个人不得侵占、买卖或者以其他形式非法转让土地”、第44条第1款“建设占用土地，涉及农用地转为建设用地的，应当办理农用地转用审批手续”和《宁夏回族自治区土地管理条例》第38条“建设占用土地，应当依法申请使用土地利用总体规划确定的城市、村庄和集镇建设用地区范围内的土地。能源、交通、水利、矿山、军事设施建设项目确实无法在城市和村庄、集镇建设用地区范围内安排，项目选址无法避开农用地的，可以在城市和村庄、集镇建设用地区范围外单独选址。建设占用土地，应当符合城市规划和村庄、集镇规划；涉及农用地转为建设用地的，应当符合土地利用总体规划，并依法办理农用地转用审批手续；占用农民集体所有的土地的，除兴办乡镇企业和村民建设住宅经依法批准使用本集体经济组织农民集体所有的土地的，或者乡（镇）村公共设施和公益事业建设经依法批准使用农民集体所有的土地外，还应当依法办理土地征用、使用审

批手续”的规定，银川市自然资源局对某工程咨询公司未经批准非法占用土地的行为处以：(1)退还非法占用的14,245平方米国有土地和5883平方米集体土地；(2)没收在非法占用14,245平方米国有土地上建设的14,245平方米道路和在非法占用1133平方米集体土地上建设的1133平方米道路；(3)对非法占用12,236平方米水田的违法行为和677平方米林地，处以每平方米10元的罚款，计129,130.00元；对非法占用2465平方米沟渠、245平方米城市用地、4505平方米其他草地的违法行为，处以每平方米5元的罚款，计36,075.00元。

2. 未依法办理核准手续开工建设或以欺骗、贿赂等不正当手段取得项目核准文件

根据《企业投资项目核准和备案管理办法》第56条规定，实行核准管理的项目，企业未依法办理核准手续开工建设或者未按照核准的建设地点、建设规模、建设内容等进行建设的，由核准机关责令停止建设或者责令停产，对企业处项目总投资额1‰以上5‰以下的罚款；对直接负责的主管人员和其他直接责任人员处2万元以上5万元以下的罚款，属于国家工作人员的，依法给予处分。项目应视情况予以拆除或者补办相关手续。以欺骗、贿赂等不正当手段取得项目核准文件，尚未开工建设的，由核准机关撤销核准文件，处项目总投资额1‰以上5‰以下的罚款；已经开工建设的，依照前款规定予以处罚；构成犯罪的，依法追究刑事责任。

典型案例3-14

【案号】厦门港航综合行政执法支队闽厦港交执〔2018〕罚字第24号

【案情简介】关于福建漳州液化天然气(LNG)接受站项目码头工程，该项目建设单位为中海油福建A有限公司，该公司于2012年1月启动防波堤工程的初步设计和施工图设计邀请招标，发标日期为2012年2月3日，截标时间为2012年2月23日。2014年7月启动码头工程初步设计邀请招标，发标日期为2014年8月13日，截标时间为2014年9月2日。中标单位均为中交B勘察设计院有限公司，中标金额分别为270万元和533万元。但该项目于2017年11月10日才取得国家发改委《关于福建漳州液化天然气(LNG)接收站项目核准的批复》(发改能源〔2017〕1951号)。该项目在未取得项目立项核准的情况下，即开展项目初步设计招标工作且未向交通运输部申报招标备案，涉嫌招投标程序违规。

【行政处罚】厦门港航综合行政执法支队认定中海油福建A公司水运工程建设项目未履行相关审批、核准手续开展招标活动，故对该公司处警告、罚款25,000元。

3. 未依法将项目信息或者已备案项目信息变更情况告知备案机关，或者向备案机关提供虚假信息

根据《企业投资项目核准和备案管理办法》第57条规定，实行备案管理的项目，企业未依法将项目信息或者已备案项目信息变更情况告知备案机关，或者向备案机关提供虚假信息的，由备案机关责令限期改正；逾期不改正的，处2万元以上5万元以下的罚款。

根据《企业投资项目核准和备案管理办法》第51条规定，项目单位未依法将项目信息告知备案机关，或者已备案项目信息变更未告知备案机关的，相关信息列入项目异常信用记录，并纳入全国信用信息共享平台。

典型案例3－15

【案号】温岭市综合行政执法局温综执罚决字〔2019〕第01705号

【案情简介】A公司于2016年7月12日取得温岭市XQ10111地块，即顺景水街项目地块，并于2017年3月14日办理了《建设工程规划许可证》编号建字第〔2017〕1150019号，建设项目名称为顺景水街，审批建筑面积地上45,083.12平方米，地下23,191.26平方米，原设计为31幢房屋，后根据《温岭市地名管理办法》要求对楼号进行修改，原6#－15#楼修改为22#楼，原16#－31#楼修改为6#－21#楼，即《建设工程规划核实意见通知书》中所指幢号。该项目目前已完工并申请规划验收，项目建设存在多处与规划许可不符且无法采取改正措施消除影响的情形。

【行政处罚】温岭市综合行政执法局认为A公司未按照建设工程规划许可证的规定进行建设工程建设，其行为已违反了《浙江省城乡规划条例》第41条之规定，根据《浙江省城乡规划条例》第59条第1款之规定，责令顺景公司按规定补办建设工程规划许可手续，并给予如下行政处罚：处1#－22#楼建设工程造价9%的罚款，计人民币9,161,174元。

4. 投资建设产业政策禁止投资建设项目

根据《企业投资项目核准和备案管理办法》第58条规定，企业投资建设产业政策禁止投资建设项目的，由县级以上人民政府投资主管部门责令停止建设或者责令停产并恢复原状，对企业处项目总投资额5‰以上10‰以下的罚款；对直接负责的主管人员和其他直接责任人员处5万元以上10万元以下的罚款，属于国家工作人员的，依法给予处分。法律、行政法规另有规定的，依照其规定。

典型案例3-16

【案号】西安铁路运输中级法院(2020)陕71行终1346号

【案情简介】自2018年11月4日开始至2019年11月12日，某加工厂多次向陕西政务服务网提交其立项备案。西安市鄠邑区发改委通过平台以申报项目不符合目前鄠邑区产业功能区划分及产业准入要求，暂不予受理。

【裁判观点】法院裁判认为，《企业投资项目核准和备案管理条例》第3条规定"对关系国家安全、涉及全国重大生产力布局、战略性资源开发和重大公共利益等项目，实行核准管理。具体项目范围以及核准机关、核准权限依照政府核准的投资项目目录执行。政府核准的投资项目目录由国务院投资主管部门会同国务院有关部门提出，报国务院批准后实施，并适时调整。国务院另有规定的，依照其规定。对前款规定以外的项目，实行备案管理。除国务院另有规定的，实行备案管理的项目按照属地原则备案，备案机关及其权限由省、自治区、直辖市和计划单列市人民政府规定"。第4条规定"除涉及国家秘密的项目外，项目核准、备案通过国家建立的项目在线监管平台(以下简称在线平台)办理。核准机关、备案机关以及其他有关部门统一使用在线平台生成的项目代码办理相关手续。国务院投资主管部门会同有关部门制定在线平台管理办法"。《企业投资项目核准和备案管理办法》第5条规定"实行核准管理的具体项目范围以及核准机关、核准权限，由国务院颁布的《政府核准的投资项目目录》(以下简称《核准目录》)确定。法律、行政法规和国务院对项目核准的范围、权限有专门规定的，从其规定。《核准目录》由国务院投资主管部门会同有关部门研究提出，报国务院批准后实施，并根据情况适时调整。未经国务院批准，各部门、各地区不得擅自调整《核准目录》确定的核准范围和权限"。第6条规定"除国务院另有规定外，实行备案管理的项目按照属地原则备案。各省级政府负责制定本行政区域内的项目备案管理办法，明确备案机关及其权限”。第7条规定“依据本办法第五条第一款规定具有项目核准权限的行政机关统称项目核准机关。《核准目录》所称国务院投资主管部门是指国家发改委；《核准目录》规定由省级政府、地方政府核准的项目，其具体项目核准机关由省级政府确定。项目核准机关对项目进行的核准是行政许可事项，实施行政许可所需经费应当由本级财政予以保障。依据国务院专门规定和省级政府规定具有项目备案权限的行政机关统称项目备案机关”。

本案中，某加工厂所申请立项备案项目为重质碳酸钙粉体生产线，需要大规模获取特定的石材进行生产，而非属于矿石碎料和板材边角料、石粉综合利用生产。因此，其不属于《产业结构调整指导目录》中规定的鼓励类。故西安市鄠邑区发改委依据《企业投资项目核准和备案管理办法》第30条“项目违反相关法律法规，或者不符合发展规划、产业政策和市场准入标准要求的，项目核准机关可以不经过委托评估、征求意见等程序，直接作出不予核准的决定”的规定，向某加工厂作出不予立项备案的行为，并无不当。

5. 不遵守国土（海洋）资源、城乡规划、环境保护、节能、安全监管、建设等方面法律法规和有关审批文件要求

根据《企业投资项目核准和备案管理办法》第59条规定，项目单位在项目建设过程中不遵守国土（海洋）资源、城乡规划、环境保护、节能、安全监管、建设等方面法律法规和有关审批文件要求的，相关部门应依法予以处理。

典型案例3－17

【案号】天津市宁河区生态环境局津宁生环罚字〔2019〕100号

【案情简介】天津A房地产开发有限公司经营的位于宁河区芦台镇光明路（原粮食一库）的房地产开发项目，按照《建设项目环境影响评价分类管理名录》属应备案环境影响登记表的建设项目。该单位于2017年建厂并投入生产，至今仍未依法办理环境影响评价登记表并备案。

【行政处罚】天津市宁河区生态环境局根据《建设项目环境保护管理条例》第21条和《环境影响评价法》第31条第3款对天津某房地产开发有限公司处罚款2万元。

（三）报批报审过程中的刑事法律风险

将可行性研究成果报有关部门审批是全过程工程咨询投资决策阶段的一项

重要内容,全过程工程咨询单位及相关人员在报批报审过程中,因涉及行政审批环节,往往容易滋生钱权交易等贿赂行为,具体如下:

1. 行贿罪

行贿罪,是指为谋取不正当利益,给予国家工作人员以财物的行为。投资决策阶段是全过程工程咨询服务人员最易触犯行贿罪的阶段。在该阶段,由全过程工程咨询单位委派的负责报批报审的咨询人员,为了促使可行性研究成果文件在较短时间内通过行政主管部门的审批,或是试图将不合格的可行性研究成果文件当作合格的可行性研究成果文件以求蒙混过关等,往往会从行政主管部门领导或工作人员处着手,通过给予包括现金、礼品、卡券、旅游服务等财产或财产性利益,以最终实现其不法目的。

根据《刑法》第 390 条之规定,对犯行贿罪的,处 5 年以下有期徒刑或者拘役,并处罚金;因行贿谋取不正当利益,情节严重的,或者使国家利益遭受重大损失的,处 5 年以上 10 年以下有期徒刑,并处罚金;情节特别严重的,或者使国家利益遭受特别重大损失的,处 10 年以上有期徒刑或者无期徒刑,并处罚金或者没收财产。

典型案例 3 – 18

【案号】湖北省嘉鱼县人民法院(2018)鄂 1221 刑初 116 号

【案情简介】2014 年,徐某为承接市城投公司的工程项目可行性研究报告业务和审计业务,与时任城投公司监察审计部部长饶某约定,由饶某介绍业务,徐某按项目金额的 20% 向饶某支付提成。自 2014 年 12 月起,饶某先后安排了咸宁市城铁南站排水泵站工程、咸宁市委党校综合报告厅改建项目等多项可行性研究报告业务和审计业务,交给徐某以 A 咨询有限公司、B 公信师事务所名义承接。为兑现承诺,徐某于 2015 年至 2017 年分三次送给饶某 14 万元。

【裁判观点】法院裁判认为,徐某为谋取不正当利益,给予国家工作人员财物,数额较大,其行为构成行贿罪。徐某有自首情节,可从轻处罚,判处有期徒刑 10 个月,缓刑 1 年,并处罚金 10 万元。

2. 对有影响力的人行贿罪

对有影响力的人行贿罪,是指为谋取不正当利益,向国家工作人员的近亲属或者其他与该国家工作人员关系密切的人,或者向离职的国家工作人员或者其近亲属以及其他与其关系密切的人行贿的行为。鉴于我国长期以来都有重视血缘、地缘等人情礼仪的传统,因此在投资决策阶段,行为人在实施行贿行为时,往往不会向拟行贿对象直接交付财物,反而是通过给予该对象的近亲属或是与该对象关系密切的人一定的财产或财产性利益,从而促使该对象受周遭人情影响,进而主动或是被动接受贿赂,并最终"帮助"行为人实现其行贿目的。

根据《刑法》第 390 条之一之规定,对有影响力的人行贿的,处 3 年以下有期徒刑或者拘役,并处罚金;情节严重的,或者使国家利益遭受重大损失的,处 3 年以上 7 年以下有期徒刑,并处罚金;情节特别严重的,或者使国家利益遭受特别重大损失的,处 7 年以上 10 年以下有期徒刑,并处罚金。单位犯该罪的,对单位判处罚金,并对其直接负责的主管人员和其他直接责任人员,处 3 年以下有期徒刑或者拘役,并处罚金。

典型案例 3－19

【案号】湖南省湘潭市岳塘区人民法院(2018)湘 0304 刑初 284 号

【案情简介】2014 年至 2016 年,韦某为了谋取不正当利益,在承接长沙轨道交通项目的招投标过程中,利用时任湖南省建设厅重点项目管理办公室副主任、湖南省住建厅城建处处长陈某与时任长沙市轨道交通集团有限公司董事长彭某的密切关系,给予陈某财物,请陈某出面向彭某打招呼,以获得彭某的关照。经陈某周旋,韦某承包了长沙轨道交通 1 号线一期工程尚双塘车辆段房屋建筑工程施工项目第二标段、长沙市轨道交通 3 号线一期工程洋湖垸车辆基地土建工程项目一标段、长沙市轨道交通 4 号线一期工程黄榔停车场市政配套工程施工项目。韦某与陈某约定按照项目中标价的 5% 给陈某感谢费(尚双塘项目给付人民币 620 万元,洋湖垸项目给付人民币 1300 万元,黄榔停车场项目给付人民币 450 万元)。

【裁判观点】法院裁判认为,韦某为谋取不正当利益,通过与陈某有密切关系的彭某承接工程,给予陈某财物,情节特别严重,其行为构成对有影响力的人行贿罪,判处有期徒刑 7 年,并处罚金人民币 100 万元。

3. 单位行贿罪

单位行贿罪,是指单位为谋取不正当利益而行贿,或者违反国家规定,给予国家工作人员以回扣、手续费的行为。与前述行贿罪不同的地方在于,在全过程工程咨询服务项目报批报审过程中，行贿罪的犯罪主体为全过程工程咨询单位下辖的咨询服务人员，是一种个人自由意志主导的犯罪行为；单位行贿罪的犯罪主体则为全过程工程咨询单位本身，实际上单位行贿是单位内部集体决策意志下引发的犯罪行为。但也应注意到的是，行贿罪与单位行贿罪具有相同的表现形式以及犯罪目的，即无论是全过程工程咨询单位下辖的咨询服务人员，还是全过程工程咨询单位本身，其均是为了实现将可行性研究报告等咨询服务成果通过行政主管部门审批的目的，而采取了给予国家工作人员以财产或财产性利益的不法行为。

根据《刑法》第 393 条之规定，单位行贿情节严重的，对单位判处罚金，并对其直接负责的主管人员和其他直接责任人员，处 5 年以下有期徒刑或者拘役，并处罚金。因行贿取得的违法所得归个人所有的，依照《刑法》第 389 条、第 390 条的规定定罪处罚。

典型案例 3－20

【案号】福建省宁德市中级人民法院(2017)闽 09 刑终 402 号

【案情简介】2011 年至 2015 年，A 咨询公司在宁德市辖县对外承接有关建设项目可行性研究报告、环境影响评估报告等文件的编制业务过程中，其实际经营人廖某为优先承接业务并在报告审批时能得到时任宁德市发改委审批科科长雷某 1、宁德市城市建设发展有限公司副总经理郑某 2、蕉城区环境保护局副主任科员黄某 3、蕉城区环境保护局开发监督股股长殴某、福安市发展和改革局投资股股长王某 1、福安市发展和改革局农业发展股负责人郑某 1、霞浦县发展和改革局农村经济和社会事业股股长谢某 1、寿宁县环境保护局审批股股长刘某 4、古田县发展和改革局农经股股长胡某、古田县发展和改革局投资股股长林某 1 的关照与支持，违反国家规定多次贿送给上述十人逾百个项目报告编制费回扣款共计 65.976 万元。

【裁判观点】法院裁判认为，A 咨询公司、廖某在对外承接业务中，违反国家规定，给予国家工作人员以回扣，数额达 65.976 万元，情节严重，其行为均已构成单位行贿罪，故对 A 咨询公司判处罚金人民币 70 万元，对廖某判处有期徒刑 1 年 2 个月。

鉴于全过程工程咨询单位在投资决策阶段提供的咨询服务实际上涵盖了技

术、经济、管理以及法律等多方面内容，而当前全过程工程咨询单位却多系由勘察单位、设计单位、监理单位、造价单位、项目管理单位等专业咨询单位改制而成，这相当于对全过程工程咨询单位的综合服务水平提出了相当高的要求。考虑到投资决策阶段涉及的法律、法规、政策规定等内容体量较大、项目类别较繁杂、专业性要求较高，故在此阶段，全过程工程咨询单位只有在合法、合规的框架下科学、规范地开展投资决策阶段的各项工作，方能为建设项目的成功开发、实施以及运营管理奠定扎实的根基。

第四章

全过程工程咨询单位在招标采购阶段的法律风险

全过程工程咨询服务在进入施工阶段前，全过程工程咨询单位的首要工作即为委托方提供招标采购咨询服务，以选定监理单位、施工单位和材料设备供应商等。本章基于《招投标法》《招投标实施条例》《工程建设项目施工招标投标办法》等法律、法规和规章的有关规定，参照《房屋建筑和市政基础设施建设项目全过程工程咨询服务技术标准（征求意见稿）》的基本内容，拟从全过程工程咨询单位在招标采购阶段的咨询服务内容、法律角色定位以及法律风险三个方面着手，全面分析全过程工程咨询单位应如何合法有效地开展招标采购咨询服务工作。

第一节　招标采购阶段咨询服务内容

全过程工程咨询单位在全过程工程咨询服务项目招标采购阶段的主要任务是协助委托方在委托授权的范围之内开展工程监理、施工及材料设备采购等的招标工作，也可在委托方的授权下直接进行材料设备采购管理相关的咨询服务工作。

一、工程监理、施工招标代理

工程监理和施工招标代理工作的内容基本相同。对于工程监理的招标代理工作，适用于全过程工程咨询单位自身没有监理资质的情形。全过程工程咨询单位开展工程监理、施工招标代理工作一般包含以下六项内容：

（一）招标策划

招标策划应在项目招标采购开始之前完成，但对于投资规模大、建设周期长、社会经济影响深远的项目，宜从项目决策阶段开始。应当注意的是，招标策划应在经过全过程工程咨询单位审核并经委托方批准后实施。

（二）设定招标条件，编制和发布招标公告或发出投标邀请书

全过程工程咨询单位作为受托方，应当合理设定招标条件，不得以不合理的条件限制或者排斥潜在投标人，不得对潜在投标人实行歧视待遇。

（三）资格预审

资格预审并非招投标中的必经程序，而是资格审查中的一种。一般来说，选择进行资格预审的，一般不再进行资格后审。全过程工程咨询单位应协助委托方发布资格预审公告，但招标文件另有规定的除外。

（四）编制和发出招标文件

除不可抗力原因外，在发布招标公告、发出投标邀请书后或者售出招标文件或资格预审文件后不得终止招标。

（五）组织评标委员会进行评标

全过程工程咨询单位协助委托方组织评标委员会按照招标文件中确定的评

标方法进行评标，不得选取低于成本价的投标者中标。评标应严格执行评标委员会专家独立评分原则，避免恶性竞争和低于成本价竞争，禁止围标、串标行为。

（六）协助委托方与中标单位签订合同

中标后，全过程工程咨询单位应协助委托方与中标单位进行合同谈判，并协助委托方签订工程监理、施工合同。

二、材料设备采购代理

全过程工程咨询单位受托提供材料设备采购代理服务的，应制订材料设备采购计划，并根据需要分别制定直接采购、询价采购和招标采购管理制度，报送委托方批准后方可实施。

（一）直接采购

对于需要采用直接采购方式进行采购的，全过程工程咨询单位应就每一种直接采购产品提供专门咨询报告，对于超过暂估价的产品应重点报告，并应建立直接采购产品台账。

（二）询价采购

对于需要采用询价采购方式进行采购的：首先，全过程工程咨询单位应制定询价采购产品清单，编制询价书，明确产品技术要求和主要合同条款，列出拟询价供应商清单，报送委托方批准。其次，需组织询价小组，向拟询价供应商发出报价邀请并进行资格预审。最后，制定评比办法，对不少于三家公开报价的单位进行评比，并根据评比结果推荐预成交供应商，出具询价结果报告报送委托方。

（三）招标采购

对材料设备的采购选择通过招标方式的，其招标过程和前文工程监理、施工招标代理的内容基本相同。但鉴于材料设备采购合同的交付标的与工程监理、施工合同有所不同，故在材料设备采购合同的签订过程中应格外注意以下几项内容：(1)全过程工程咨询单位应制定材料设备进场验收程序，并写进招标文件和合同文件。(2)全过程工程咨询单位在协助委托方进行合同谈判时，应详细列明付款条件、交货验收要求、交接保存责任等主要条款。(3)全过程工程咨询单位协助委托方签订材料设备供货合同，并可全程监督、管理材料设备供货合同的履行。

三、其他咨询服务招标采购

全过程工程咨询单位在招标采购阶段，主要协助委托方开展工程监理、施工招标代理及材料设备采购管理等咨询工作。但在整个全过程工程咨询服务过程中，除了工程监理、施工招标以及材料采购外，还涉及包括可行性研究论证在内的投资决策综合性咨询服务、勘察设计咨询服务等项目，都需要全过程工程咨询单位协助委托方或是在委托方的授权下自行完成相应的招标采购手续。具体如下：(1)委托方应当采取招标或直接委托等方式选择具有资信评价等级的全过程工程咨询单位开展投资决策综合性咨询服务工作，全过程工程咨询单位可通过采取直接招标方式委托专业的咨询服务单位，或是会同具备相应资质的咨询服务单位联合提供投资决策综合性咨询服务工作。其中，如全过程工程咨询单位不具备提供项目造价咨询或是项目投融资咨询等专业资质及能力，那么其在协助委托方选定投资决策综合性咨询服务单位过程时，应当采取招标或直接委托的方式。(2)如全过程工程咨询单位不具备工程勘察或是设计资质，可依据《建设工程勘察设计管理条例》，自行或是委托第三方通过招标或是直接发包的方式，择优确定工程勘察、设计单位，并签订工程勘察、设计合同，监督组建专业的勘察、设计工作团队。

第二节　全过程工程咨询单位的法律角色定位

一、角色类型

在探析全过程工程咨询单位于招标采购阶段可能面临的法律风险前，需对全过程工程咨询单位于该阶段应承担的法律主体角色进行准确定位。参考建设工程领域的招投标主体的相关规定，并结合全过程工程咨询服务模式的自有特点，全过程工程咨询单位在提供招标采购咨询服务过程中，可能存在以下两种主体类型：

一是全过程工程咨询单位接受委托方的全权委托，以其自身名义在招标采购阶段自行完成招标采购咨询服务工作。此时，全过程工程咨询单位的法律角色便相当于“招标人”。

二是全过程工程咨询单位基于其本身所具备的招标代理资质，仅接受委托方的委托，作为全过程工程咨询服务项目的招标代理人，协助委托方进行工程施工、监理以及材料供应等的招标采购工作。此时，全过程工程咨询单位的法律角色便相当于“招标代理人”。

二、具体适用

在全过程工程咨询招标采购阶段，全过程工程咨询单位可适用于“招标人”以及“招标代理人”两种主体类型，但考虑到全过程工程咨询单位的服务模式存在不同，其对应的主体适用亦不相同。故“招标人”以及“招标代理人”两种主体的适用应在对全过程工程咨询单位的服务模式进行准确识别的基础上加以分析认定。

（一）一家全能型

在招标采购阶段，当全过程工程咨询单位承接全部咨询服务且同时具备相应资质时，全过程工程咨询单位应当自行负责工程勘察、设计、监理、造价咨询等具体事宜。也就是说，进入施工阶段前的勘察单位、设计单位、监理单位、造价单位的选择无须再通过招投标的方式加以确定。在此情况下，若工程施工单位以及施工所需材料设备的采购需通过招标程序加以完成，全过程工程咨询单位可适用的主体类型为：(1)如果全过程工程咨询单位可以自身名义进行招标，那么其便为“招标人”。(2)如果全过程工程咨询单位仅受托协助委托方提供招标采购代理服务，那么其即为“招标代理人”。

（二）另行分包型

当全过程工程咨询单位承担包括投资决策综合性咨询、勘察设计咨询、招标采购咨询、工程监理与施工项目管理咨询、运营维护咨询等在内的主要咨询服务工作，但却又不具备部分诸如勘察咨询、设计咨询、造价咨询等专业资质时，其便需在征得委托方的同意后，将自身不具备相应资质和能力的咨询服务工作另行合法分包。在此种情况下，全过程工程咨询单位可适用的主体类型为：(1)若另行分包的招标程序系由全过程工程咨询单位以自身名义推进，参考《招投标法》第12条之规定，无论全过程工程咨询单位是自行选择招标代理机构并委托其办理招标事宜，还是其本身便具有编制招标文件和组织评标的能力并可以自行办理招标事宜的，其均可为“招标人”。(2)若另行分包的招标程序须以委托方的名义推进,即使是在“另行分包型”模式下,全过程工程咨询单位基于其所具备的招标代理资质,在这一环节仍为协助委托方进行招标工作的“招标代理人”。

(三)联合经营型

当全过程工程咨询单位仅具有部分资质,并和拥有其余资质的单位采用联营方式以承接全部咨询服务时,各咨询单位应自行负责各自资质范围内的咨询服务工作。即在招标采购阶段,若全过程工程咨询单位仅具备勘察资质或是设计资质再或是监理资质、造价资质等,那么其与另外具有剩余资质的单位组成联合体以承接全过程工程咨询服务时,便无须再通过招投标程序确定新的勘察单位、设计单位或是监理单位、造价咨询单位等,联合体内具有相应勘察、设计、监理、造价咨询等资质的主体各自负责工程勘察、设计以及监理、造价咨询等工作即可。至于可能涉及的工程施工单位以及施工材料设备的采购,因全过程工程咨询单位在联营模式中系牵头单位,故同前述“一家全能型”模式下的主体类型:(1)若其可以自身名义进行采购,其为“招标人”。(2)若其仅受托协助委托方进行采购,其便为“招标代理人”。

(四)委托方平行发包/另行发包型

委托方在委托一家全过程工程咨询单位的同时,又自行将部分单项咨询服务或专业咨询服务另行发包或平行发包给其他咨询单位,此时全过程工程咨询单位于招标采购阶段便无须承担“招标人”或是“招标代理人”的角色。

除非委托方拟通过委托该全过程工程咨询单位作为招标代理机构负责招标事宜,以选定委托方需另行发包的其他勘察、设计、监理、施工、材料供应、造价咨询单位等,此时全过程工程咨询单位方可被认定为“招标代理人”。

第三节　全过程工程咨询单位的法律风险

通过对全过程工程咨询单位于招标采购阶段的主体适用类型进行分析可知,全过程工程咨询单位在招标采购阶段的主体定位与传统建工领域中的“招标人”“招标代理人”较为相似。故对全过程工程咨询单位在招标采购阶段的法律风险进行分析时,可借鉴传统建工领域招投标阶段中招标人以及招标代理人可能遇到的法律风险,以做到防患于未然。

一、民事法律风险

(一)侵权风险

在建工领域中,对于招标人或招标代理人因在开展招标工作时存在侵权行为给他人造成损失的,依法应承担相应的民事侵权损害赔偿责任。

招标人或招标代理人的侵权行为主要表现为:(1)通过设定不合理的招标条件使潜在投标人失去中标机会;(2)未尽到审查义务以使潜在投标人失去中标机会;(3)招标代理人泄露与招标活动有关的商业秘密;(4)招标代理人和投标人串通侵害招标人权利。

典型案例4-1

【案号】山东省德州市中级人民法院(2018)鲁14民终3304号

【案情简介】B公司作为A公司的招标代理机构,于2017年12月4日、12月27日发布了工程施工二次招标公告及施工答疑回复。上述招标公告及答疑回复的内容包括投标人的资格为在“信用中国”网站、中国政府采购网、“信用山东”网站中未被列入失信被执行人。2018年1月12日,案涉工程开标,C公司与D公司均参与竞标。后A公司发布中标公示,宣布中标单位为D公司。法院查明,D公司在2017棚户区改造工程施工投标期间,被信用中国列为失信被执行人,不具有投标资格。

【裁判观点】法院裁判认为,B公司作为招标代理机构有义务、有责任对投标人的信用进行审查,尤其是对投标人在开标评标时是否被“信用中国”网站等列为失信被执行人应进行重点审查,未被列入失信被执行人是招标公告规定投标人具备的首要的投标条件,而B公司却未尽到审查义务,让在涉案工程开标评标期间被“信用中国”网站列为失信被执行人的D公司中标,违反招标公告及《招投标法》的相关规定,存有过错,应依据《侵权责任法》按照过错责任对C公司的直接损失承担相应的过错责任。

(二)违约风险

基于建工领域中招标人以及招标代理人的不同地位以及因违约而需承担的不同责任,全过程工程咨询单位在招标活动中的违约风险可分为以下两种情形:(1)全过程工程咨询单位被定位为“招标人”时,应全面履行与中标人签订的合同内容，否则将因合同履行不到位等原因被中标人追究相应的违约赔偿责任。(2)全过程工程咨询单位被定位为“招标代理人”时，应依据和委托方签订的全过程工程咨询服务合同约定，全面开展工程监理、施工以及材料采购招标代理等咨询服务工作，如因代理工作违约而给委托方造成损失的，全过程工程咨询单位应向委托方承担相应的违约责任。

典型案例4-2

【案号】江苏省宜兴市人民法院(2019)苏0282民初9737号

【案情简介】2017年1月21日，A公司作为招标人出具招标文件一份，并发布招标公告，载明“投标保证金在中标人与招标人签订合同后五日内予以退还”。B公司于同年2月20日向A公司缴纳了46万元的投标保证金。2017年6月10日，A公司与B公司签订《××再生资源综合处理中心项目设备采购及安装合同》。现因A公司未能支付定金且未返还投标保证金，B公司诉至法院要求A公司退还投标保证金及逾期利息并履行合同。

【裁判观点】法院裁判认为，招标是当事人一方向数个相对人或不特定的人公布的订立合同的意思表示，记载该意思表示的文件为招标公告。招标公告的法律性质为要约邀请，本案中，B公司投标的行为为要约，A公司确定其中标，发出中标通知书为承诺。后双方也确实签订了书面的合同，此时，招标文件关于违约责任的条款对已经取得中标资格的投标人即B公司产生法律约束力。而在招标文件中，明确中标人的投标保证金的返还时间为签订合同后5日内予以返还，即A公司应在2017年6月15日前返还B公司46万元的投标保证金。逾期未返还的，应承担B公司因资金被占用造成的相应损失，该损失参照中国人民银行同期同档贷款基准利率计算为宜。

典型案例4-3

【案号】南京市六合区人民法院(2019)苏0116民初2995号

【案情简介】A公司与B公司签订招标代理合同，约定由B公司负责涉案项目的招投标工作，后C公司中标并与A公司签订施工合同。因B公司在编制工程清单时误将工作量82.1平方米输入成529.55平方米，以致A公司向C公司多付工程款。

【裁判观点】法院裁判认为,根据原《合同法》第406条第1款规定的"有偿的委托合同,因受托人的过错给委托方造成损失的,委托方可以要求赔偿损失"的内容,因A公司的损失是由于B公司的过错造成,故对A公司要求B公司赔偿损失及利息的请求,法院依法予以支持。

典型案例4-4

【案号】广西壮族自治区桂林市中级人民法院(2020)桂03民终2895号

【案情简介】2018年7月,A公司与B公司(招标代理方)签订《工程招标委托代理合同》,约定"乙方按国家规定收取投标人投标保证金,并在投标完成后按有关规定负责退回给投标人"。2019年4月9日,B公司发布招标公告,C公司在网上查看到上述信息后,遂报名参与投标竞争。2019年4月28日,C公司按照《招标文件》的约定向B公司交纳投标保证金13,000元及编制投标文件。现C公司未能中标,按照合同约定B公司在中标通知书发出5个工作日内退还投标保证金。但B公司收取C公司投标保证金未退还,故诉至法院。

【裁判观点】法院裁判认为,B公司接受A公司委托进行公开招标,C公司根据《招标文件》的要求进行了投标,双方之间形成招投标买卖合同关系。现B公司发布的《招标文件》中明确约定"B公司受A公司委托,就××项目进行公开招标"。该文件已经明确B公司系招标人。另外,B公司两次发布的《招标文件》第一章第8条、第二章第17条均约定投标人必须将保证金从投标人银行账户以转账或电汇形式转出,并于规定时间到达B公司账户,否则视为无效投标保证金。C公司亦分别于2019年4月28日、5月21日将保证金各13,000元转入B公司开立的银行账户,B公司实际收取了C公司的保证金。因此,无论从合同约定和合同履行情况看,B公司作为合同当事人并且已经享受了合同权利。为此,B公司应当返还C公司的二次投标保证金,B公司拒不返还原告投标保证金,应承担违约责任。故C公司要求B公司返还投标保证金的诉讼请求,予以支持。

典型案例4-5

【案号】天津市河北区人民法院(2020)津0105民初6790号

【案情简介】2012年1月6日,A公司作为委托人、B公司作为受托人,双方就××国际城5#地块(5A、5B、5C)招标代理事项签订了《工程建设项目招标代理合同》。合同签订后,A 公司作为招标人、B 公司作为招标代理机构于 2018 年 6 月 6 日下发了《施工招标文件》,载明招标人与中标人签订合同之日起 5 日内,向其他中标候选人退还投标担保等。案外人 C 公司、D 公司作为投标人,按照《施工招标文件》的要求,于 2018 年 6 月 26 日各自向 B 公司天津分公司递交 800,000 元投标保证金。现 D 公司未中标,就退还投标保证金事宜产生争议诉至法院。

【裁判观点】法院裁判认为,A 公司与 B 公司签订的《工程建设项目招标代理合同》应依法确认合法有效,双方均应按照合同约定履行各自义务。B 公司作为原告委托的招标代理机构,其负有完成 × × 国际城 5#地块(5A、5B、5C)相关招标内容所需的一切招标代理工作,其中包括收取投标保证金及协助退还投标保证金的义务。故 B 公司应将收取的保证金转交至 A 公司。此外《施工招标文件》规定,"招标人应当在中标通知书发出之日起 5 日内,向中标候选人之外的投标人退还投标担保。招标人与中标人签订合同之日起 5 日内,向其他中标候选人退还投标担保"。因 B 公司未将 B 公司分公司收取的保证金给付 A 公司,亦未能配合 A 公司将收取的保证金按照《施工招标文件》退还至投标人,B 公司存有过错,应当赔偿 A 公司因此造成的损失。

典型案例 4 -6

【案号】天津市第一中级人民法院(2020)津 01 民终 1880 号

【案情简介】某某商业大学(甲方)与 A 招标代理有限公司(乙方)签订委托合同。2017 年 11 月 6 日,A 招标代理有限公司就该项目发布公开招标公告。案外人 B 设备有限公司递交投标书,A 招标代理有限公司于 27 日发出"中标通知书"。后因招标文件要求提供样品的条款违反了《政府采购货物和服务招标投标管理办法》第 22 条第 2 款的规定,故撤销投诉项目采购合同,责令重新开展采购活动。2018 年 6 月 15 日,某某商业大学委托案外人 C 招标有限公司对涉案项目再次公开招标,B 设备有限公司参加投标,但未能中标。案外人 B 设备有限公司请求赔偿损失。

【裁判观点】法院裁判认为,由于 A 招标代理有限公司存在编订招标文件违法的不完全履行行为,导致案外人 B 设备有限公司向某某商业大学主张违约损害赔偿责任。故 A 招标代理有限公司的履行行为并非全面、审慎地履约,构成对某某商业大学的加害给付，由此某某商业大学的损害发生违约责任与侵权责任的请求权基础的竞合。某某商业大学选择以违约责任作为其请求权基础系其行使选择权的行为，法院予以准许。现A招标代理有限公司作为专业招标代理机构编订招标文件违反行政规章的规定系导致某某商业大学与案外人订立的合同被撤销的重要原因，A招标代理有限公司应就此负担主要责任。综上，法院酌定A招标代理有限公司与某某商业大学分担责任的比例为7∶3，A招标代理有限公司由此负担的损失数额为204,280.3元。

（三）缔约过失风险

在招标采购阶段，如因招标人、招标代理人、评标委员会的过错，导致最后未能与中标人签订合同的，应由招标人向中标人承担损害赔偿责任。其中，招标人未能与中标人签订合同，既包括招标过程合法，但招标人无正当理由未与中标人签订合同的情形，也包括招标过程违法导致中标结果无效的情形。

在全过程工程咨询服务招标采购阶段中，全过程工程咨询单位作为招标人自行招标时，如存在前述情形而未能与中标人签订合同的，应向中标人承担相应的损害赔偿责任。全过程工程咨询单位作为招标代理人时，如因招标代理工作的过错或其组织的评标委员会的过错行为导致中标无效或者废标时，在委托方向中标人承担损害赔偿责任后，委托方可以向全过程工程咨询单位进行追偿。

典型案例4-7

【案号】大连市中级人民法院（2019）辽02民终411号

【案情简介】招标人在涉案项目公开招标且通过开标评标程序已确定A公司为中标人后，于公示时间到期擅自取消涉案招标项目，既未向A公司发出中标通知书，也未与A公司签订施工合同。

【裁判观点】法院裁判认为，招标人在招标案涉工程项目过程中，中标人投标，并以作为排序第一名的中标候选人公示，后招标人未向中标人发出中标通知书，致使中标人丧失订立合同的机会，属于违背诚实信用原则的行为，给中标人造成信赖利益损失，招标人应当承担缔约过失损害赔偿责任。

典型案例4－8

【案号】吉林省高级人民法院(2021)吉民申4042号

【案情简介】经一、二审查明,2017年8月16日,A公司与B设计院作为联合体一同投标且中标,2017年8月29日,A公司收到C公司委托的D招标代理机构发出的《吉林省建设工程中标通知书》,并告知依据《吉林省建筑市场管理条例》第47条、第48条规定,请招标人和中标单位在中标通知书发出之日起30日内,依法签订合同。因此,C公司应当与中标联合体签订书面合同。后C公司通知A公司不再签约,且未就不再签约事由进行举证。现没有证据证明在最终合同订立时A公司拒绝B设计院一同签约,亦无证据证明A公司擅自在拟签订的合同中增加预付款条款、延长工期、变更合同签订主体等行为。

【裁判观点】法院裁判认为,C公司在案涉项目合同有效成立之前的缔约磋商阶段,单方通知A公司不再签约的行为,严重有悖诚实信用原则,对双方未能最终订立合同负有过错,属于未尽保护A公司订约利益注意义务的缔约过失。在民事责任的承担上,因C公司是E公司设立的分公司,E公司需对无法签订合同承担缔约过失责任。虽然A公司在诉讼中未能提交与信赖利益损失相关的图纸设计费用单据、凭证等证据证明其所造成的损失,依据《工程设计收费标准》费用收取标准计算的数额950,000元并不必然等同于设计费用的支出,但参照该标准计算数额确定费用损失亦有一定合理性。考虑到A公司在收到中标通知书后为订立和履行合同作出的准备符合一般商业交易常理,工程合同未能签订确实给A公司造成了客观损失。综合本案案情及E公司、C公司在案涉招投标项目过程中过错程度等因素,根据公平原则和诚实信用原则予以衡量,一、二审判决E公司赔偿A公司图纸设计费用损失人民币950,000元并无不当。

典型案例4－9

【案号】安徽省滁州市中级人民法院(2020)皖11民终2155号

【案情简介】2018年1月10日,某某公共资源交易监督管理局组织实施某某现代产业园标志性雕塑工程施工项目公开招标,招标代理机构为A公司,招标文件规定投标保证金为40,000元,并要求中标人承担招标代理费。后B公司参与投标。2018年2月23日,某某公共资源交易监督管理局、C公司(招标人)、A公司(招标代理)向B公司发出中标通知书。后因B公司雕塑创意、样模方案未被选中，C 公司遂未与 B 公司签订雕塑建设工程施工合同。现就相关经费退付、损失补偿未能达成一致，诉至法院。

【裁判观点】B 公司中标后，C 公司又以其提供的方案不符合要求为由拒绝签订雕塑建设合同施工合同，违反法律规定和诚实信用原则，对于 B 公司主张的可得利益损失应予适当赔偿。鉴于案涉工程未实际施工、案涉工程标的、原审判决 C 公司双倍返还投标保证金、商业风险等因素，二审法院酌情确定 C 公司赔偿 B 公司可得利益 4 万元以及 B 公司损失为 159,705 元（标书制作费用、双倍返还投标保证金、招标代理费、深化设计及样模制作费、差旅及交通燃油费）。

二、行政法律风险

在建设工程招投标阶段中，如招标人以及招标代理人违反《招投标法》和《招投标法实施条例》的相关规定，将面临相应的行政处罚法律风险。

（一）招标人及其工作人员的违规行为

1. 不具备招标条件而自行招标

根据《房屋建筑和市政基础设施工程施工招标投标管理办法》第 51 条规定，招标人不具备自行办理施工招标事宜条件而自行招标的，县级以上地方人民政府建设行政主管部门应当责令改正，并处 1 万元以下的罚款。

2. 规避招标

根据《招投标法》第 4 条以及《招投标实施条例》第 9 条第 2 款、第 24 条、第 63 条第 2 款的规定，规避招标的行为主要有以下表现方式：(1)弄虚作假将项目变成不需要招标的情况；(2)利用划分标段的手段将项目化整为零；(3)招标人不按照规定发布资格预审公告或者招标公告。

招标人规避招标的，将被责令限期改正，或处项目合同金额 5‰以上 10‰以下的罚款；对全部或者部分使用国有资金的项目，将被暂停项目执行或者暂停资金拨付；对单位直接负责的主管人员和其他直接责任人员，亦将依法被给予相应处分。

典型案例 4 - 10

【案号】中山市城市管理行政执法局粤中城执罚字〔2021〕第 23 号

【案情简介】由 A 资产经营有限公司投资建设的位于中山市南区街道振南

路路侧的“中山市南区资产经营有限公司资产公司商业楼工程”项目，于2020年9月22日通过中山市公共资源交易中心的“建设工程网上招投标交易平台”进行资产公司商业楼施工公开招标，招标人为A资产经营有限公司，该项目的基坑支护工程以暂估价金额肆佰肆拾捌万肆仟壹佰陆拾元整（￥4,484,160.00）存在并包含在本次招标金额中，招标文件中注明了“本项目中介预算包含暂估价，若此项费用中单项金额达到国家规定招标标准的，则由建设单位按规定另行招标”。2020年10月30日，招标人A资产经营有限公司按照中标结果与中标人B公司签订《资产公司商业楼建设工程施工合同》，施工合同包含暂估价形式存在的项目基坑支护工程等招标文件约定的全部内容。后经重新完善项目基坑支护设计图纸并确定该部分中介预算价金额为伍佰壹拾壹万柒仟柒佰玖拾陆圆叁角贰分（￥5,117,796.32），在基坑支护工程属于依法必须招标的项目且达到国家规定规模标准的情况下，A资产经营有限公司没有通过中山市公共资源交易中心的“建设工程网上招投标交易平台”对该项目的基坑支护工程进行公开招标，直接交由项目施工单位B公司进行施工建设。经现场核查，目前该项目的基坑支护工程已基本建成完工。

【行政处罚】A资产经营有限公司上述行为构成规避招标，违反了《招投标法》第4条和《招投标法实施条例》第29条第1款以及《必须招标的工程项目规定》第5条第1款第1项的规定。中山市城市管理行政执法局决定对其处以其商业楼工程项目基坑支护工程中介预算金额6.5‰的罚款，即罚款33,265.68元。

典型案例4－11

【案号】中山市住建局中建招处〔2019〕1号

【案情简介】中山市南朗镇横门污水处理厂提标改造工程经中山市发展和改革局中发改审批〔2018〕101号文件的立项批复，招标人为A水务有限公司，项目立项核准设计为公开招标。但A水务有限公司没有通过中山市公共资源交易中心的“建设工程网上招投标交易平台”对中山市南朗镇横门污水处理厂提标改造工程初步设计进行公开招标，而是于2018年7月19日通过中介超市选取确定B公司为中标单位，已签订合同，并已完成设计图纸成果。招标人该行为涉嫌规避招标，违反了《招投标法》第3条和第4条规定。

【行政处罚】根据《招投标法》第49条必须进行招标的项目而不招标的，将必须进行招标的项目化整为零或者以其他任何方式规避招标的，责令限期改正，可以处项目合同金额5‰以上10‰以下的罚款；对全部或者部分使用国有资金的项目，可以暂停项目执行或者暂停资金拨付；对单位直接负责的主管人员和其他直接责任人员依法给予处分。中山市住建局对A水务有限公司处罚款0.234万元。

典型案例4－12

【案号】十堰经济技术开发区十公共资源局罚字〔2019〕第03号

【案情简介】某某村委会（作为招标方）在某某村易迁安置点项目中，将4个标段化整为零，以竞争性谈判的方式确定施工单位，属于以化整为零的方式规避公开招标的违法行为。

【行政处罚】现根据《招投标法》第49条规定："违反本法规定，必须进行招标的项目而不招标的，将必须进行招标的项目化整为零或者以其他任何方式规避招标的，责令限期改正，可以处项目合同金额千分之五以上千分之十以下的罚款；对全部或者部分使用国有资金的项目，可以暂停项目执行或者暂停资金拨付；对单位直接负责的主管人员和其他直接责任人员依法给予处分。"十堰市公共资源交易监督管理局对某某村委会处以罚款3.4802万元。

典型案例4－13

【案号】常州市住建局常建罚字〔2020〕第56号

【案情简介】A公司投资建设××地块工程地暖采购及安装项目，在招标过程中委托第三方中介服务机构于2018年5月4日在"中国招投标网"平台发布了招标公告。根据《江苏省贯彻〈招标公告和公示信息发布管理办法〉的实施意见》（苏发改法规发〔2018〕194号）第1条"我省招标公告和公示信息的唯一法定发布媒介为'江苏省招标投标公共服务平台'（以下简称发布媒介），网址：www.jszbtb.com。全省依法必须招标项目的招标公告和公示信息的初次发布应当在该平台进行，并据此计算起始时间"的规定，A公司的上述行为属于不按照规定在指定媒介发布招标公告。

【行政处罚】现根据《招投标法实施条例》第63条第1项、《招投标法》第51

条规定，常州市住建局对A公司处以罚款5万元。

3. 在招标过程中违反招标程序要求

在进入招标程序后，招标人的违法行为主要表现为以下几个方面：(1)依法应当公开招标而采用邀请招标；(2)招标人未按照资格预审公告、招标公告或者投标邀请书规定的时间、地点发售资格预审文件或者招标文件或者文件发售期少于5日；(3)接受未通过资格预审的单位或者个人参加投标；(4)接受应当拒收的投标文件等；(5)不按照规定组建评标委员会或者违法违规确定、更换评标委员会成员；(6)不按照规定对异议做出答复，继续进行招标投标活动的；(7)评标委员会成员违规评标。

招标人在招标过程中存在上述(1)(2)(3)(4)(5)违规行为的，行政监督部门可对单位责令改正，处10万元以下的罚款；其中，对于招标人存在(1)(3)(4)(5)违规行为的，对单位直接负责的主管人员和其他直接责任人员依法给予处分。除此之外，对于招标人不按照规定对异议做出答复，继续进行招标投标活动的，由有关行政监督部门责令改正，无法改正且影响中标结果的，应当依法重新招标或者评标。

典型案例4-14

【案号】苏州市住建局苏住建监罚字〔2020〕第62号

【案情简介】A公司在×号地块项目三标段工程的招标中，依法应当公开招标的，采用邀请招标的方式确定中标单位B公司。

【行政处罚】苏州市住建局认为，该行为违反了《招投标法实施条例》第8条第1款的规定，依据《招投标法实施条例》第64条第1款第1项，对A公司处以罚款10万元。

典型案例4-15

【案号】北京市住建委员会京建法罚(市)字〔2018〕第140016号

【案情简介】经调查，某某职业学院在基础设施改造——气膜馆工程中，采取的招标方式为公开招标，招标公告的发布平台为中国政府采购网。在中国政府采购网上公布的发售招标文件的时间为2017年4月7日9:00至4月11日16:00(双休日及法定节假日除外)。由于4月8日、9日为周六、日，则招标文件的发售时间只有3天。

【行政处罚】某某职业学院上述行为违反了招标人发售招标文件的时限，依据《招投标法实施条例》第64条第1款第2项的规定，北京市住建委对某某职业学院责令改正，处以5万元罚款的行政处罚。

典型案例4-16

【案号】天津滨海高新技术产业开发区建设和交通局JJ20200130501

【案情简介】招标人在开标现场接受了未进行投标确认的投标人的投标文件，存在招标人接受应当拒收的投标文件情形，违反了《招投标法实施条例》第64条第1款第4项规定的情形。

【行政处罚】依据《招投标法实施条例》第64条第1款第4项规定，天津滨海高新技术产业开发区建设和交通局对A公司作出10万元整的处罚。

典型案例4-17

【案号】唐山市住建局(唐住建监)罚字〔2021〕第〔1-01〕号

【案情简介】经调查，某某实业集团有限公司作为招标方在某某工程项目招投标过程中，违规组建评标委员会，依据《招投标法实施条例》第48条规定认定为违法行为。

【行政处罚】某某实业集团有限公司上述违法行为，根据《招投标法实施条例》第70条、《工程建设项目施工招标投标办法》79条的规定，唐山市住建局对某某实业集团有限公司处以1万元罚款。

典型案例4-18

【案号】福建省高级人民法院(2019)闽行申558号

【案情简介】某某区建设局于2017年11月8日作出漳龙建综〔2017〕147号《关于某某采购及安装项目招标投诉处理决定书》，作出处理决定：被投诉人某某城市建设开发中心的“某某采购及安装项目(二次)”应根据《招投标法实施条例》第82条规定依法重新招标或者评标。

【裁判观点】法院认为，由于招标人对第三人A公司就案涉评标结果提出的异议未按规定作出答复，并继续进行招标投标活动，案涉评标委员会的评标实际上已结束，原评标结果不能改正，将对中标结果产生实质性影响且无法采取补救措施予以纠正。因此,根据上述规定,某某建设局依法作出案涉项目应依法重新招标或者评标的被诉处理决定,认定事实清楚,适用法律正确。

4. 以不合理条件限制或排除潜在投标人或投标人

招标人采用不合理条件限制或排除竞争的形式包括但不限于以下几种类型:(1)就同一招标项目向潜在投标人或者投标人提供有差别的项目信息;(2)设定的资格、技术、商务条件与招标项目的具体特点和实际需要不相适应或者与合同履行无关;(3)依法必须进行招标的项目以特定行政区域或者特定行业的业绩、奖项作为加分条件或者中标条件;(4)对潜在投标人或者投标人采取不同的资格审查或者评标标准;(5)限定或者指定特定的专利、商标、品牌、原产地或者供应商;(6)依法必须进行招标的项目非法限定潜在投标人或者投标人的所有制形式或者组织形式。

招标人有以上不合理限制或排除竞争行为的,由行政监督部门责令改正,处1万元以上5万元以下的罚款。

典型案例4-19

【案号】云南省昆明市西山区人民法院(2020)云0112行初33号

【案情简介】A公司(招标方)要进行新办公大楼的装修工程。2019年11月19日,其发布装修工程招标公告。随后招投标管理办公室收到投诉,调查后作出投诉处理决定书,认为"……在2019年11月26日投标报名截止后,于2019年12月9日以文件补遗形式不要求设计资质的入滇信息登记,造成未登记信息的省外勘察设计企业不能投标报名,限制、排斥了潜在投标人,影响了潜在投标人投标,违反了《招投标法》第18条第2款、《招投标法实施条例》第32条之规定,属于对中标结果造成实质性影响,且不能采取补救措施予以纠正的情况……"。最终决定办公大楼装修工程第一标段、第二标段的招标、投标、中标无效,应当依法重新招标。

【裁判观点】法院认为,依据《招投标法实施条例》第32条规定:"招标人不得以不合理的条件限制、排斥潜在投标人或者投标人。招标人有下列行为之一的,属于以不合理条件限制、排斥潜在投标人或者投标人:(一)就同一招标项目向潜在投标人或者投标人提供有差别的项目信息……(七)以其他不合理条件限制、排斥潜在投标人或者投标人。"A公司在投标结束后又发布包含改变投标人资格要求的补遗文件的行为已排斥了潜在的投标人。更何况,补遗公告的发布并未进行公告,仅有参与投标人才能通过附件查看,有违招投标活动应当遵循的公开、公平、公正的原则。故《某某办公大楼装修工程投诉处理决定书》具有事实依据,适用法律正确。

典型案例 4 - 20

【案号】重庆市丰都县发改委丰都发改标〔2019〕21 号

【案情简介】某某人民医院(招标方)就三级甲等级医院建设项目,在裙楼中央空调工程项目招标公告中对投标人资格要求中设置了直燃机制造商注册资本金不少于 5000 万元人民币的限制条件。该行为违反了《招投标法实施条例》第 32 条第 2 项“设定的资格、技术、商务条件与招标项目的具体特点和实际需要不相适应或者与合同履行无关”的规定。

【行政处罚】按照《招投标法》第 51 条“招标人以不合理的条件限制或者排斥潜在投标人的,对潜在投标人实行歧视待遇的,强制要求投标人组成联合体共同投标的,或者限制投标人之间竞争的,责令改正,可以处一万元以上五万元以下的罚款”的规定,重庆市丰都县发改委对某某人民医院作出责令限期改正,罚款 10,000 元的行政处罚。

典型案例 4 - 21

【案号】宜宾市翠屏区交通运输局 2020 - 翠交建招 - 001 号

【案情简介】A 项目管理有限公司系招标人。经查阅宜宾市翠屏区白花镇蔡家村村道改善提升工程招标文件发现,第三章评分办法第 2.2.4(2)款评分标准中设置具有“施工安全事故预防和应急处理管理员”资格并附全国职业资格考试认证查询截图(www.zgks.org)加 2 分的加分条件,设置具有“省级及以上安全生产管理部门颁发的工程施工安全风险管控和隐患排查治理培训合格证”并附查询截图(www.scaqxh.com)加 2 分的加分条件。

【行政处罚】A 项目管理有限公司的行为属于以不合理条件限制或排除潜在投标人或投标人,根据《招投标法》第 18 条第 2 款、《招投标法实施条例》第 32 条第 7 款、《四川省公路工程建设项目招标投标管理实施细则》第 18 条规定,宜宾市翠屏区交通运输局决定对其处罚款 1 万元。

典型案例 4－22

【案号】无锡市住建局锡住建罚字〔2020〕第 045 号

【案情简介】A 项目管理有限公司作为招标代理机构在代理 B 公司的竹海岭上 A2 地块 12 幢住宅楼工程的招标过程时，在招标公告中要求投标人拟派项目负责人必须具备建筑工程专业一级注册建造师职业资格。该工程建筑面积 55,985 平方米，合同估算价 19,500 万元，按工程规模应该为二级建筑师，A 项目管理有限公司在招标公告中设定一级建造师的行为限制了其他潜在投标人投标资格。

【裁判观点】根据《招投标法》第 18 条第 2 款，无锡市住建局对 A 项目管理有限公司责令改正，并处罚款 3 万元。

5. 向他人透露可能影响公平竞争的有关招投标的情况和资料或泄露标底

依法必须进行招标的项目的招标人向他人透露已获取招标文件的潜在投标人的名称、数量或者可能影响公平竞争的有关招标投标的其他情况的，或者泄露标底的，由行政监督部门给予警告，并处 1 万元以上 10 万元以下的罚款；对单位直接负责的主管人员和其他直接责任人员依法给予处分。

需注意的是，本行为中的“他人”不限于投标人，且不要求一定产生影响中标的结果才进行行政处罚。

6. 未开标前与投标人就投标价格和投标方案进行实质性谈判

本行为针对依法必须招标的项目，招标人与投标人就投标价格、投标方案等实质性内容进行谈判的，由行政监督部门给予警告，对单位直接负责的主管人员和其他直接责任人员依法给予处分。

典型案例 4－23

【案号】北京市住建委员会京建法罚简（市）字〔2018〕第 140130 号

【案情简介】A 公司在应当公开招标的涉案项目确定中标人前，与投标人就投标价格、投标方案等实质性内容进行了谈判。

【行政处罚】北京市住建委认为该行为违反了《招投标法》第 43 条规定，依据《招投标法》第 55 条的规定对 A 公司处以警告的行政处罚。

典型案例 4－24

【案号】福建省泉州市中级人民法院(2017)闽05行终92号

【案情简介】2015年10月8日,某某住建局收到举报信,并决定对某某中心城4#～12#、14#楼及相应地下室工程施工招投标中涉嫌串通投标违法行为立案查处。随后某某住建局于2015年12月22日作出德建〔2015〕罚字第3号《行政处罚决定书》,认定A置业有限公司(招标方)和B建设有限责任公司(投标方)于2014年1月19日就案涉工程项目工程总承包、标段划分、下浮率等招标实质性内容进行磋商并达成会议纪要。双方上述行为构成投标人和招标人串通投标的违法行为。

【裁判观点】法院认为,双方于2014年1月19日召开会议并达成《关于"某某中心城工程"施工合同的会议纪要》。该会议纪要内容记载了双方议定的涉及整体项目施工的承包方式、材料计价、商品混凝土补差、工程价款结算及优惠率等带有合同条款性质的权利义务事项,且作为工程施工合同不可分割的组成部分。上述行为直接导致招投标失去应有的作用。故某某住建局作出《行政处罚决定书》,宣布上述项目标段的中标无效,责令重新组织招标的行政处罚,并无不当。

7. 开标后不按照中标结果订立合同

不按照中标结果订立合同具体包括招标人单方不按照中标结果订立合同和招标人和中标人双方协商不按照中标结果订立合同两种情形。

(1)对于招标人和中标人协商不按照招标文件和中标人的投标文件订立合同的,对招标人和中标人可以处中标项目金额5‰以上10‰以下的罚款。

其中,双方不按照招标文件和中标人的投标文件订立合同是指合同的主要条款与招标文件、中标人的投标文件的内容不一致或招标人、中标人订立背离合同实质性内容的协议。

(2)对于招标人单方不按照中标结果订立合同的,由行政监督部门责令改正,处中标项目金额10‰以下的罚款,对单位直接负责的主管人员和其他直接责任人员依法给予处分。

常见的招标人单方不按照中标结果订立合同的表现包括:无正当理由不发出中标通知书、不按照规定确定中标人、中标通知书发出后无正当理由改变中标结果、无正当理由不与中标人订立合同、在订立合同时向中标人提出附加条件等。

典型案例 4－25

【案号】廊坊市建设局(廊建)罚字〔2017〕第 061 号

【案情简介】招标单位 A 房地产开发有限公司建设的某某小区电梯采购及安装工程,现调查发现该工程存在不按照招标文件订立合同的违法事实。

【行政处罚】现依据《招投标法》第 59 条:“招标人与中标人不按照招标文件和中标人的投标文件订立合同的,或者招标人、中标人订立背离合同实质性内容的协议的,责令改正;可以处中标项目金额千分之五以上千分之十以下的罚款。”由廊坊市建设局对其作出处以罚款的行政处罚。

典型案例 4－26

【案号】上海市浦东新区建设和交通委员会第 2120180017 号

【案情简介】上海某某房地产发展有限公司(作为招标方)在某工程项目招投标过程中,存在“招标人与中标人不按照招标文件和中标人的投标文件订立合同”“招标人与中标人订立背离合同实质性内容的协议”等违法行为。

【行政处罚】现依据《招投标法》第 59 条:“招标人与中标人不按照招标文件和中标人的投标文件订立合同的,或者招标人、中标人订立背离合同实质性内容的协议的,责令改正;可以处中标项目金额千分之五以上千分之十以下的罚款。”由上海市浦东新区建设和交通委员会对其作出处以罚款的行政处罚。

典型案例 4－27

【案号】天津市西青区住房和建设委员会 S1112020001 号

【案情简介】招标单位某某供热有限公司未取得施工许可证就施工,且未按规定公示或者发出中标通知书,不按照规定确定中标人,在确定中标施工单位前已进行施工,未履行法定发包程序。

【行政处罚】现依据《天津市建设工程招标投标监督管理规定》第 56 条、《招投标法实施条例》第 73 条、《建设工程质量管理条例》第 57 条、《天津市建筑市场管理条例》第 50 条、《招投标法》第 49 条相关规定,由天津市西青区住建委对其作出处以 59. 1391 万元罚款的行政处罚。

典型案例4－28

【案号】福建省福州市台江区人民法院(2020)闽0103行初84号

【案情简介】2017年,A经济技术开发区园林局作为招标人发布《招标公告》,就某某公园(二期)人行景观天桥(施工)项目进行公开招标。同年3月14日,A经济技术开发区园林局向B公司发出《中标通知书》,并告知其须在2017年4月13日17时前与招标人签订合同。B公司收到《中标通知书》后,A经济技术开发区园林局一直拒不与其签订合同,2018年9月29日,A经济技术开发区园林局发出《通知函》表明因新项目名称、设计方案、建设内容及建设规模较之前有重大调整与实质性改变,需要重新进行立项招投标。

【裁判观点】案涉项目招标人A经济技术开发区园林局发出《中标通知书》后,该《中标通知书》即对其及B公司发生法律效力,A经济技术开发区园林局依法应在中标通知书发出之日起30日内按照招标文件和原告的投标文件订立书面合同。其若有正当理由不与B公司订立合同,亦应于《招投标法》第46条规定的期限内向中标人告知。而本案中,A经济技术开发区园林局于2018年9月29日才向B公司作出书面通知,该通知有悖诚实信用原则,且缺乏法律、法规依据,应予以撤销。又因案涉项目变更后的项目亦已重新进行招标,若撤销本案被诉《通知函》,将给国家利益、社会公共利益造成重大损害,故判决确认A经济技术开发区园林局于2018年9月29日作出的《通知函》违法。

8.违规收取或退还投标保证金

(1)招标人收取投标保证金超过法定比例

招标人在招标文件中要求投标人提交投标保证金的,投标保证金不得超过招标项目估算价的2%。

(2)招标人退还投标保证金超过法定期限

投标人在投标截止时间前撤回投标文件时,招标人应当自收到投标人书面撤回通知之日起5日内退还投标保证金;产生中标结果并订立合同后,招标人最迟应当在书面合同签订后5日内向中标人和未中标的投标人退还投标保证金及银行同期存款利息。

招标人如果超过比例收取投标保证金或者不按照规定退还投标保证金及银行同期存款利息的,由有关行政监督部门责令改正,可以处5万元以下的罚款。

典型案例 4 – 29

【案号】朝阳市住建局朝住建罚决字〔2020〕第(15)号

【案情简介】A 公司在代理招标辽宁省朝阳市朝阳县乌兰和硕蒙古族乡卫生院新建业务用房、附属设施及周转宿舍项目中,存在未按规定退还投标保证金的行为。

【行政处罚】朝阳市住建局根据《招投标法实施条例》第 57 条、第 66 条规定,对 A 公司罚款 5 万元,并责令退还投标保证金和相应银行同期存款利息。

9. 与投标人串通投标

招标人与投标人串通投标的行为包括不限于以下情形:(1)招标人在开标前开启投标文件并将有关信息泄露给其他投标人;(2)招标人直接或者间接向投标人泄露标底、评标委员会成员等信息;(3)招标人明示或者暗示投标人压低或者抬高投标报价;(4)招标人授意投标人撤换、修改投标文件;(5)招标人明示或者暗示投标人为特定投标人中标提供方便。

《招投标法》和《招投标实施条例》没有单独规定招标人为谋求特定投标人中标而采取的串通行为所应承担的行政责任,但招标人在与投标人串通过程中的具体行为可能构成"以不合理条件限制或排除潜在投标人或投标人""违法违规确定、更换评标委员会成员""向他人透露可能影响公平竞争的有关招投标的情况和资料或泄露标底"中的一种或多种。据此,可依据相对应的条款承担相应行政处罚责任。

典型案例 4 – 30

【案号】白城市住建局(白住建招)处罚〔2022〕01 号

【案情简介】经过调查核实后,发现某某社会福利院(招标方)在儿童院综合楼维修工程项目招投标过程中,某某社会福利院负责人将本单位编制的招标控制价泄露给 A 建筑工程有限责任公司,随后由 A 建筑工程有限责任公司的卢某送到市财政投资评审中心进行评审。之后 A 建筑工程有限责任公司则依据该招标控制价工程量清单编制了投标文件,并中标 2018 年某某社会福利院儿童院综合楼维修工程。

【行政处罚】现根据《招投标法》第 52 条的规定,认为某某社会福利院泄露招标控制价给A建筑工程有限责任公司的行为属于串通投标行为,故白城市住建局决定对某某社会福利院从轻处以罚款人民币2万元整的行政处罚。

(二)招标代理人及其工作人员的违规行为

招标代理机构应当在招标人委托的范围内办理招标事宜。根据《招投标法》第50条以及《招投标法实施条例》第13条、第65条等相关规定,招标代理人及其工作人员存在以下违法违规行为时,将被行政监督部门处5万元以上25万元以下的罚款;其中单位直接负责的主管人员和其他直接责任人员,将被处单位罚款数额5%以上10%以下的罚款;有违法所得的,并处没收违法所得;情节严重的,禁止其1年至2年内代理依法必须进行招标的项目并予以公告,直至由工商行政管理机关吊销营业执照。

1. 泄露应当保密的与招标投标活动有关的情况和资料,包括标底、评标委员会的名单或应当保密的其他资料和情况。

2. 与招标人、投标人串通损害国家利益、社会公共利益或者他人合法权益。

典型案例4-31

【案号】宜春市袁州区发改委袁公管办罚字〔2020〕1号

【案情简介】A工程造价咨询有限公司在赣湘边区域合作某某产业园第一期项目EPC总承包监理工程(第二次)项目招标代理活动中存在与投标人私下沟通、串通损害他人利益等严重失职行为。

【行政处罚】根据《招投标法》第50条第1款规定:"招标代理机构违反本法规定,泄露应当保密的与招标投标活动有关的情况和资料的,或者与招标人、投标人串通损害国家利益、社会公共利益或者他人合法权益的,处五万元以上二十五万元以下的罚款;对单位直接负责的主管人员和其他直接责任人员处单位罚款数额百分之五以上百分之十以下的罚款;有违法所得的,并处没收违法所得;情节严重的,禁止其一年至二年内代理依法必须进行招标的项目并予以公告,直至由工商行政管理机关吊销营业执照;构成犯罪的,依法追究刑事责任。给他人造成损失的,依法承担赔偿责任。"宜春市袁州区发改委对A工程咨询有限公司做出停止其在袁州区范围内开展招标代理业务1年的行政处罚。

3. 招标代理机构在所代理的招标项目中投标。

4. 招标代理机构在所代理的招标项目中同时代理他人投标。

5. 招标代理机构在所代理的招标项目中为投标人编制投标文件、提供咨询。

典型案例 4 - 32

【案号】浙江省舟山市中级人民法院(2017)浙 09 行终 61 号

【案情简介】A 自来水有限公司拟就某某水厂迁建工程进行招投标程序,B 建设工程管理有限公司为该项目的招标代理机构。蒋某甲拟挂靠 C 建设集团有限公司投标该工程土建工程业务。A 自来水有限公司实际负责人方某甲与蒋某甲共谋,积极阐述项目的招标思路、招标推进过程中的问题和解决办法,在确定招标方案中提出采用市政与机电、电子工程捆绑式整体招标方案,另加投标单位资质要求和"进舟备案"等条件,抬高投标企业入围门槛,从而增加蒋某甲挂靠单位的中标率,并积极向招标人业主单位推荐该种方案等。

【裁判观点】法院认为,在案涉工程项目招标过程中,B 建设工程管理有限公司违法取得招标代理业务后,实施了为投标人提供咨询的违法行为。其负责人方某甲在后续的招标代理过程中,为蒋某甲等人出谋划策,帮助其提出捆绑式整体招标方案并促进实施,又在编制招标文件环节增大技术标分值、增设资信标,增加蒋某甲等人联系确定的投标单位的中标率,帮助该单位顺利中标。故被诉行政处罚决定书中对 B 建设工程管理有限公司为其所代理的招标项目的投标人提供咨询、串通投标等违法事实进行定性处罚,并无不当。

6. 招标代理机构及其工作人员其他违规行为。

典型案例 4 - 33

【案号】北京市发改委京发改招投标处罚〔2017〕4 号

【案情简介】A 公司作为涉案项目招标代理单位,在该项目评标过程中,4 名评标专家全部从 A 公司评标专家库中抽取,未从北京市评标专家库中抽取。

【行政处罚】因 A 公司的行为违反了《评标专家和评标专家库管理暂行办法》第 5 条的规定,构成了政府投资项目不从政府或者政府有关部门组建的评标专家库中抽取专家的违法行为。故北京市发改委依据《评标专家和评标专家库管理暂行办法》第 17 条第 2 款的规定,决定对 A 公司作出警告的行政处罚。

典型案例4-34

【案号】重庆市大足区市场监督管理局渝大足市监处字〔2021〕161号

【案情简介】2021年3月18日,重庆市大足区市场监督管理局执法人员依法对A工程咨询有限公司的经营情况进行检查,发现其在日常从事工程项目招标代理服务中收取了招标代理服务费和招标文件费(又称报名费),当事人在从事工程招标代理服务时与招标人签订《重庆市招标代理委托合同》,明确了招标代理服务费的计取,但是当事人在已无需向投标人提供纸质版招标文件及无依据无授权委托的情况下,仍在投标人递交投标书时收取每个投标人招标文件费(报名费)。

【行政处罚】A工程咨询有限公司上述行为违反了《重庆市招标投标条例》第13条"招标代理机构应当在招标人委托的范围内办理招标事宜,并遵守招标投标法律法规关于招标人的规定。招标代理机构不得与行政机关或者其他国家机关,以及招标投标交易场所存在隶属关系或者其他利益关系,并不得有下列行为:……(五)违法收取费用……"的规定。根据《重庆市招标投标条例》第49条第1款"招标代理机构违反本条例第13条规定的,由有关行政监督部门责令改正,可以处五万元以上十万元以下罚款;情节严重的,暂停两年至五年从事招标代理业务"的规定,决定责令A工程咨询有限公司改正违法行为并作出罚款70,000元的处罚。

典型案例4-35

【案号】泸州市城市管理行政执法局泸市城管罚〔2021〕第16号

【案情简介】2018年12月,A工程项目管理有限公司作为招标代理机构,在对招标人在某某建设项目招标文件中设置"具备安防工程壹级资质的加1分""软件开发负责人曾在全球500强企业担任过互联网主要技术负责人的,加1分""投标人须具备以上相关的《计算机软件著作权登记证书》且数量不少于15个的,得基本分4分"等与招标项目的具体特点和实际需要不相适应或与合同履行无关的不合理条件时不予拒绝。

【行政处罚】A工程项目管理有限公司上述"对招标人违背法律、法规和规章的要求不予拒绝"的行为违反了《四川省工程建设项目招标代理办法》第19条第1款"招标代理机构应当在招标人委托范围内办理招标事宜,遵守法律、法规和规章关于招标人的规定；对招标人违背法律、法规和规章的要求应予拒绝”的规定。根据《四川省工程建设项目招标代理办法》第 31 条第 1 款第 5 项，决定给予警告的处罚。

典型案例 4－36

【案号】汉源县综合行政执法局汉综执罚决字〔2021〕第 31 号

【案情简介】2021 年 9 月 16 日，汉源县住建局在检查中发现某某小学建设项目招标代理机构 A 工程项目管理有限公司在项目勘察、设计开标时派遣的现场开标人员（李某甲）非招标代理合同约定人员且非本机构专职技术人员。

【行政处罚】汉源县综合行政执法局认定 A 工程项目管理有限公司作为勘察、设计招标代理机构违反招标代理合同约定安排非本机构专职技术人员负责该项招标代理工作属于违法行为，现依据《四川省工程建设项目招标代理办法》第 31 条规定，对其责令立即改正并处罚金 3 万元。

典型案例 4－37

【案号】福建省福安市人民法院（2016）闽 0981 行初 70 号

【案情简介】2013 年 1 月 5 日，A 工程管理有限公司与 B 国有资产投资经营有限公司签订某某道路 BT 项目建设工程招标代理合同。该项目至 2013 年 5 月 10 日（招标文件规定的开标截止时间），共有三家投标人分别向指定的投标保证金账户缴纳 60 万元投标保证金，共计 180 万元。该项目于 2013 年 5 月 10 日开标。2013 年 5 月 15 日由 A 工程管理有限公司宁德分公司账户中退还未中标的两家企业投标保证金各 60 万元，共 120 万元。随后经调查，某某交通运输局认定 A 工程管理有限公司未按规定退还投标保证金及银行同期存款利息，对其作出如下处罚：（1）责令 A 工程管理有限公司改正违法行为，应在收到处罚决定书之日起 15 日内退还剩余的投标保证金 30 万元及银行同期存款利息；（2）处以罚款 5 万元。

【裁判观点】法院认为，A 工程管理有限公司作为涉案项目的招标代理机构，应依法遵守《招投标法》和《招投标法实施条例》关于招标人的规定。就本案查明的事实，投标人 B 工程建设有限公司向指定的投标保证金账户缴纳了 60 万元投标保证金；2013 年 8 月 29 日 A 工程管理有限公司退还中标人部分投标保证金

30 万元，剩余投标保证金 30 万元及银行同期存款利息至案发时仍未退还。故某某交通运输局认定 A 工程管理有限公司行为构成不按照规定退还投标保证金及银行同期存款利息的违法行为并无不当。某某交通运输局作出柘交罚〔2016〕02 号《行政处罚决定书》，责令 A 工程管理有限公司改正违法行为并处罚款 5 万元，未突破法律法规规定的明确界限，不存在违法之处。

三、刑事法律风险

招标投标活动是一种竞争性很强的市场交易方式，然而在当前建设工程招投标活动中，串通投标等弄虚作假的行为却频频发生、屡禁不绝，故对于情节严重的串通投标行为，仅以损失赔偿、中标无效、没收保证金、罚款等民商事及行政处罚手段加以规制显然不足以达到法的规范和评价作用，根据《刑法》第 223 条规定："投标人相互串通投标报价，损害招标人或者其他投标人利益，情节严重的，处三年以下有期徒刑或者拘役，并处或者单处罚金。投标人与招标人串通投标，损害国家、集体、公民的合法利益的，依照前款的规定处罚。"《刑法》第 231 条规定："单位犯本节第二百二十一条至第二百三十条规定之罪的，对单位判处罚金，并对其直接负责人的主管人员和其他直接责任人员，依照本节各该条的规定处罚。"不难看出，"串通投标罪"被越来越多的适用于打击与惩治整个工程招投标活动中的串通投标行为。

基于前述，全过程工程咨询单位无论是被定位为"招标人"还是"招标代理人"，其在招标采购阶段面临的最大刑事法律风险即为涉嫌"串通投标罪"。具体如下：(1)全过程工程咨询单位在作为招标人自行招标时：如全过程工程咨询单位与投标人串通投标，损害国家、集体、公民的合法利益的，将涉嫌串通投标罪。(2)全过程工程咨询单位作为招标代理人时：①在招标过程中全过程工程咨询单位协助投标人相互串通投标报价，损害招标人或者其他投标人利益，情节严重的，将涉嫌串通投标罪；②全过程工程咨询单位协助招标人与投标人串通投标，损害国家、集体、公民的合法利益的，亦涉嫌串通投标罪。

值得注意的是，串通投标罪的犯罪主体为招标人和投标人，但在司法实践中，招标人和投标人并不局限于《招投标法》的定义，法院一般将招标人和投标人解释为主管、负责、参与招标投标事项的法人和自然人①。因此,招标代理机构及其主管人员、直接责任人员、评标委员会成员均为串通投标罪的规制对象。

典型案例4-38

【案号】北京市第二中级人民法院(2020)京02刑初130号

【案情简介】被告人侯某、武某甲分别担任A投资公司经理、副经理。2017年9月,被告单位A投资公司以及被告人侯某、武某甲在负责北京市顺义区某社下属北京益某1家居建材广场市场中心、北京顺某副食品公司、北京益某2五金灯饰商城消隐改造项目招标过程中,与何某(已判刑)串通,使何某指定的北京某建筑工程有限责任公司以人民币2.6亿余元的价格中标,工程由何某实际控制的北京某城市建设工程有限公司负责施工。

【裁判观点】法院裁判认为,被告单位A投资公司以及被告人侯某、武某甲伙同他人,在建筑工程招标过程中,与投标人串通投标,损害国家、集体、公民的合法利益,被告单位和二被告人的行为均已构成串通投标罪,依法均应予惩处。法院判决被告单位A投资公司犯串通投标罪,判处罚金人民币20万元。

典型案例4-39

【案号】黑龙江省绥化市北林区人民法院(2016)黑1202刑初284号

【案情简介】李某甲系A公司副总经理,负责公司日常事务及业务办理。2012年至2014年林业局某科长段某甲委托李某甲所在A公司进行七项招标业务,七项工程中标公司均由林业局指定,手续由A公司进行补办和完善。最终,A公司在没有履行招投标程序的情况下,出具招标单位指定中标公司中标的相关文件。

【裁判观点】法院裁判认为,A公司作为招标代理机构,违反《招投标法》的有关规定,在依法必须进行招标的工程建设项目中,以营利为目的,未能履行招标的相关程序,受招标人的指使,在未公开招标的情况下,帮助招标单位指定的投标人补办和完善招投标的相关材料。其行为损害国家、集体、公民的合法利益,情节严重,已构成单位串通投标罪;李某甲作为该单位招标代理项目的主要负责人和责任人,在明知违法的情况下,仍为单位牟取不正当利益,并直接领导、指使

---

① 钱斌、马作彪:《串通投标罪之主体认定》,载《人民司法·案例》2014年第10期。

单位员工开展该项目的运作，其行为亦构成单位串通投标罪。

典型案例4－40

【案号】福建省龙海市人民法院(2018)闽0681刑初815号

【案情简介】2018年7月，被告人黄某甲、黄某乙共谋投标某某农村生活污水及周边环境整治工程项目、某某农村生活污水水塘整治工程项目和某某温泉附属小道绿化及照明附属工程项目，遂与招标代理机构被告单位A工程咨询有限公司的负责人被告人李某甲、招标代理被告人郑某甲共谋串通投标。被告人李某甲指定其公司招标代理被告人胡某甲、马某甲配合被告人郑某甲具体实施。2018年7月31日在某某温泉附属小道绿化及照明附属工程项目开标过程中，被告人黄某甲(代表B建设有限公司)、被告人郑某甲等人被发现作弊，被告人黄某甲指定的公司未能中标。2018年8月2日，被告人黄某甲主动向公安机关投案。

【裁判观点】被告人黄某甲、黄某乙(代表B建设有限公司)作为投标单位，其伙同招标代理方被告单位A工程咨询有限公司的负责人李某甲及职员郑某甲、胡某甲、马某甲，采取欺骗的手段串通投标报价，情节严重，被告单位及六被告人的行为均已构成串通投标罪。公诉机关指控罪名成立，应当追究刑事责任。法院判决被告单位A工程咨询有限公司犯串通投标罪，判处罚金人民币20万元。

由于招标采购阶段的复杂性、专业性及严格的程序性，全过程工程咨询单位在向委托方提供招标采购咨询服务工作时，应对招投采购环节涉及的法律法规以及国家、地区、行业政策及技术要求进行全面、详细、准确的分析，确保招标采购环节在程序上和实体上合法合规，从而做到提前防控风险，以为后续的合同签订、合同履行中可能出现的争议纠纷奠定良好的应对基础。

第五章

全过程工程咨询单位在勘察设计阶段的法律风险

全过程工程咨询勘察设计阶段是整个工程项目建设中承上启下的重要阶段，这一阶段需要全过程工程咨询单位在综合分析经济、技术、生态环境、安全、资源等条件的基础上制定方案，是将委托方的规划意图进行具体描述的过程阶段。

本章在参考《招投标法》、《建设工程勘察设计管理条例》、《建设工程质量管理条例》、《建设工程安全生产管理条例》、《房屋建筑和市政基础设施建设项目全过程工程咨询服务技术标准(征求意见稿)》、江苏省住建厅《全过程工程咨询服务导则(试行)》、浙江省住建厅《全过程工程咨询服务标准》等法规及全国各省市相关政策文件要求的基础上，从全过程工程咨询单位在勘察设计阶段的咨询服务内容、法律角色定位、法律风险三个方面着手，全面梳理全过程工程咨询单位及其从业人员应如何合法有效地开展勘察设计咨询服务工作。

第一节　勘察设计阶段咨询服务内容

根据《房屋建筑和市政基础设施建设项目全过程工程咨询服务技术标准(征求意见稿)》以及全国各省市关于全过程工程咨询服务出台的各项政策文件之规定,全过程工程咨询单位在勘察设计阶段的主要咨询服务任务包括工程勘察设计技术咨询和工程勘察设计管理两部分。

若全过程工程咨询单位具备相应的勘察设计资质,则其可直接为委托方提供工程勘察设计技术咨询和工程勘察设计管理为一体的综合服务;但若全过程工程咨询单位不具备相应的勘察设计资质,其仅可协助委托方实施工程勘察设计管理活动,至于勘察设计任务的完成,则需由全过程工程咨询单位自行分包或是由委托方另行发包,此时全过程工程咨询单位需协助委托方完成勘察设计工作的启动、勘察设计合同的协商与签订,同时对勘察设计实施过程与工作成果进行有效的监督管理等工作。

一、工程勘察设计技术咨询

工程勘察设计技术咨询,是指全过程工程咨询单位接受委托方的委托,根据建设工程的目标要求,对项目勘察设计工作进行包括前期准备阶段、勘察设计阶段、施工阶段等在内的全过程监督和指导,并对各阶段成果文件进行复核及审查,纠正偏差和错误,提出优化建议,出具相应的咨询意见或咨询报告①。

(一)工程勘察咨询

根据《建设工程勘察设计管理条例》第 2 条第 2 款规定:“本条例所称建设工程勘察,是指根据建设工程的要求,查明、分析、评价建设场地的地质地理环境特征和岩土工程条件,编制建设工程勘察文件的活动。”工程勘察宜分阶段进行,主要包括可行性研究勘察、初步勘察、详细勘察、施工勘察等阶段。

全过程工程咨询单位可根据委托方的要求,监督指导及实施具体的勘察工

---

① 上海同济工程咨询有限公司:《全过程工程咨询实践指南》,中国建筑工业出版社 2018 年版,第 136 页。

作,包括查明项目场地环境和岩土工程条件,研究、分析并形成工程测量报告、岩土工程勘察报告、水文地质勘察报告等成果文件,审定工程勘察工作计划,组织勘察团队,审查工程勘察成果并协调处理勘察成果的修改,验收工程勘察成果。

（二）工程设计咨询

根据《建设工程勘察设计管理条例》第 2 条第 3 款规定:“本条例所称建设工程设计,是指根据建设工程的要求,对建设工程所需的技术、经济、资源、环境等条件进行综合分析、论证,进而编制建设工程设计文件的活动。”工程设计咨询服务内容主要包括建筑专业设计咨询、结构专业设计咨询、机电专业设计咨询、专项设计咨询、设计阶段工程经济咨询。其中,建筑专业设计咨询包括建筑方案比选、建筑设计策略相关研究分析、专项设计配合、建筑设计优化、设计后续服务等。结构专业设计咨询包括从项目结构方案比选到结构设计再到设计优化全过程。机电专业设计咨询包括暖通工程、消防工程、给水排水工程、强电工程、弱电系统、垂直运输系统、管线综合及标高控制等各机电系统。专项设计咨询包括 BIM 应用策略设计、绿色建筑与建筑节能设计。设计阶段工程经济咨询包括对设计阶段的过程造价进行估算。

工程设计一般可分为方案设计、初步设计和施工图设计三个阶段,且各阶段的设计文件都必须符合《建筑工程设计文件编制深度规定》的基本要求。

二、工程勘察设计管理

工程勘察设计管理,是指全过程工程咨询单位综合运用项目管理理论与技术,合理安排勘察设计任务,有效组织协调勘察设计资源,并对具体勘察设计工作的启动、实施以及工作成果进行全过程监督与管理。

（一）工程勘察管理

全过程工程咨询单位提供工程勘察管理服务的,需满足建设工程规划、选址、设计、岩土治理、施工的相应需求。具体服务内容包括但不限于:勘察任务书的编制、勘察管理人员的规范、现场人员仪器的检查、勘察工作方案及进度计划等材料的审核、工程勘察方案执行情况的监督检查、工程勘察的索赔、勘察文件的审核及归档等。

（二）工程设计管理

全过程工程咨询单位提供工程设计管理服务的,需满足报建、招标、采购、施工等设计进度需求,具体服务内容包括但不限于:设计任务书编制、设计方案评选、限额设计管理、设计质量管理、设计成本管理、设计进度管理、设计变更管理、设计文件审核及归档等。

第二节　全过程工程咨询单位的法律角色定位

一、角色类型

(一)一家全能型

"一家全能型"模式下,全过程工程咨询单位需具备相应的资质并承担全过程工程咨询项目的全部咨询工作。此时全过程工程咨询单位应自行负责工程勘察、设计、监理、造价咨询等具体事宜。换言之,勘察设计阶段的全过程工程咨询单位需具备勘察设计资质并自行承担工程勘察设计技术咨询和勘察设计管理职责,此时全过程工程咨询单位可定位为传统建设领域内的"勘察单位""设计单位"。

(二)另行分包型

"另行分包型"模式下,鉴于全过程工程咨询单位不具备部分资质,故其需将自身不具备的相应资质和能力的咨询服务工作另行进行合法分包:(1)若全过程工程咨询单位具备勘察设计资质,则其在勘察设计阶段,便需自行履行勘察设计技术咨询及管理职责,此时全过程工程咨询单位可定位为建设领域内的"勘察单位""设计单位"。(2)若全过程工程咨询单位不具备勘察设计资质,且其业已将工程勘察、设计工作分包给具备勘察设计资质的其他单位,则全过程工程咨询单位仅需对分包单位的勘察设计咨询服务活动履行监督管理职责,此时全过程工程咨询单位即可定位为"勘察设计咨询管理人"角色。

(三)联合经营型

"联合经营型"模式下,因全过程工程咨询单位仅具有部分资质,其需和具备其余资质的单位采用联营的方式以承接全部咨询服务,故各联营方应自行负责各自资质范围内的工程咨询服务事宜:(1)若全过程工程咨询单位具备勘察设计资质,其与具有其他资质的单位组成联合体承接全过程工程咨询服务时,其需履行工程勘察设计技术咨询及管理职责,此时全过程工程咨询单位可定位为传统建设领域内的“勘察单位”“设计单位”。(2)若全过程工程咨询单位不具备勘察设计资质,其系与具备勘察设计资质的单位组成联合体承接全过程工程咨询服务,则全过程工程咨询单位需对联营单位的勘察设计咨询服务活动履行监督管理职责,尤其是在全过程工程咨询单位作为牵头单位,需要对咨询服务工作承担主要责任时,其更需要履行好对联营单位的监督管理职责。此时全过程工程咨询单位即可定位为“勘察设计咨询管理人”角色。

(四)委托方平行发包/另行发包型

“委托方平行发包/另行发包型”模式下,委托方在委托一家全过程工程咨询单位的同时,又自行将部分专业咨询服务另行发包给其他单位:(1)若委托方将勘察设计咨询服务发包给全过程工程咨询单位,则全过程工程咨询单位需履行工程勘察设计技术咨询及管理为一体的综合职责,此时全过程工程咨询单位可定位为传统建设领域内的“勘察单位”“设计单位”。(2)若委托方系将勘察设计咨询服务另行发包给其他咨询单位的,鉴于在该模式下承包勘察设计服务的其他单位就其服务成果对委托方直接负责,故此时全过程工程咨询单位则无须承担“勘察单位”、“设计单位”或是“勘察设计咨询管理人”的角色。

二、具体适用

根据前述,在勘察设计阶段,全过程工程咨询单位主要存在以下两种主体类型:其一,全过程工程咨询单位具备勘察设计资质的,其可以根据委托方的委托直接从事工程勘察设计技术咨询及工程勘察设计管理相关工作,此时全过程工程咨询单位相当于传统建设领域内的“勘察单位”“设计单位”,须履行工程勘察设计技术咨询及管理职责。其二,全过程工程咨询单位不具备勘察设计资质的,其基于委托方的委托协助委托方实施对另行分包的工程勘察设计活动的监督管理工作,此时全过程工程咨询单位即为“勘察设计咨询管理人”,须依约履行工程勘察设计管理职责。

第三节　全过程工程咨询单位的法律风险

基于前述对全过程工程咨询单位于勘察设计阶段的法律主体类型进行分析可以明确，在勘察设计阶段，全过程工程咨询单位的主体界定以及职责范畴均与传统建设领域内的“勘察单位”“设计单位”较为相似。至于全过程工程咨询单位在担任“勘察设计咨询管理人”一角时，鉴于其作为全过程工程咨询服务合同的受托人，需基于与委托人成立的委托合同关系这一事实切实、全面地完成受托事项，从而最大限度地维护委托方的合法权益。故在此阶段，全过程工程咨询单位亦需密切关注承担勘察设计任务的其他单位的履职情况，避免出现因对勘察设计单位可能遇到的风险管理防范不当而给委托方造成损失的不利情况。否则一旦出现，全过程工程咨询单位将面临因履约不当而产生的违约法律风险，需对委托方承担违约损失赔偿法律责任。

以下将从对传统建设领域勘察单位、设计单位在履行勘察、设计职责过程中的法律风险进行归纳梳理着手，结合全过程工程咨询勘察设计服务的特点，主要从前期决策、工期、质量、成果文件审查报批等方面对全过程工程咨询单位在勘察设计阶段的法律风险进行详述。

一、勘察设计前期决策法律风险

在传统建工领域施工组织模式下，选择勘察设计单位、审查勘察设计单位资质、编制勘察设计任务书等前期决策工作是由建设单位或项目管理单位自行负责，由此产生的风险也是由建设单位或项目管理单位自行承担。在全过程工程咨询服务模式下，全过程工程咨询单位如担任“勘察单位”“设计单位”角色时，无疑是需要在满足相应资质条件的前提下方可实施勘察设计工作；全过程工程咨询单位在担任“勘察设计咨询管理人”角色时，则需协助委托方完成包括选择勘察设计单位、审查勘察设计单位资质、编制勘查设计任务书等在内的前期决策工作。此时，若全过程工程咨询单位未能全面履行前期决策协助管理职责的，将引发诸多的法律风险。

(一)勘察设计单位的资信审查风险

全过程工程咨询单位在协助委托方选择勘察单位、设计单位时,需严格审查勘察单位、设计单位的资质信用等信息。若全过程工程咨询单位因资质审查管理不到位,出现拟选择的勘察单位、设计单位未取得相应资质、资质等级不够或是借用资质(包括没有资质借用有资质以及低资质借用高资质)等不满足项目工程勘察设计资质要求,以致委托方签订的勘察设计合同无效,由此造成委托方损失的,全过程工程咨询单位需向委托方承担相应的过错损失赔偿责任。此外,若全过程工程咨询单位协助委托方将项目工程勘察设计工作发包或未经委托方同意将自身勘察设计工作违法分包给不具有相应资质条件的勘察设计单位的,随着全过程工程咨询法律服务的推广适用,日后全过程工程咨询单位亦将成为行政主管部门苛以责令改正、罚款等行政处罚的对象之一。

典型案例 5-1

【案号】最高人民法院(2021)最高法民申 5474 号

【案情简介】A 公司(再审申请人)作为发包方与 B 公司(被申请人)、C 公司(一审第三人)作为共同承包方签订了案涉《建设工程设计合同》,约定汇开发某房地产工程项目的设计单位资质要求为建筑行业建筑设计甲级资质。而合同履行过程中,A 公司发现 B 公司借用 C 公司资质,伪造 C 公司印章(具备甲级资质)签订合同,产生了纠纷。现 A 公司主张 B 公司在签订 004 号设计合同时仅具备乙级设计资质,伪造 C 公司印章签订合同,导致合同被认定为无效。B 公司对此负有过错责任,应承担合同无效所造成的损失。

【裁判观点】法院裁判认为,案涉 004 号设计合同虽然表面上是 A 公司作为发包方,B 公司和 C 公司作为共同承包方所签,但因加盖于该设计合同上 C 公司的印章经鉴定机构鉴定,与预留的印章并不一致,因此 C 公司并未参与案涉建设工程设计合同的签订及履行。B 公司因不具有相应的设计单位资质,一、二审判决认定设计合同无效并无不当。根据《合同法》第 58 条规定,合同无效,有过错一方应赔偿对方因此所受到的损失。本案中,004 号设计合同无效的主要过错在于 B 公司,其应承担合同无效所造成的损失。因合同无效,A 公司另行与 C 公司签订设计复核合同并为此支付了 1,516,000 元,该部分支出属于因合同无效产生的损失。但作为设计合同的一方当事人,A 公司有责任考察并确认具体与自己签订合同的对方主体。并且案涉004号设计合同所涉的设计费用金额不菲，设计合同的履行过程中需要设计方工作人员与发包方相关人员沟通配合。只要作为发包方的A公司尽到必要的注意，应当能够认定实际上向自己履行设计合同的并没有C公司一方，而仅为B分公司一方。因此原审判决结合案件具体情况，判令双方各自承担该项损失的50%，符合实际情况和公平原则，本院予以维持。

典型案例5－2

【案号】最高人民法院(2019)最高法民申974号

【案情简介】A公司发布招标文件要求“投标人应具备独立法人资格、必须具备3个以上相关项目设计优化经验及成果”。B公司中标该项目并签订了正式的《建设工程设计优化合同》，该合同约定：“设计优化内容包括地下室停车位等建筑方案优化……在工期、质量、安全文明、成本等方面取得综合效益，指出并纠正图纸中各专业矛盾、违反标准、规范等存在的错漏之处。”之后，双方因优化费用结算问题产生争议。现A公司主张B公司没有相应的设计资质，也没有相应的设计咨询资质，无权承接案涉的工程。本案的合同为无效合同。

【裁判观点】法院裁判认为，本案B公司与A公司签订的《建设工程设计优化合同》中约定由B公司对工程方案和施工图纸进行优化设计，并提交最终的优化图作为劳动成果，性质上属于建设工程设计。同时，因《建设工程设计优化合同》第2.3条约定B公司提交的设计成果在设计院不能及时改图、出图情形下由其改图、出图，直接将设计成果转化为新的设计图，这表明B公司并非仅对已有设计提供优化建议，而是进行新的替代性或补充性的设计，本案应当认定为建设工程设计合同纠纷。《建设工程勘察设计管理条例》第8条第1款规定，建设工程勘察、设计单位应当在其资质等级许可的范围内承揽建设工程勘察、设计业务。本案中B公司的经营范围为建筑工程设计及咨询、装饰设计，在税务登记证中明确注明“须取得建设行政主管部门的资质证后方可经营”，但B公司并未提供证据证明其已依法取得建设行政主管部门颁发的资质证等相关证据，故二审判决认定上述合同属于无效合同，并无错误。B公司明知自己没有相应设计资质，而与A公司签订包含设计内容的合同，也有一定过错。根据《合同法》第58条规定，承担过错责任的应当适当赔偿一定的损失。

典型案例5－3

【案号】宿迁市住建局宿建罚决〔2020〕66号

【案情简介】当事人存在无资质承揽勘察工程的行为，违反了《建设工程质量管理条例》第18条第1款“从事建设工程勘察、设计的单位应当依法取得相应等级的资质证书，并在其资质等级许可的范围内承揽工程”的规定。

【行政处罚】依据《建设工程质量管理条例》第60条第2款“未取得资质证书承揽工程的，予以取缔，依照前款‘违反本条例规定，勘察、设计、施工、工程监理单位超越本单位资质等级承揽工程的，责令停止违法行为，对勘察、设计单位或者工程监理单位处合同约定的勘察费、设计费或者监理酬金1倍以上2倍以下的罚款；对施工单位处工程合同价款2%以上4%以下的罚款，可以责令停业整顿，降低资质等级；情节严重的，吊销资质证书；有违法所得的，予以没收’规定处以罚款；有违法所得的，予以没收”的规定，宿迁市住建局对A公司处以没收违法所得0.9417万元。

典型案例5－4

【案号】河北省住建厅冀建罚决字〔2019〕3号

【案情简介】A设计研究院将承揽的某乡镇道路改造工程设计部分违法分包给B工程设计有限公司、某复兴路工程设计部分违法分包给C设计院。河北省住建厅认定其违反《建设工程质量管理条例》第18条第3款、《建设工程勘察设计管理条例》第19条和《河北省建设工程勘察设计管理条例》第20条的规定。

【行政处罚】依据《建设工程质量管理条例》第62条第1款规定：“违反本条例规定，承包单位将承包的工程转包或者违法分包的，责令改正，没收违法所得，对勘察、设计单位处合同约定的勘察费、设计费百分之二十五以上百分之五十以下的罚款；对施工单位处工程合同价款百分之零点五以上百分之一以下的罚款；可以责令停业整顿，降低资质等级；情节严重的，吊销资质证书。”河北省住建厅对A设计研究院处以罚款175.87万元。

（二）勘察设计任务书的编制风险

在勘察设计阶段，全过程工程咨询单位在履行工程勘察设计咨询管理职责时，需自行编制勘察设计任务书提交给委托方审核。此时，若全过程工程咨询单位未能按照既有工程资料、工程勘察设计标准、工程范围、设计需求等合同要求编制工程勘察设计任务书的，或未将勘察设计任务书等资料提交给另行委托的勘察设计单位的，或其对另行委托的勘察设计单位未能按照符合要求的勘察设计任务书进行勘察设计工作负有过错责任的，均需向委托方承担违约责任。若全过程工程咨询单位编制的工程勘察设计任务书存在错误，或勘察设计任务书存在纰漏且未能全面反映技术要求、消除生产安全事故隐患等内容，并最终造成安全事故发生的，全过程工程咨询单位还需承担相应的民事赔偿以及刑事法律责任。

典型案例5-5

【案号】广东省高级人民法院（2020）粤民申2548号

【案情简介】A公司与B公司签订了《建设工程设计合同》，A公司为发包人（甲方），B公司为设计人（乙方）。该合同约定：在签订合同前，发包人应向设计人交付的有关资料及文件具体为设计委托书、设计任务书、红线图和地形图、各主管部门批文，在桩基础设计前提交工程地质报告等。发包人按本合同第3条约定的内容，在约定的时间内向设计人提交资料及文件，并对其完整性、正确性、及时性负责，发包人不得要求设计人违反国家有关标准进行设计。现双方产生纠纷，案涉工程至今未开工建设。A公司主张没有收到B公司提交的符合规划报建所需的方案图纸文本、扩初设计图文本以及盖有双章的施工蓝图。而B公司主张A公司未提供必要材料违约在先，B公司未提交设计成果是在行使先履行抗辩权。

【裁判观点】法院裁判认为，本案中，A公司作为发包人没有依约向设计人B公司提交设计委托书、设计任务书、各主管部门批文，在桩基础设计前没有提交工程地质报告的情况下就要求B公司进行施工图设计，其行为已构成违约。在合同履行中，B公司在A公司没有提交法定规划文件进行规划报建手续和未提供工程地质勘查资料情况下就违规进行施工图设计。因此，A公司、B公司的行为违反了双方签订的《建设工程设计合同》的约定以及法律法规的规定，双方均已构成违约。由于双方在合同履行过程中均出现违约行为而未积极采取协商和弥补措施，导致项目设计成果未能按期完成而造成的损失，双方当事人均有过错和承担应负的违约责任。

典型案例5－6

【案号】广东省广州市中级人民法院(2019)粤01民终12906号

【案情简介】2012年10月11日,邓某某等人操作钻探机在位于广州市白云区某地点进行钻探作业,钻穿广州地铁三号线某区间隧道,导致运行中的地铁列车车头玻璃受损,列车司机紧急停车。而邓某某等人继续钻探作业,致使此段地铁停运。广州市白云区立马安排相关部门成立事故调查组,经过对事故现场勘查、调查取证及综合分析后,发布调查报告。白云区安监局先后于2013年2月4日作出(穗云)安监管罚〔2012〕SG005－1号《行政处罚决定书》,以B公司"作为具备地质勘探资质的企业,以口头协议方式承包勘察业务,没有根据建设工程特点和勘察要求,以及勘察场地的实际制定城市轨道交通设施保护方案,未采取措施保护地铁隧道的安全,组织工人违章作业,钻探施工时未安排技术人员在场进行管理,导致发生钻穿地铁隧道的生产安全一般事故,造成重大经济损失和恶劣的社会影响,对本起事故的发生负有主要责任"等为由,决定对B公司处10万元罚款的行政处罚;2013年3月25日作出(穗云)安监管罚〔2012〕SG005－5号《行政处罚决定书》以周某某作为主要负责人"未按《建设工程质量管理条例》第9条、《建设工程安全生产管理条例》第6条、《建设工程勘察设计市场管理规定》第14条规定,向勘察单位提供与建设工程有关的原始资料,特别是场地地下管线和地下构筑物情况,没有向勘察单位提供勘察任务书,以明确勘察技术要求,未履行督促、检查安全生产工作,及时消除生产安全事故隐患的安全管理职责,导致此事故发生,造成重大经济损失,对事故的发生负有重要责任"等为由,决定对其处2万元罚款的行政处罚。现A公司请求B公司、周某某赔偿损失,并就赔偿责任比例产生纠纷诉至法院。

【裁判观点】法院裁判认为,关于责任比例的问题,确定各方当事人之间承担的责任比例是否合理应综合考量各方当事人的过错程度及该过错对涉案事故的原因力大小等因素。首先,B公司作为实际勘察人,存在以口头方式承包该业务、没有编制钻探方案、未经登记审查、组织未签订聘用合同亦无上岗证的工人违章作业、钻探时未安排技术人员在场管理等违规违法行为,直接导致涉案事故发生,应对涉案事故负直接的主要责任。其次,周某某作为涉案工程的委托人,未履行报批、告知手续,且没有向实际勘察单位提供与工程相关的特别是反映被勘探地块的地下管线及构筑物情况等原始资料等，未向受托人提供勘察任务书明确技术要求及履行督促、检查、及时消除隐患等安全管理职责，应对事故的发生负重要责任。最后，根据调查报告显示，A 公司未在城市轨道交通沿线设立相关的控制保护区标识，导致 B 公司未能及时发现相关安全隐患，是造成涉案事故的间接原因。综合上述分析，一审法院认定 A 公司承担 3% 的责任，未考虑 A 公司未履行报批义务的行为，有失偏颇，本院予以调整为 6%，剩余的 60% 的赔偿责任则由 B 公司承担。周某某未提起上诉，对一审判定承担损失 34% 的责任，本院予以维持。

二、勘察设计工期法律风险

在勘察设计阶段，全过程工程咨询单位应根据建设项目的特点、工作性质等内容合理预估项目工期，并在合同约定、委托人要求的合理工期内完成勘察设计咨询服务，及时交付勘察设计成果。如果全过程工程咨询单位出现迟延交付勘察设计成果，勘察设计成果交付形式、期限、数量不符合合同要求等情形，进而影响勘察设计进度甚至是整个工程进度，由此造成工期延误的，全过程工程咨询单位须就委托方的工期损失承担相应的过错赔偿法律责任。

（一）未根据工作性质合理预估工期

工程项目勘察设计内容繁杂、知识面广、专业性强，全过程工程咨询单位应保证足够的时间进行勘察设计工作。但由于委托方的工期需求压力，许多全过程工程咨询单位为了成功争取到项目工程，往往会迎合委托方的需求而在前期阶段脱离实际情况，刻意缩短项目工期，从而使勘察设计工作无法“精耕细作”。与此同时，也正是因为全过程工程咨询单位在招标、谈判、合同签订等阶段，未根据勘察设计的工作性质做好工期预估工作，并最终签订了不合理工期的合同，由此导致全过程工程咨询单位在后续勘察设计实施过程中常常因自身实际情况无法按照合同约定的工期完成勘察设计任务。此时，全过程工程咨询单位需向委托方承担合同解除、支付违约金、赔偿损失等违约、侵权民事责任。更为严重的是，一些全过程工程咨询单位为了能在合同约定的不合理期限内完工，通常存在赶抢工期的情况，以此引发的后果即是因勘察设计细节深度不达标、工程质量得不到保证，进而引发工程质量安全事故。此时，全过程工程咨询单位不仅需向委托人承担相应的违约、侵权等民事责任，而且若触犯行政监管的，亦将被相关政府行政主管部门处以罚款、停业整顿、降低资质等级、吊销资质证书等行政处罚,造成工程重大安全事故构成犯罪的,还将会被追究刑事责任。

典型案例5-7

【案号】四川省高级人民法院(2016)川民终401号

【案情简介】2009年7月6日,A设计院和B公司(发包方)签订《建设工程设计合同》。2009年9月14日,A设计院向B公司提交《总平面蓝图及方案》,该总平及单体方案设计文件通过成都高新区建设、环保、卫生防疫、消防等主管部门审查。2009年11月19日、12月18日,A设计院向B公司提交《初步设计方案蓝图及方案》,12月26日,该初步设计文件通过成都高新区主管部门会审。2010年4月2日、18日,A设计院向B公司提供施工图白图,并注明不作为合同提供的施工图套数,仅提供给专家审查。随后,B公司向勘察设计审查中心提交了部分施工图的白图,未签字、盖章、校核、审定,该中心审查人员对白图进行初审,提供咨询意见。2010年5月24日,B公司向A设计院发出《通知》,要求其于5月31日前提交施工蓝图报审;同年6月20日,B公司向A设计院发出《关于暂停项目设计工作的函》,以未收到满足需要的全套合格施工图纸、不能充分实现公司设计意图、现设计的商业理念不能满足大型商用要求等理由,决定暂停该项目的设计工作。现B公司主张A设计院赔偿因延误交付设计文件导致工程工期延误的经济损失。A设计院辩称初步设计文件不属于违约交付,且约定交付日期不合理,应予以调整。由于总平及单体方案设计文件按B公司要求进行了调整,B公司于2010年1月29日才最终确认总平及单体方案设计文件,故主张B公司对其逾期行为予以了认可,且因此应对初步设计文件的提交时间应予合理调整,其不构成迟延交付。

【裁判观点】法院裁判认为,(1)A设计院是否按约交付总平及单体方案设计文件。按双方合同约定,总体及单体方案设计文件应于合同生效后30日内提交。该合同同时约定,合同经双方盖章,并在B公司向A设计院支付定金后生效。经审理查明,2009年7月13日B公司向A设计院支付定金,即合同生效时间应为2009年7月13日,A设计院提交总平及单体方案设计的时间应在2009年8月12日之前。但A设计院提交总平及单体方案设计蓝图的时间为2009年9月14日,迟延交付33天。原判对A设计院迟延交付总平及单体方案设计文件天数认定有误,本院予以纠正。A 设计院虽按《会议纪要》的约定按时提交了 B 公司调整布局后的总平及单体方案设计文件,并因此主张 B 公司对其该逾期提交文件行为予以接受,其不构成逾期提交,但 B 公司对此不予认可,其未能提供证据证实其逾期提交文件行为系 B 公司责任所致,或者 B 公司对其该逾期提交行为已经表示免予追究责任,理应按合同约定承担逾期提交设计文件的违约责任。按双方签订的合同关于因设计人自身原因延误交付材料应承担的违约责任条款约定,A 设计院应减收总平及单体方案设计阶段费用为 39,600 元。(2)A 设计院是否按约交付初步设计文件。按双方合同约定,A 设计院应提交的初步设计文件应于总平及单体方案设计文件报审后 30 日内提交。根据查明事实,总平及单体方案设计文件于 2009 年 9 月 17 日通过相关行政主管部门审批。A 设计院按约应于 2009 年 10 月 17 日前提交初步设计文件。但据本案查明事实,A 设计院于 2009 年 11 月 19 日才向 B 公司提交了初步设计蓝图,迟延交付 33 天。原判对设计院迟延交付初步设计文件天数认定有误,本院予以纠正。A 设计院虽以总平及单体方案设计文件按 B 公司要求进行了调整,B 公司于 2010 年 1 月 29 日才最终确认总平及单体方案设计文件为由,主张 B 公司对其逾期行为予以了认可,且因此应对初步设计文件的提交时间应予合理调整,其不构成迟延交付。但据本案查明事实,B 公司决定调整项目建筑布局系在初步设计文件已经相关行政主管部门审查同意之后,B 公司在 A 设计院提交初步设计文件之前并没有调整建筑布局,A 设计院理应按合同约定时间提交初步设计文件,其逾期提交并非 B 公司责任所致,其主张应对初步设计文件提交时间予以调整没有事实和法律依据,主张 B 公司对其逾期行为予以了认可亦没有证据证实,不予支持。按照双方关于设计院因自身原因迟延交付设计文件的责任承担方式的约定,设计院应减收初步设计费用 79,200 元。

(二)未按合同约定形式、期限、数量、质量等交付成果耽误工期

根据《民法典》第 509 条第 1 款“当事人应当按照约定全面履行自己的义务”以及第 800 条“勘察、设计的质量不符合要求或者未按照期限提交勘察、设计文件拖延工期,造成发包人损失的,勘察人、设计人应当继续完善勘察、设计,减收或者免收勘察、设计费并赔偿损失”的规定,全过程工程咨询单位应当严格按照合同约定的履行方式、质量、期限、数量等全面履行合同义务。若全过程工程咨

询单位未向委托方交付勘察设计成果或者勘察设计成果的交付方式、质量、期限、数量等不符合约定的,委托方有权要求全过程工程咨询单位重作、更换,并按照合同约定全面履行义务,由此造成逾期交付勘察设计成果耽误工期的,全过程工程咨询单位应当承担采取补救措施、合同解除、支付违约金、赔偿损失等违约、侵权民事责任。

结合前述关于对全过程工程咨询单位于勘察设计阶段法律角色类型的分析可知,全过程工程咨询单位可归纳为两种主体类型,即"勘察单位、设计单位"以及"勘察设计咨询管理人"。在这两种情形下,全过程工程咨询单位都应承担延误工期的违约、侵权民事责任,但其承担责任的理论基础是不同的。

1. 全过程工程咨询单位如果定位为"勘察单位""设计单位",其需自行承担工程勘察设计技术咨询及管理职责。此时,全过程工程咨询单位迟延交付勘察设计成果,或经催告后在合理期限内仍未交付的,或未按照合同约定的交付形式、质量、数量等交付成果文件,又或是存在设计成果文件署名盖章形式瑕疵、成果交接确认存在瑕疵等视为未向委托方交付成果情形的,均会被认定为逾期交付,由此造成工期延误的,其应向委托方承担基于其自身本职勘察设计工作不到位而引发的违约损失赔偿责任。

2. 全过程工程咨询单位如果定位为"勘察设计咨询管理人",其仅需承担工程勘察设计管理职责,即对分包单位的勘察设计咨询服务活动进行监督与管理。此时若全过程工程咨询单位因自身管理不善、组织不力,即未按照合同约定严格管控其他单位按进度开展勘察设计工作或未根据合同约定的形式、期限、质量、数量等要求提交成果,导致工期延误的,则其应向委托方承担基于自身监督管理工作不到位而导致的违约责任。

典型案例5-8

【案号】湖北省宜昌市中级人民法院(2019)鄂05民申43号

【案情简介】2017年4月4日,B国家公园管理局与A设计公司签订了《某某建设项目建筑方案设计合同》。合同签订后,A设计公司依约进行工程设计。随后因设计进度滞后,B国家公园管理局于2017年5月26日、6月23日两次派人前往武汉跟进设计进度。后A设计公司陆续提交了部分建筑的初步设计效果图。2017年8月14日,B国家公园管理局向A设计公司发出《关于某某建设项目建筑方案设计费的函》,函告之:因A设计公司迟迟不能提供完整的设计成果,要求解除终止合同,考虑到其前期工作投入及差旅费支出,同意给付其10万元费用,要求退还21.5万元。A设计公司收到上述函件后,未给予书面回复。2017年9月26日,A设计公司派人前往B国家公园管理局处,预备就解除合同事宜进行协商,同时提交设计方案纸质版,B国家公园管理局拒绝接收,双方亦未协商一致。现产生纠纷诉至法院。

【裁判观点】法院裁判认为,本案中,双方签订的《某某建设项目建筑方案设计合同》系双方真实意思的表示,亦不违反法律规定,合法有效。该合同明确约定了工程设计内容、深度、规模,设计时间要求与工程设计费及支付方式等。按照合同约定,A设计公司应于2017年5月20日前提交总体方案图纸,且设计方案应达到规划要求,但在B国家公园管理局派人跟进其工作进度后,仍未在约定时间内提交设计方案,同年7月上旬虽将部分方案提交,经报规划部门进行审批,但未被通过。因时间紧迫,B国家公园管理局另行委托他人进行方案设计。据此,一审法院认定A设计公司设计工作严重滞后,设计成果亦未通过评审,对本案纠纷负有主要责任,并无不当。亦因B国家公园管理局未按合同约定支付第一次合同价款,违约在先,且在第二次付款条件并未成就,在A设计公司已经违约的情况下向其支付了前期合同价款,对合同价款损失的发生存在一定责任。一审法院综合考虑双方的责任程度、损害后果和导致损害后果的原因等因素,酌定双方责任比例为4:6,判决解除双方签订的《某某建设项目建筑方案设计合同》,由A设计公司承担B国家公园管理局已支付合同价款损失的60%责任,即向B国家公园管理局返还设计费189,000元,符合上述法律规定。

典型案例5-9

【案号】广东省揭阳市中级人民法院(2018)粤52民终702号

【案情简介】2014年7月7日,A公司(设计人)与B公司(发包人)签订了《建设工程设计合同》。合同签订后,A公司进行设计工作,并于2014年10月11日向B公司提交了方案图的电子版本,B公司委托人司某某于2014年10月17日向A公司确认上述方案图为方案设计阶段的最终方案,并要求A公司根据B公司提供的勘探初步资料进入主座的桩基础、承台大样、地板钢筋图设计。2014

年11月25日，双方建立账号为×××的公共邮箱。自2014年11月26日到2015年1月29日，双方通过上述公共邮箱及设计工作联系单的形式对酒店1~3号楼的施工图设计阶段的专业问题进行沟通及修改。2015年1月29日，A公司用上述公共邮箱向司某某的个人邮箱发送酒店1号楼的施工图纸。2015年2月13日，A公司用上述公共邮箱向司某某的个人邮箱发送酒店2、3号楼的施工图纸。2017年5月8日，A公司向上述公共邮箱上传了酒店1、2、3号楼的施工图纸。上述施工图并没有得到B公司的确认。现双方产生纠纷诉至法院。

【裁判观点】法院裁判认为，第一，根据双方签订的《建设工程设计合同》约定，A公司应于合同签订后15个工作日内提交经过修改后确定的建筑平、立、剖面图和外立面效果图，方案图经审查后25个工作日内提交规划报建所需的方案图纸（含文本）。但截至A公司起诉前，A公司仅于2014年10月11日向B公司提交规划方案报批所需的方案设计图纸的电子版本，没有提供盖有设计单位出图章和注册设计师职业印章（或签名）的纸质版方案设计图纸给B公司，以供B公司提交政府规划部门审批，A公司已违反合同的约定。第二，根据双方签订合同第7.5条的约定，"由于设计人自身原因，延误了按合同第四条规定的设计资料及设计文件的交付时间，每延误一天，应减收该项目应收设计费的千分之一点二，延误超过10天的，发包人有权解除合同"。本案A公司未在合同约定的时间交付规定的设计资料及设计文件，特别是未能提供盖有设计单位出图章和注册设计师职业印章（或签名）的纸质版方案设计图纸给B公司，B公司依约有权单方主张解除合同。第三，A公司在合同履行中未按照合同的约定按时提交合同约定的设计资料和设计文件，即A公司没有提交规划报建所需的盖有工程设计施工图出图专用章、注册建筑师或注册结构工程师签章的纸质版方案图纸。在B公司没有提交法定规划文件进行规划报建手续和未提供2、3号楼的工程地质勘查资料情况下，A公司就违规进行2、3号楼的施工图设计。而B公司作为建设单位在签订合同前没有提交设计委托书、设计任务书、红线图和地形图、各主管部门批文，在桩基础设计前没有提交工程地质报告的情况下就要求A公司进行1号楼的施工图设计。双方在合同履行过程中均出现违约行为而未积极采取协商和补助措施，导致项目设计成果未能按期完成而造成的损失，双方当事人均有过错和承担应负的违约责任。

典型案例5－10

【案号】江西省高安市人民法院(2017)赣0983民初1407号

【案情简介】2016年1月29日,A公司(设计方)、B公司(委托方)签订了《设计服务合同》,约定B公司将设计工作交给A公司完成,A公司应在135个工作日内完成全部设计,并将设计成果交付给B公司。合同签订后,B公司依约履行了自己的合同义务,但A公司本应在合同订立后135个工作日内完成的设计任务,至今仍未全部设计完成,也没有将全部的图纸交付给B公司。而且A公司已交付的部分图纸存在设计错误或功能不全等问题。A公司的行为已属于严重违约,并导致B公司工期延误。基于以上原因,双方产生纠纷,B公司要求解除双方订立的合同,并要求A公司赔偿损失。

【裁判观点】法院裁判认为,在本案中,双方签订的合同自2016年2月1日起生效,A公司应交付第一阶段的设计成果的截止时间为2016年3月15日,但A公司未提供充分有效的证据证明其在2016年3月15日之前已经按照合同约定向原告交付了第一阶段的设计成果。根据庭审中举证质证,A公司提供的能够证实B公司确认收到其第一阶段的设计成果的时间为2016年7月26日,远远超过了合同约定的30个工作日。按照双方上述《设计服务合同》中关于违约责任的约定,B公司享有解除权。故B公司要求解除双方签订的《设计服务合同》,本院予以支持。关于B公司要求A公司赔偿改造、重建以及延期利润损失合计人民币700余万元。本院认为,按照鉴定意见书的结论,A公司赔偿B公司因拆除、改造、重做造成的损失合计为478,621.73元;迟延开业利润损失合计为2,185,657.5元。由此可知,A公司的违约行为给B公司可得利益造成了损失,该损失符合原《合同法》第113条规定的损害赔偿范围,应予支持,故本院对该损失予以确认。

(三)未及时开展或擅自停止勘察设计工作导致工期延误

全过程工程咨询单位无正当理由擅自停止勘察或者设计工作,且经催告后在合理期限内仍未继续开展工作的,或者因自身原因未按照已明确的开工日期正常开展工作等情形造成工期延迟的,此时势必会对委托方产生不利影响,委托方据此可请求全过程工程咨询单位承担合同解除、支付违约金、赔偿损失等民事责任。若全过程工程咨询单位担任“勘察设计咨询管理人”角色时,因自身未严格管控其他单位的勘察设计进度,以致承担勘察设计咨询服务工作的其他单位未能按进度及时开展勘察设计工作或擅自停止工作,最终导致工期延误的,全过程工程咨询单位也会面临向委托方承担违约责任的法律风险。

在实践中,全过程工程咨询单位若出现以下未按开工日期开展工作情形的,将无法向委托方主张工期顺延,由此产生的工期延误责任,均由全过程工程咨询单位自行承担险:(1)在全过程工程咨询单位需自行负责收集整理基础资料的情况下,若由于其自身原因如其负责收集整理的基础资料错误、不完整导致勘察设计工作未能按时开展的,工期不得顺延。(2)在全过程工程咨询单位需自行解决勘察现场勘察实施条件的,若由于其自身原因即作业场地及进场通道等不满足现场勘察工作开展以致其无法按期开工的,工期不得顺延。(3)因人员、设备、材料等无法及时安排到位导致未能按开工日期开展工作的。

典型案例5-11

【案号】山东省烟台市中级人民法院(2020)鲁06民终1263号

【案情简介】2016年3月4日,A公司就其改扩建工程设计项目发出招标文件。2016年3月25日,B设计院交付投标文件,载明"……一、投标承诺函……5.1设计院在项目的整个建设期间(包括方案调整及深化,审图调整,施工阶段的设计后期服务)根据不同阶段的需要及时派出满足建设要求的技术服务人员…5.2设计院的后期服务应是贯穿该工程全过程直至竣工验收……"随后,B设计院中标,双方于2016年4月13日签订合同。合同签订后,B设计院于2017年9月提交了设计方案和图纸,A公司于2018年5月8日实际支付80%服务费,B设计院于2018年8月29日、2019年9月27日交付了部分变更设计图纸。现A公司主张B设计院存在迟延交付变更设计图纸、未按约完成全部设计要求等严重违约行为,且2019年9月6日经书面明确催告后,仍拒不履行合同义务,合同目的已无法实现,符合解除合同的法定条件,并应按合同约定支付违约金300万元。双方就是否按约履行合同义务等问题发生争议并诉至法院。

【裁判观点】法院裁判认为,在双方签订协议明确约定涉案工程价款包含招标范围内的全部内容,其中包括了设计、技术支持以及设计变更等后续技术服务、施工图文件的上报审查费用及工程验收费用等。B设计院主张深化设计和二次设计均不属于双方协议约定的项目内容范围内,并提供《建设设计服务计费指导》作为其依据,但该计费指导仅为设计行业内的参考收费标准,而且签订协议时对此收费指导标准未进行阐释,因此不能适用。根据双方协议约定,原审认为A公司要求B设计院按照实际情况对建筑设计进行深化设计及二次设计等,均属于“方案调整及深化”“设计、技术支持及设计变更等后续技术服务”的范畴,该认定并无不当。而A公司于2018年1月19日发送电子邮件要求B设计院进行相关的设计深化及变更。此后,B设计院既未按函件中所要求的在2018年3月15日以前向A公司交付相关设计图纸,亦未对A公司作出合理答复,应认定为违反了合同约定交付设计文件的义务,A公司要求其承担违约责任的理由正当。

典型案例5-12

【案号】江苏省南通市中级人民法院(2019)苏06民终2757号

【案情简介】2013年9月29日,A公司(发包人)与B设计事务所(设计人)签订建设工程设计合同,承担某某别墅区建筑设计方案及建筑单项初步设计。2013年11月1日,B设计事务所首次向A公司发送邮件,附件内容为图纸9张。2013年11月21日,B设计事务所发送邮件,内容为图纸1张。后B设计事务所分别于2014年9月12日、2015年12月10日、2016年3月23日、2017年9月11日、2017年10月19日、2017年12月8日陆续发送邮件,内容均为设计图纸。现A公司主张B设计事务所未在合同约定的期限内交付概念方案,交付数量未符合合同要求,未交付纸质版,且设计方案及相关图纸未满足国家及当地标准。B设计事务所以邮件提供的单张图纸,只是概念设计阶段的意见交换,不构成符合合同约定的概念设计方案。故B设计事务所构成根本违约,请求解除合同并要求B设计事务所承担相应违约责任,诉至法院。

【裁判观点】法院裁判认为,本案中,A公司在合同履行中迟迟不予确认设计成果明显违约,且支付第一期设计费用存在3天的迟延行为。而B设计事务所交付户型设计图的时间为2013年11月1日,交付总平面图的时间为2013年11月21日,确实晚于应递交时间即2013年10月25日。B设计事务所辩称迟延交付设计成果的原因在于A公司未按约提供CAD版电子地形图、前期设计资料及报批文档、设计任务书、相关政府公文及规划设计要点等完整资料。对此,本院进一步认为,A公司并未举证证明已实际交付“发包人应向设计人提交的上述有关资料及文件”,但B设计事务所已就概念设计方案重要组成部分所需的设计文件履行了合同义务,且在其提供的上述总平面图中已标注了“用地红线”。而其在此期间也未就A公司是否完全履行上述合同义务提出异议,之后数次修改总平面图,双方也未就此进行交涉。法院认定B设计事务所迟延交付设计成果中的总平面图近一个月,交付内容不尽完整,且交付形式为电子邮件,不符合合同约定,其存在迟延履行、不完全履行和标的物交付方式瑕疵等违约行为。原审法院考虑到合同的义务分配情况、履行情况、当事人的过错程度等因素,同时本院还考虑到本案概念设计方案收费数额在设计费总额的占比,以及该比例与设计单位提供相应的设计工作量之间的关系,另外还考虑到B设计事务所要求业主赔偿第一期设计费逾期付款违约金的诉请在内,认定原审酌定由B设计事务所退还2万元设计费,该处理并无不当。

典型案例5-13

【案号】安徽省宿州市埇桥区人民法院(2019)皖1302民初3672号

【案情简介】2019年3月19日,吕某某与A公司签订合同,双方约定由A公司为吕某某设计某某园区改造工程。第一阶段是A公司收到吕某某提交项目有关资料及文件和首付款之日算起开始进入方案设计,在2019年3月23日完成平面布局设计方案。第二阶段是设计方案经A公司签署确认后的3~4日内完成并提交设计定案之相关彩色效果图。第三阶段是在第二阶段设计方案经A公司签署确认后的3~4日内完成并提交有关施工图。现吕某某主张A公司未按时向其提交本项目设计成果。A公司辩称吕某某未按合同约定支付设计费,其有权拒绝提交下一阶段的设计成果,相应的工期延误责任由吕某某自行承担。双方产生争议并诉至法院。

【裁判观点】法院裁判认为,合同明确约定了付款的时间和完成工作成果的时间。根据合同约定,2019年3月23日,A公司应依约完成平面布局设计方案,吕某某给付尾款的时间为效果图及施工设计图完毕。因双方发生争执,A公司至今未将图纸交付吕某某,依据原《合同法》第94条之规定,“有下列情形之一的,当事人可以解除合同,(四)当事人一方延迟履行主要债务,经催告后在合理期限内仍未履行”。A公司未按照约定的期限交付设计图纸,在吕某某有权解除合同,由于A公司未交付设计图纸,A公司应退还给吕某某预付的设计费用。故吕某某要求解除设计合同并退还设计费用的诉讼请求,依法应予支持。关于工期延误的5倍赔偿问题,吕某某未有证据证明,A公司主动提出终止或解除合同,依法对该项诉讼请求不予支持。

三、勘察设计质量法律风险

从2000年国务院颁布《建设工程质量管理条例》《建设工程勘察设计管理条例》开始至今,国家各部委陆续出台了多部关于建设工程勘察设计质量管理的法律法规及政策文件,由此足以看出国家对勘察设计质量的重视程度。由于国家始终严抓勘察设计质量管理问题,故全过程工程咨询单位应遵守"谁建设,谁负责""谁服务,谁负责"的原则,落实勘察、设计单位质量主体责任和勘察、设计负责人的质量终身责任,提高勘察设计质量,有效预防工程质量风险。

在勘察设计阶段,全过程工程咨询单位应保证工程质量符合合同约定、行业规范要求及工程质量标准。如全过程工程咨询单位因自身勘察、设计及管理的疏忽或过失而引发工程质量事故,给委托方造成损失或造成第三人人身伤亡或财产损失的,全过程工程咨询单位应承担合同解除、支付违约金、赔偿损失等违约、侵权民事责任;触犯行政监管的,将被相关行政主管部门处以罚款、停业整顿、降低资质等级、吊销资质证书等行政处罚;造成工程重大安全事故构成犯罪的,还应承担相应的刑事责任。

(一)民事法律风险

全过程工程咨询单位应保证勘察设计服务质量符合合同约定以及行业标准,否则其需向委托方承担工程质量不符合约定的违约责任,包括承担补充修改义务、缺陷修复责任、支付缺陷修复费用、赔偿损失等。如果因为全过程工程咨询单位勘察设计的疏忽和过失造成工程质量事故的,其需在其过错范围内对被侵权对象承担相应的侵权赔偿责任。结合本章第二节关于全过程工程咨询单位法律主体类型的分析,无论全过程工程咨询单位被定位为"勘察单位""设计单位"还是被定位为"勘察设计咨询管理人",只要其出现因勘察、设计或是管理工作的疏忽或过失而造成工程质量问题的情形,其均需向委托人承担违约责任。

在勘察设计阶段,除了最为常见的因转包、违法分包、挂靠等行为导致工程质量存在缺陷外,全过程工程咨询单位还可能出现以下行为造成工程质量不达标的行为:(1)自行编制的或未审查发现其他单位编制的勘察原始取样数据记录、勘察报告不真实、不准确、不完整或相关文件签字盖章存在瑕疵。(2)工程设计未按照合同约定的勘察成果文件进行设计或未严格管理设计单位按照勘察成果文件进行设计。(3)设计存在标注、计算错误,设计不合理,设计深度等不符合合同约定或国家、地方主管部门的规范要求。(4)违反工程建设强制性标准擅自降低设计标准或未督促设计单位遵守工程建设强制性标准。(5)施工图设计文件未通过评审或经限期整改后仍未通过复审的,未就审查合格的施工图设计文件向施工、监理单位作出准确说明。(6)选用的建筑材料、建筑构配件和设备未注明规格、型号、性能等技术指标。(7)成果文件的分析论证方法与行业通用的技术方法明显不一致,导致结论意见出现明显错误的。(8)自行编制的或未审查发现其他单位编制的勘察设计成果文件不符合合同约定质量要求,包括不符合国家相关法律、法规、规章的规定,不符合质量、安全、节能、环保等工程建设强制性标准,不符合项目批准文件、城乡规划相关要求,不符合勘察、设计任务书明确约定的所需功能和使用要求。(9)未履行监督职责,放任施工单位按照非正式施工图等成果文件进行施工且未及时制止。

典型案例 5 - 14

【案号】云南省德宏傣族景颇族自治州中级人民法院(2020)云 31 民终 405 号

【案情简介】2015 年 5 月,曹某某、王某某找到杨某某(杨某某系 A 勘察院退休职工),委托其做岩土工程勘察。2015 年 5 月 5 日杨某某向曹某某、王某某提交勘察成果资料《岩土工程勘察报告》上加盖 A 勘察院的印章。2015 年 8 月 B 公司接受曹某某、王某某委托为其设计施工图纸,该公司向其提供证书编号为:5300748 的设计图纸。2015 年 12 月底案涉商住楼主体工程完工。同月,曹某某、王某某的房屋向邻居家歪斜。曹某某、王某某于 2017 年 3 月 17 日申请对涉案房屋倾斜的原因做司法鉴定。2019 年 3 月 29 日,曹某某、王某某申请 A 勘察院、B 公司、杨某某对涉案房屋倾斜是否存在责任及应承担责任的大小进行补充司法鉴定,并就赔偿问题产生了纠纷诉至本院。

【裁判观点】法院裁判认为,涉案房屋出现质量问题,发生倾斜,其倾斜的原因系综合性的,并非仅由施工单位行为导致,还与提供有误的地勘报告、设计图具有一定的因果关系。本案杨某某系 A 勘察院退休职工,退休后 A 勘察院又返聘其从事经营管理工作，杨某某向曹某某、王某某出具加盖A勘察院印章的《岩土工程勘察报告》及收款收据，上述行为足以让曹某某、王某某有理由相信杨某某代表的是A勘察院，有理由相信《岩土工程勘察报告》系A勘察院作出，杨某某的行为后果应当由A勘察院承担。关于责任的确认，本案中五方（发包方、施工方、勘察方、设计方、监理方）均存在不同程度的过错，并且五方未在案涉工程基础开挖后进行验槽，导致未能及时发现案涉地勘存在的问题，案涉房屋出现倾斜的损害后果，该损害后果系各方的综合因素所致，各方均应依法承担相应的责任，一审判决综合本案实际情况，确认各方的责任比例（A勘察、B公司作为勘察、设计单位，应向曹某某、王某某提供真实、准确的地质报告、设计图纸，因其提供的勘察报告、施工设计成果不符工程地质的实际情况，导致涉案房屋倾斜，造成损失，应承担主要责任，扣除施工方和邻居承担的责任后，A勘察、B公司具体承担的责任比例确定为A勘察承担40%，B承担35%，曹某某、王某某承担25%），二审法院认为并无不当，予以维持。

典型案例5－15

【案号】山东省高级人民法院（2020）鲁民终2572号

【案情简介】2011年8月20日，A公司与B公司签订《建设工程施工合同》。合同签订后，B公司于9月进行施工，2012年4月28日涉案工程地基和基础工程验收合格，2012年7月该工程主体竣工并于2012年工程主体结构验收合格，2012年8月地下室防水底板出现开裂、渗漏、隆起现象，并存在地下室积水。后B公司于2013年5月进行加固施工，2013年11月再次出现防水底板开裂、隆起现象，部分框架柱底底板开裂，同时伴有大量地下水涌出。2018年4月，A公司委托司法鉴定中心并出具鲁司鉴登字370102016号鉴定检验报告书。再查，2011年2月23日A公司与C设计公司签订涉案工程的《建设工程设计合同》。合同签订后，C设计公司依据D勘察院出具的岩土工程勘察报告等资料，出具了施工设计图纸。2018年9月12日，A公司将B公司、C设计公司、D勘察院诉至法院要求其赔偿质量修复费用及租金损失约2900万元。

【裁判观点】法院裁判认为，关于C设计公司（设计单位）的责任，根据《建设工程质量管理条例》第21条规定："设计单位应当根据勘察成果文件进行建设工程设计。设计文件应当符合国家规定的设计深度要求，注明工程合理使用年限。”二审法院认为，C设计公司以勘察单位出具的勘察报告为据，抗辩因案涉场地未见地下水，故无须对案涉工程地下室进行抗浮设计的理由并不充分。第一，根据检验报告，发生工程质量问题的主要原因是勘察单位未提供地下水变化幅度及建议值。虽然在此情况下，尚无强制性规范要求必须进行抗浮设计，但C设计公司作为专业的设计机构，其履行合同不仅应当符合国家法律、法规，符合工程行业的标准和规范，还应当秉持专业的精神，最大限度地尽到专业机构的注意义务，提供合理可使用的设计方案，保证工程按照设计方案施工后能够正常投入使用。第二，勘察报告指出案涉工程地处丘陵地区，《建筑地基基础设计规范》第6.1.1条规定：“山区（包括丘陵地带）地基的设计条件分析认定：……8 地面水、地下水对建、地下水对建筑地基和建设厂区的影响。”C设计公司在设计案涉工程时未考虑地表水大量渗入及进行相应的抗浮设计，其以谷歌地图照片显示附近丘陵已经平整为由不予考虑地面水因素，未尽到专业机构的合理注意义务。第三，勘察报告记载的勘察范围长214米、宽36.5米，但设计方案长210米，宽78米，设计面积远超勘察面积。在此情况下，C设计公司没有建议勘察单位进行补充勘察或作出明确说明，未尽到合理的注意义务。综上，本案工程抗浮设计上存在疏漏，且该疏漏与工程受损之间存在因果关系，故C设计公司应当承担相应的责任。考虑到抗浮设计上存在遗漏主要是由于勘察报告缺失相关记载，故C设计公司承担10%的赔偿责任为宜。C设计公司应当赔偿地下室防水加固维修费6,559,325.56元、租金损失364,627.93元。

典型案例5-16

【案号】最高人民法院(2017)最高法民申183号

【案情简介】A公司与B设计公司签订了建设工程设计合同，履行过程中，双方就设计服务费的支付以及设计文件不符合国家、地方主管部门的规划要求的责任由谁承担产生争议。现A公司主张浙江高院终审判决认定A公司未按照合同约定向B设计公司提供和告知规划设计条件，无事实依据。此外，对B设计公司不合格设计规划责任由A公司承担50%的责任，明显违背了双方的约定和法律规定，适用法律错误。

【裁判观点】法院裁判认为，关于双方当事人责任承担问题，根据原审查明事实，2011年5月26日规划部门出具了相应的规划设计文件，5月31日B设计公司即作出相应的规划方案,显然 A 公司没有按照合同约定的日期向 B 设计公司提交规划设计条件。根据《建设工程勘察设计管理条例》第 25 条及《湖南省建筑工程勘察设计管理条例》第 27 条规定,规划设计条件应属于设计文件编制的依据,因此依据规划设计条件编辑相应的设计文件属于 B 设计公司和 A 公司双方的法定义务。而本案实际情况是在规划部门没有出具目前规划设计条件的情况下,B 设计公司已经进行了相应的规划方案设计、施工图设计。在这一过程中,A 公司实际上违背了相应法规规定的义务,同意 B 公司在没有规划设计条件的情况下进行相应设计。因此,本案委托方和设计方均违反了相应的设计管理条例规定的法定义务,最终导致 B 设计公司出具的施工图不能使用。因此造成的损失双方当事人负有同等过错,应依据原《合同法》第 120 规定承担相应责任。综合考虑双方当事人的过错及相应的违约行为,原二审法院对 A 公司应支付 B 设计公司的实际设计费用应由双方各自分摊 50% 的比例,并无不当。

典型案例 5 - 17

【案号】四川省攀枝花市中级人民法院(2018)川 04 民初 3 号

【案情简介】2005 年 8 月 29 日,A 公司作为委托方与承接方 B 公司分公司签订一份《建设工程勘察合同》;2005 年 8 月 31 日,A 公司与 C 公司签订《建安工程施工承包合同》。项目于 2005 年 9 月 15 日破土动工,由于场平土石方被大量堆砌在精矿堆场位置,导致场地 2005 年 10 月 31 日开始发生局部滑坡。为消除滑坡地质隐患,2005 年 11 月 16 日,A 公司与 B 公司分公司签订《建设工程勘察合同(一)》,包含岩土工程勘察、水文地质勘察(含凿井)、工程测量、工程物探等内容。2005 年 12 月 9 日,A 公司与 B 公司分公司签订《建设工程勘察合同(二)》约定:设计内容有抗滑桩设计、地下排水盲沟设计、边坡护坡设计。2005 年 12 月 23 日,C 公司在抗滑桩工程施工过程中向建设方 A 公司和设计单位 B 公司分公司提出建议指出,设计总说明第 5 条第 4 款要求填方前挖开滑坡体并清除基底杂物草根,排除地下水,填筑强风化片石、块石或矿渣等透水材料,施工单位认为施工难度极大,因该地区已填入大量土方,如按设计要求施工,则需将原回填土及已滑动的坡体全部清除,重新回填需要大面积堆土场地,同时大开挖也势必破坏已基本稳定的滑体平衡,可能造成新的坡体滑动。2005 年 12 月 26

日，设计单位B公司分公司书面回复：抗滑桩与公路之间填方，应按设计总说明第5条第4款执行。2006年8月雨季期间，多数抗滑桩开始出现向外倾斜现象。其后，由于设计单位、施工单位对抗滑桩和挡墙的沉降、倾斜、错位事故责任承担发生分歧，且各方对事故处理未能达成一致，A公司遂提起诉讼。

【裁判观点】法院裁判认为，关于勘察和设计单位B公司分公司应承担的责任。本案中工程质量问题产生原因很大程度上是基于当地特殊地质。根据《建设工程质量管理条例》要求，在基本建设的规定程序中，与工程质量的形成关系密切的是勘察、设计、施工三个阶段。勘察成果文件是设计工作的基础资料，设计单位据此确定选用相应工程性质的行业国家标准，进行科学合理的工程设计，向施工单位提供施工图。但在A公司滑坡治理过程中，有证据表明勘察单位未明确场地岩层风化程度及其层厚，且未提供抗滑桩设计所需的完整的岩土力学参数，此系设计的前提及关键，勘察单位违反了《建设工程质量管理条例》第19条关于"勘察、设计单位必须按照工程建设强制性标准进行勘察、设计，并对其勘察、设计的质量负责"以及第20条关于"勘察单位提供的地质、测量、水文等勘察成果必须真实、准确"的规定。设计单位在未取得相应参数的前提下自行设定岩土力学参数值，而抗滑桩嵌固段的岩土力学参数值达不到设计单位设定的参数值，且设计单位对滑坡推力计算亦有误，实际滑坡推力大于设计滑坡推力。因此，勘察设计的瑕疵是导致抗滑桩质量事故的重要因素。同时，根据《建设工程质量管理条例》第23条的规定，设计单位应当就审查合格的施工图设计文件向施工单位作出详细说明，但B公司分公司在施工图设计文件未经送审即交与施工单位进行工程施工具有过错，勘察和设计单位B公司分公司对抗滑桩事故应当承担主要责任。由于B公司分公司不具备法人资格，根据《公司法》第14条第1款"公司可以设立分公司。设立分公司，应当向公司登记机关申请登记，领取营业执照。分公司不具备法人资格，其民事责任由公司承担"的规定，B公司分公司的民事责任应由B公司承担。

典型案例5－18

【案号】贵州省毕节市中级人民法院(2020)黔05民终1975号

【案情简介】2012年7月24日，A公司与B勘察院签订合同，约定B勘察院进行勘察。B勘察院于2012年9月作出《岩土工程勘察报告》，该报告明确场地丰枯季节地下水位高程为 1203.42 ~ 1205.42m。该报告参考了遵义县水文地质工作经验。C 公司(设计单位)根据 B 勘察院的《岩土工程勘察报告》,作出了《××地下车库施工图》,但其以 2012 年 9 月的《岩土工程勘察报告》中抗浮水位建议按 1205.42m,而地下室底板标高为 1205.45m,高于贵州地质勘察院提供的抗浮水位标高 1205.42m,所以设计底板未考虑地下水浮托作用,而仅按 250mm 钢筋混凝土底板设计。2014 年 6 月 19 日,正在施工的××地下车库部分梁、板、柱在雨后发生裂变现象。2014 年 6 月 21 日,由建设单位委托有资质的第三方进行检测并调查事故原因。现 A 公司因××地下车库的梁、柱、墙受损于 2017 年 6 月 22 日以 B 勘察院为被告提起诉讼。

【裁判观点】法院裁判认为,《建设工程质量管理条例》第 19 条第 1 款规定:"勘察、设计单位必须按照工程建设强制性标准进行勘察、设计,并对其勘察、设计的质量负责。"第 20 条规定:"勘察单位提供的地质、测量、水文等勘察成果必须真实、准确。"《建设工程安全生产管理条例》第 12 条第 1 款规定:"勘察单位应当按照法律、法规和工程建设强制性标准进行勘察,提供的勘察文件应当真实、准确,满足建设工程安全生产的需要。"因此,B 勘察院作为本案工程的勘察单位,其责任和义务是按照国家技术规范、标准、规程和发包人的任务委托内容及技术要求进行工程勘察并提交质量合格、真实准确的勘察成果资料,并对勘察成果资料负责。但是 B 勘察院在进行本案工程勘察设计工作中,并未按中华人民共和国国家标准《岩土工程勘察规范》(GB 50021—2001)中 7.1.1 的规定执行,即岩土工程勘察应根据工程要求,通过收集资料和勘察工作,掌握相应的水文地质条件,勘察时的地下水位、历史最高地下水位、近 3 ~ 5 年最高地下水位、水位变化趋势和主要影响因素。根据 B 勘察院出具的地勘报告表述,本案工程的地下水抗浮水位确定参考了遵义县水文地质工作经验,未综合分析黔西县本地区水文地质和气候条件。工程勘察报告中地下室抗浮设防水位的确定方法考虑因素不全面,方法不严谨,地勘报告在确定抗浮水位时水位的可能性,B 勘察院对抗浮水位的设定不当是导致建筑物上浮开裂变形的主要原因,应承担本案事故的主要责任。即 B 勘察院应当根据《合同法》第 280 条、第 282 条规定,对××地下停车场部分墙、柱、梁裂开事故承担损害赔偿责任,本院酌定承担 80% 的赔偿责任,即 871,680.00 元。

典型案例 5 - 19

【案号】浙江省高级人民法院(2018)浙民再400号

【案情简介】2013年5月23日,B公司作为设计人(乙方)与发包人A公司(甲方)签订《建设工程设计合同(一)》。当月,A公司向B公司提交项目设计任务书、项目用地范围红线地形图及电子文件。2013年6月17日,B公司向A公司提交全套概念性总体方案设计文件、整体初步建筑设计方案文件及各单体建筑方案设计文本。2013年7月11日,B公司向A公司提交单体建筑方案深化设计文本的电子文档。2013年7月31日之后,B公司向A公司陆续按合同约定时间提交相关设计资料。直至2014年6月8日,B公司向A公司提交汽配市场、糖烟酒市场的单体建筑方案设计文本及电子文件。2014年8月13日,A公司向B公司发送《关于要求按照规划局审核意见修改单体方案设计的函》,载明"汽配市场""糖烟酒副食品市场"单体建筑方案至今未通过皋兰县规划局审核,要求B公司提交以县规划局初步审核意见修改的单体方案稿。而B公司因A公司未按约定支付设计费,未予修改。双方产生争议,A公司向法院提起诉讼,要求解除案涉《建筑工程设计合同》。

【裁判观点】法院裁判认为,《建设工程勘察设计管理条例》第25条规定:"编制建设工程勘察、设计文件,应当以下列规定为依据:(一)项目批准文件;(二)城乡规划;(三)工程建设强制性标准;(四)国家规定的建设工程勘察、设计深度要求。"《甘肃省建设工程勘察设计管理条例》第11条第1款第2项规定"编制建设工程勘察设计文件应以依法批准的建设规划为依据"。根据上述法规规定以及双方合同约定,A公司负有交付项目用地规划文件的义务,B公司负有将项目用地规划文件作为编制设计文件的依据之一的法定和约定义务,不能抛开项目用地规划文件开展设计工作,否则即为违法违规设计。结合本案合同的履行情况,由于A公司在签订委托设计合同时仅取得其中一个市场的土地使用权,相应项目用地规划文件并未发布,合同签订当月向B公司提交的合同文件仅包括项目设计任务书、项目用地范围红线地形图及电子文件,B公司收到上述文件后已经开展相应的设计工作,因此,在B公司进行及提交方案设计时,并未以项目用地规划文件为其设计依据。A公司申请再审称B公司违规超前设计,理由成立。此外,本院认为A公司因未提供经规划部门批准的项目用地规划文件,即盲目要求B公司开展设计工作,B公司未按照法规规定及合同约定根据规划管理部门批准的项目用地规划设计文件进行设计,而是按照A公司的自身要求进行设计。双方对方案设计未能通过规划部门审查负有同等责任。根据原《合同法》第120条的规定,当事人双方都违反合同的,应当各自承担相应的责任,故该部分设计费损失应由A公司、B公司分别承担50%的责任。

(二)行政法律风险

当全过程工程咨询单位被定位为"勘察单位""设计单位"的角色时,若全过程工程咨询单位忽视工程质量,违反《建设工程质量管理条例》《建设工程勘察设计管理条例》《建设工程勘察质量管理办法》《建筑工程五方责任主体项目负责人质量终身责任追究暂行办法》等相关规定,将被行政主管部门追究行政责任。

1.全过程工程咨询单位的行政责任承担

在勘察设计阶段,全过程工程咨询单位应当严格遵守以下规定:(1)严格按照工程建设强制性标准进行勘察、设计,并保证根据勘察成果文件进行工程设计。(2)依据项目批准文件,城乡规划及专业规划,国家规定的勘察、设计深度要求编制勘察、设计文件。(3)提供真实、准确、完整的地质、测量、水文等勘察成果。(4)审查勘察、设计文件责任人的签字以及原始记录真实、准确、有效,留存钻探、取样、室内试验等主要过程影像备查。(5)参与施工验槽,并进行勘察文件归档保存工作。(6)采用新结构、新材料、新工艺或特殊结构的建设工程,设计文件应注明保障施工作业人员安全和预防生产安全事故的措施建议。(7)不得指定建筑材料、专用设备、建筑构配件、工艺生产线的生产商、供应商。

若全过程工程咨询单位违反第(1)(7)项规定,依据《建设工程质量管理条例》第63条规定,由行政主管部门责令改正,处10万元以上30万元以下的罚款;造成工程质量事故的,责令停业整顿,降低资质等级;情节严重的,吊销资质证书。若全过程工程咨询单位违反第(2)项规定,依照《建设工程勘察设计管理条例》第40条规定,由相关部门责令限期改正;逾期不改正的,处10万元以上30万元以下的罚款;造成工程质量事故或者环境污染和生态破坏的,责令停业整顿,降低资质等级;情节严重的,吊销资质证书。若全过程工程咨询单位违反第(3)项规定,依照《建设工程勘察质量管理办法》第23条规定,由工程勘察质量监督部门责令改正,处10万元以上30万元以下的罚款;造成工程质量事故的,责令停业整顿,降低资质等级;情节严重的,吊销资质证书。若全过程工程咨询单位违反第(4)(5)项规定,依照《建设工程勘察质量管理办法》第 24 条规定,由工程勘察质量监督部门责令改正,处 1 万元以上 3 万元以下的罚款。若全过程工程咨询单位违反第(6)项规定,依据《建设工程安全生产管理条例》第 56 条规定,由相关部门责令限期改正,处10 万元以上 30 万元以下的罚款;情节严重的,责令停业整顿,降低资质等级,直至吊销资质证书。

典型案例 5 – 20

【案号】江阴市住建局澄住建罚字〔2018〕第 136 号

【案情简介】A 公司设计的某地块商品房开发项目,施工图设计文件中有违反工程建设强制性标准的情况。依据《建筑法》第 56 条规定,"建筑工程的勘察、设计单位必须对其勘察、设计的质量负责。勘察、设计文件应当符合有关法律、行政法规的规定和建筑工程质量、安全标准、建筑工程勘察、设计技术规范以及合同的约定。设计文件选用的建筑材料、建筑构配件和设备,应当注明其规格、型号、性能等技术指标,其质量要求必须符合国家规定的标准"。《建设工程勘察设计管理条例》第 25 条第 1 款第 3 项规定,"编制建设工程勘察、设计文件,应当以下列规定为依据:(三)工程建设强制性标准"。《建设工程质量管理条例》第 19 条第 1 款规定,"勘察、设计单位必须按照工程建设强制性标准进行勘察、设计,并对其勘察、设计的质量负责"。设计单位存在未按照工程建设强制性标准进行设计的违法行为。

【行政处罚】现依据《建筑法》第 73 条规定:"建筑设计单位不按照建筑工程质量、安全标准进行设计的,责令改正,处以罚款;造成工程质量事故的,责令停业整顿,降低资质等级或者吊销资质证书,没收违法所得,并处罚款;造成损失的,承担赔偿责任;构成犯罪的,依法追究刑事责任。"以及《建设工程勘察设计管理条例》第 41 条第 4 项、《建设工程质量管理条例》第 63 条第 1 款第 4 项的规定,决定对当事人作出如下行政处罚:对 A 公司处罚款人民币贰拾万元整(200,000 元)。

典型案例 5 – 21

【案号】龙岩市住建局龙建法〔2018〕10 号

【案情简介】A 公司负责"某某小区"工程勘察项目时,其行为涉嫌违反《建设工程勘察设计管理条例》第5条第2款“建设工程勘察、设计单位必须依法进行建设工程勘察、设计，严格执行工程建设强制性标准，并对建设工程勘察、设计的质量负责”和《建设工程质量管理条例》第63条第1款第1项“违反本条例规定，有下列行为之一的，责令改正，处10万元以上30万元以下的罚款：（一）勘察单位未按照工程建设强制性标准进行勘察”的规定，应予处罚，建议立案调查。

【行政处罚】龙岩市住建局依据《建设工程质量管理条例》第63条“违反本条例规定，有下列行为之一的，责令改正，处10万元以上30万元以下的罚款；第一款“勘察单位未按照工程强制性标准进行勘察的……”的规定，决定对当事人作出如下行政处罚：对A公司责令改正，处以罚款人民币10万元。

典型案例5-22

【案号】住建部建市罚字〔2016〕46号

【案情简介】2015年8月12日，某某仓库发生特别重大火灾爆炸事故，造成165人遇难、8人失踪、798人受伤。该事故是一起特别重大生产安全责任事故。根据《国家安全监管总局关于天津港某某仓库特别重大火灾爆炸事故结案的通知》认定，A公司在危险货物堆场改造项目设计中，违反天津市城市总体规划和滨海新区控制性详细规划，在建设单位没有提供项目批准文件和规划许可文件的情况下，违规提供设计文件；在《安全设施设计专篇》和总平面图中，错误设计在重箱区露天堆放第五类氧化物质硝酸铵和第六类毒性物质氰化钠；火灾爆炸事故发生后，组织有关人员违规修改原设计图纸。A公司的行为违反了《建设工程勘察设计管理条例》第25条、《集装箱港口装卸作业安全规程》（GB 11602—2007）第4.4条、《危险货物集装箱港口作业安全规程》（JT 397—2007）第5.3.1条和《危险化学品安全管理条例》第24条的规定。

【行政处罚】住建部根据《行政处罚法》第42条的规定，于2016年6月20日向A公司发出了《住建部行政处罚听证告知书》（建市罚听告字〔2016〕46号）。A公司于2016年6月24日签收了告知书，且在规定的期限内未提出听证要求。住建部依据《建设工程勘察设计管理条例》第40条和《建设工程安全生产管理条例》第56条之规定，决定给予A公司吊销化工石化医药行业设计甲级资质的行政处罚。请A公司在收到本决定书之日起15日内持《工程设计资质证书》正本及全部副本到天津市城乡建设委员会办理有关手续。

典型案例 5 – 23

【案号】巴中市城市管理行政执法局巴市执法罚〔2018〕第 1 – 015 号

【案情简介】经查明，四川省某某勘测设计研究院未按国家规定的建设工程勘察、设计深度要求编制建设工程勘察、设计文件。根据违法事实和相关证据，巴中市城市管理行政执法局认定其行为违反了《建设工程勘察设计管理条例》第 25 条“编制建设工程勘察、设计文件，应当以下列规定为依据：(一)项目批准文件；(二)城乡规划；(三)工程建设强制性标准；(四)国家规定的建设工程勘察、设计深度要求”的规定，违法事实清楚，证据确凿。

【行政处罚】巴中市城市管理行政执法局根据《建设工程勘察设计管理条例》第 40 条“违反本条例规定，勘察、设计单位未依据项目批准文件，城乡规划及专业规划，国家规定的建设工程勘察、设计深度要求编制建设工程勘察、设计文件的，责令限期改正；逾期不改正的，处 10 万元以上 30 万元以下的罚款；造成工程质量事故或者环境污染和生态破坏的，责令停业整顿，降低资质等级；情节严重的，吊销资质证书；造成损失的，依法承担赔偿责任”的规定，决定对四川省某某勘测设计研究院处罚款 300, 000 元人民币。

典型案例 5 – 24

【案号】深圳市福田区水务局深福水罚字〔2020〕第 22 号

【案情简介】2020 年 3 月 20 日，福田区水务局执法人员到深圳市福田保税区，对福田保税区某某项目勘察单位 A 公司提供的某某项目勘察成果文件质量有关情况进行了调查，现场检查时该项目升级改造的给排水系统已投入使用，该公司有关人员胡某某参与现场检查，并在现场检查笔录上签字确认，同时签收调查询问通知书。对该公司提交的 2016 年 5 月版、2017 年 1 月版某某项目管线点成果表、技术总结等勘察成果文件有关数据进行调查，确认某某项目勘察成果文件中，雨水管道勘测管径数据错误。

【行政处罚】2020 年 3 月 24 日，福田区水务局向 A 公司开具并送达了深福水责改字〔2020〕004 号责令(限期)改正通知书，责令该公司立即停止提供不准确的勘察成果资料的违法行为。2020 年 3 月 25 日，A 公司向福田区水务局提交了整改回复。现依据《建设工程勘查质量管理办法》第 24 条(此为 2007 年《建设工程勘察质量管理办法》，现为 2021 年《建设工程勘察质量管理办法》第 23 条)

规定："违反本办法规定，工程勘察企业未按照工程建设强制性标准进行勘察、弄虚作假、提供虚假成果资料的，由工程勘察质量监督部门责令改正，处10万元以上30万元以下的罚款；造成工程质量事故的，责令停业整顿，降低资质等级；情节严重的，吊销资质证书；造成损失的，依法承担赔偿责任。"以及《深圳市规范行政处罚裁量权若干规定》第17条第2项规定："除法律、法规、规章另有规定外，罚款处罚的数额按照以下标准确定：（二）罚款为一定幅度的数额的，从重处罚不得低于最高罚款数额与最低罚款数额的平均值；从轻处罚应当低于平均值，一般处罚按平均金额处罚。"对A公司处以罚款20万元。

典型案例5－25

【案号】广州市番禺区水务局番水行罚〔2020〕11号

【案情简介】经查明，A公司在某污水管网首期工程中的勘察数据与实际不符，造成施工出现安全事故，属于违反《建设工程安全生产管理条例》第12条"勘察单位应当按照法律、法规和工程建设强制性标准进行勘察，提供的勘察文件应当真实、准确，满足建设工程安全生产的需要。勘察单位在勘察作业时，应当严格执行操作规程，采取措施保证各类管线、设施和周边建筑物、构筑物的安全"规定的违法行为。

【行政处罚】广州市番禺区水务局依据《建设工程安全生产管理条例》第56条"违反本条例的规定，勘察单位、设计单位有下列行为之一的，责令限期改正，处10万元以上30万元以下的罚款；情节严重的，责令停业整顿，降低资质等级，直至吊销资质证书；造成重大安全事故，构成犯罪的，对直接责任人员，依照刑法有关规定追究刑事责任；造成损失的，依法承担赔偿责任……"的规定，决定对当事人作出如下行政处罚：对A公司处以罚款人民币16.1万元。

典型案例5－26

【案号】重庆市万州区住建委员会万州住建管罚字〔2020〕第83号

【案情简介】2019年9月A公司承接某项目地质勘察业务。2020年10月13日，万州区住建委工程勘察外业执法检查组对A公司承勘的某项目进行外业现场执法检查时发现，A公司技术人员在填写某项目ZK170号孔钻探地质编录表（属原始记录）中缺失钻探回次、孔口标高的数据，其行为属于原始记录不完整，违反了《建设工程勘察质量管理办法》第 14 条的规定。

【行政处罚】重庆市万州区住建委根据《建设工程勘察质量管理办法》第 25 条第 2 项“违反本办法规定，工程勘察企业有下列行为之一的，由工程勘察质量监督部门责令改正，处 1 万元以上 3 万元以下的罚款：……（二）原始记录不按照规定记录或者记录不完整的……”的规定，决定对当事人作出如下行政处罚：对 A 公司处以罚款人民币 20,000 元。

典型案例 5 – 27

【案号】蒙城县城市管理局（蒙）城管〔规划〕罚〔2020〕35 号

【案情简介】A 公司于 2020 年 8 月 3 日在蒙城县 × × 大道东侧、经十八路西侧设计的某某安置小区，指定建筑材料生产厂商，依据《建筑法》第 57 条和《建筑工程质量管理条例》第 22 条的规定，属于违法行为。

【行政处罚】蒙城县城市管理局依据《建设工程质量管理条例》第 63 条第 1 款“违反本条例规定，有下列行为之一的，责令改正，处 10 万元以上 30 万元以下的罚款：（一）勘察单位未按照工程建设强制性标准进行勘察的；（二）设计单位未根据勘察成果文件进行工程设计的；（三）设计单位指定建筑材料、建筑构配件的生产厂、供应商的；（四）设计单位未按照工程建设强制性标准进行设计的”规定，对 A 公司处以罚款 30 万元。

2. 勘察、设计负责人的行政责任承担

根据《建筑工程五方责任主体项目负责人质量终身责任追究暂行办法》及《关于全面开展工程建设项目审批制度改革的实施意见》的规定，确认了“工程勘察设计人员终身负责制”。在全过程工程咨询服务中，该条款同样适用。全过程工程咨询单位任命的勘察、设计负责人对工程项目全过程进行勘察及设计质量管理，并对建筑工程质量安全承担终身责任。鉴于各级住房城乡建设主管部门正加强对勘察、设计负责人履职情况的监管，一旦出现因勘察、设计之由造成尚在设计使用年限内的建筑工程不能正常使用，引发恶劣社会影响的严重工程质量问题，并造成工程质量事故等违法违规行为的，勘察、设计负责人将被记入不良记录，并由县级以上地方人民政府住房城乡建设主管部门处以责令停止执业、吊销执业资格证书、罚款等行政处罚。

(1)勘察负责人

根据《建筑工程勘察单位项目负责人质量安全责任七项规定(试行)》的规定,勘察负责人应当严格遵守以下规定:①审查勘察人员具备相应的注册执业资格要求、专业技术能力,不得允许他人以本人的名义承担工程勘察项目。②严格按照法律法规、工程建设强制性标准、合同及深度要求编制勘察成果文件,并向勘察人员交底,组织实施工程勘察工作。③督促勘察作业人员严格执行操作规程,采取措施保证各类人员,场地内和周边建筑物、构筑物及各类管线设施的安全。④组织人员及时整理、核对原始记录,核验有关现场和试验人员在记录上的签字,保证原始取样、记录的真实、准确、完整。⑤审核勘察文件上的签字盖章,保证勘察成果文件的真实、准确、完整。⑥组织勘察人员参与相关工程质量安全事故分析,并对因勘察原因造成的质量安全事故,及时提出与勘察工作有关的技术处理措施。⑦负责勘察资料的归档保存工作。

在勘察设计阶段,若勘察负责人违反第①②项规定,依据《建设工程质量管理条例》第73条的规定,对勘察负责人处以单位罚款数额5%以上10%以下的罚款。若勘察负责人违反第③项规定,依据《建设工程安全生产管理条例》第58条的规定,对勘察负责人责令停止执业3个月以上1年以下;情节严重的,吊销执业资格证书,5年内不予注册;造成重大安全事故的,终身不予注册。若勘察负责人违反第④⑤⑥⑦项规定,依照《建设工程勘察质量管理办法》第27条的规定,对勘察负责人处以单位罚款数额的5%以上10%以下的罚款。

典型案例5-28

【案号】金华市住建局金建罚字〔2016〕第12号

【案情简介】章某某作为勘察负责人未按照工程建设强制性标准进行勘察。依据《岩土工程勘察规范》GB 50021—2001(2009年版)4.1.11、4.9.1及《建设工程质量管理条例》第19条第1款规定,章某某的行为属于违法行为。

【行政处罚】金华市住建局根据《建设工程质量管理条例》第73条"依照本条例规定,给予单位罚款处罚的,对单位直接负责的主管人员和其他直接负责人员处单位罚款数额5%以上10%以下的罚款"的规定,决定对当事人作出如下行政处罚:由被处罚人自收到本决定书之日起15日内向金华市农业银行婺城区各储蓄网点缴纳罚款。

典型案例 5－29

【案号】青海省住建厅青建罚字〔2020〕第 016 号

【案情简介】A 公司承接某项目勘察业务时，违反了 2007 年《建设工程勘察质量管理办法》第 14 条的规定，发生了“勘察原始资料记录不完整”的违法行为。

【行政处罚】青海省住建厅根据 2007 年《建设工程勘察质量管理办法》第 25 条第 2 项“违反本办法规定，工程勘察企业有下列行为之一的，由工程勘察质量监督部门责令改正，处 1 万元以上 3 万元以下的罚款：……（二）原始记录不按照规定记录或者记录不完整的……”和第 27 条“依照本办法规定，给予勘察企业罚款处罚的，由工程勘察质量监督部门对企业的法定代表人和其他直接责任人员处以企业罚款数额的 5% 以上 10% 以下的罚款”的规定，决定对当事人作出如下行政处罚：责令改正，对 A 公司处以人民币 1 万元整的罚款，对勘察负责人张某某处以人民币 500 元整的罚款。

典型案例 5－30

【案号】青海省住建厅青建罚字〔2020〕第 017 号

【案情简介】A 公司出具的勘察报告中责任栏未加盖注册章、公章，依据 2007 年《建设工程勘察质量管理办法》第 13 条规定，“工程勘察企业的法定代表人、项目负责人、审核人、审定人等相关人员，应当在勘察文件上签字或者盖章，并对勘察质量负责。工程勘察企业法定代表人对本企业勘察质量全面负责；项目负责人对项目的勘察文件负主要质量责任；项目审核人、审定人对其审核、审定项目的勘察文件负审核、审定的质量责任”。A 公司的行为属于违法行为。

【行政处罚】青海省住建厅根据 2007 年《建设工程勘察质量管理办法》第 25 条第 1 款“违反本办法规定，工程勘察企业有下列行为之一的，由工程勘察质量监督部门责令改正，处 1 万元以上 3 万元以下的罚款：（一）勘察文件没有责任人签字或者签字不全的……”和第 27 条“依照本办法规定，给予勘察企业罚款处罚的，由工程勘察质量监督部门对企业的法定代表人和其他直接责任人员处以企业罚款数额的 5% 以上 10% 以下的罚款”的规定，决定对当事人作出如下行政处罚：责令改正，给予 A 公司人民币 1 万元整的罚款，给予勘察负责人周某人民币 500 元整的罚款。

(2)设计负责人

根据《建筑工程设计单位项目负责人质量安全责任七项规定(试行)》的规定,设计负责人应当严格遵守以下规定:①审查设计人员具备相应的注册执业资格要求、专业技术能力,不得允许他人以本人的名义承担工程设计项目。②严格按照法律法规、工程建设强制性标准、合同及设计深度要求、项目批准文件、工程勘察成果文件编制设计成果文件,并向设计人员交底,组织实施工程设计工作。③根据国家规定的设计深度要求编制已注明工程合理使用年限的设计文件,并在设计文件中注明选用的建筑材料、建筑构配件和设备的规格、型号、性能等技术指标以及施工安全的重点环节。④核验技术人员、注册建筑师、注册结构工程师等注册执业人员在设计文件上签字签章是真实有效的。⑤在施工前就审查合格的施工图设计文件,组织设计人员向施工及监理单位做出详细说明,不得在违反强制性标准或不满足设计要求的变更文件上签字。⑥组织设计人员参与相关工程质量安全事故分析,并对因设计原因造成的质量安全事故,提出与设计工作相关的技术处理措施。⑦负责设计资料的归档保存工作。

在勘察设计阶段,若设计负责人违反第①②项的规定,依照《建设工程质量管理条例》第73条规定,对设计负责人处以单位罚款数额5%以上10%以下的罚款。若设计负责人违反第③④⑤⑥⑦项规定,对设计负责人予以通报批评。

典型案例5-31

【案号】桐庐县住建局桐建罚字〔2019〕第4号

【案情简介】经查明,某某工程三标段项目是由某某规划设计院承接的业务,廊桥结构图和廊桥设计总说明审核和工程负责均为李某某,而李某某只有风景园林高级职称,并不具有经国家注册的执业资格证书。根据违法事实和相关证据,桐庐县住建局认定李某某的行为违反了《建设工程勘察设计管理条例》第9条"未经注册的建设工程勘察、设计人员,不得以注册执业人员的名义从事建设工程勘察、设计活动"的规定,违法事实清楚,证据确凿。

【行政处罚】桐庐县住建局于2019年1月24日向李某某送达了《桐庐县住建局行政处罚告知书》,李某某3日内未提出陈述、申辩和听证。现根据《建设工程勘察设计管理条例》第36条"违反本条例规定,未经注册,擅自以注册建设工程勘察、设计人员的名义从事建设工程勘察、设计活动的,责令停止违法行为,没收违法所得，处违法所得 2 倍以上 5 倍以下罚款；给他人造成损失的，依法承担赔偿责任”的规定，决定对李某某没收违法所得 3000 元，处违法所得 3 倍的罚款（9000 元），合计 12,000 元。

典型案例 5 - 32

【案号】宿迁市住建局宿建罚决〔2020〕39 号

【案情简介】肖某某未按照工程建设强制性标准进行泗阳县某某家居广场设计，违反了《建设工程质量管理条例》第 9 条第 1 款“勘察、设计单位必须按照工程建设强制性标准进行勘察、设计，并对其勘察、设计的质量负责”的规定。

【行政处罚】宿迁市住建局依据《建设工程质量管理条例》第 73 条“依照本条例规定，给予单位罚款处罚的，对单位直接负责的主管人员和其他直接责任人员处单位罚款数额百分之五以上百分之十以下的罚款”的规定，可对当事人处以单位罚款数额 5% 以上 10% 以下即 5000 元以上 1 万以下的罚款。对当事人作出如下行政处罚：责令改正，处 5000 元罚款。

（三）刑事法律风险

一直以来，防范工程质量以及安全生产风险都是建设工程全过程的重中之重，尤其是在勘察设计阶段，全过程工程咨询单位的勘察、设计或管理行为违反有关工程质量管理规定，引发安全质量事故，并造成重大人员伤亡或财产损失，构成犯罪的，全过程工程咨询单位均需承担相应的刑事责任。

1. 重大责任事故罪

重大责任事故罪是指在生产、作业中违反有关安全管理的规定，因而发生重大伤亡事故或者造成其他严重后果的，处 3 年以下有期徒刑或者拘役；情节特别恶劣的，处 3 年以上 7 年以下有期徒刑。根据《高检高法办理危害生产安全刑事案件司法解释》第 1 条之规定，重大责任事故罪的主体包括对生产、作业负有组织、指挥或者管理职责的负责人、管理人员、实际控制人、投资人等人员，以及直接从事生产、作业的人员。也就是说，本罪的行为主体是自然人，单位不能成为本罪的主体。

典型案例 5 - 33

【案号】云南省彝良县人民法院（2017）云 0628 刑初 72 号

【案情简介】2010年6月7日,人民政府启动某县廉租房建设。其后,经招投标、竞争性谈判等工作后,确定由A公司作为地勘单位、B公司作为设计单位、C公司作为施工单位、D公司作为监理单位、E监督站作为监督单位开展廉租房项目建设工作。在廉租房建设过程中,被告人李某某安排不具备监督员资质的人员进行工程建设质量监督,且未按规定履行自己作为站长的职责和职能对房屋建设质量实施监督……被告人刘某某作为项目设计负责人,对建设现场勘查后进行设计,在未收到地勘方补勘资料的情况下,擅自对平面布局设计图进行调整,且未亲自到现场或者安排设计人员到现场对廉租房的桩基进行基础验槽的情况下,在施工过程中未按国家规定进行桩基基础验槽的情况下,在工程竣工验收时签字通过廉租房第2、3栋验收;被告人陈某某作为地勘单位项目负责人,在没有建筑总平面图的情况下作出地勘报告,参与廉租房部分桩验槽,在桩基础未达到设计要求的情况下签字,致使工程施工在不符合设计文件的情况下得以进入下一环节,违反了相关安全管理规定。2013年年初,廉租房第2、3栋出现倾斜、开裂等情况,建设局聘请工程质量检验中心对廉租房2、3栋进行鉴定。经鉴定,第2、3栋为Dsu级危房并建议拆除。2016年4月19日人民政府安排拆除廉租房2、3栋,并于2016年5月12日拆除完毕。据此,公诉机关认为被告人罗某某、刘某某等人的行为已触犯《刑法》第127条之规定,构成工程重大安全事故罪,被告人陈某某的行为已触犯《刑法》第134条之规定,构成重大责任事故罪,提请本院依法判处。

【裁判观点】法院裁判认为,被告人陈某某作为廉租房地勘单位项目负责人,在地勘及工程建设过程中,违反有关安全管理的规定,造成国家重大经济损失,其行为符合刑法关于重大责任事故罪的构成要件,构成重大责任事故罪;被告人罗某某、杨某某、刘某某、罗某某作为廉租房施工单位、设计单位、监理单位的直接责任人,违反国家规定,降低工程质量标准,造成2、3栋廉租房经鉴定为Dsu级危房的重大安全事故,造成国家重大经济损失,其行为符合刑法关于工程重大安全事故罪的构成要件,构成重大安全事故罪。判决如下:(1)被告人陈某某犯重大责任事故罪,判处有期徒刑1年,缓刑2年。(2)被告人罗某某犯工程重大安全事故罪,判处有期徒刑1年,缓刑2年。(3)被告人杨某某犯工程重大安全事故罪,判处有期徒刑1年,缓刑2年。

2. 工程重大安全事故罪

工程重大安全事故罪是指建设单位、设计单位、施工单位、工程监理单位违反国家规定,降低工程质量标准,造成重大安全事故的,对直接责任人员,处5年以下有期徒刑或者拘役,并处罚金;后果特别严重的,处5年以上10年以下有期徒刑,并处罚金。

典型案例5－34

【案号】内蒙古自治区杭锦旗人民法院(2019)内0625刑初74号

【案情简介】2009年某创业园区与袁某达成合作意向,同意被告人袁某在创业园区内开发房地产项目,并出具了批复文件。2009年4月,袁某通过挂靠A公司资质,经政府相关部门审批后开发建设某某小区项目。前期手续完备以后,A公司委托B公司参与工程设计、C公司参与地质勘察,以邀请招标的方式确定D公司为施工单位(实际为袁某自行雇佣劳务施工),确定E公司为监理单位。五方主体到位后,该项目开始施工。首先被告人闫某组织带领勘察技术人员对拟建场地进行详细阶段岩土工程勘察,进行了土样化验、原位测试等地质勘察,后出具了勘察报告。勘察报告经公司法定代表人范某审核签字后提交袁某。吴某在施工图纸设计中,参照地勘报告建议,同时参照国家规定抗震设防烈度进行施工图纸设计,施工图纸设计完毕后,由设计单位将图纸交付给袁某,同时提交审图中心审查。审图通过后,袁某办理了施工许可证,将施工图纸交给施工单位。该项目于2011年年底完工。但是五方主体均未参与现场验收。2012年某某小区10号楼和二楼宾馆出现裂缝。随后该小区房屋陆续出现墙体裂缝、基础下沉、主体倾斜等质量问题。至2016年该小区房屋质量问题越发严重,致使业主人身和财产安全受到严重影响。人民检察院主张建设单位、勘察单位、设计单位、监理单位、施工单位及其直接责任人应对工程质量问题承担责任。

【裁判观点】法院裁判认为,被告人吴某作为涉案工程设计单位法定代表人、直接责任人,接受袁某委托,负责为涉案工程项目进行设计。在设计过程中,对设计方案论证不够,未发现原地勘资料适用性、合理性的不足,出现地基承载力计算参数错误,使用的基础形式不合理以及将同一建筑物置于刚度不同的地基土层上造成不均匀沉降,导致建筑物过大倾斜,进而产生裂缝,未按照《湿陷性黄土地区建筑规范》(GB 5005—2004)规范要求对涉案工程采取有效的设计措施,出具的设计图纸标注及绘图错误,对涉案工程质量造成一定的影响,且造成的直接经济损失500万元以上,对工程事故承担主要责任,被告人吴某的行为已构成工程重大安全事故责任罪,公诉机关指控的罪名成立,法院予以支持。被告人吴某案发后主动到案如实供述所犯罪行,成立自首,量刑时可以减轻处罚。涉案工程出现墙体裂缝、基础下沉、主体倾斜等问题后,被告人吴某积极组织、参与涉案工程的维修加固,积极配合调查,主动赔偿损失,量刑时酌情从轻处罚。最终判决如下:被告人吴某犯工程重大安全事故罪,判处有期徒刑1年6个月,缓刑1年6个月,并处罚金10,000元。

四、勘察设计知识产权法律风险

在市场竞争日益激烈、网络通讯日渐发达的知识经济时代,社会各界越来越重视商业秘密和知识产权的保护。对全过程工程咨询单位而言,基于勘察设计工作专业性、复杂性等特征,这一阶段常常会产生勘察设计方案、设计图、技术文件、美术作品、模型等智力成果以及所运用的新技术、新方法,这些都可能成为知识产权法的保护对象。《工程勘察设计咨询业知识产权保护与管理导则》(原建设部、国家知识产权局,建质〔2003〕210号)对勘察设计阶段"知识产权范围"进行了明确规定,也明确了勘察设计单位在勘察设计阶段可能会面临的风险。具体来说,在勘察设计咨询服务阶段,全过程工程咨询单位不仅面临自身耗费精力、财力、物力创作享有的智力成果、技术方法等被其他企业窃取、使用的风险,还将面临未经同意擅自复制、超范围使用、重复使用、转让他人的智力成果、技术、标识等行为侵犯他人知识产权,从而承担相应的侵权民事责任、行政责任等法律风险,情节严重的还将面临严苛的刑事处罚。

(一)著作权

勘察设计阶段涉及著作权保护的主要包括:各类工程勘察、设计、咨询投标方案等;勘察设计阶段或科研活动的原始资料、工程设计图及说明书、技术文件、工程总结报告、科研报告等;项目建议书、可行性研究报告、专业性评价报告、工程评估书、监理大纲等;自行编制的计算机软件、企业标准、导则、手册、标准设计等。结合前述法律主体类型的分析,接下来详细梳理两种主体类型下的全过程工程咨询单位面临的法律风险。

一方面,全过程工程咨询单位担任"勘察单位""设计单位"角色时,若擅自以复制、修改等方式使用,或是被授意使用、擅自许可第三人使用其他单位的智力成果并超出合理使用范围的,抑或故意避开、破坏著作权人权利保护技术措施以及故意删除、改变权利管理信息的,都可能会被认定为侵权人或共同侵权人,需要承担停止侵害、消除影响、赔礼道歉、赔偿损失等民事责任。

此外,全过程工程咨询单位若存在上述侵权行为,根据《著作权法》第 53 条"有下列侵权行为的,应当根据情况,承担本法第五十二条规定的民事责任;侵权行为同时损害公共利益的,由主管著作权的部门责令停止侵权行为,予以警告,没收违法所得,没收、无害化销毁处理侵权复制品以及主要用于制作侵权复制品的材料、工具、设备等,违法经营额五万元以上的,可以并处违法经营额一倍以上五倍以下的罚款;没有违法经营额、违法经营额难以计算或者不足五万元的,可以并处二十五万元以下的罚款;构成犯罪的,依法追究刑事责任:(一)未经著作权人许可,复制、发行、表演、放映、广播、汇编、通过信息网络向公众传播其作品的,本法另有规定的除外……(六)未经著作权人或者与著作权有关的权利人许可,故意避开或者破坏技术措施的,故意制造、进口或者向他人提供主要用于避开、破坏技术措施的装置或者部件的,或者故意为他人避开或者破坏技术措施提供技术服务的,法律、行政法规另有规定的除外;(七)未经著作权人或者与著作权有关的权利人许可,故意删除或者改变作品、版式设计、表演、录音录像制品或者广播、电视上的权利管理信息的,知道或者应当知道作品、版式设计、表演、录音录像制品或者广播、电视上的权利管理信息未经许可被删除或者改变,仍然向公众提供的,法律、行政法规另有规定的除外;(八)制作、出售假冒他人署名的作品的"规定,将会面临警告、没收违法所得、罚款等行政处罚。若违法经营额 5 万元以上的可以并处违法经营额 1 倍以上 5 倍以下的罚款。如果存在严重行为并构成侵犯著作权罪的,全过程工程咨询单位面临被判处罚金的刑事处罚,而单位直接负责的主管人员和其他直接责任人员面临 3 年以下有期徒刑或者拘役,并处或者单处罚金的刑事处罚;若违法所得数额巨大或者有其他特别严重情节的,面临 3 年以上 10 年以下有期徒刑并处罚金的刑事处罚。

另一方面,全过程工程咨询单位担任"勘察设计咨询管理人"角色时,其协助委托方实施针对另行分包的工程勘察设计活动的监督管理工作。这一监管过程中,全过程工程咨询单位若侵犯另行委托的勘察设计单位或其他单位的著作权,将面临上述提及的法律风险。若全过程工程咨询单位疏忽管理,仅存在对另行委托的勘察设计单位管理失职行为的，则需面临被委托方追究违约责任的风险。但若全过程工程咨询单位存在未及时发现另行委托的勘察设计单位提供的是侵犯第三方著作权的成果而擅自使用等会被认定为共同侵权人，也将面临侵犯著作权相应的民事、行政以及刑事法律风险。

典型案例5－35

【案号】安徽省高级人民法院（2020）皖民终788号

【案情简介】某市于2013年对本市某步行街进行整体提升改造，招标采用设计施工一体化的模式评选设计方案确定施工中标单位。B公司作为参与投标单位之一接受了邀请投标，随即委托A公司参与设计投标。后A公司提交的概念性设计方案在评审会上获得认可，评审会确定A公司为工程中标单位。A公司遂与该市管理局签订了《设计施工一体化工程建设工程施工合同》。2015年4月26日，A公司与B公司签订了一期工程的方案设计协议书，约定：A公司负责设计《设计施工一体化合同》的工程范围内外立面改造设计方案图、效果图。A公司提供全套电子文档，B公司自行打印文本。并约定设计图纸的版权是A公司的知识产权，未经同意B公司不得将图纸分解或套用至其他项目。随后，B公司与该市管理局签订了《某二期工程框架协议》约定，该工程的设计方案由B公司与C设计院共同设计完成，施工图纸由C设计院设计完成。A公司认为B公司与C设计院抄袭套用了其一期工程的设计方案，侵犯了其合法权益，遂起诉至法院。

【裁判观点】法院裁判认为，著作权是基于文学、艺术和科学作品所依法产生的权利，作者及其他著作权人对其创作的作品享有著作权。本案中，诉争的作品是A公司为案涉一期工程而设计的方案图，其在原有街区建筑现状的基础上，根据街区内不同功能业态的特点和布局要求，创造性运用徽派建筑的元素和表现手法所设计出的方案图，既体现了设计者的独创性，具有一定的艺术美感，同时也达到了体现一定历史记忆情怀的设计效果，具有实用性及可复制性，属于著作权法保护的图形作品。根据2010年《著作权法》第17条规定："受委托创作的作品，著作权的归属由委托人和受委托人通过合同约定。合同未做明确约定或者没有订立合同的，著作权属于受托人。"2015年4月26日，A公司与B公司签订的方案设计协议书约定，A公司负责设计《设计施工一体化合同》的工程范围内的外立面改造设计方案图、效果图。A 公司提供全套电子文档,B 公司自行打印文本。并约定设计图纸的版权是 A 公司的知识产权,未经同意 B 公司不得将图纸分解或套用至其他项目。故依据前述法律规定,A 公司对案涉工程一期外立面改造提升一期工程设计方案享有著作权。经一审法院现场勘验案涉工程二期街区设计在具体部分均采取了与一期主要设计手法相同的设计,如外包木结构装饰、设计外部增建木结构廊轩以及走廊顶棚的轩梁设计等,虽然二期设计在门窗样式等细节方面与一期略有不同,但二者从整体视觉上观察,无明显差异,构成实质性相似。一审认定 C 设计院、B 公司套用了 A 公司的设计,构成侵权并无不当。根据 2010 年《著作权法》第 49 条规定:“侵犯著作权或者与著作权有关的权利的,侵权人应当按照权利人的实际损失给予赔偿。实际损失难以计算的,可以按照侵权人的违法所得给予赔偿。赔偿数额还应当包括权利人为制止侵权行为所支付的合理开支。权利人的实际损失或者侵权人的违法所得不能确定的,由人民法院根据侵权行为的情节,判决给予五十万元以下的赔偿。”最高人民法院《关于审理著作权民事纠纷案件适用法律若干问题的解释》第 25 条第 2 款规定:“人民法院在确定赔偿数额时,应当考虑作品类型、合理使用费、侵权行为性质、后果等情节综合确定。”就本案而言,因 A 公司未就其实际损失和 B 公司、C 设计院的违法所得进行举证,一审法院参照案涉一、二期工程的造价比及一期工程设计费数额,并考虑对案涉二期工程设计方案,B 公司与 C 设计院亦付出了实际劳动等因素酌情确定本案的赔偿数额为 40 万元,并无不当。

典型案例 5 - 36

【案号】最高人民法院(2018)最高法民申 1000 号

【案情简介】2010 年 5 月 11 日,A 公司(发包方)就某住宅小区工程设计与 B 设计院(设计人)共同签署委托设计合同一份。该合同约定:设计人接受发包人委托,承担该小区建筑工程施工项目设计任务,设计范围包括建筑、结构、给排水、强电、弱电、暖通、智能化、环境设计、煤气灯施工图。未经设计人同意,发包人对设计人交付的设计资料及文件不得擅自修改、复制或向第三人转让或用于本合同外的项目等。2010 年 7 月 23 日,B 设计院向 A 公司交付涉案建筑施工设计图,图纸名称为某一期项目的建筑施工图,署名设计人 B 设计院,工程建设单位 A 公司。2010 年 9 月 7 日,A 公司致函 B 设计院,要求 B 设计院对设计中的宾馆位置、剪力墙、基础底板、抗锚杆等进行调整和修改。同年9月13日,B设计院以A公司修改意见不符合相关建筑法规为由复函拒绝其修改意见。2010年9月10日,A公司委托C设计院就前述工程一期工程项目进行设计。同年10月20日,C设计院完成了该项目的委托设计,并向A公司交付其设计图纸(鄂图)。2011年5月23日,A公司通知解除与B设计院签订的委托设计合同。随后,双方为合同解除问题产生纠纷。现B设计院主张其在将粤图交付A公司并取得《施工图审查合格证书》后,A公司在未取得粤图一次性使用权的条件下,直接将该图交付C设计院抄袭,属于恶意共同侵权,应共同承担侵权责任。A公司辩称,基于与B设计院签订的《建设工程设计合同(一)》约定支付了对价,依法有权使用粤图,没有侵害B设计院的复制权和修改权;A公司使用的是经过图审机构图审合格由C设计院重新设计的施工图(以下简称鄂图),该图署名的设计人为C设计院,A公司并未署名,因此,A公司没有侵害B设计院的署名权。C设计院辩称:A公司明确表示其对粤图拥有所有权和修改权,C设计院根据A公司的委托并按照合同约定设计鄂图,主观上没有侵权故意,不应承担侵权责任。

【裁判观点】法院裁判认为,首先,本案中,粤图具有规范性、规律性和科学性,属于在科学领域内能复制的智力成果,应当属于著作权法意义上的图形作品。B设计院受A公司委托,对涉案一期建筑单体方案及该项目建筑施工方案进行了设计。根据B设计院提交的方案设计图及建筑施工设计图的底稿以及设计图的署名信息可以认定,B设计院是上述建筑工程设计图图形作品的作者,依法享有该作品的著作权。其次,B设计院按照委托设计合同约定,向A公司交付了其设计完成的粤图,A公司确认收到粤图并将该图提交第三方审图公司审查合格,故A公司有机会接触B设计院设计完成的粤图作品。C设计院亦认可,其确实接收了A公司提供的B设计院施工图电子版,并在此基础上进行了再设计。因此,可以认定C设计院接触并使用了B设计院设计的粤图。最后,二审法院经比对认定,鄂图的建筑单体方案设计与粤图的建筑单体方案设计相同或基本相同,构成实质性相似;鄂图的建筑施工图与粤图的建筑施工图亦构成实质性相似,双方对此比对结果均未提出异议。二审法院另查明,鄂图不仅修改了粤图的有关内容,而且还更改了粤图的作者署名,将其在粤图基础上修改完成的鄂图的设计单位署名为C设计院。A公司未经B设计院同意,将B设计院设计完成的粤图交由C设计院修改设计,二审法院认定A公司和C设计院均侵害了B设计院对粤图作品依法享有的著作权并无不当,法院予以支持。此外本案中,粤图上有B设计院的署名信息或印章,C设计院在明知粤图系他人创作完成的情况下,仍然按照A公司的要求对该图进行修改、复制并更改署名。不仅如此,在A公司与B设计院发生纠纷后,C设计院还通过与A公司事后补签《建设工程设计合同》的方式掩盖侵权事实。A公司和C设计院不仅存在共同侵犯著作权的主观故意,而且还共同实施了侵权行为,故二审法院认定其行为属于《侵权责任法》第8条规定的共同侵权,并无不当。二审法院考虑到涉案工程还有后续项目,为制止A公司和C设计院今后未经许可继续使用B设计院的图形作品,故判令A公司和C设计院停止侵权并无不当。在粤图基础上修改、复制形成的鄂图署名为C设计院,而未署B设计院名称,该行为侵害了B设计院对涉案图形作品享有的署名权,署名权属于人身权,A公司和C设计院应当就其侵权行为向B设计院赔礼道歉、消除影响,二审判决并无不当。二审法院结合查明的事实,对本案案由、A公司的侵权情节等情形进行了分析,认定一审法院参照《工程勘察设计收费管理规定》所确定的损失数额并无不当,认定事实清楚,符合法律规定,法院予以支持。

(二)专利权

勘察设计阶段涉及专利权保护的主要包括各种具有新颖性、创造性和实用性的新工艺、新设备、新材料、新结构等新技术和新设计,以及对原有技术的新改进、新组合等的专利权。结合前述法律主体类型的分析,接下来详细梳理两种主体类型下的全过程工程咨询单位面临的法律风险。

一方面,全过程工程咨询单位担任"勘察单位""设计单位"角色时,若未经许可擅自使用他人具有专利权的新工艺、新设备、新技术的,或未经同意转让他人专利的,将会被认定为侵权人,需要面临停止侵害、消除影响、赔礼道歉、赔偿损失等民事风险。

此外,全过程工程咨询单位的行为涉嫌假冒专利的,除依法承担民事责任外,根据《专利法》第68条"假冒专利的,除依法承担民事责任外,由负责专利执法的部门责令改正并予公告,没收违法所得,可以处违法所得五倍以下的罚款;没有违法所得或者违法所得在五万元以下的,可以处二十五万元以下的罚款;构成犯罪的,依法追究刑事责任"的规定,还将面临没收违法所得、处违法所得5倍以下的罚款;若无违法所得或违法所得在5万元以下的承担25万元以下罚款的行政处罚。如果存在严重行为并构成假冒专利罪的,将会面临 3 年以下有期徒刑或者拘役,并处或者单处罚金的刑事处罚。提醒全过程工程咨询单位注意的是,全过程工程咨询单位在对外宣传过程中,涉及专利产品或者专利方法但未标明专利号和专利种类,或是谎称取得专利权,或是使用未授予专利权的专利申请和已经终止、撤销、无效的专利,以作为其对外广告宣传内容的,根据《广告法》第 59 条之规定,全过程工程咨询单位还将会被处以 10 万元以下的罚款。

另一方面,全过程工程咨询单位在担任"勘察设计咨询管理人"角色以协助委托方对另行分包的工程勘察设计活动进行监督管理工作时,如全过程工程咨询单位存在侵犯另行委托的勘察设计单位或其他单位的专利权的行为时,将面临上述提及的法律风险。若全过程工程咨询单位疏忽管理,仅存在对另行委托的勘察设计单位管理失职的行为时,则需面临被委托方追究违约责任的风险。但若全过程工程咨询单位存在未及时发现另行委托的勘察设计单位提供的是侵犯第三方专利权的技术方法而擅自使用等行为时,全过程工程咨询单位极有可能会被认定为共同侵权人,同样将面临侵犯专利权而引发的民事、行政以及刑事法律风险。

典型案例 5 - 37

【案号】广东省高级人民法院(2004)粤高法民三终字第 249 号

【案情简介】李某某向国家知识产权局申请"挡土墙的成形方法"发明专利。国家知识产权局后决定授予"挡土墙的成形方法"专利权,专利号:ZL98125100.5,并发布授权公告。案涉某基坑支护工程由 A 设计院设计,其按照原有设计,所使用的施工方法只是覆盖了 ZL98125100.5 发明专利"基本沿竖直方向采用水泥拌和法形成多个成排布置的水泥拌合桩"和"在上述基本沿竖向的多个成排的水泥拌合桩后面形成多个地锚"的必要技术特征,而缺少 ZL98125100.5 发明专利"在紧靠上述基本沿竖向的水泥拌合桩的前侧的外侧边沿该桩的纵向设置刚性筋"的必要技术特征。随后,由施工单位按照设计变更(RJY - 10)图完成了增加的基坑竖向钢管桩工程,有基坑支护工程 4 - 4 断面图、增加工程现场签证单、竖向钢管施工记录表、验收申请表可以确认。李某某主张 A 设计院在案涉基坑支护工程中,未经许可使用了 ZL98125100.5 发明专利,侵犯其专利权为由,向原审法院提起本案诉讼。请求判令停止侵害,赔偿经济损失人民币10万元，承担本案诉讼费用。

【裁判观点】法院裁判认为，ZL98125100.5专利经国家知识产权局依法授权，应受到法律保护。依照2000年《专利法》第56条第1款和最高法《关于审理专利纠纷案件适用法律问题的若干规定》第17条的规定，ZL98125100.5专利的保护范围应当以权利要求书中明确记载的必要技术特征所确定的范围为准，也包括与该必要技术特征相等同的特征所确定的范围。A设计院的案涉基坑支护工程的原有设计，所使用的施工方法只是覆盖了ZL98125100.5专利"基本沿竖直方向采用水泥拌合法形成多个成排布置的水泥拌合桩"和"在上述基本沿竖向的多个成排的水泥拌合桩后面形成多个地锚"的必要技术特征，而缺少ZL98125100.5专利"在紧靠上述基本沿竖向的水泥拌合桩的前侧的外侧边沿该桩的纵向设置刚性筋"的必要技术特征。但由于变更设计增加了基坑竖向钢管桩工程，增加的基坑竖向钢管桩工程，则覆盖了ZL98125100.5专利"在紧靠上述基本沿竖向的水泥拌合桩的前侧的外侧边沿该桩的纵向设置刚性筋"的必要技术特征。相关的基坑支护工程4-4断面图、增加工程现场签证单、竖向钢管施工记录表、验收申请表可以相互印证，还有监理单位、建设单位的签章或加注意见，且上述证据是从原审法院取得。A设计院虽然从形式到内容均提出了异议，但没有提出足以反驳的证据，上述证据的证明力应予确认。A设计院未经专利权人李某某的许可，使用了ZL98125100.5专利方法，构成对该专利权的侵犯，应当承担停止侵害、赔偿损失的民事责任。

典型案例5-38

【案号】北京市通州区市场监督管理局京通市监处字〔2020〕第112号

【案情简介】2019年1月至2020年1月，A公司在其开设的官方网站中的显著位置对一款产品商业广告中发布内容为："专利喷口设计"的广告，在该产品未取得专利权的情况下，在广告中谎称取得专利权。2020年1月3日执法人员在当事人的陪同下对其官方网站进行了现场检查，并进行了截图，经询问，当事人不能提供相关专利证书，相关广告内容为当事人自行设计发布。上述事实有营业执照、询问笔录、现场笔录、现场照片、官网截图、当事人提供的情况说明、修改后的网页打印件、国家知识产权局网站查询情况打印件为证。

【行政处罚】当事人的上述行为违反了《广告法》第12条第2款的规定："未

取得专利权的，不得在广告中谎称取得专利权。”北京市通州区市场监督管理局依据《广告法》第59条第1款第3项的规定，作出行政处罚决定如下：罚款10,000元。当事人自收到本处罚决定书之日起15日内，将罚没款交至就近银行。逾期不缴纳罚款，将依据《行政处罚法》第51条第1、2项的规定，每日按罚款数额的3%加处罚款，并申请人民法院强制执行。

（三）商标权

勘察设计阶段涉及商标权保护的主要包括企业名称、商品商标、服务标志以及依照法定程序取得的各种资质证明等依法享有的权利。结合前述法律主体类型的分析，接下来详细梳理两种主体类型下的全过程工程咨询单位面临的法律风险。

一方面，全过程工程咨询单位担任“勘察单位”“设计单位”角色时，若擅自在成果文件上使用其他勘察设计咨询企业的名称、注册商标、资质证明、图签、出图专用章等企业标识或未经授权以其他勘察设计咨询企业的名义开展活动的，将会被认定为侵权人，亦会被认定为不正当竞争行为，需要面临停止侵害、消除影响、赔礼道歉、赔偿损失等民事风险。此外，全过程工程咨询单位的行为涉嫌侵犯注册商标专用权的，根据《商标法》第60条“有本法第五十七条所列侵犯注册商标专用权行为之一，引起纠纷的，由当事人协商解决；不愿协商或者协商不成的，商标注册人或者利害关系人可以向人民法院起诉，也可以请求工商行政管理部门处理。工商行政管理部门处理时，认定侵权行为成立的，责令立即停止侵权行为，没收、销毁侵权商品和主要用于制造侵权商品、伪造注册商标标识的工具，违法经营额五万元以上的，可以处违法经营额五倍以下的罚款，没有违法经营额或者违法经营额不足五万元的，可以处二十五万元以下的罚款。对五年内实施两次以上商标侵权行为或者有其他严重情节的，应当从重处罚。销售不知道是侵犯注册商标专用权的商品，能证明该商品是自己合法取得并说明提供者的，由工商行政管理部门责令停止销售。对侵犯商标专用权的赔偿数额的争议，当事人可以请求进行处理的工商行政管理部门调解，也可以依照《中华人民共和国民事诉讼法》向人民法院起诉。经工商行政管理部门调解，当事人未达成协议或者调解书生效后不履行的，当事人可以依照《中华人民共和国民事诉讼法》向人民法院起诉”的规定，还会面临没收、销毁侵权物品和制造工具以及巨额罚款的行政处罚风险。如果存在严重行为并构成假冒注册商标罪或非法制造、销售非法制造的注册商标标识罪的,全过程工程咨询单位将会面临 3 年以下有期徒刑,并处或者单处罚金的刑事处罚;情节特别严重的面临 3 年以上 10 年以下有期徒刑并处罚金的刑事处罚。

另一方面,全过程工程咨询单位担任“勘察设计咨询管理人”角色并行使监督管理职责过程中,若全过程工程咨询单位侵犯了另行委托的勘察设计单位或其他单位的商标权的,将面临上述提及的法律风险。若全过程工程咨询单位疏于管理,存在对另行委托的勘察设计单位管理失职的行为的,将面临被委托方追究违约责任的风险。但若全过程工程咨询单位存在未及时发现另行委托的勘察设计单位提供的是侵犯第三方商标权的资质证明、服务标志而擅自使用等行为时,全过程工程咨询单位将会被认定为共同侵权人,需面临因侵犯商标权而导致的民事、行政以及刑事法律风险。

典型案例 5 - 39

【案号】北京市海淀区人民法院(2020)京 0108 民初 38445 号

【案情简介】A 公司成立日期于 2007 年 5 月 29 日,经营范围包括“建筑信息咨询;市场调查……”其在本案中主张“某某某”系其企业名称简称、字号。第 17067087 号和第 11059261 号文字商标注册人为 A 公司,核定使用的服务项目均为第 37 类:建筑施工监督;建筑信息;维修信息;建筑咨询;工程进度查核;建筑;室内装潢修理;室内装潢;计算机硬件安装、维护和修理;电器的安装和修理(截止),有效期分别为自 2017 年 6 月 21 日至 2027 年 6 月 20 日、自 2013 年 10 月 21 日至 2023 年 10 月 20 日。本案中,A 公司主张 B 公司将与涉案商标近似的“某某某”设置为关键词进行推广,属于在相同的工程建筑咨询服务上使用与涉案商标近似的商标,易造成公众混淆的行为,侵害了其享有的商标权,以及根据《反不正当竞争法》规定,属于不正当竞争行为,故请求 B 公司在其官方网站首页连续 72 小时刊登声明,为 A 公司消除影响,赔偿经济损失 80 万元及合理开支 2 万元。

【裁判观点】对于 B 公司将“某某某”设置为关键词进行推广的行为,是否构成侵害商标权行为。法院认为,构成上述行为的前提是被诉行为对相关标识的使用属于商标意义上的使用,即为了区分商品或服务的来源而使用。本案中,在 3 条涉案链接标题及链接描述中,均未出现“某某某”字样,即并未对上述标识进行商标意义上的使用,结合涉案链接中均有“建设网”的内容,亦不会造成消费者的混淆和误认。故A公司认为B公司侵害其商标权及的主张,缺乏事实基础和法律依据,本院对此不予支持。至于该项行为是否违反《反不正当竞争法》,一般而言,使用“某某某”文字进行搜索的网络用户,其最初目的通常是访问A公司网站或了解与A公司服务相关的信息,这一商业机会是基于A公司长期经营所积累的商誉而产生的。但B公司通过在后台设置“某某某”关键词,使用户在搜索时,出现指向被诉网站的搜索结果,这一行为势必使B公司借助网络用户对A公司及其服务的认知,而使自己的网站访问概率得以提高,并在此基础上获取交易机会。该被诉行为挤占了A公司的市场利益,降低了本属于A公司的交易机会和竞争优势,违反了诚实信用原则和商业道德,依据相关规定构成不正当竞争。关于A公司要求B公司赔偿经济损失的诉讼请求,法院予以支持。法院将综合考虑涉案商标的知名度、涉案侵权行为的持续期间、涉案关键词的点击量、B公司的主观过错等因素,酌情确定B公司赔偿A公司经济损失6万元。A公司因本案所付合理开支,B公司应当一并赔偿。

典型案例5-40

【案号】四川省宜宾市中级人民法院(2014)宜民初字第10号

【案情简介】A公司于1998年1月8日设立,营业范围:建筑工程勘察设计;城市规划、旅游规划、景观设计技术服务;承包园林绿化设计、地理信息系统技术开发、技术咨询、技术服务、销售等。2003年1月21日,A公司申请注册了“某某”文字商标,有效期为2003年1月21日至2013年1月20日,后于2013年3月11日获批续展至2023年1月20日。“某某”商标核定服务项目(第42类):技术研究;规划(技术)研究;工程;工程制图;建筑学;建筑制图;建筑咨询;室内装饰设计等。A公司成立至今,在国内完成了大量的规划、景观、建筑设计项目并获得了大量国内外奖项,享誉海内外。2010年1月19日,经工商行政管理局核准登记,B公司成立。现A公司主张“某某”已经成为其标志及简称,为业界所共知。B公司的经营范围与原告相同以及相似,并与A公司所获得的注册商标的服务范围相同或相似。B公司使用A公司商标“某某”作为其公司的字号,具有明显的搭便车的故意,误导公众,混淆服务的来源,侵犯了注册商标专用权。故请求立即停止侵犯行为并赔偿因侵犯商标专用权给A公司造成的损失合计40万元。

【裁判观点】法院裁判认为，A 公司的“某某”商标经国家商标局核准注册并核定使用于第 42 类商品上，在该类商品上，A 公司依法享有注册商标的专用权，受注册商标法律、法规保护。依据《商标法》第 58 条规定：“将他人注册商标、未注册的驰名商标作为企业名称的字号使用，误导公众，构成不正当竞争行为的，依照《反不正当竞争法》处理。”B 公司将 A 公司拥有的“某某”注册商标相同的文字作为企业名称的字号使用，其行为本身就误导了公众，会让消费者对不同经营者之间具有关联关系产生混淆误认，构成了不正当竞争行为。A 公司请求 B 公司停止在企业名称中使用“某某”字样的行为的诉讼请求成立，法院予以支持。同时 A 公司没有提交证据证明 B 公司的行为给其造成的损失金额，也没有证据证明 B 公司在侵权期间因侵权所获得的利润。因此，A 公司主张 B 公司赔偿因侵犯商标专用权损失 40 万元、律师费及差旅费 10 万元的诉讼请求，法院考虑本案侵权行为的性质、后果等酌情支持为 3 万元。

鉴于全过程工程咨询单位在勘察设计阶段提供的技术咨询以及管理服务实际上涵盖了专业技术支持以及项目合法合规保障等多方面内容。故在此阶段，全过程工程咨询单位应当重视其在作为“勘察单位、设计单位”或是“勘察设计咨询管理人”时的法律风险，规范自身咨询服务行为，确保在合法、合规的框架下科学、规范地开展勘察设计阶段的各项工作，以促成建设项目的成功开发、实施以及运营管理。

第六章

全过程工程咨询单位在工程监理阶段的法律风险

工程监理是整个建筑工程施工过程中的必要环节，工程监理的主要职能在于对工程项目的施工全过程进行监督及管理，具体包括质量监督、进度控制、安全生产等方面。尤其是在全过程工程咨询服务体系中，监理工作开展的是否全面、到位、有效，将直接影响整个项目工程能否保质保量地顺利完成。鉴于全过程工程项目本身即具备工程规模大、投资数额高、项目分布广、建设模式多样、工艺技术繁杂、参与主体众多、监管规则细致等特点，加之当前建筑行业违法发包、转包、挂靠及违法分包等行为频频发生，故在监理工作近乎涵盖整个工程施工全过程的情况下，一旦发生工程安全生产事故或是建设、施工单位进行违法违规建设，全过程工程咨询单位作为工程建设项目的责任主体之一，都将面临相应的民事、行政乃至刑事法律风险。因此，本章将从全过程工程咨询单位在工程监理阶段的咨询服务内容、法律角色定位以及法律风险三个方面着手，全面分析全过程工程咨询单位应如何合法有效地开展工程监理咨询工作。

第一节　工程监理阶段咨询服务内容

一、工程监理咨询主要服务内容

全过程工程咨询单位在工程监理阶段，应遵守法律法规及有关建设工程标准，在充分识别项目工程的整体需求及范围的基础上，明确监理工作的实施目标以及具体的监理工作制度、内容、程序、方法和措施，从而公平、独立、诚信、科学地开展全过程工程项目监理咨询服务工作。

参照江苏省住建厅颁发的《江苏省全过程工程咨询服务导则(试行)》，全过程工程咨询单位在工程监理阶段的咨询服务内容主要为实施与工程现场监理相关的工作，同时给予其他咨询服务工作团队相应的配合，从而更好地完成整个建设项目的全过程工程咨询服务。具体包括：(1)编制监理规划及监理实施细则；(2)全过程工程咨询服务工程监理实施过程中对工程质量、造价、进度控制；(3)全过程工程咨询服务工程监理实施过程中对工程变更、索赔及施工合同争议的处理；(4)监理文件资料管理；(5)设备采购与设备监造；(6)履行建设工程安全生产管理法定职责、对工程建设相关方进行协调的相关工作内容。

其中，涉及工程监理咨询服务中须落实的配合义务主要为：(1)配合项目管理服务工作团队，完成现场需要工程监理配合的工作；(2)配合造价咨询服务工作团队，完成现场变更签证等现场管理资料；(3)配合工程设计服务工作团队，按全过程工程咨询服务合同要求对工程设计提供相应的技术交流与相关支持；(4)配合招标代理服务工作团队，为招标代理提供标段划分、实施方案技术要求等技术支持。

二、工程监理咨询重点控制环节

全过程工程咨询单位在工程监理阶段，应当将咨询服务的工作重点置于质量控制、进度控制及安全生产控制等环节之上，确保工程监理咨询服务工作既符合全过程工程咨询服务的整体要求，同时也满足建设工程监理规范的强制标准。

（一）质量控制

根据《建设工程质量管理条例》及《建筑工程五方责任主体项目负责人质量终身责任追究暂行办法》等相关法律法规的规定，全过程工程监理咨询服务，应当遵循动态控制理念，秉承质量控制贯穿事前、事中、事后的全过程管理原则，落实质量控制覆盖工程项目人、机、料、法、环等的多方位管理要求，从以下几个方面提高工程监理咨询服务的质量控制水平：(1)全面审查施工现场包括施工单位主要管理人员、专职安全生产管理人员等在内的质量管理组织机构的配备情况，认真核实施工分包单位、现场施工人员的资质条件，积极敦促施工现场质量管理制度的有效落实。(2)采取巡视、旁站、平行检验等方式对工程质量实施过程控制，严格执行工程质量验收程序，尤其是对施工单位存在的质量缺陷问题，应积极督促其整改，并严格跟踪检查其整改过程。(3)对于全过程工程咨询服务合同或建设工程监理合同约定的设备采购与设备监造等工作内容，应配备相应的监理人员，明确岗位职责。具体做到检查设备制造单位的质量管理体系；审查设备制造单位报送的设备制造生产计划和工艺方案；审查设备制造的检验计划和检验要求，确认各阶段的检验时间、内容、方法、标准以及检测手段、检测设备和仪器等；监督设备制造过程，对主要及关键零部件的制造工序进行抽检。

（二）进度控制

工程监理咨询服务中的进度控制应着眼于对全过程工程项目相关咨询服务单位（诸如发包单位、勘察设计单位、承包单位）的进度计划进行整体控制。进度控制工作原则上以安全为前提、质量为基础，确保项目工程的总体进度目标及时实现。进度控制具体如下：(1)及时向项目管理服务工作团队获取总体施工进度计划，以便工程监理在实施过程中根据总体施工计划督促施工单位编制详细施工进度计划及编制施工方案，并依据审核通过的施工方案进行每道工序验收。(2)全面检查咨询项目分阶段施工进度计划的执行情况，发现实际进度严重滞后于计划进度时，应当采取合理措施协调施工进度，纠正进度偏差。(3)规范监理工作，将监理指令以及监理工作的开展情况形成完整的监理报告，同时按要求对监理资料进行归档。

（三）安全生产控制

工程监理咨询服务中的安全生产控制应以法律法规、工程建设强制性标准为准绳，本着以人为本、预防为主、安全生产的原则进行，具体如下：(1)将安全生产管理的监理工作内容、方法和措施纳入监理规划及监理实施细则，协助承包方共同制定文明施工管理办法，并根据办法的要求对工程文明施工实施控制。(2)审查施工单位在施工现场的安全生产管理制度及组织管理机构，并应检查主要生产管理人员的配备情况，督促相关单位加强施工安全生产管理，定期开展安全培训。(3)协助委托方定期组织安全生产管理联合检查，监督施工单位关于安全费用的使用情况。(4)发现工程存在安全事故隐患时应要求施工单位进行全面整改，同时负有向委托方和主管部门及时报告的义务。

第二节　全过程工程咨询单位的法律角色定位

全过程工程咨询单位在工程监理阶段主要存在以下两种法律角色：

一是全过程工程咨询单位具有工程监理资质及能力，接受委托方的委托，承担全过程工程监理咨询服务工作。那么此时，无论是“一家全能型”下全过程工程咨询单位承担了包括工程监理在内的全部咨询服务工作，还是“联合体经营型”下全过程工程咨询单位作为联合体成员仅负责工程监理咨询服务工作，在全过程工程项目监理阶段，全过程工程咨询单位的法律角色定位均为“监理人”，即需要对项目工程履行监理义务。

二是全过程工程咨询单位不具有工程监理资质及能力，在全过程工程项目采用由全过程工程咨询单位依法依规另行择优选择具有工程监理资质的咨询单位的“另行分包型”模式，或是全过程工程咨询单位作为牵头单位的“联合体经营”模式，抑或全过程工程咨询单位根据全过程工程咨询服务合同约定需对委托方自行发包的工程监理咨询服务提供一定监督管理的“委托方另行发包/平行发包”模式的情况下，即便全过程工程咨询单位不负责实施具体的工程监理工作，但全过程工程咨询单位作为总负责方、总协调方，亦需要对监理咨询单位的监理工作进行全面监督与管理，对监理咨询单位在监理工作中的履职不当行为承担直接、主要或是连带责任。故此时全过程工程咨询单位在工程监理阶段的法律角色即可定位为“监理管理人”，需要对全过程工程项目中承担工程监理咨询服务的单位履行相应的协调管理义务。

第三节 全过程工程咨询单位的法律风险

根据前述,全过程工程咨询单位在工程监理阶段的法律角色可定位为“监理人”或是“监理管理人”。鉴于全过程工程咨询单位作为“监理人”时,在项目工程监理的具体实施过程中,需要满足建设工程监理规范要求及相关法律法规,从而防范工程监理法律风险。而全过程工程咨询单位作为“监理管理人”时,因其负有对另行分包的监理咨询单位或是联合体负责监理咨询服务的其他成员进行协调管理的义务,故全过程工程咨询单位同样需要充分关注建设工程监理相关规范标准以及法律风险,方能有效管理并约束监理咨询单位的监理行为,进而规避因监理咨询单位履职不当而引发的连带管理责任。

但应注意的是,全过程工程咨询单位无论是被定位为“监理人”还是“监理管理人”,均须充分了解传统建工领域中工程监理单位在履行监理职责时的法律风险。故以下将对监理单位于工程监理过程中的法律风险点进行有效识别,从而为全过程工程咨询单位在工程监理阶段的法律风险防范提供参考依据。

一、与资质等级及业务分包相关的法律风险

根据《建筑法》第 13 条规定:“从事建筑活动的建筑施工企业、勘察单位、设计单位和工程监理单位,按照其拥有的注册资本、专业技术人员、技术装备和已完成的建筑工程业绩等资质条件,划分为不同的资质等级,经资质审查合格,取得相应等级的资质证书后,方可在其资质等级许可的范围内从事建筑活动。”第 34 条规定:“工程监理单位应当在其资质等级许可的监理范围内,承担工程监理业务。工程监理单位应当根据建设单位的委托,客观、公正地执行监理任务。工程监理单位与被监理工程的承包单位以及建筑材料、建筑构配件和设备供应单位不得有隶属关系或者其他利害关系。工程监理单位不得转让工程监理业务。”

监理单位从事建设工程监理活动必须在其资质许可范围内,且不得转让监理业务。在全过程工程监理咨询服务的开展过程中,若全过程工程咨询单位本身或是其分包管理下的监理咨询单位存在不具有监理资质,抑或承接的监理业务已然超越其资质范围,再或将监理业务对外进行转让等情形,将导致监理合同

或是监理分包合同无效，届时全过程工程咨询单位不但需承担侵权赔偿等民事责任。此外，根据《建筑法》第69条第2款规定："工程监理单位转让监理业务的，责令改正，没收违法所得，可以责令停业整顿，降低资质等级；情节严重的，吊销资质证书。"《建设工程质量管理条例》第60条规定："违反本条例规定，勘察、设计、施工、工程监理单位超越本单位资质等级承揽工程的，责令停止违法行为，对勘察、设计单位或者工程监理单位处合同约定的勘察费、设计费或者监理酬金1倍以上2倍以下的罚款；对施工单位处工程合同价款2%以上4%以下的罚款，可以责令停业整顿，降低资质等级；情节严重的，吊销资质证书；有违法所得的，予以没收。未取得资质证书承揽工程的，予以取缔，依照前款规定处以罚款；有违法所得的，予以没收。以欺骗手段取得资质证书承揽工程的，吊销资质证书，依照本条第一款规定处以罚款；有违法所得的，予以没收。"第62条第2款规定："工程监理单位转让工程监理业务的，责令改正，没收违法所得，处合同约定的监理酬金25%以上50%以下的罚款；可以责令停业整顿，降低资质等级；情节严重的，吊销资质证书。"全过程工程咨询单位还会受到包括罚款、责令改正、没收违法所得、责令停业整顿、降低资质等级、吊销资质证书等在内的行政处罚。

除此之外，若全过程工程咨询单位在提供工程监理咨询服务过程中，失去监理资质且未及时恢复，或是监理资质到期但未及时续期，将导致监理咨询合同被依约解除，全过程工程咨询单位应向委托方承担相应的违约损失赔偿责任。

典型案例6－1

【案号】福建省高级人民法院（2019）闽民申906号

【案情简介】A监理公司就涉案工程与委托方签订监理合同，之后与江某等人签订协议，由江某等人就涉案工程开展监理工作，A监理公司收到委托方支付的监理费后按协议比例支付给江某等人。

【裁判观点】法院裁判认为，本案的《建设工程委托监理合同》虽系由A公司与B公司签订，但从A公司与江某等人签订的《通港路协议》约定的权利义务内容看，A公司实际是以内部承包经营的名义将讼争工程监理工作转包给江某、曾某、李某、王某、张某5人负责。由于该种承包模式实质上将工程建设过程中监理公司应尽的监理责任转给没有资质的个人，违反了法律的强制性规定，且损害社会公共利益。因此，讼争《通港路协议》应依法认定为无效。

典型案例6－2

【案号】安徽省蚌埠市中级人民法院(2019)皖03民终1579号

【案情简介】方某某是A公司的监理员。2013年3月5日,A公司与某村委会签订《建设工程委托监理合同》。A公司与某村委会在该合同上盖章,方某某作为公司代表、村委会原村主任张某某在该合同上签名。2018年6月5日,监理工作内容清单一份载明:某新农村建设工程监理任务已完成。A公司出具债权转让通知书载明:某村委会所欠债务转给方某某。现三方因监理费支付产生纠纷,诉至法院。

【裁判观点】法院裁判认为,本案中,案涉项目为房屋建筑工程,而A公司的经营范围是公路工程监理、咨询、招投标代理、公路用料检测,并无房屋建筑工程的监理资质,故其与某村委会签订的《建设工程委托监理合同》因违反法律强制性规定而属于无效合同。由于案涉《建设工程委托监理合同》无效,故A公司可以依据原《合同法》第58条规定向某村委会主张权利,而不能依据合同约定请求某村委会支付监理费。在A公司无权要求某村委会支付监理费的情况下,其将监理费转让给方某某对某村委会不具有约束力。

典型案例6－3

【案号】广东省东莞市中级人民法院(2016)粤19民终4670号

【案情简介】2015年7月8日,A公司作为委托人与监理人B公司签订一份《厂房新建工程建设工程监理合同(协议)》后签订补充协议,双方均确认案涉合同于2015年7月8日签订时,B公司有资质。B公司陈述其在2015年11月15日没有资质。B公司认为在合同签订后6个月内是有资质的,可以办理报建手续,是基于A公司的原因没有报建,其认为A公司主张的施工以后没有资质需要解除合同是不成立的。B公司处于年审状态,不导致合同必然解除。经法庭调查,截至开庭时,B公司仍然没有监理资质。

【裁判观点】法院裁判认为,B公司在2015年7月8日签订案涉监理合同以及在2015年11月5日签订案涉监理合同补充协议时具备相应的监理资质,案涉监理合同及补充协议是B公司与A公司真实意思表示,亦未违反法律法规强制性规定,合法有效。根据《建筑法》第13条、第31条及第34条的规定,监理单位必须具备相应的资质并在资质等级许可的监理范围内承担业务,B公司从2015

年 11 月 15 日起不再具备监理资质，至二审庭审时仍未取得相应的监理资质，案涉监理合同及补充协议已无法继续履行，A 公司提出解除案涉合同，合法有据。案涉合同因 B 公司不具备监理资质而被解除，B 公司应返还 A 公司支付的首期款监理款项并赔偿 A 公司相应的利息损失。

典型案例 6 – 4

【案号】山东省威海市中级人民法院(2016)鲁 10 民终 186 号

【案情简介】2010 年 12 月 8 日，A 公司与 B 公司签订《工程监理协议书》一份，约定 B 公司承担某商贸城项目的监理工作并安排高级工程师丛某担任项目总监。随后施工单位完成了项目基坑支护桩的全部打桩工程，B 公司对该施工过程进行监理。2013 年 3 月 22 日 B 公司监理资质由甲级降为乙级。现双方以资质降低以及合同解除、违约赔偿等事宜产生争议。

【裁判观点】法院裁判认为，B 公司在合同约定监理期限内降级，从而导致其不具备继续对案涉工程进行监理的资质，进而导致双方的监理合同无法继续履行。因双方的监理合同无法继续履行，势必导致 A 公司另行委托他人对案涉工程继续监理，从而对工期的延误也存在影响。结合建管部门关于基坑支护超过有效期的处理意见，法院无法排除 B 公司的上述行为与观测费的产生之间存在因果关系之可能，鉴于双方在合同中明确约定 B 公司对工程质量问题一并承担责任，故 B 公司对 A 公司的相关损失应当承担一定的赔偿责任，法院参照 B 公司承担 20% 的过错，酌定其赔偿观测费损失 60,000 元。

典型案例 6 – 5

【案号】甘肃省水利厅甘水罚字〔2020〕1 号

【案情简介】2019 年 2 月，A 公司中标"某城郊大环境绿化项目施工监理"项目，签订了《监理合同》，约定监理服务时间为 2019 年 2 月 13 日至 4 月 27 日，监理内容为"新建容积 6.2 万平方米的蓄水沉淀池 1 座……栽植各类苗木 75.42 万余株"等。A 公司对具有水土保持性质的"栽植各类苗木 75.42 万余株"内容的"水土保持工程施工监理丙级"资质已于 2018 年 11 月 27 日到期，未获延续，属无相应监理资质监理行为。

【行政处罚】依据《水利工程建设监理规定》第 7 条、第 27 条以及《建设工程质量管理条例》第 60 条的相关规定，违反本条例规定，勘察、设计、施工、工程监理单位超越本单位资质等级承揽工程的，责令停止违法行为，对勘察、设计单位或者工程监理单位处合同约定的勘察费、设计费或者监理酬金 1 倍以上 2 倍以下的罚款；对施工单位处工程合同价款 2% 以上 4% 以下的罚款，可以责令停业整顿，降低资质等级；情节严重的，吊销资质证书；有违法所得的，予以没收。未取得资质证书承揽工程的，予以取缔，依照前款规定处以罚款；有违法所得的，予以没收。甘肃省水利厅对当事人处以罚款 5.46995 万元。

典型案例 6-6

【案号】梧州市交通运输综合行政执法支队梧交罚〔2020〕40001 号

【案情简介】2020 年 10 月 21 日，梧州市交通运输综合行政执法支队执法人员在某公路改建工程进行执法检查时发现 A 公司涉嫌超越本单位资质等级许可范围承担工程监理业务。经执法人员现场检查、询问、调查相关营业许可、资质证照以及相关的工程建设监理合同后，发现 A 公司的公路工程专业监理资信等级为丙级，开展了 8 个公路工程监理项目。A 公司的行为属于超越本单位资质等级许可范围承担工程监理业务。

【行政处罚】依据《建设工程质量管理条例》第 34 条、第 60 条的相关规定，违反本条例规定，勘察、设计、施工、工程监理单位超越本单位资质等级承揽工程的，责令停止违法行为，对勘察、设计单位或者工程监理单位处合同约定的勘察费、设计费或者监理酬金 1 倍以上 2 倍以下的罚款；对施工单位处工程合同价款 2% 以上 4% 以下的罚款，可以责令停业整顿，降低资质等级；情节严重的，吊销资质证书；有违法所得的，予以没收。未取得资质证书承揽工程的，予以取缔，依照前款规定处以罚款；有违法所得的，予以没收。梧州市交通运输综合行政执法支队对当事人处以罚款 11 万元。

典型案例 6-7

【案号】诸暨市交通运输局绍交工罚〔2020〕049 号

【案情简介】2020 年 11 月 17 日，诸暨市交通运输局执法人员在 2020 年度诸暨市某公路工程现场巡查时，发现监理单位有违法嫌疑：专监魏某某、现场监理斯某某无监理资格证；专监魏某某、现场监理斯某某未在本项目中标单位 A 公司缴纳社保;监理人员对本工程的详细情况和技术参数不了解,其行为涉嫌工程监理单位分包工程监理业务给无资质的个人。

【行政处罚】上述当事人的违法行为涉嫌违反《建设工程质量管理条例》第34条第3款"工程监理单位不得转让工程监理业务"的规定,其行为属于交通建设工程监理单位违法转分包的违法行为。诸暨市交通运输局责令其改正并决定对其处以罚款人民币5000元整。

二、与监理服务相关的法律风险

根据《民法典》第509条第1款规定:"当事人应当按照约定全面履行自己的义务。"《建筑法》第35条第1款规定:"工程监理单位不按照委托监理合同的约定履行监理义务,对应当监督检查的项目不检查或者不按照规定检查,给建设单位造成损失的,应当承担相应的赔偿责任。"

全过程工程咨询单位在工程监理阶段,无论是由其自行提供监理咨询服务,还是由其对另行分包的监理咨询单位或是对联合体负责监理咨询服务的其他成员的监理服务总负责,全过程工程咨询单位都应当利用自身的专业知识提供符合法律法规标准、合同要求的监理咨询服务。如果全过程工程咨询单位未按照合同要求妥善办理监理业务登记及撤销手续,或是监理工作未完成或未按时完成,抑或擅自停止监理工作,特别是未履行工程停工、延误告知义务并在停工过程中未按照规定及时采取适当措施防止损失扩大等情形,都可能构成对委托方的根本违约,需要承担相应的民事赔偿责任。此外,如果全过程工程咨询单位未严格按照合同要求保质保量地提供监理咨询服务工作,并触犯了行政管理相关规定的,则还需要承担相应的行政责任。

典型案例6-8

【案号】广东省东莞市中级人民法院(2016)粤19民终4670号

【案情简介】2015年7月8日,A公司作为委托人与监理人B公司签订《厂房新建工程建设工程监理合同》。现A公司主张B公司未按照合同办妥监理业务登记手续等义务,故请求法院解除合同并返还监理费用。B公司辩称解除合同的原因是政府年审政策的改变而非自身的原因,且前期还有A公司的原因迟迟没有报建。双方产生争议诉至法院。

【裁判观点】法院裁判认为，案涉监理合同补充协议约定B公司应在2015年11月15日前办妥住建局监理业务登记（报建）手续。而B公司未办妥监理业务登记手续，亦无证据证明其锁定该工程项目。此外，B公司虽主张通过电话等方式为A公司提供了服务，亦无相关证据证明。故B公司主张的监理费用，与案涉监理合同补充协议约定的监理费计取方式不符，法院不予支持。

典型案例6-9

【案号】云南省西双版纳傣族自治州中级人民法院（2018）云28民终274号

【案情简介】A公司与B公司订立《建设工程委托监理合同》约定："某小区"房地产项目委托A公司实施工程监理服务，期限为2013年12月30日至2014年12月30日。合同订立后，A公司按约定派驻工程监理人员对该房地产项目实施工程监理事务工作。后该工程建设工期推迟延长，双方因收取和计算逾期监理费发生争议，A公司于2017年11月24日将进驻工程的监理人员撤回，同时未对该工程项目进行验收和移交即将该工程项目相关资料带走。

【裁判观点】法院裁判认为，监理的建设工程项目竣工验收是项目监理机构的主要监理范围及内容和职责，A公司监理的该建设工程项目未进行竣工验收和交付，即A公司未完成合同约定的委托事务，且无证据证明因不可归责于A公司的事由才导致委托事务不能完成。同时，双方合同约定监理费60万元中剩余的20万元应于工程竣工验收完毕后7个工作日内支付。故法院认定，A公司在监理工作未完成的情况下离开工地，该工程至今未竣工验收，A公司要求B公司支付监理服务费20万元的主张缺乏依据，不予支持。

典型案例6-10

【案号】江西省九江市中级人民法院（2018）赣04民初250号

【案情简介】A公司通过招投标中标B公司的"某国际广场"建设工程的施工监理。2013年8月28日，双方签订了《建设工程监理合同》。合同签订后，双方进入实际履行。而双方及建筑施工方在施工中，多次发生停工、停止监理工作等情况，双方为监理工作多次发生争执诉至法院。

【裁判观点】法院裁判认为，本案中，A公司履行监理合同存在严重违约，且在B公司多次要求整改后，未纠正其违约行为。同时，双方在履行监理合同中互相指责对方违约，A 公司多次发函表明停止监理工作，后因建筑工程已长期停工，监理工作也一直停止至今。法院基于双方均有违约行为、A 公司违约停止监理工作至今等综合情形考虑，予以支持 B 公司要求解除本案监理合同的请求。

典型案例 6－11

【案号】江苏省苏州市中级人民法院（2015）苏中民终字第 01497 号

【案情简介】A 公司与 B 公司签订《建设工程委托监理合同》一份。现根据监理日志、工程测量定位放线记录显示，该工程的实际开工日期为 2010 年 11 月 29 日，工程并未进行主体验收，于 2011 年 5 月 9 日停工，停工后 B 公司未再提供监理服务。双方因支付延期监理费、是否存在违约行为产生争议诉至法院。

【裁判观点】法院裁判认为，《建设工程委托监理合同》约定的监理工期为 12 个月，监理日记显示 B 公司实际为 A 公司监理的时间为 5 个月 10 天。但在工程停工后，B 公司也未再进行监理服务，而直至监理合同期满，A 公司并未复工。B 公司于 2012 年 3 月 28 日才开始催告并要求退出监理工作。涉案工程停工后，在双方未能达成补充协议情况下，B 公司有义务及时采取措施，尽量减少自身损失的扩大。B 公司有能力和权利自由选择减少损失的途径，而 B 公司直至合同到期也没有采取适当的措施致使自身的损失扩大，因此不得就扩大的损失要求赔偿。故法院考虑到合同约定的监理时间、监理费用以及实际监理时间，作出了扣减监理费的判决。

典型案例 6－12

【案号】四川省南充市中级人民法院（2018）川 13 行终 132 号

【案情简介】2016 年 8 月 22 日，某小区商住楼大门装饰构架工程在进行顶盖砼浇筑过程中，高大模板支撑系统发生坍塌，造成 6 人死亡，4 人受伤（其中 2 人重伤），直接经济损失约 500 万元。事故发生后，调查认定：A 公司未按照合同要求认真履行监理职责，对大门装饰构架施工无合法有效的施工图设计文件未向建设单位提出整改意见，对施工单位项目经理长期不到岗、备案安全员不到项目现场履职的情况未及时下达监理指令，未进行安全技术交底等事故隐患，未要求施工单位暂时停止施工，对事故发生负有重要管理责任。（南市）安监罚〔2017〕15 号《行政处罚决定书》，决定给予 A 公司处人民币 70 万元罚款的行政处罚。

【裁判观点】监理单位和建设单位系委托关系，监理单位作为受托人，应尽谨慎和勤勉义务，严格按照合同要求履行监理职责，避免安全事故的发生。涉案项目发生事故后，政府主管部门认定监理单位未认真按约履职，组织管理不善、现场监理形同虚设，决定给予A公司处人民币70万元罚款的行政处罚，并无不当。此外，该次事故给建设单位造成的损失，远远超过未给付的监理费部分。按照权利和义务相适应原则，监理单位不应享有相应权利，且监理单位拒绝就应给付的监理费申请评估，应承担举证不能的法律责任。故法院驳回监理单位主张相对方支付监理费的诉求。

三、与监理人员相关的法律风险

根据《建筑法》第12条规定："从事建筑活动的建筑施工企业、勘察单位、设计单位和工程监理单位，应当具备下列条件：……（二）有与其从事的建筑活动相适应的具有法定执业资格的专业技术人员……"

由于监理工作是一项专业性较强的技术工作，法律规定必须配备相应资质的专业监理人员从事相关监理服务工作。故在全过程工程咨询单位具备监理资质且自行提供工程监理咨询服务工作时，应按照法律规定以及合同要求配备数量充足、资质合格的监理人员。如果全过程工程咨询单位在全过程工程咨询服务合同的履行中，存在擅自变更监理人员或其指派的监理人员长期不到岗，或是监理人员未及时发现并报告工程施工设计不符合质量标准、未组织召开监理例会、未审查和及时处理工程变更等履职不到位等违约行为的，将被委托方追究违约损失赔偿责任。尤其注意的是，若全过程工程咨询单位配备的监理人员没有资质或者资质不符合要求，或是全过程工程咨询单位因自身管理不到位导致监理人员未到岗履行监理职责而引发安全生产或是质量事故的，都将面临一定的行政处罚，更为严重的还将涉嫌刑事犯罪。

典型案例6-13

【案号】江苏省盐城市中级人民法院（2020）苏09民终1107号

【案情简介】2011年3月3日，A公司与B公司签订了《工程监理合同》约定由B公司承担某工程的设计、设备安装及调试的全过程建设监理服务。上述合同签订后，B公司即按约组织人员进场提供监理服务。现因双方对B公司主张的增加的监理费及违约责任的承担未达成一致意见诉至法院。

【裁判观点】法院裁判认为，监理人提供的监理与相关服务不符合国家有关法律、法规和标准规范的，提供的监理服务人员、执业水平和服务时间未达到监理工作要求的，不能满足合同约定的服务内容和质量等要求的，构成违约的，发包人可按合同约定扣减相应的监理与相关服务费用。本案中，约定总监理人数25人，实际总监理人数12人，应扣减相应的费用。B公司虽主张其向A公司送交了监理部人员登记汇总表及监理部聘用干部的决定，A公司也未在合同条款约定的时间范围内对监理人员的人数、资质提出异议。但A公司对此不予认可，B公司提交的证据也不能充分证明其明确告知A公司不按照合同约定提供人员A公司予以认可。故本院结合B公司未完成设计监理工作量、提供的监理人员与合同约定不符的情形，酌情认定A公司按照合同约定的80%支付合同期内及合同期外的监理费用。

典型案例6－14

【案号】吉林省抚松县人民法院(2016)吉0621民初266号

【案情简介】A公司与B公司签订了工程监理委托合同，合同约定：A公司为某管道燃气工程提供监理服务。涉案工程实际于2011年7月15日开工，A公司依据合同委派一名现场监理人员(韩某某)驻场为B公司提供监理服务。现A公司主张B公司拖欠监理费用一直未能支付。B公司辩称A公司委派人员不具备注册监理工程师资质，已违反法律规定和合同约定。

【裁判观点】法院裁判认为，双方虽然签订了工程监理委托合同，并且A公司也安排其工作人员韩某某进场为B公司进行监理工作，但A公司在履行期间并不具有从事市政工程监理的资质，且韩某某也不具有监理工程师资质，即A公司未按双方合同约定派驻专业监理工程师提供监理服务，故A公司的诉讼请求没有事实及法律依据，法院不予支持。

典型案例6－15

【案号】江西省上饶市万年县人民法院(2019)赣1129行初52号

【案情简介】A监理公司系某项目工程的监理单位。2018年9月2日该项目工地发生一起一般生产安全责任事故，造成1人触电死亡，直接经济损失约116

万元。在这起事故中,A 监理公司作为该项目工程的监理单位,存在对项目经理长期未到岗履职,对专职安全管理人员证件过期失效监理不到位,未及时下达停工令或向有关主管部门报告等行为。为此,主管部门作出(饶县)安监罚综〔2018〕16 号行政处罚决定书,决定给予处 10 万元人民币罚款的行政处罚。A 监理公司不服,向本院起诉。

【裁判观点】法院裁判认为,监理单位在涉案项目中存在对项目经理长期未到岗履职、对专职安全管理人员证件过期失效监理不到位,未及时下达停工令或向有关主管部门报告等违规情形,因此对事故发生负有责任的行为事实清楚,证据确凿。法院认为,主管部门根据《安全生产法》对监理单位处以罚款,是依法履行法定职责的具体体现,适用法律正确。故法院判决驳回监理单位主张的撤销行政处罚和认定其不承担责任的诉讼请求。

典型案例 6 -16

【案号】四川省高级人民法院(2020)川民再 253 号

【案情简介】A 公司和 B 公司签订《四川省建设工程委托监理合同》,约定由 B 公司承担某小区工程的建筑工程监理工作。该工程于 2007 年 10 月 9 日竣工验收合格。后来,A 公司因该工程地下室底板出现渗漏水问题向法院提起诉讼,请求监理单位 B 公司赔偿损失。

【裁判观点】法院裁判认为,案涉工程施工过程中,存在案涉工程设计、施工不符合建筑工程质量标准的情况,监理单位仅于 2007 年 1 月 10 日形成监理工程师通知单,要求施工单位提供相关变更手续,并作出如无相应变更手续擅自施工,对施工结果不予认可的告知。但并未严格履行合同约定作出要求施工单位停工、整改、返工或其他合理化建议,没有坚持报告建设单位要求进行改正。B 公司作为专业监理单位,及时发现施工中的工程质量问题并向建设单位作出报告、要求施工单位改正是其监理的权利,也是重要的义务。B 公司没有对案涉工程及时、全面、完善地进行监理,没有严格坚持设计变更程序的合法性,没有严格履行监理人的职责对施工质量缺陷予以纠正,故其监理工作存在一定失误,应该承担相应的损害赔偿责任。

四、与监理指令相关的法律风险

根据《建筑法》第 35 条规定:“工程监理单位不按照委托监理合同的约定履

行监理义务,对应当监督检查的项目不检查或者不按照规定检查,给建设单位造成损失的,应当承担相应的赔偿责任。工程监理单位与承包单位串通,为承包单位谋取非法利益,给建设单位造成损失的,应当与承包单位承担连带赔偿责任。”

全过程工程咨询单位在提供工程监理咨询服务过程中,有义务确保监理工作的专业性、独立性与科学性。尤其是涉及监理指令,如果全过程工程咨询单位存在未及时签发或错误签发开工令、停工令、复工令、监理指令等工程指令的行为,都将严重影响施工进度及施工质量,甚至造成重大安全事故。届时全过程工程咨询单位不但需对建设单位承担因其未能全面履行监理咨询义务的违约赔偿责任,一旦触犯行政监管相关规定,全过程工程咨询单位还需承担相应的行政责任。此外,若因全过程工程咨询单位错误签发工程指令或未报告拒不执行工程指令等行为造成重大安全事故的,其与相关责任人员还将面临严苛的刑事处罚风险。

典型案例 6 - 17

【案号】广东省湛江市中级人民法院(2020)粤 08 民终 1306 号

【案情简介】A 公司中标某公租房建设项目工程监理。2014 年 10 月 20 日,A 公司与 B 公司签订《建设工程监理合同》。合同签订后,A 公司进场开始监理工作,实施了孔桩隐蔽工程验收、钢筋隐蔽工程质量验收、旁站记录等工作。合同履行过程中,双方产生争议诉至法院。

【裁判观点】法院裁判认为,本案中,B 公司在未办理施工许可证的情况下即开始施工,A 公司明知该情况却未监督相对方办理施工许可证,且在未签发开工令的情况下随之进场监理,其行为已构成违约。故对于 A 公司关于监理费支付及违约金赔偿的请求,法院认定 A 公司应承担 40% 的违约责任,监理费应当予以扣减。

典型案例 6 - 18

【案号】住建部建市罚字〔2016〕11 号

【案情简介】2014 年 12 月 29 日,在某体育馆及宿舍楼工程工地,作业人员在基坑内绑扎钢筋的过程中,筏板基础钢筋体系发生坍塌,发生一起造成 10 人死亡,4 人受伤的重大生产安全责任事故。事故调查报告认定:该工程的监理单位,对该项目监理工作履职不到位，对总包单位备案项目经理长期未到岗履职的情况，未及时下达监理指令；未及时发现并纠正作业人员未按照钢筋施工方案要求施工作业的违规行为；对项目部安全技术交底和安全培训教育工作监理不到位。

【行政处罚】住建部认定监理公司的上述行为违反了《建设工程安全生产管理条例》第 14 条的规定，对事故发生负有重要责任。依据《建设工程安全生产管理条例》第 57 条之规定，决定给予该监理公司吊销房屋建筑工程监理甲级资质的行政处罚。

典型案例 6－19

【案号】湖南省岳阳市中级人民法院(2016)湘 06 行审 30 号

【案情简介】2015 年 9 月 8 日，A 公司在监理岳某商铺二层混凝土浇筑施工过程中，发生一起重大伤害事故，造成 1 人死亡，直接经济损失 106.04 万元。在该起事故发生过程中，该公司在项目部，一不执行监理指令，二不进行整改，并对继续违规施工的情况，没有下达停工令，也没有及时将情况报告建设单位或有关主管部门，对该起事故的发生负有责任。

【行政处罚】岳阳市安全生产监督管理局认为 A 公司的行为已违反《建设工程安全生产管理条例》第 14 条第 2 款的规定，依据《安全生产法》第 109 条第 1 项的规定，于 2016 年 3 月 14 日以岳安监管罚〔2016〕002 号行政处罚决定书对湖南湘咨公司作出罚款 200,000 元。

典型案例 6－20

【案号】山东省龙口市人民法院(2017)鲁 0681 刑初 65 号

【案情简介】A 公司与 B 公司签订《监理合同》，委托 B 公司对某工程进行监理，被告人张某某为项目总监，被告人徐某某为现场监理员。后该工程发生较大施工升降机坠落事故，检察院将各相关负责人员诉至法院。

【裁判观点】法院裁判认为，被告人张某某作为 B 公司某工程项目总监，未认真履行项目总监的监理职责，基本未参与施工过程的监理活动，在不具备开工条件的情况下签发开工令，未按规定严格管理施工升降机，对安装单位、使用单位拒不整改的情况未及时向建设行政主管部门报告，对事故发生负有次要责任。法院判决被告人张某某犯重大责任事故罪，判处有期徒刑 1 年，缓刑 1 年；禁止被告人张某某在缓刑考验期内从事与安全生产相关联的特定活动。

典型案例6－21

【案号】贵州省安龙县人民法院(2015)安刑初字第108号

【案情简介】A公司与B公司签订监理服务合同,B公司委派不具备监理资质的被告人王某某作为该工程的现场监理工程师。后该工程发生坍塌事故,造成7人死亡、2人受重伤、直接经济损失达546万元的工程重大安全事故。检察院将相关责任人员诉至法院。

【裁判观点】法院裁判认为,B公司监理责任不落实:未组建监理项目部,未配足有资质的监理人员对施工现场进行现行监理,在发现施工单位拒不执行监理指令时未及时向有关主管部门报告。王某某作为B公司现场监理人员,对该在建项目进行现场监理时未认真履行监理职责,对事故的发生负有监理责任。法院认定王某某属本案的"直接责任人员",其行为均已构成工程重大安全事故罪,且后果特别严重,应依法惩处。判决被告人王某某犯工程重大安全事故罪,判处有期徒刑2年,缓刑3年,并处罚金人民币2万元。

五、与进度及造价控制相关的法律风险

全面控制建设项目的整体进度、造价同样是监理咨询服务的主要内容之一。全过程工程咨询单位在开展工程监理咨询服务时,应当严格按照程序进行工程计量和付款签证,并按要求审核施工进度计划后上报委托方。如果全过程工程咨询单位在监理咨询服务过程中存在以下行为的,需承担相应的民事违约以及侵权赔偿责任:(1)全过程工程咨询单位未严格审查工程款支付申请随意签发工程款支付证书;(2)全过程工程咨询单位对验收不合格或不符合合同约定的工程部位签发工程计量签证;(3)全过程工程咨询单位未审查竣工结算申请随意签发竣工结算文件;(4)全过程工程咨询单位未发现施工进度计划不符合合同中工期的约定或未发现施工进度计划中主要工程项目遗漏;(5)全过程工程咨询单位发现实际进度与计划进度不符或严重滞后未及时签发监理调整通知;(6)全过程工程咨询单位未及时报告工期延误。

典型案例6-22

【案号】浙江省桐庐县人民法院(2021)浙0122民初749号

【案情简介】2015年3月10日,A公司因建设厂房与B公司签订《建设工程监理合同》。2015年3月30日,A公司与C公司签订建设工程施工合同。2016年7月初,C公司向B公司提出要求支付第一期工程进度款。合同履行过程中,专业监理工程师张某在计量支付报表传递单签署意见,并加盖了B公司印章;B公司在工程款支付证书上签署"同意支付该项目工程款"并加盖印章。现A公司以B公司、C公司在主体框架结构未完工,支付60%的工程款条件尚未成就的情况下共同制作虚假的工程款支付证书,致使其造成损失违约金、鉴定费用、质量鉴定费用等为由提起诉讼。

【裁判观点】法院裁判认为,本案中,C公司向监理单位申请工程进度付款,B公司审核,A公司自收到审批单3日内完成审核并签发工程进度款支付证书,自收到审批单7日内支付。A公司逾期未完成审批且未提出异议的,视为已签发工程进度款支付证书。但签发工程进度款支付证书,不表明承包人完成了相应部分的工作。对已签发工程进度款支付证书复核中发现错误,各方均有权提出修正,应在下期进度款中支付或扣除。故法院认定,B公司在收到A公司要求支付工程总价款60%的第一期工程进度款的申请后应进行审核,并按照合同约定出具同意支付工程进度款的支付证书。

典型案例6-23

【案号】北京市海淀区人民法院(2018)京0108民初48477号

【案情简介】A公司(委托人)就某教育实践示范基地建设工程,委托B公司(监理人)实施工程监理,双方签订了监理合同。而2017年6月26日,B公司中止工程监理工作,该工程至今未能就涉案工程办理正式验收。合同履行中,双方产生争议诉至法院。

【裁判观点】法院裁判认为,在监理合同中,双方当事人就B公司应当履行的监理工作内容及监理费用支付方式作出了明确约定。其中,在工程施工后期,B公司应当履行审查施工单位的竣工验收申请,并编写工程质量评估报告、参加工程竣工验收、签署竣工验收意见、审查上报施工单位提交的竣工结算申请、编制、整理并上报工程监理归档文件等工作内容,A公司则应于监理与相关服务期届满14日内支付最后的监理费用。现B公司确认涉案工程至今尚未办理正式的竣工验收手续，也未提供证据证明其在上述工程竣工环节所履行的相应监理工作内容的事实。故现B公司主张的监理费用尚未满足支付条件，法院不予支持。

典型案例6－24

【案号】四川省南充市顺庆区人民法院(2020)川1302民初4495号

【案情简介】经过招投标程序，2012年6月18日A公司与日报社签订《四川省工程建设监理合同》，约定由A公司对某建设项目进行监理。合同履行中，A公司多次报送《施工进度的报告》。但A公司未按合同约定，要求B公司报审施工总进度计划和阶段性施工进度计划，也未提出审核意见报日报社。现双方发生争议诉至法院。

【裁判观点】法院裁判认为，本案中，A公司未按合同约定，要求B公司报审施工总进度计划和阶段性施工进度计划，也未提出审核意见报日报社；也未提供证据证明其督促承包人建立了施工管理制度和质量保证体系并健全与实施、对隐蔽工程进行复验签证等全面履行了所有监理职责，故法院认定A公司存在履行瑕疵，即本案工程监理工期超出约定与A公司上述自身违约行为有一定关联。法院酌情确定各方原因力均等，A公司自身原因致工期延误具体天数的比例为1/3。

典型案例6－25

【案号】甘肃省金昌市中级人民法院(2022)甘03民终5号

【案情简介】2017年2月27日，A公司与某市残联签订建设工程监理合同一份，约定A公司为某残疾人托养服务中心建设项目工程进行监理。监理合同签订后，A公司按约履行了监理职责，涉案建设工程于2021年7月29日完成竣工验收。现双方就工期延长等事宜产生争议诉至法院。

【裁判观点】法院裁判认为，在施工阶段，工程监理人负有对建设工程质量、进度、造价进行控制的义务，在发生工期延误时，A公司有义务按照建设工程监理合同及《建设工程监理规范》要求向某市残联提出建议，提出书面报告。但A公司未提交证据证明其已履行上述义务。在此情况下，在本案中其以存在建设工程延期为由，主张附加工作酬金，依据不足，法院不予支持。

六、与质量及安全生产控制相关的法律风险

根据《建设工程质量管理条例》第3条规定："建设单位、勘察单位、设计单位、施工单位、工程监理单位依法对建设工程质量负责。"第36条规定："工程监理单位应当依照法律、法规以及有关技术标准、设计文件和建设工程承包合同，代表建设单位对施工质量实施监理，并对施工质量承担监理责任。"《建设工程安全生产管理条例》第4条规定："建设单位、勘察单位、设计单位、施工单位、工程监理单位及其他与建设工程安全生产有关的单位，必须遵守安全生产法律、法规的规定，保证建设工程安全生产，依法承担建设工程安全生产责任。"

监督施工单位施工、保证工程质量以及安全生产是监理咨询服务的核心内容。全过程工程咨询单位在开展工程监理咨询服务时，应当设立监理项目机构，选派具备相应资格的总监理工程师和监理工程师进驻施工现场，按照工程监理规范的要求，采取旁站、巡视和平行检验等形式，对建设工程实施监理。若全过程工程咨询单位在监理咨询服务过程中存在以下行为：应检查而未检查，应旁站而未旁站，未组织对隐蔽工程及重点部位进行验收，将不合格的建设工程、建筑材料、建筑构配件和设备按照合格签字，未对安全施工方案进行审核，安全技术交底监理不到位，未组织审查工程质量检验资料，安全教育流于形式，发现安全生产隐患未能有效解决或是未能及时向相关部门报告等，全过程工程咨询单位既需承担相应的民事违约以及侵权赔偿责任，还将面临包括罚款、降低资质等级、吊销资质证书、没收违法所得等在内的行政处罚，一旦发生建设重大质量或是安全生产事故涉嫌犯罪的，还将构成重大责任事故罪，强令、组织他人违章冒险作业罪，工程重大安全事故罪，不报、谎报安全事故罪等刑事罪名，被苛以严厉的刑罚处罚。

其中，全过程工程咨询单位应该严格遵守以下质量及安全生产相关合规依据：

1.《建筑法》第32条规定："建筑工程监理应当依照法律、行政法规及有关的技术标准、设计文件和建筑工程承包合同，对承包单位在施工质量、建设工期和建设资金使用等方面，代表建设单位实施监督。工程监理人员认为工程施工不符合工程设计要求、施工技术标准和合同约定的，有权要求建筑施工企业改正。工程监理人员发现工程设计不符合建筑工程质量标准或者合同约定的质量要求

的，应当报告建设单位要求设计单位改正。”

2.《建筑法》第 35 条规定："工程监理单位不按照委托监理合同的约定履行监理义务，对应当监督检查的项目不检查或者不按照规定检查，给建设单位造成损失的，应当承担相应的赔偿责任。工程监理单位与承包单位串通，为承包单位谋取非法利益，给建设单位造成损失的，应当与承包单位承担连带赔偿责任。”

3.《建筑法》第 69 条规定："工程监理单位与建设单位或者建筑施工企业串通，弄虚作假、降低工程质量的，责令改正，处以罚款，降低资质等级或者吊销资质证书；有违法所得的，予以没收；造成损失的，承担连带赔偿责任；构成犯罪的，依法追究刑事责任。工程监理单位转让监理业务的，责令改正，没收违法所得，可以责令停业整顿，降低资质等级；情节严重的，吊销资质证书。”

4.《建设工程质量管理条例》第 67 条规定："工程监理单位有下列行为之一的，责令改正，处 50 万元以上 100 万元以下的罚款，降低资质等级或者吊销资质证书；有违法所得的，予以没收；造成损失的，承担连带赔偿责任：(一)与建设单位或者施工单位串通，弄虚作假、降低工程质量的；(二)将不合格的建设工程、建筑材料、建筑构配件和设备按照合格签字的。”

5.《建设工程质量管理条例》第 74 条规定："建设单位、设计单位、施工单位、工程监理单位违反国家规定，降低工程质量标准，造成重大安全事故，构成犯罪的，对直接责任人员依法追究刑事责任。”

6.《建设工程安全生产管理条例》第 14 条规定："工程监理单位应当审查施工组织设计中的安全技术措施或者专项施工方案是否符合工程建设强制性标准。工程监理单位在实施监理过程中，发现存在安全事故隐患的，应当要求施工单位整改；情况严重的，应当要求施工单位暂时停止施工，并及时报告建设单位。施工单位拒不整改或者不停止施工的，工程监理单位应当及时向有关主管部门报告。工程监理单位和监理工程师应当按照法律、法规和工程建设强制性标准实施监理，并对建设工程安全生产承担监理责任。”

7.《建设工程安全生产管理条例》第 57 条规定："违反本条例的规定，工程监理单位有下列行为之一的，责令限期改正；逾期未改正的，责令停业整顿，并处 10 万元以上 30 万元以下的罚款；情节严重的，降低资质等级，直至吊销资质证书；造成重大安全事故，构成犯罪的，对直接责任人员，依照刑法有关规定追究刑事责任；造成损失的，依法承担赔偿责任：(一)未对施工组织设计中的安全技术措施或者专项施工方案进行审查的;(二)发现安全事故隐患未及时要求施工单位整改或者暂时停止施工的;(三)施工单位拒不整改或者不停止施工,未及时向有关主管部门报告的;(四)未依照法律、法规和工程建设强制性标准实施监理的。"

8.《建设工程勘察设计管理条例》第28条第2款规定:"施工单位、监理单位发现建设工程勘察、设计文件不符合工程建设强制性标准、合同约定的质量要求的,应当报告建设单位,建设单位有权要求建设工程勘察、设计单位对建设工程勘察、设计文件进行补充、修改。"

9.《刑法》第134条规定:"【重大责任事故罪】在生产、作业中违反有关安全管理的规定,因而发生重大伤亡事故或者造成其他严重后果的,处三年以下有期徒刑或者拘役;情节特别恶劣的,处三年以上七年以下有期徒刑。【强令、组织他人违章冒险作业罪】强令他人违章冒险作业,或者明知存在重大事故隐患而不排除,仍冒险组织作业,因而发生重大伤亡事故或者造成其他严重后果的,处五年以下有期徒刑或者拘役;情节特别恶劣的,处五年以上有期徒刑。"

10.《刑法》第137条规定:"【工程重大安全事故罪】建设单位、设计单位、施工单位、工程监理单位违反国家规定,降低工程质量标准,造成重大安全事故的,对直接责任人员,处五年以下有期徒刑或者拘役,并处罚金;后果特别严重的,处五年以上十年以下有期徒刑,并处罚金。"

11.《刑法》第139条之一规定:"【不报、谎报安全事故罪】在安全事故发生后,负有报告职责的人员不报或者谎报事故情况,贻误事故抢救,情节严重的,处三年以下有期徒刑或者拘役;情节特别严重的,处三年以上七年以下有期徒刑。"

典型案例6-26

【案号】山东省烟台市中级人民法院(2015)烟民申字第83号

【案情简介】2012年12月12日13时10分,A公司针对A9号楼塔吊的顶升作业找了3名无资质的工人进行施工。B公司为案涉工程的监理单位。3人在对A9号楼塔机实施顶升作业过程中,发生塔机平衡臂折臂,造成吕某某、王某受伤,门某某当场死亡。现因相关费用协商未果并未支付,故诉至法院。

【裁判观点】法院裁判认为,B公司作为涉案工程的监理单位,虽提交了特种作业人员花名册、上岗证及有关制度、细则等证据,但其未对施工现场的实际施工人员和资质进行严格审查,对事故的发生也存在一定责任。根据《建设工程安全生产管理条例》第 14 条规定，原审判令 B 公司对吕某某因事故而遭受的损失承担相应责任并无不妥。

典型案例 6 – 27

【案号】山东省淄博市中级人民法院(2017)鲁 03 民终 1522 号

【案情简介】2008 年 5 月 30 日，A 公司与 B 公司签订建设工程委托监理合同，约定 B 公司对 15 号粮食储备库进行监理。2009 年 4 月 13 日该工程通过验收。2009 年 12 月 1 日，A 公司与 B 公司签订工程监理协议书，约定 B 公司对 16 号粮食储备库工程进行监理。2010 年 6 月 20 日该工程通过验收。后经鉴定，涉案两处工程均存在质量缺陷。

【裁判观点】法院裁判认为，对于有设计缺陷的质量问题，A 公司采用未经审定的设计图纸是造成质量问题的主要原因，具有主要过错。设计公司提供有设计缺陷的设计图纸，建设公司使用未经审定的设计图纸进行施工，B 公司未尽到质量监理责任，均与 15 号粮仓出现质量问题存在因果关系。法院认定 B 公司对 15 号粮仓的质量缺陷亦应承担相应的过错责任。故关于对 15 号粮仓修复造价的责任分担问题，基于公平原则，建设公司与 B 公司分别承担 15%。

典型案例 6 – 28

【案号】山东省青岛市中级人民法院(2019)鲁 02 民终 10798 号

【案情简介】2013 年 8 月，双方签订建设工程委托监理合同，约定 A 公司为某住宅项目进行监理。涉案工程于 2015 年 7 月 6 日通过竣工验收。现 B 公司主张 A 公司在监理案涉项目时，以“夜晚遭遇大雨将监理资料毁损”的荒谬理由未提供项目的任何监理材料，严重失职违约，造成 B 公司产生损失。遂诉至法院，追究 A 公司违约责任。

【裁判观点】法院裁判认为，建设工程委托监理合同明确约定 A 公司需将隐蔽工程检验过程成像保存并提交给 B 公司。现 A 公司并未举证证明已完成合同特别约定的该项义务，故根据合同约定，A 公司构成违约造成相应损失的，B 公司则有权拒付监理费。

典型案例 6 – 29

【案号】黑龙江省绥化市中级人民法院(2019)黑 12 民终 894 号

【案情简介】A 公司与 B 公司签订建设工程委托监理合同。该工程于 2011 年 5 月 30 日进行了验收，四方签字盖章，其结论为该工程质量符合国家有关标准和设计要求。该工程建成后陆续出售。而 2011 年 8 月 26 日该工程出现质量问题，各业主多次修缮。现业主委员会代表全体业主要求案涉工程的建设单位 A 公司、监理单位 B 公司承担相应的赔偿责任。

【裁判观点】法院裁判认为，涉案工程监理单位，未能履行监理职责，对 A 公司决定变更施工图纸和减少屋面工程工艺环节的行为，没有提出书面意见和建议，且在施工结束后的验收合格单上签字确认，其行为降低了涉案防水工程质量，且造成了损失，故应承担连带责任。

典型案例 6－30

【案号】湖南省常德市中级人民法院(2015)常民四终字第 284 号

【案情简介】水利局作为发包人与 A 公司正式签订“某饮水安全工程项目土建工程”。B 公司为该项目监理单位，并派员进行了监理工作。而该项目造成徐某某左眼致伤，现徐某某请求赔偿并诉至法院。

【裁判观点】法院裁判认为，B 公司明知涉案工程存在施工方未按工程设计施工且新增工程内容未经勘察设计即进入施工等违规情况，却放任不管，现其未举证证明其已按合同约定对该工程的施工质量进行控制，违反了合同约定的工程施工质量监督管理之职责，故法院判决 B 公司根据其过错应承担 15% 的民事赔偿责任。

典型案例 6－31

【案号】黑龙江省鸡西市中级人民法院(2019)黑 03 民终 419 号

【案情简介】A 公司在负责某景苑项目 6 台电梯的安装过程中，安排原某对电梯进行安装，B 公司系项目监理单位。2017 年 10 月 26 日，因 B 栋二单元电梯井高层固定电梯门口铁栅栏的钢管松动脱落，沿电梯井高处坠落击中作业者原某头部导致死亡。经调查认定，该起事故是在生产作业过程中由于违章指挥、冒险作业造成的，属于生产安全责任事故。B 栋二单元电梯井高层固定电梯门口铁栅栏的钢管松动脱落，沿电梯井高处坠落击中作业者头部导致死亡，是该起事故的直接原因。其中 B 公司在这起事故中存在问题：作为施工监理，主体责任落实不到位，未尽到监管职责，发现施工现场存在安全隐患未及时监督隐患整改落实。

【裁判观点】法院裁判认为，原某在某景苑B栋2单元北侧电梯井内施工安装电梯时，被电梯井上方落下的钢管砸中头部，致其死亡。其中B公司作为施工监理，未尽到监管职责，发现施工现场存在安全隐患未及时监督隐患整改落实，应对原某的死亡后果承担相应的赔偿责任。依照原《侵权责任法》第12条“二人以上分别实施侵权行为造成同一损害，能够确定责任大小的，各自承担相应的责任；难以确定责任大小的，平均承担赔偿责任”及第26条“被侵权人对损害的发生也有过错的，可以减轻侵权人的责任”的规定，法院认定B公司对原某的死亡后果承担10%的赔偿责任。

典型案例6－32

【案号】新疆维吾尔自治区乌鲁木齐市中级人民法院（2021）新01民终5145号

【案情简介】A公司与B公司（监理人）签订《建设工程监理合同》，由B公司在某停车库工程中进行监理工作（因委托人原因推迟开工的，竣工日期可相应顺延）。2017年11月30日16时15分，该车库工地现场因电焊焊渣掉落到基坑底部挤塑板部位，造成挤塑板引燃起火，发生火情。现A公司主张B公司在监理期间，涉案工程发生三次火灾，监管失责，应当承担相应的违约责任。

【裁判观点】法院裁判认为，本案中，双方在监理合同中约定了监理人的义务，即检查施工承包人专职安全生产管理人员的配备情况，在巡视、旁站和检验过程中，发现工程质量、施工安全存在事故隐患的，要求施工承包人整改并报委托人。而B公司在履行监理义务期间，涉案工程发生多次火情，虽然火情系施工单位的不规范施工行为导致，但B公司作为涉案工程的监理单位，应当按照法律、法规和工程建设强制性标准实施监理，并对建设工程安全生产承担监理责任。本案审理中，B公司并未举证证实已经按照上述法律、行政法规全面履行安全生产监理职责，亦未举证证实已按照合同约定对施工过程中的安全事故隐患问题提出整改意见或要求施工单位整改，B公司在履行合同期间未履行监理合同中关于安全生产管理的基本合同义务，其对于涉案工程发生火情存在过错行为，应当承担违约责任，一审判决B公司赔偿违约金并无不当。

典型案例6-33

【案号】安徽省高级人民法院(2020)皖行终182号

【案情简介】2018年12月13日,某小区燃气管道安装工程施工过程中,发生3人死亡,1人受伤的事故。事故调查报告认为,涉案事故是一起生产安全责任事故,A公司没有按照规定履行监理职责,工作流于形式,人员配备不足,巡查巡检不到位是事故发生的间接原因,违反了《建设工程安全生产管理条例》第14条的规定,对事故负有监理责任。

【裁判观点】法院裁判认为,监理单位在涉案工程的监理过程中,存在旁站不到位、工作流于形式、未对施工组织设计中的安全技术措施进行审查等失职行为,其对事故负有监理责任并无不当。故依照《建设工程安全生产管理条例》第57条的规定,给予其停业整顿,暂停其在我市承接政府投资工程监理任务3个月,并处10万元人民币的行政处罚,予以维持。

典型案例6-34

【案号】东莞市住建局东建罚字〔2020〕第045-4号

【案情简介】A公司在某工程1号商业、住宅楼、2号配电房、3号地下室项目中,存在未结合高大模板危大工程专项施工方案编制监理实施细则、未对高大模板危大工程施工实施专项旁站巡视检查的行为,违反了《危险性较大的分部分项工程安全管理规定》第18条规定。

【行政处罚】东莞市住建局依据《危险性较大的分部分项工程安全管理规定》第37条"监理单位有下列行为之一的,责令限期改正,并处1万元以上3万元以下的罚款;对直接负责的主管人员和其他直接责任人员处1000元以上5000元以下的罚款:(一)未按照本规定编制监理实施细则的;(二)未对危大工程施工实施专项巡视检查的;(三)未按照本规定参与组织危大工程验收的;(四)未按照本规定建立危大工程安全管理档案的"的规定,依法对当事人A公司处以罚款1万元。

典型案例6-35

【案号】北京市住建委员会京建法罚(市)字〔2021〕第010569号

【案情简介】根据2021年8月30日对A公司的委托代理人薛某某、王某的询问以及调取有关资料，查明该工程建设单位为A公司，监理单位为B公司，施工总承包单位为C公司。施工现场防水工程存在质量问题，而监理单位于2021年6月16日完成上述部位主体结构二衬防水隐蔽工程的验收，形成了隐蔽工程验收记录。

【行政处罚】根据《北京市建设工程质量条例》第91条的规定："违反本条例第四十四条第二款、第四十七条第一款规定，监理单位将不合格的隐蔽工程、检验批、分项工程和分部工程按照合格进行验收，或者在单位工程质量竣工预验收中将质量不合格工程按照质量合格工程预验收的，由住建或者专业工程行政主管部门责令改正，处3万元以上10万元以下的罚款。"B公司上述行为属于"将不合格的隐蔽工程按照合格进行验收"的违法行为。北京市住建委对其处以47,500元的罚款。

典型案例6－36

【案号】广州市交通运输局粤穗交运罚〔2021〕3(2021)04280002号

【案情简介】2020年12月3日，某大桥拓宽工程项目人行坡道桥钢桁架发生坍塌事故。经调查，认定A公司涉嫌工程监理单位将不合格的建设工程、建筑材料、建筑构配件和设备按照合格签字的行为。2021年5月14日，A公司向广州市交通运输局申请听证，听证会依法举行，研究认定本案违法事实清楚，证据确凿，程序合法，适用法律依据正确。

【行政处罚】根据《建设工程质量管理条例》第67条第2项的规定："工程监理单位有下列行为之一的，责令改正，处50万元以上100万元以下的罚款，降低资质等级或者吊销资质证书；有违法所得的，予以没收；造成损失的，承担连带赔偿责任：将不合格的建设工程、建筑材料、建筑构配件和设备按照合格签字的。"A公司上述行为属于"将不合格的建设工程、建筑材料、建筑构配件和设备按照合格签字"的违法行为。广州市交通运输局对其处以65万元的罚款。

典型案例6－37

【案号】苏州市住建局苏安罚字〔2018〕第5号

【案情简介】A公司在对某工程项目进行监理，该工程监理单位存在未对建筑工程施工组织设计和专项安全施工方案进行审核、确认；未加强对施工现场的巡查和检查、督促施工单位落实安全生产责任和安全生产技术措施等造成事故隐患的违法行为。

【行政处罚】根据《苏州市建筑施工安全监督管理办法》第30条的规定:"监理单位应当对建筑工程施工组织设计和专项安全施工方案进行审核、确认,并加强对施工现场的巡查和检查,督促施工单位落实安全生产责任和安全生产技术措施。"A公司上述行为认定为违法行为,苏州市住建局对其处以警告、10万元的罚款。

典型案例6-38

【案号】宜兴市住建局宜建罚〔2021〕第15号

【案情简介】A公司承建某楼及地下室车库人防工程的施工工地,在钢筋卸车吊运的过程中,发生一起起重伤害事故,造成一名钢筋装卸作业人员死亡。B公司作为项目监理方对某楼及地下室车库人防工程监理工作落实不到位,对施工项目部材料进场管理存在脱节和钢筋装卸作业人员的安全技术交底流于形式、监管不到位,对该起事故负有责任。

【行政处罚】根据《建设工程安全生产管理条例》第57条规定:"违反本条例的规定,工程监理单位有下列行为之一的,责令限期改正;逾期未改正的,责令停业整顿,并处10万元以上30万元以下的罚款;情节严重的,降低资质等级,直至吊销资质证书;造成重大安全事故,构成犯罪的,对直接责任人员,依照刑法有关规定追究刑事责任;造成损失的,依法承担赔偿责任:……(四)未依照法律、法规和工程建设强制性标准实施监理的。"A公司上述行为认定为"未按法律法规监理,安全技术交底监管不到位"违法行为。宜兴市住建局对其处以10万元的罚款。

典型案例6-39

【案号】湖北省高级人民法院(2016)鄂行申188号

【案情简介】A公司系荆州大桥防撞护栏施工监理单位。2013年3月12日,荆州大桥桥南处发生一起重大道路交通事故,致使14人死亡、9人受伤、两车和公路设施受损。事故发生后,湖北省人民政府成立了"3·12"事故调查组和"3·12"事故技术专家组。调查认定:A公司在监理工作中,未能及时发现B公司施工的大桥安全护栏底座与预埋的钢筋焊接存在施工焊缝长度及高度均不能满足设计要求、焊缝尺寸不稳定，大部分焊缝金属与钢筋未融合或融合深度较浅的安全隐患，履行监理职责不到位，A公司对事故发生负有责任。

【裁判观点】法院裁判认为，针对A公司上述违法行为，根据《生产安全事故报告和调查处理条例》第25条、第30条规定，对事故责任单位给予行政处罚，作出的(鄂)安监管罚〔2014〕1004号行政处罚决定，处以罚款，予以维持。

典型案例6-40

【案号】兰州市城关区安全生产监督管理局(城)安监罚告〔2018〕3018号

【案情简介】2018年1月14日，A公司安排电梯安装人员在某项目4号楼进行电梯安装作业时，导致发生了一起一人死亡的物体打击生产安全责任事故。B公司作为项目监理单位，安全意识不强，在履行监理安全管理法定职责过程中，对整个施工现场的总体生产安全疏于监理，未能及时查处和制止施工过程中的违规违章行为，未有效履行安全监理职责，现场安全监理缺失，尤其是安全管理组织机构不健全、安全教育流于形式、电梯井口和井道内的防护栏杆、栅栏、安全网和其他防坠落的防护设施缺失、盲目冒险从事立体交叉危险作业等事故隐患和违规违章行为，未做出相应处理，未及时督促责任单位进行有效整改，对本起事故的发生负有安全监理失察之责。

【行政处罚】针对A公司上述违法行为，根据《安全生产违法行为行政处罚办法》第45条第1款第3项"生产经营单位及其主要负责人或者其他人员有下列行为之一的，给予警告，并可以对生产经营单位处1万元以上3万元以下罚款，对其主要负责人、其他有关人员处1000元以上1万元以下的罚款……"的规定，兰州市城关区安全生产监督管理局对其处以2万元的罚款。

典型案例6-41

【案号】安宁市城市管理局安城管罚〔2021〕1100026号

【案情简介】2021年9月22日，安宁市住建局来函认定：A公司作为监理单位在某人防地下室工程项目监理过程中发现安全事故隐患未及时要求施工单位整改或者暂时停止施工的违法行为，请安宁市城市管理局进行查处。

【行政处罚】经调查A公司的行为违反了《建设工程安全生产管理条例》第

57 条第 2 项之规定。按照《建设工程安全生产管理条例》第 57 条之规定,参考安宁市住建局移交《关于 × × 人防地下室工程 2021 年 4 月 12 日发生生产安全事故违法行为的函》,安宁市城市管理局对 A 公司依法对处以人民币 100,000 元罚款的行政处罚。

典型案例 6 – 42

【案号】四川省高级人民法院(2018)川行终 317 号

【案情简介】2016 年 8 月 22 日 18 时 26 分,某小区商住楼大门装饰构架工程在进行顶盖砼浇筑过程中高大模板支撑系统发生坍塌,造成 6 人死亡、4 人受伤,直接经济损失约 500 万元的较大事故。事故调查认定:间接原因为监理单位 A 公司未认真履行项目监理职责,对大门装饰构架施工无合法有效的施工图设计文件,未向建设单位提出整改意见;对施工单位项目经理长期不到岗、备案安全员不到项目履职的情况未及时下达监理指令;对高支模施工无专项施工方案且未经组织专家论证、未进行安全技术交底等事故隐患,下达书面整改未要求或停工指令;对施工单位拒不整改的情况未及时向有关主管部门报告,对事故发生负有重要管理责任。

【裁判观点】法院裁判认为,依照《建设工程安全生产管理条例》第 57 条规定,本次事故造成 6 人死亡,4 人受伤,直接经济损失约 500 万元的严重后果,A 公司未依法履行监理职责,情节严重。因而南充市安全生产和监督管理局依法作出处以罚款以及资质等级降级的行政处罚确有依据,应予支持。

典型案例 6 – 43

【案号】四川省珙县人民法院(2020)川 1526 刑初 93 号

【案情简介】2019 年 2 月 24 日,某酒店项目 10 号楼塔吊在顶升作业中发生垮塌,造成正在施工作业的工人贺某、陈某、权某 3 人高空坠落死亡的安全事故。经调查,该事故性质为责任事故,事故等级为较大事故,事故的直接原因系塔吊顶升作业人员(死者)在塔机顶升过程中违规操作,造成起重臂失衡垮塌。其中,肖某身为监理公司派驻到该工程项目的项目总监,未严格按照法律法规履行监理职责,对该项目未批先建、项目经理挂靠、项目执行经理无证上岗、施工单位采取冒用“杨某”名字签字造假等突出问题视而不见,对未具有塔吊顶升方案的顶升行为予以放纵,对本次事故的发生负有主要监理责任。

【裁判观点】法院裁判认为,肖某等在生产、作业中,违反有关安全管理规定的行为与10号楼塔吊垮塌死亡3人的事故发生具有法律上的因果关系,其行为均构成重大责任事故罪,故对肖某判处有期徒刑1年,缓刑2年。

典型案例6-44

【案号】四川省乐山市中级人民法院(2020)川11刑终87号

【案情简介】A公司于2006年开发某小区项目,2006年11月14日,A公司与B公司签订建设工程施工合同,约定由B公司承建项目的土建、水电、装饰、安装工程。2006年9月12日,A公司委托C公司作为该项目的监理单位。B公司在主体建筑的施工过程中,没有对建筑物进行沉降观测。2007年5月起,项目8#、9#楼相继出现地基不均匀沉降。2007年12月28日,项目主体工程通过验收,2008年1月交付使用。交付使用后不久,项目部分建筑物即陆续发生了较严重的不均匀沉降,并于2009年4月至2010年4月对5#、8#、9#楼进行过墙体裂缝修复与加固,其中,5#、8#楼还进行过纠倾加固。经鉴定:项目建筑物损害的主要原因是地基不均匀沉降,未按照规范技术要求进行地基处理与施工,邻近基坑降水为直接原因,结构措施及检验检测等不足是间接原因。

【裁判观点】法院裁判认为,C公司负责监理项目从地基处理到主体建筑的整个施工活动,其违反国家规定降低工程质量标准的行为是:明知B公司在回填材料的验收管理、复合地基的检测、建筑物的沉降观测、工程安全事故的处置程序上多处违反国家规定降低工程质量标准,却没有根据相关规范要求施工单位进行停工整改,导致发生工程重大安全事故,造成直接经济损失3800余万元。C公司的总监方某、监理员毛某、蒋某应当认定为直接责任人,其行为均构成工程重大安全事故罪,依法判处有期徒刑2年,缓刑3年,并处罚金。

典型案例6-45

【案号】山西省阳城县人民法院(2021)晋0522刑初389号

【案情简介】2019年4月2日,A公司为监理单位,被告人马某甲为总监理工程师,全面负责第五标段的所有监理工作,被告人郭某乙为项目监理组组长。在项目实施过程中,被告人李某甲、王某甲对设计图中提到的不良地质情况未能引起足够重视,对《隧道超前地质预报方案》未能严格审核把关;被告人马某甲在工程不符合开工条件的情况下同意开工,并安排不具有隧道专职监理资质的被告人郭某乙对析城山隧道的施工进行监理。

【裁判观点】法院裁判认为,被告人郭某乙作为监理单位项目监理组组长,在项目监理过程中,对项目存在的安全隐患监督检查不到位,没有对现场违章作业有效制止,履职不到位,对事故的发生负有直接责任。被告人马某甲作为总监理工程师,在项目监理过程中,对事故项目安全监督管理履职不到位,对《地质超前预报检测方案》审核不严,对事故的发生负有直接责任。法院判决认定被告人郭某乙犯重大责任事故罪,判处有期徒刑 3 年,缓刑 4 年;被告人马某甲犯重大责任事故罪,判处有期徒刑 3 年,缓刑 5 年。

七、与监理资料相关的法律风险

《民事诉讼司法解释》第 90 条规定:“当事人对自己提出的诉讼请求所依据的事实或者反驳对方诉讼请求所依据的事实,应当提供证据加以证明,但法律另有规定的除外。在作出判决前,当事人未能提供证据或者证据不足以证明其事实主张的,由负有举证证明责任的当事人承担不利的后果。”

在监理工作实施过程中,监理单位往往会出具、签发、审核大量的资料文件,其中大部分均涉及工程质量、价款、工期等工程建设中的实质性问题。因此,全过程工程咨询单位在工程监理阶段,不论是由其自行提供监理咨询服务,还是对其他监理咨询单位进行监督管理,全过程工程咨询单位都应当及时、准确、完整地收集、整理、编制并保管好这些日常文件资料。尤其是工作日志、周报、形象进度表、监理费申请单等与监理工作量相关的资料,以及开竣工时间、停工时间、交付使用时间、申请付款时间等与服务期限相关的节点证明文件,还包括一些设计交底和图纸会审会议纪要、工程质量检查报验资料、工程材料设备报验文件资料、工程验收资料、工程变更资料、费用索赔文件资料等。如果全过程工程咨询单位未妥善保存前述文件,或是存在遗失毁弃等情形的,届时全过程工程咨询单位不但无法对其提供的监理工作量、服务期限、实际损失等进行直接举证,从而导致自身合法权益无法得到有效维护,甚至还可能会给委托方造成一定的经济损失,从而需要向委托方承担相应的损失赔偿责任。

典型案例6－46

【案号】宁夏回族自治区中卫市中级人民法院(2021)宁05民终945号

【案情简介】某政府与A公司签订建设工程委托监理合同,约定委托A公司进行工程监理。合同签订后,A公司依约对部分工程进行了监理,巡视组巡视过程发现案涉工程部分项目未按图纸施工,降低建设标准,该工程存在层层转包、偷工减料等问题。另外,双方履行合同过程中,A公司曾要求某乡政府出具变更、设计文件。现双方因监理工作是否完全履行等产生纠纷诉至法院。

【裁判观点】法院裁判认为,本案中,由于案涉工程施工单位未按图纸施工,偷工减料,A公司虽对某政府的部分变更项目提出出具变更设计文件要求,但并未提供证据证明某政府是否作出决定变更、设计的书面答复,亦未提供其继续履行监理职责要求某政府承担逾期出具变更设计文件的法律后果的证据,故其仍应承担监理不力的责任,即没有尽到监理职责,宜承担50%的责任。因此,某政府应当支付A公司的附加工作酬金为42,402元(84,804元×50%)。

典型案例6－47

【案号】四川省成都市中级人民法院(2021)川01民终19887号

【案情简介】A公司与B公司(监理方)订立监理服务合同。合同履行过程中,双方产生争议,B公司主张A公司未足额支付监理费。A公司反诉主张B公司未交付案涉工程项目已完工程量签认的承建商工程进度报表以及存在问题的工作情况报告;未交付隐蔽工程复验签证单;未交付监理工作月报、监理工作总结、质检运行报告等监理资料,B公司须相应承担违约责任。

【裁判观点】法院裁判认为,本案中,双方当事人在合同中约定了B公司在提供监理服务时,应向A公司报送案涉项目三标段监理工作月报、监理工作总结、质检运行报告等监理资料,而B公司陈述已在2019年3月21日全部提供给了A公司,并未提交有效证据,应承担举证不能的法律后果。综上,B公司在履行监理职责时,未按约定履行报送上述监理资料的合同义务,已构成违约,应承担相应的违约责任。A公司要求其交付案涉项目三标段监理工作月报、监理工作总结、质检运行报告的诉讼请求,符合合同约定及法律规定,故予以支持。

典型案例 6-48

【案号】河南省郑州市中级人民法院(2018)豫01民终17429号

【案情简介】A公司与B公司签订铁路专用线工程委托监理合同,约定委托B公司按合同要求进行某铁路专用线工程及铁路桥梁工程、电厂站及房建工程的建设监理。现双方就监理合同的履行、监理费用支付产生争议,诉至法院。

【裁判观点】法院裁判认为,本案中,B公司提交的验工计价汇总表无其他有效证据相佐证,无法证明B公司所进行的监理工作量,且未加盖A公司印章,对B公司称已按照合同约定完成监理工程量,法院不予采纳。双方于2005年12月1日签订委托监理合同,验工计价汇总表亦显示时间为2007年3月28日,B公司未提交有效证据证明合同签订至今就监理费向A公司主张过权利,诉讼时效已超期,故对原告诉讼请求,予以驳回。

典型案例 6-49

【案号】四川省广元市中级人民法院(2018)川08民终1310号

【案情简介】2011年3月8日,A公司与某住建局签订《四川省建设工程委托监理合同》,约定委托A公司监理某行政中心绿化景观工程。现双方就监理工作内容以及服务费支付产生争议诉至法院。

【裁判观点】法院裁判认为,A公司作为监理服务提供方应该提交能够客观证实工程存在延期、延期的准确时间、提供监理服务的资料等证据对其主张予以证实,也据此反驳某住建局主张的事实。工程施工过程中,工程完工与工程竣工本身并非同一事实,两者之间通常会存在一定时间差。A公司仅以审核报告中载明的工程竣工时间主张延期截止日期,而无其他客观证据予以佐证,其主张法院不予支持。

典型案例 6-50

【案号】上海市第一中级人民法院(2016)沪01民终11127号

【案情简介】2009年4月30日,A公司、B公司双方签订《建设工程委托监理合同》约定委托A公司监理某园一期、二期工程。由于B公司或承包人的原因使监理工作受到阻碍或延误,以致发生了附加工作或延长了持续时间,则A公司应当将此情况与可能的影响及时通知B公司。现双方因监理工作是否按合同履行以及服务费支付产生争议诉至法院。B公司主张A公司未全面履行合同义务，以实际出勤的监理人员未达到补充协议约定人数为由要求扣减部分监理费用。

【裁判观点】法院裁判认为，合同明确约定"由于工程已进入验收阶段，乙方保证配备有证监理人员确保一房一验工作进行，配合甲方项目部工作，总计三人"，故确保3名监理人员到场开展监理工作是A公司应履行的合同义务。同时，作为负有履行义务的一方，A公司应当举证证明其按约履行了3名监理人员到场的合同义务，现A公司提供了其自己制作的考勤表，系单方面制作，未经B公司确认，故难以直接据此认定实际出勤的监理人员人数。故A公司的举证不能证明其按照补充协议约定全面履行了合同义务。综合本案的履行情况以及双方的举证情况，本院认为A公司未能按照补充协议约定全面履行3名监理人员到场的义务，B公司据此要求承担违约责任，扣减部分监理费用的主张成立。

典型案例6-51

【案号】福建省三明市中级人民法院(2019)闽04民终1993号

【案情简介】2010年10月9日，A公司与B公司签订一份《建设工程监理合同》，合同约定由A对某安置房和廉租房项目进行施工监理。现因B公司未能按约定全额支付监理费，A公司向法院起诉。同时，本案存在工期延误和停工情形，故A公司主张B公司赔偿相应停工和延误工期损失。

【裁判观点】法院裁判认为，对A公司要求支付监理费的诉讼请求保留其继续诉讼的权利，而对于其提出要求赔偿停工和延误工期增加的附加监理服务费的损失，由于其提供的证据不足以证明损失金额，且逾期支付监理费的违约金已具有补偿其所受损失的作用，故判决驳回该项诉讼请求。

典型案例6-52

【案号】哈尔滨市中级人民法院(2016)黑01民终306号

【案情简介】2010年5月5日，某医院与A公司签订建设工程委托监理合同。合同约定期限自2010年5月10日至2011年9月30日完成。双方签订合同后，A公司入场后以发送监理通知、工作联系单等方式履行了监理职能。由于工程设计变更、扩大规模等原因，该工程未能于2011年9月30日前竣工，而是延误至2014年1月。A公司于2014年1月9日,工程完工后撤出现场结束监理工作。现双方产生争议多次协商未果,遂诉至法院。

【裁判观点】法院裁判认为,本案工程延误是客观事实。造成工程延误的因素之一有该工程规模增加、工程量加大、质量存在问题需要返工,也有建设单位、施工单位阻碍与延误因素,还有监理公司管理缺位或不全面因素。现A公司未能举示相关证据以证明造成工程延误的原因系对方造成的,不具有证明工期延误800天均应归责于一方的证明效力,故A公司要求按照延误期限800天给付约定附加工作报酬的主张均缺乏依据,法院均不予支持。

全过程工程咨询单位在工程监理阶段应严格遵守全过程工程咨询服务合同的约定以及相关法律法规的要求,保质保量地提供监理咨询服务或是全面完成监理监督管理工作,尤其是在质量控制与安全生产控制方面。具体来说,一方面,监理工作中不得出现降低工程质量,将不合格内容以合格内容进行签字确认等违规情况;另一方面,监理工作的重点应置于对施工人员的安全培训教育以及对施工方案、施工技术、施工材料等涉及施工安全相关内容的审查之上,一旦发现质量缺陷或是安全生产隐患,应当及时解决并向主管部门及时报告。总而言之,全过程工程咨询单位在工程监理阶段,可以在对传统建工领域工程监理工作中的风险点进行全面识别的基础上,结合全过程工程咨询服务的特点,进而做到对自身法律风险的有效防范。

第七章

全过程工程咨询单位在项目管理阶段的法律风险

国家发改委、住建部联合印发的《关于推进全过程工程咨询服务发展的指导意见》强调全过程工程咨询的推进应当“以工程建设环节为重点”，而全过程工程咨询单位于项目工程施工过程中提供的项目管理咨询服务则为建设环节的重中之重，直接关系工程质量、进度、资金等能否达到最优化实现的建设目的。本章主要从全过程工程咨询单位于施工项目管理阶段的咨询服务内容以及性质出发，通过对全过程工程咨询单位进行法律角色定位，以分析全过程工程咨询单位于该阶段可能面临的法律风险，进而起到防患于未然的作用。

第一节　项目管理阶段咨询服务内容

施工项目管理咨询服务系全过程工程咨询服务的重要组成部分。全过程工程咨询单位根据委托方的委托，委派项目管理负责人并组建项目管理团队，根据全过程工程咨询服务合同的要求和建设项目的特点，统筹协调与建设单位、施工单位、勘查单位、设计单位、监理单位等各参与主体之间的关系，具体开展包括项目报批管理、合同管理、设计管理、进度管理、质量管理、安全生产管理、资源管理、收尾管理等在内的咨询服务工作，在保证建设项目高效、高质量施工的同时，进一步实现建设项目综合效益的提升。

一、施工项目管理范围

（一）报批管理

项目报批系工程项目能否顺利推进以及是否符合合法性要求的基本保证，尤其是涉及国有土地使用权证、建设用地规划许可证、建设工程规划许可证和建设工程施工许可证等审批手续的办理。凡是缺少其中之一，即使建设项目最终落地，亦将被认定为违法建筑，由此产生的不利后果以及给建设单位带来的损失都将难以估量。

鉴于报批工作内容繁琐、办事程序复杂、涉及的部门及环节相互交错，加之各地报批办法往往会因当地政府主管部门的要求不同而导致实施细则有所不同。因此，建设项目报批管理作为全过程工程咨询施工项目管理中的一项重要内容，对于全过程工程咨询单位以及全过程工程咨询单位委派的项目管理团队人员便提出了较高要求。具体来说，全过程工程咨询单位开展项目报批管理工作，必须充分掌握建设工程所在地的项目报批流程以及报批材料，从而就整个项目工程从立项到最终验收所需完成的完整程序向委托方进行详细交底。除此之外，全过程工程咨询单位还应当根据其与委托方之间所达成的咨询服务模式约定，即系一家全能型或另行分包型或联合体经营型或委托方平行发包/另行发包型，向委托方予以明示是否需要其他咨询单位进行配合，从而统一安排好工程勘察、设计、监理、施工等单位提前准备好报批所需材料，以协助委托方向有关行政主管部门顺利且高效地完成工程项目各种规划、施工等审批手续的办理。

（二）合同管理

全过程工程咨询单位接受委托实施项目合同管理，主要从以下几个方面开展工作。

1. 协助委托方建立健全项目合同管理体系。通过设立专门机构或人员负责具体的合同管理工作，并细化合同管理的实施规则，从而确保与项目施工相关合同从“合同谈判—合同评审—合同订立—合同履行”全过程的合法合规性。

2. 协助委托方做好合同实施控制工作。全过程工程咨询单位负有监督检查各参建方的合同履约情况的义务。除此之外，在委托方的授权范围内，全过程工程咨询单位还应协助处理好委托方与其他参建方所签订合同的变更、中止、解除等事宜。

3. 协助委托方解决合同纠纷。当委托方与其他参建方就合同履行存在争议纠纷时，全过程工程咨询单位应当及时将争议问题向委托方汇报，同时以最大限度地保障委托方权益为目标，为委托方提供切实有效的解决方案及措施，并最终按照委托方批准的解决方案落实执行。与此同时，当委托方与其他参建方的争议需通过诉讼或是仲裁或是争议评审等手段加以解决时，全过程工程咨询单位亦负有协助委托方收集整理证据材料的义务。

4. 做好合同管理总结工作。参考江苏省住建厅《江苏省全过程工程咨询服务导则（试行）》第 11.6.6 条规定，全过程工程咨询单位应就项目合同订立以及履行过程中的经验和教训进行总结，并整理做出总结报告，以完成项目合同管理总结工作。其中合同总结报告包括：合同订立情况评价、合同履行情况评价、合同管理工作评价、对全过程工程咨询服务有重大影响的合同条款评价、其他经验和教训等。

（三）进度管理

全过程工程咨询单位应当协助委托方完成对整个项目工程总进度的分析论证工作，通过编制项目总体进度计划报委托方审批，并以此为据对各参建方的进度计划进行总体控制、分级管理。

具体来说，全过程工程咨询单位在项目开展过程中，一方面应定期比较进度计划值和实际值，统筹协调好各参建主体涉及工程进度方面的各类问题；另一方面应协助委托方审批、处理工程停工、复工、工期延误等事项，通过不断预测、调整、优化项目的进度计划，从而确保项目工期目标的最终实现。

（四）质量管理

工程质量事关人民群众的生命财产安全，是贯穿项目工程建设始终的重中之重，更是全过程工程咨询单位实施项目管理的重点任务。

全过程工程咨询单位实施项目质量管理，主要包括以下几个方面：

（1）根据全过程工程咨询服务合同的质量目标约定，制定相应的质量管理计划。（2）参加勘察、设计、施工等各参建方的交底会议，明确质量控制重点以及难点，统筹协调各参建方做好工程施工过程中的质量控制工作。（3）全过程工程咨询单位应在委托方的授权范围内定期或是不定期地进行质量检查检验工作，既包括对施工工序、技术参数、分部分项工程、隐蔽工程等进行检验，亦包括对施工材料、构配件、设备等进行检验，对于全过程工程咨询单位在实施质量检验检查过程中发现的任何质量隐患，须及时通报委托方，并有权督促各参建方落实整改工作。（4）对于项目工程建设过程中发生的质量缺陷以及质量事故，全过程工程咨询单位应当牵头负责完成事故调查工作，协助委托方消除不利质量影响。（5）参与建设项目的阶段性质量验收工作，同时协助委托方就质量争议问题进行质量索赔，督促施工单位履行质量整改维修义务。

（五）安全生产管理

全过程工程咨询单位应根据全过程工程咨询服务合同约定的安全文明目标要求，履行安全生产管理职责，遵守安全操作规程，防止安全事故发生。具体要求为：（1）全过程工程咨询单位应编制安全生产管理计划以及安全生产事故预防、应急处理方案，落实安全生产设备的配置，做好安全生产管理的准备工作。（2）督促各参建方落实安全生产计划、做好安全教育培训工作，协助委托方定期或不定期对施工现场安全生产情况进行监督，跟踪落实各参建方安全生产职责的履行情况，审核、监督安全生产费用的使用情况，确保施工安全。（3）协助委托方对项目的安全生产状况进行总体评估，识别可能发生的安全生产突发情况，消除安全生产隐患；发生安全生产事故时，及时启动应急准备并采取安全救援措施，协助委托方查清安全事故诱因并妥善处理安全生产事故相关问题。

（六）资源管理

全过程工程咨询单位提供项目资源管理咨询服务工作，主要包括劳务管理、工程材料与设施设备管理、资金管理。

1. 劳务管理。全过程工程咨询单位应对承包商编制的劳务需求计划、劳务配置计划和劳务人员培训计划等进行审核,从而确保承包商劳务资源配置符合项目工程的整体劳务管理需求。

2. 工程材料与设施设备管理。全过程工程咨询单位应督促承包商编制施工材料以及设施设备的需求计划、使用方案以及保养计划,监督承包商对于材料设备供应商的选择、材料设备的质量、材料设备的使用等均符合法律法规、合同以及项目管理的整体要求。

3. 资金管理。全过程工程咨询单位应督促委托方与承包商编制项目资金需求计划、收入计划和使用计划,同时在项目建设过程中对资金使用情况保持紧密跟踪,既要对资金使用差异进行分析从而不断优化资金管理方案、提高资金使用效益,同时亦要落实资金的具体用途,确保专款专用,避免发生农民工工资拖欠事项等,从而损害委托方权益。

(七)信息档案管理

全过程工程咨询单位可根据全过程工程咨询服务合同约定,应用项目信息化管理技术,采用专业信息系统,实施信息档案管理。

1. 信息管理。建设工程信息化是行业发展的大势所趋,全过程工程咨询单位接受委托,应当利用现代信息技术和 BIM 平台对项目信息进行收集、整理、分析、处理、传递以及使用,并建立信息管理体系,实现信息效益最大化。具体来说,全过程工程咨询单位应就项目信息管理内容编制计划方案,后按经委托方批准的方案进行包括与项目有关的市场信息、法律法规及政策信息、项目利益相关方信息、项目内部技术信息等信息的收集、存储与应用,同时设立信息安全岗位,通过采取先进的安全技术对信息安全进行分类、分级的全过程信息安全管理。

2. 档案管理。全过程工程咨询单位应配备档案管理专员,对全过程工程咨询服务过程中产生的文件与档案资料进行及时收集、有效标识、完整存档。

(八)收尾管理

全过程工程咨询单位于施工项目收尾管理阶段的主要咨询服务工作包括项目竣工验收管理以及项目保修管理。

1. 竣工验收管理。全过程工程咨询单位应编制经委托方批准的竣工验收管理计划,协助委托方组织各参建方完成项目工程的各类专项验收以及最终的竣工验收工作,保证项目工程的有序移交,按规定做好资产权属的登记工作。

2. 保修管理。全过程工程咨询单位应制定项目工程保修期管理制度，督促施工单位严格按照保修合同约定编制保修工作计划，并履行工程保修义务。

二、施工项目管理与工程监理的关系

（一）各省市关于施工项目管理与工程监理的规定

根据《房屋建筑和市政基础设施建设项目全过程工程咨询服务技术标准（征求意见稿）》第6.3.3.1条规定："对于依法必须实行监理的工程，委托方需要委托施工项目管理服务时，宜委托工程咨询方提供工程监理与项目管理一体化服务。"

结合前述对全过程工程咨询施工项目管理范围的分析，可以看出施工项目管理与工程监理实际上是存在部分交叉重叠的情况。因此，为更好地理解施工项目管理咨询服务的具体内容，以下将根据各省市发布的关于全过程工程咨询服务中工程监理与施工项目管理的相关规定，通过列表的方式对两种咨询服务的主要内容、范围及要求分别进行阐述（如表7－1所示）。

表7－1　各省市关于施工项目管理与工程监理的规定

试点省份	工程监理	施工项目管理
黑龙江[1]	1. 监理规划及监理实施细则（监理组织形式、人员职责、内容、目标、质量控制、进度控制、安全生产管理、合同与信息管理、组织协调）； 2. 工程进度、质量控制及安全生产监理； 3. 工程合同管理； 4. 工程信息管理； 5. 协调工程建设相关方关系； 6. 设备采购与设备监造； 7. 竣工验收管理	1. 投资控制（合同咨询、工程款支付、变更、签证及索赔管理、竣工结算等）； 2. 进度控制（进度体系、总控计划、动态跟踪及调整、施工进度管控）； 3. 质量控制（质量体系、总控目标及分解、工作程序、施工过程及材料质量监督、重大质量事故处理）； 4. 职业健康安全与环境管理（建立管理体系、施工方制度建立与履行、重大安全事故处理）； 5. 风险管理（风险管理规划、风险识别、评估、控制与应对）； 6. 合同管理（监理合同管理体系、合同评审、签订和履行）； 7. 信息管理（信息收集归档、各方信息传递）； 8. 组织协调管理（协调管理体系建立、沟通机制与协调方法）； 9. 竣工验收（组织验收、结算）

续表

试点省份	工程监理	施工项目管理
浙江[2]	1. 工程质量控制; 2. 工程进度控制; 3. 安全生产管理; 4. 合同管理; 5. 信息管理; 6. 相关方关系协调	1. 合同管理(合同体系、合同签订、履行、变更、索赔和合同争议解决); 2. 进度管理(计划编制、检查、调整); 3. 质量管理(建立管理体系、质量策划、编制质量管理计划); 4. 投资管理(投资估算、预算编制); 5. 安全生产管理(管理目标、体系、编制管理计划) 6. 环境管理(现场环境管理、绩效评价); 7. 信息管理(管理体系、程序、计划和实施) 8. 协调管理(制订协调制度、沟通记录); 9. 风险管理(管理体系、制订管理计划、风险应急、风险评估)
内蒙古/陕西[3]	1. 编制项目监理规划和监理实施细则; 2. 进度控制; 3. 质量控制; 4. 履行安全生产监理法定职责; 5. 合同管理; 6. 信息管理; 7. 协调工程建设相关方关系	1. 合同管理(协助合同谈判、签订、监督参建单位合同履行、处理合同纠纷与索赔); 2. 进度管理(编制进度计划、审核、检查进度偏差、协调进度冲突); 3. 投资管理(编制资金使用计划、审核合同价款、审核工程变更、索赔); 4. 组织协调管理(协调体系建立、沟通机制); 5. 质量管理(施工单位质量体系建立、材料采购管理、重点工序、关键环节质量检查、质量事故); 6. 安全生产管理(安全体系建立并跟踪执行、安全隐患和安全事故); 7. 信息管理(制定信息管理制度、收集整理、分类归档); 8. 风险管理(风险分析、识别、应对、风险预警)

续表

试点省份	工程监理	施工项目管理
江苏[4]	1. 编制监理规划及监理实施细则； 2. 工程质量、造价、进度控制； 3. 工程变更、索赔及施工合同争议处理； 4. 监理文件资料管理； 5. 设备采购与设备监造； 6. 安全生产管理法定职责、建设相关方协调	1. 合同管理（建立管理制度、合同评审、订立、实施）； 2. 进度管理（进度计划编制、实施和控制、变更管理）； 3. 质量管理（编制质量计划、质量控制、检查、处置和改进）； 4. 安全生产管理（编制管理计划、实施与检查、应急响应与事故处理）； 5. 信息与知识管理（信息管理计划、信息过程管理、数据库建立、信息安全管理、文件与档案管理、信息技术应用管理）； 6. 沟通管理； 7. 风险管理
广东[5]	1. 建立项目监理规划和实施方案； 2. 进度管理； 3. 质量管理； 4. 职业健康安全与环境管理； 5. 工程变更、索赔及施工合同争议处理； 6. 信息和合同管理； 7. 协调有关单位之间的工作关系	1. 合同管理（合同体系建立）； 2. 投资控制（控制目标）； 3. 进度控制（编制总控计划、建立管理制度）； 4. 质量控制（建立管理体系、咨询文件质量）； 5. 安全生产管理； 6. 信息管理（数据库、专业软件管理）； 7. 沟通管理； 8. 风险管理（风险评估等）； 9. 档案管理（成果文件和过程文件）； 10. 工程变更、索赔及施工合同争议处理

注：〔1〕黑龙江省住建厅《黑龙江省全过程工程咨询导则（征求意见稿）》。

〔2〕浙江省住建厅《全过程工程咨询服务标准》。

〔3〕《陕西省全过程工程咨询服务导则（试行）》；内蒙古自治区住建厅《工程建设全过程咨询服务导则（试行）》。

〔4〕江苏省住建厅《江苏省全过程工程咨询服务导则（试行）》。

〔5〕广东省住建厅《建设项目全过程工程咨询服务指引（咨询企业版）（征求意见稿）》。

（二）施工项目管理与工程监理的区别

结合前述各省市关于对全过程工程咨询施工项目管理与工程监理的内容描述，二者的主要区别如下：

1. 咨询服务内容侧重点不同。在实践中，工程监理以质量安全控制为主，而施工项目管理则侧重于对项目合同、进度、质量、安全生产、资源、信息等施工全过程的全方位管理。

2. 合同管理要求不同。尽管部分省市发布的文件将合同管理纳入工程监理的范畴，但是实践中监理单位在承接工程监理业务时通常是不包括合同管理服务的，而施工项目管理则将合同管理作为施工管理的重要内容之一。

3. 投资管理要求不同。鉴于实践中工程监理的服务范围相对是比较狭窄的，故委托方通常不会将投资管控委托至监理单位，而投资管控恰恰是施工项目管理的主要咨询内容之一，也是委托方评价受托方就施工项目管理工作是否到位的重要参考标准之一。

4. 咨询单位以及从业人员管理能力要求不同。相较于工程监理服务仅对监理单位以及监理人员需具备监理资质这一要求外，施工项目管理还需要全过程工程咨询单位以及从业人员具备包括懂施工技术、懂造价、懂设计，甚至懂投融资、懂法律等在内的综合性管理能力。

（三）施工项目管理与工程监理的联系

结合前述各省市关于对全过程工程咨询文件中施工项目管理与工程监理的内容描述，二者的联系如下：(1)进度管理、质量管理以及安全管理系工程监理和施工项目管理的共同服务重点，其目的均是达到建设项目的高质量发展。(2)《房屋建筑和市政基础设施建设项目全过程工程咨询服务技术标准（征求意见稿）》第6.3.3.1条明确："对于依法必须实行监理的工程，委托方需要委托施工项目管理服务时，宜委托工程咨询方提供工程监理与项目管理一体化服务。"其中，全过程工程咨询单位在提供工程监理与项目管理一体化服务时，须具备工程监理资质。

第二节　全过程工程咨询单位的法律角色定位

一、角色类型

《房屋建筑和市政基础设施建设项目全过程工程咨询服务技术标准（征求意见稿）》鼓励依法必须实施监理的工程，在全过程工程咨询施工项目管理阶段，宜适用工程监理与项目管理一体化的服务模式。基于此，全过程工程咨询单位在施工项目管理阶段主要存在以下两种角色类型：

一是全过程工程咨询单位接受委托方的委托，仅承担施工项目管理职责，至于工程监理,则根据全过程工程咨询服务合同类型的不同,由全过程工程咨询单位直接或是委托方另行发包确认的监理单位,抑或具备监理资质的全过程工程咨询联合体另一方负责实施。此时,全过程工程咨询单位须按照全过程工程咨询服务合同约定对包括监理单位在内的施工项目各参建方进行统筹协调及组织管理,全过程工程咨询单位在施工项目管理阶段的角色定位仅为"施工项目管理人"。

二是全过程工程咨询单位接受委托方的委托,在施工项目管理阶段提供工程监理与项目管理的一体化服务,即全过程工程咨询单位一方面作为"监理人"的角色需要对项目工程履行监理服务义务,另一方面则作为"施工项目管理人"的角色,除承担监理职责之外还需要对其他施工项目各参建方进行统筹协调及组织管理。此时,全过程工程咨询单位在施工项目管理阶段的角色定位便为"履行监理职责的施工项目管理人"。

二、具体适用

全过程工程咨询服务模式可分为一家全能型、另行分包型、联合经营型以及委托方平行发包/另行发包型,但不论全过程工程咨询单位最终向委托方提供的是哪一种服务模式,在施工项目管理阶段,全过程工程咨询单位均需遵循独立、公正、科学的原则,综合运用多学科知识、工程实践经验、现代科学和管理方法,为项目工程的施工提供局部或整体解决方案以及管理服务,不同之处仅在于全过程工程咨询单位在不同模式下是否需要同时承担监理责任。

具体而言,在施工项目管理阶段,委托方与全过程工程咨询单位系委托与被委托关系,双方之间订立的全过程工程咨询服务合同从本质上来说即为委托合同,适用委托合同相关法律规定。即在此前提下,全过程工程咨询单位应当关注其作为受托人对于委托事务的完成情况,避免因自身原因使委托事务无法按约保质保量完成,以致面临对委托方的违约责任以及损失赔偿等法律风险。

全过程工程咨询单位在施工项目管理阶段的主要咨询服务内容为报批管理、合同管理、进度管理、质量管理、安全生产管理、资源管理、信息档案管理以及收尾管理等,即全过程工程咨询单位必须以维护委托方合法权益为目的,协助委托方对项目工程的整体施工情况进行咨询与综合管理服务。故此时全过程工程咨询单位应当充分关注委托方在项目工程施工阶段可能遇到的法律风险，协助委托方进行风险点识别及风险防范，进而最终完成委托事项。

第三节 全过程工程咨询单位的法律风险

根据前述，全过程工程咨询单位在施工项目管理阶段的主要法律角色可定位为“施工项目管理人”或是“履行监理职责的施工项目管理人”。鉴于全过程工程咨询单位在履行监理职责时，即作为“监理人”这一角色的法律风险已经于前一章节进行了阐述，故本章不再赘述，本章仅对全过程工程咨询单位作为“施工项目管理人”的法律风险展开分析。进一步而言，因全过程工程咨询单位作为“施工项目管理人”，其主要任务即为协助委托方对项目施工阶段涉及的进度、安全、质量等各方面进行管理，进而保障委托方的合法权益不受损害，故全过程工程咨询单位于施工项目管理阶段的法律风险大小便与其履行管理职责的到位与否息息相关。

以下将从委托方于项目工程施工阶段可能遇到的法律风险着手，通过对委托方的法律风险点进行识别，从而为全过程工程咨询单位的管理工作内容提供参考依据，进而帮助全过程工程咨询单位有效防范可能存在的因管理服务不到位而面临的民事、行政乃至刑事法律风险。

一、报批管理法律风险

（一）委托方的法律风险识别

1. 民事法律风险

江苏省住建厅《江苏省全过程工程咨询服务导则（试行）》11.5.1 就项目工程的报批流程进行了梳理（如图 7－1 所示）。

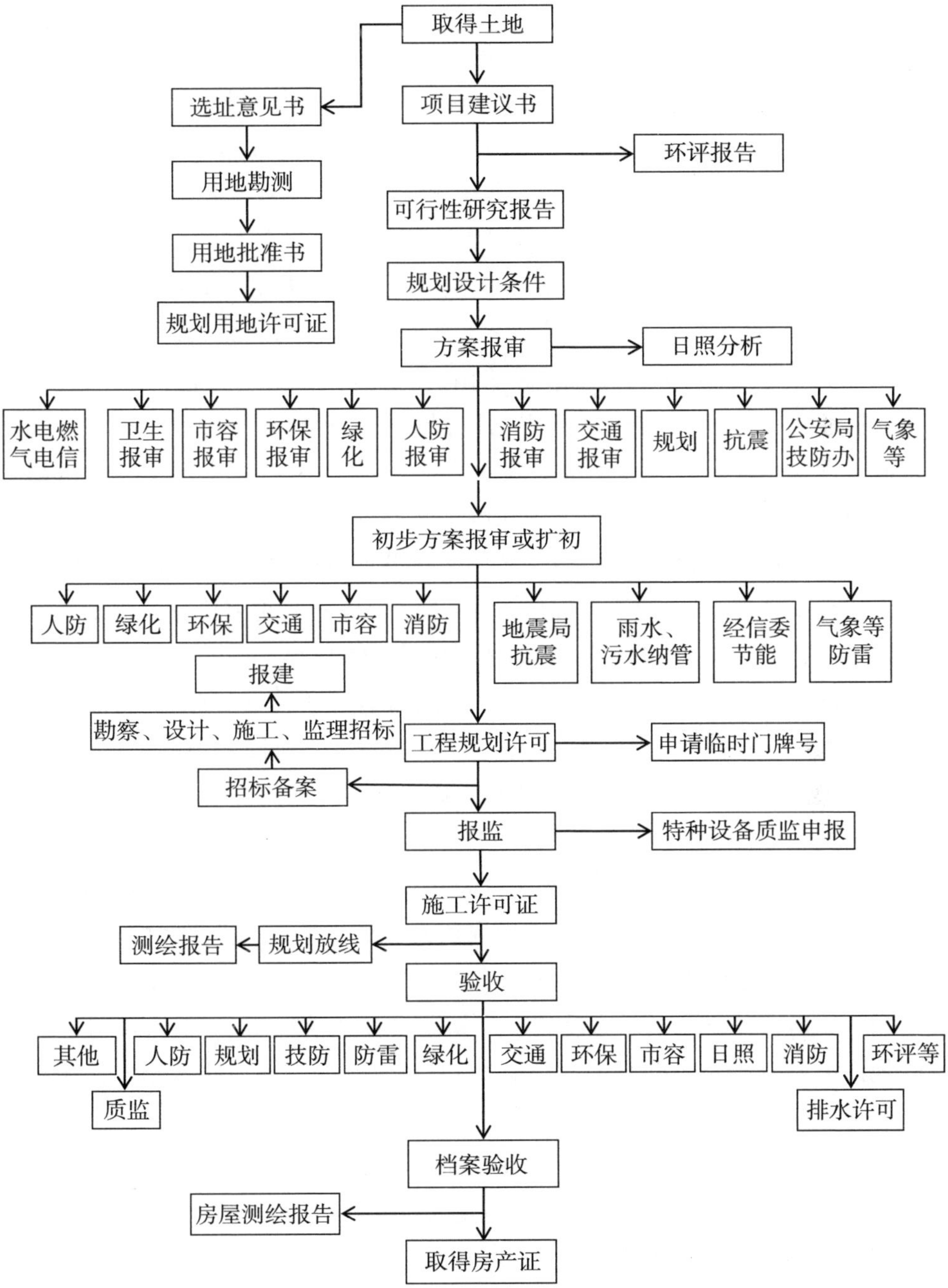

图 7-1　项目工程的报批流程

根据《建筑法》第 7 条规定："建筑工程开工前，建设单位应当按照国家有关规定向工程所在地县级以上人民政府建设行政主管部门申请领取施工许可证；但是，国务院建设行政主管部门确定的限额以下的小型工程除外。按照国务院规定的权限和程序批准开工报告的建筑工程，不再领取施工许可证。"《建筑工程施工许可管理办法》第 3 条规定："本办法规定应当申请领取施工许可证的建筑工程未取得施工许可证的，一律不得开工。任何单位和个人不得将应当申请领取施工许可证的工程项目分解为若干限额以下的工程项目，规避申请领取施工许可证。"2020《施工合同司法解释(一)》第 3 条规定："当事人以发包人未取得建设工程规划许可证等规划审批手续为由，请求确认建设工程施工合同无效的，人民法院应予支持，但发包人在起诉前取得建设工程规划许可证等规划审批手续的除外。发包人能够办理审批手续而未办理，并以未办理审批手续为由请求确认建设工程施工合同无效的，人民法院不予支持。"

从前述规定不难看出，项目报批工作系建设项目成功落地的基本保证，尤其是建设用地规划许可证、建设工程规划许可证、国有土地使用权证和建设工程施工许可证"四证"的办理，缺一不可，且事关社会公共利益。

在司法实践中，因建设工程施工许可证的办理属于行政管理范畴，故最高院以及各地人民法院在审理建设工程施工许可证与施工合同效力的关系时，一致认可建设工程施工许可证的取得与否均不影响施工合同的合法性效力。

但与此相反，就建设用地规划许可证以及建设工程规划许可证等规划审批手续的办理对于施工合同效力的影响，2020《施工合同司法解释(一)》明确，对于未取得建设用地规划许可证、建设工程规划许可证等规划审批手续的工程项目，发承包方签订的建设工程施工合同应当认定为无效。其中，由于建设单位取得建设用地规划许可证是申办建设工程规划许可证的前提条件，即未取得建设用地规划许可证，必然不能取得建设工程规划许可证，故本条司法解释仅就建设工程规划许可证进行了列举。

应当注意的是，全过程工程项目在全面建成过程中，除了需要落实建设用地规划许可证、建设工程规划许可证、土地使用权证和建设工程施工许可证等项目开工手续的报批程序外，根据《建设工程质量管理条例》第 13 条"建设单位在开工前，应当按照国家有关规定办理工程质量监督手续，工程质量监督手续可以与施工许可证或者开工报告合并办理"以及《房屋建筑和市政基础设施工程竣工验收备案管理办法》第4条“建设单位应当自工程竣工验收合格之日起15日内,依照本办法规定,向工程所在地的县级以上地方人民政府建设主管部门(以下简称备案机关)备案”等规定,还需要办理包括项目立项备案、工程质量监督手续、项目竣工备案等在内的报批程序。鉴于项目建设的报批报建手续较为复杂,稍有不慎即可涉及行政监管范畴,故全过程工程咨询单位在协助委托方进行项目报批报建过程中,应当全面了解并落实好每一步程序要求。

典型案例7-1

【案号】最高人民法院(2019)最高法民终1085号

【案情简介】A公司与B公司签订《总承包施工补充合同》,由B公司施工总承包工程,又签订各个分区的《建设工程施工合同》并备案。后B公司意图解除上述合同,A公司回函拒绝,B公司起诉请求法院解除上述合同,在另案中已解决本案诉争一期A区工程的工程款和垫资款本金问题。现B公司提起本案诉讼向A公司主张违约责任。

【裁判观点】法院裁判认为,案涉工程项目未取得二期规划许可证影响了合同效力。案涉《总承包施工补充合同》所涉26.3万平方米工程项目,分为一期(A区和B区)和二期工程,二期工程至今未完成征地和规划,未取得土地使用权证和规划许可证,对此事实合同双方在签约时是明知的。依据2004《施工合同司法解释》第2条第1款“当事人以发包人未取得建设工程规划许可证等规划审批手续为由,请求确认建设工程施工合同无效的,人民法院应予支持”的规定,应认定案涉《总承包施工补充合同》中关于二期工程项目的约定无效,但合同中涉及一期工程项目的约定应认定为有效。

2. 行政法律风险

根据《建筑法》第64条规定:“违反本法规定,未取得施工许可证或者开工报告未经批准擅自施工的,责令改正,对不符合开工条件的责令停止施工,可以处以罚款。”《建筑工程施工许可管理办法》第12条规定:“对于未取得施工许可证或者为规避办理施工许可证将工程项目分解后擅自施工的,由有管辖权的发证机关责令停止施工,限期改正,对建设单位处工程合同价款1%以上2%以下罚款;对施工单位处3万元以下罚款。”第13条规定:“建设单位采用欺骗、贿赂等不正当手段取得施工许可证的,由原发证机关撤销施工许可证,责令停止施工,并处1万元以上3万元以下罚款;构成犯罪的,依法追究刑事责任。”第14条规定:“建设单位隐瞒有关情况或者提供虚假材料申请施工许可证的,发证机关不予受理或者不予许可,并处1万元以上3万元以下罚款;构成犯罪的,依法追究刑事责任。建设单位伪造或者涂改施工许可证的,由发证机关责令停止施工,并处1万元以上3万元以下罚款;构成犯罪的,依法追究刑事责任。”第15条规定:“依照本办法规定,给予单位罚款处罚的,对单位直接负责的主管人员和其他直接责任人员处单位罚款数额5%以上10%以下罚款。单位及相关责任人受到处罚的,作为不良行为记录予以通报。”

建设单位因未取得施工许可证,或是采用欺骗、贿赂等不正当手段取得施工许可证,或是隐瞒有关情况或者提供虚假材料申请施工许可证的,由发证机关撤销施工许可证、不予受理或者不予许可施工许可证,同时责令停止施工,限期改正,并对单位及直接负责的主管人员和其他直接责任人员处罚款。除此之外,单位及相关责任人受到处罚的,亦将被作为不良行为记录予以通报。

典型案例7-2

【案号】北京市昌平区住建委员会京建法罚(昌建)字〔2020〕第640088号

【案情简介】A公司在未取得建筑工程施工许可证的情况下,擅自开工建设位于北京市昌平区南口镇西大桥南6号的标准件厂院内的厂房改建工程。

【行政处罚】北京市昌平区住建委责令A公司于下发行政处罚决定书之日起15日内改正该行为,处以工程合同价款74,740.776元的2%的罚款,即1494.82元罚款的行政处罚。

典型案例7-3

【案号】北京市住建委员会京建法罚(昌建)字〔2019〕第640118号

【案情简介】A公司采用欺骗手段取得位于昌平区北七家镇英才南一街某号院某号楼某未来科技城某室装修项目的施工许可证。

【行政处罚】北京市住建委责令A公司于下发行政处罚决定书之日起15日内改正该行为,处以人20,000元罚款的行政处罚。

典型案例7-4

【案号】北京市住建委员会京建法罚(市)字〔2019〕第010525-1号

【案情简介】北京某门诊部装修项目位于北京市丰台区某居住区，由北京某门诊部有限公司建设、由北京某建筑有限公司施工。该工程于2017年5月10日取得了《建筑工程施工许可证》，编号为〔2017〕施装字0329号，建设规模4022.66平方米，合同价格1862.043703万元，于2017年5月开始施工，目前该工程已基本完工。北京某门诊部有限公司为了使整栋楼外立面一致和满足消防需要的目的需要改变建筑主体结构和增加使用面积，为了顺利取得建筑工程施工许可证，在申办施工许可证时北京某门诊部有限公司隐瞒了此事并明确承诺“本次装饰装修工程不涉及外立面，不改变建筑使用面积、不改变主体结构、不改变使用性质”，但实际施工并未按申报《建筑工程施工许可证》时承诺的内容组织施工，擅自改变房屋主体结构、增加使用面积，违反了当初承诺，存在以欺骗手段取得建筑工程施工许可证的行为。

【行政处罚】北京市住建委认定北京某门诊部有限公司以欺骗手段取得北京某装修项目的建筑工程施工许可证，并于2019年9月2日对编号为〔2017〕施装字0329号的《建筑工程施工许可证》作出《撤销决定书》。高某为北京某门诊部有限公司在该工程直接负责的主管人员。根据《建筑工程施工许可管理办法》第13条的规定，决定责令北京某门诊部有限公司改正违法行为，处20,000元的罚款。依据《建筑工程施工许可管理办法》第15条第1款规定，对该工程直接负责的主管人员高某处单位罚款数额6.25%的罚款，罚款额为1250元。

（二）全过程工程咨询单位的法律风险

鉴于办理建设用地规划许可证、建设工程规划许可证、施工许可证等规划审批手续的法定义务主体均为委托方，即当委托方与施工单位之间的施工合同因未取得建设工程规划许可证等规划审批手续而致无效时，过错方往往在委托方。此时，若因合同无效而造成施工单位产生损失的，委托方须承担相应的过错赔偿责任。

对于全过程工程咨询单位而言，其在施工项目管理阶段提供报批管理服务时，若未能提前熟悉好建设工程当地的项目报批流程，或未能协助委托方准备好真实完整且符合要求的项目报批材料，从而导致建设工程规划许可证等规划审批许可未能通过相关主管部门的审查或是未能得到相关主管部门的认可，且委托方亦因此而需对施工单位以及相关行政主管部门承担相应的民事以及行政法律责任时，那么全过程工程咨询单位则需对委托方承担因咨询服务不到位而产生的违约责任。届时,委托方不但可能据此要求解除全过程工程咨询服务合同,同时亦可追究全过程工程咨询单位的过错损失赔偿责任。

典型案例 7 -5

【案号】辽宁省沈阳市沈河区人民法院(2021)辽 0103 民初 9132 号

【案情简介】2015 年 12 月,沈河区财政局作为委托方(甲方)与思泰工程咨询公司作为受托方(乙方)签订《特聘咨询顾问协议》,约定甲方为 PPP 项目咨询事宜委托乙方担任其沈河区城市立体停车场 PPP 项目的特聘全过程咨询顾问。乙方根据该咨询顾问协议为甲方委托的事项提供服务。甲方按该顾问协议约定的付款进度向乙方支付了前三期咨询顾问费共计 20 万元。项目实施沈阳金融商贸开发区城市建设管理局于 2017 年 11 月决定终止沈河区城市立体停车场 PPP 项目实施,该项目停止。乙方为索要第四期咨询顾问费及利息、项目评审费用与甲方协商未果,诉至法院。

【裁判观点】法院裁判认为,原《合同法》第 396 条规定,委托合同是委托人和受托人约定,由受托人处理委托人事务的合同。第 410 条第 1 款规定,委托人或者受托人可以随时解除委托合同。甲、乙双方签订咨询顾问协议,在甲、乙双方之间成立委托合同关系。甲方作为委托人享有合同的任意解除权,故项目实施单位宣布终止项目,甲方终止该咨询顾问协议符合法律规定和合同约定。原《合同法》第 405 条规定,受托人完成委托事务的,委托人应当向其支付报酬。因不可归责于受托人的事由,委托合同解除或者委托事务不能完成的,委托人应当向受托人支付相应的报酬。当事人另有约定的,按照其约定。甲、乙双方的咨询顾问协议约定"……经论证不适于采用 PPP 模式,则协议终止,乙方无须返还先期甲方支付费用亦无权要求其他后期费用,双方不再履行协议后续内容",即乙方在签订合同、约定分期付款及付款时间节点时即已知晓并认可如在此节点前协议终止,则有不能继续取得报酬的风险。根据此合同约定,乙方无权要求其他后期费用,故对乙方要求甲方继续给付咨询费的诉讼请求,法院不予支持。

关于乙方要求甲方支付项目评审费用的问题。原《合同法》第 398 条规定,委托人应当预付处理委托事务的费用。受托人为处理委托事务垫付的必要费用,委托人应当偿还该费用及其利息。乙方主张支出评审费用,但未举证聘请专家进行项目论证、评审并支出费用及具体金额的证据,故法院对乙方的此项诉讼请求,不予支持。

二、合同管理法律风险

(一)委托方的法律风险识别

1. 合同评审法律风险

在项目工程施工阶段,建设单位往往需要签订包括建设工程施工合同、买卖合同等在内的各类合同。为了保障合同的顺利履行,在签订正式的合同文本之前,建设单位通常需要对以下两个方面的内容进行评审。

(1)相对方资信审查法律风险

其一,关于对相对方主体资质审查的法律风险点。

根据《民法典》第 143 条规定:"具备下列条件的民事法律行为有效:(一)行为人具有相应的民事行为能力;(二)意思表示真实;(三)不违反法律、行政法规的强制性规定,不违背公序良俗。"第 144 条规定:"无民事行为能力人实施的民事法律行为无效。"若合同相对方不具备民事行为能力,包括不具有法人资格、经营状态异常、被吊销营业执照、被注销等,则合同双方订立合同的行为无效,与之相对应的合同同样将归于无效。

除此之外,根据 2020《施工合同司法解释(一)》第 1 条第 1 款规定:"建设工程施工合同具有下列情形之一的,应当依据民法典第一百五十三条第一款的规定,认定无效:(一)承包人未取得建筑业企业资质或者超越资质等级的;(二)没有资质的实际施工人借用有资质的建筑施工企业名义的;(三)建设工程必须进行招标而未招标或者中标无效的。"《建筑法》第 65 条第 1 款规定:"发包单位将工程发包给不具有相应资质条件的承包单位的,或者违反本法规定将建筑工程肢解发包的,责令改正,处以罚款。"若合同相对方不具备与合同履行要求相符合的资质等级,不但施工合同无效,建设单位也将因存在将工程发包给不具有相应资质条件的承包单位的违法行为而被责令改正并处以罚款的风险。

其二,关于对相对方信誉审查的法律风险点。

若合同相对方存在严重失信行为,包括:不具有与建设工程相适应的资金或者资金来源及专业技术人员配备等,注册资本与项目金额比例不相宜,资产状况存在恶化或者明显恶化趋势,因诉讼、仲裁、欠缴税款、行政处罚等被法院、银行或税务部门查封、冻结银行账户或名下财产以致影响生产经营等,极易出现合同相对方资金链断裂以致履约不能或是恶意违约等严重损害建设单位利益的情况。

(2)合法性审查法律风险

其一,关于对合同实质性内容审查的法律风险点。

根据2020《施工合同司法解释(一)》第2条规定:"招标人和中标人另行签订的建设工程施工合同约定的工程范围、建设工期、工程质量、工程价款等实质性内容,与中标合同不一致,一方当事人请求按照中标合同确定权利义务的,人民法院应予支持。招标人和中标人在中标合同之外就明显高于市场价格购买承建房产、无偿建设住房配套设施、让利、向建设单位捐赠财物等另行签订合同,变相降低工程价款,一方当事人以该合同背离中标合同实质性内容为由请求确认无效的,人民法院应予支持。"《招投标法》第59条规定:"招标人与中标人不按照招标文件和中标人的投标文件订立合同的,或者招标人、中标人订立背离合同实质性内容的协议的,责令改正;可以处中标项目金额千分之五以上千分之十以下的罚款。"若项目工程经招投标程序后,建设单位作为发包人与承包人另行签订背离招投标文件实质性内容的合同时,合同无效,且建设单位将面临被责令改正并处以罚款的行政处罚。

其二,关于对项目合法性审查的法律风险点。

根据《民法典》第791条第1款规定:"发包人可以与总承包人订立建设工程合同,也可以分别与勘察人、设计人、施工人订立勘察、设计、施工承包合同。发包人不得将应当由一个承包人完成的建设工程支解成若干部分发包给数个承包人。"《建筑法》第22条规定:"建筑工程实行招标发包的,发包单位应当将建筑工程发包给依法中标的承包单位。建筑工程实行直接发包的,发包单位应当将建筑工程发包给具有相应资质条件的承包单位。"第24条规定:"提倡对建筑工程实行总承包,禁止将建筑工程肢解发包。建筑工程的发包单位可以将建筑工程的勘察、设计、施工、设备采购一并发包给一个工程总承包单位,也可以将建筑工程勘察、设计、施工、设备采购的一项或者多项发包给一个工程总承包单位;但是,不得将应当由一个承包单位完成的建筑工程肢解成若干部分发包给几个承包单位。"《施工发承包违法行为管理办法》第5条规定:"本办法所称违法发包,是指建设单位将工程发包给个人或不具有相应资质的单位、肢解发包、违反法定程序发包及其他违反法律法规规定发包的行为。"第6条规定:"存在下列情形之一的，属于违法发包：（一）建设单位将工程发包给个人的；（二）建设单位将工程发包给不具有相应资质的单位的；（三）依法应当招标未招标或未按照法定招标程序发包的；（四）建设单位设置不合理的招标投标条件，限制、排斥潜在投标人或者投标人的；（五）建设单位将一个单位工程的施工分解成若干部分发包给不同的施工总承包或专业承包单位的。”

工程发包是建设项目依法且顺利开展施工任务的重要环节，鉴于违法发包不仅仅涉及发包人的发包行为或发包过程违法，还可能造成工程质量不合格、排挤其他投标人、扰乱招投标市场秩序等严重后果，故违法发包系被我国法律法规所明令禁止的行为。换言之，若建设单位存在违法发包行为，则基于违法发包而签订的施工合同将归于无效。同时，根据《施工发承包违法行为管理办法》第 15 条之规定，建设单位将被处以责令停止违法行为、罚款、责令停业整顿、降低资质等级、吊销资质证书、吊销营业执照、没收违法所得、记入诚信档案、实行联合惩戒、暂停全部或者部分使用国有资金的项目的执行或者暂停资金拨付、对单位直接负责的主管人员和其他直接责任人员依法给予处分等行政处罚。

典型案例 7－6

【案号】苏州市住建局苏住建监罚字〔2019〕第 108 号

【案情简介】杨某（某酒吧经营者），在某酒吧装修工程项目建设中（面积：1465 平方米，合同价：388 万元），未办理质量监督手续、未办理安全监督手续、施工图设计文件未经审查、将工程发包给不具有相应资质等级的江苏某装饰设计工程有限公司、未取得建筑工程施工许可证的情况下，于 2018 年 3 月 18 日擅自施工。

【行政处罚】苏州市住建局根据《建筑法》第 64 条和《建设工程质量管理条例》第 57 条的规定，对江苏某装饰设计工程有限公司未取得建筑工程施工许可证擅自施工的行为，责令停止施工、限期改正，处以罚款 62,080 元的行政处罚。

典型案例 7－7

【案号】北京市住建委员会京建法罚（昌建）字〔2020〕第 640048 号

【案情简介】北京某房地产开发有限公司在建设位于北京市昌平区北七家镇某村某地块项目时存在将工程中的小市政工程肢解发包的行为。

【行政处罚】北京市住建委责令北京某房地产开发有限公司于下发行政处罚决定书之日起 15 日内改正该行为,处工程合同价款(2,724,862.39 元)的 0.625%的罚款,即 17,030.39 元罚款的行政处罚。

2. 合同订立法律风险

根据《民法典》第 170 条规定:“执行法人或者非法人组织工作任务的人员,就其职权范围内的事项,以法人或者非法人组织的名义实施的民事法律行为,对法人或者非法人组织发生效力。法人或者非法人组织对执行其工作任务的人员职权范围的限制,不得对抗善意相对人。”第 171 条规定:“行为人没有代理权、超越代理权或者代理权终止后,仍然实施代理行为,未经被代理人追认的,对被代理人不发生效力。相对人可以催告被代理人自收到通知之日起三十日内予以追认。被代理人未作表示的,视为拒绝追认。行为人实施的行为被追认前,善意相对人有撤销的权利。撤销应当以通知的方式作出。行为人实施的行为未被追认的,善意相对人有权请求行为人履行债务或者就其受到的损害请求行为人赔偿。但是,赔偿的范围不得超过被代理人追认时相对人所能获得的利益。相对人知道或者应当知道行为人无权代理的,相对人和行为人按照各自的过错承担责任。”第 172 条规定:“行为人没有代理权、超越代理权或者代理权终止后,仍然实施代理行为,相对人有理由相信行为人有代理权的,代理行为有效。”参考最高院《关于当前形势下审理民商事合同纠纷案件若干问题的指导意见》第 13 条规定:“合同法第四十九条规定的表见代理制度不仅要求代理人的无权代理行为在客观上形成具有代理权的表象,而且要求相对人在主观上善意且无过失地相信行为人有代理权。合同相对人主张构成表见代理的,应当承担举证责任,不仅应当举证证明代理行为存在诸如合同书、公章、印鉴等有权代理的客观表象形式要素,而且应当证明其善意且无过失地相信行为人具有代理权。”第 14 条规定:“人民法院在判断合同相对人主观上是否属于善意且无过失时,应当结合合同缔结与履行过程中的各种因素综合判断合同相对人是否尽到合理注意义务,此外还要考虑合同的缔结时间、以谁的名义签字、是否盖有相关印章及印章真伪、标的物的交付方式与地点、购买的材料、租赁的器材、所借款项的用途、建筑单位是否知道项目经理的行为、是否参与合同履行等各种因素,作出综合分析判断。”

在合同签订阶段,若建设单位未能有效规范其内部关于合同的审批签署流程，同时做好公司印章以及授权委托的严格管控，将极易导致无授权主体，或为公司内部员工，或为第三方主体，擅自以建设单位的名义对内或是对外签订合同，由此产生的表见代理或职务行为的不利后果均将由建设单位自行承担。

典型案例7-8

【案号】最高人民法院(2019)最高法民申3319号

【案情简介】任某以A公司名义与B公司签订合同进行转包，所盖公章均系伪造，且任某没有出具A公司的相关授权手续。但由于A公司与B公司签订的《建设工程施工合同》上加盖有A公司真实公章，任某在委托代理人处签字，二审法院认定其构成表见代理。A公司主张汪某不是善意相对人，任某行为不应构成表见代理。由此A公司提出再审申请。

【裁判观点】法院裁判认为，根据法院查明的事实表明，任某以A公司名义与对方代表签订协议所盖公章均系伪造，且任某没有出具A公司的相关授权手续。但由于A公司与B公司签订的《建设工程施工合同》上加盖有A公司真实公章，任某在委托代理人处签字，二审法院据此认为对方代表汪某有理由相信任某有代理A公司处理涉案工程的权限，作出该代理行为有效的认定，并无明显不妥。A公司主张汪某不是善意相对人，任某行为不应构成表见代理。但A公司提出的《项目承包协议书》存在倒签，汪某应知另有施工方，以及A公司退回汪某保证金500万元等事实尚不足以证明汪某是在明知或者理应知道任某没有代理权情形之下与其签订《项目承包协议书》。2013年12月19日，任某以A公司名义与汪某签订《补充协议书》中记载双方所签《项目承包协议书》上A公司的合同专用章系伪造，《补充协议书》对A公司没有拘束力。但此前双方签订《项目承包协议书》《协议书》《解约退款协议》时，并无充分证据表明汪某明知或应知任某不具有代理权，A公司主张汪某不是善意相对人，理据不足。任某代理行为有效，A公司即是《项目承包协议书》《协议书》《解约退款协议》的合同相对方，应承担合同约定的相关退款义务。

典型案例7-9

【案号】最高人民法院(2019)最高法民终193号

【案情简介】A公司与B公司签订《发电工程合同》，合同约定A公司为B公司建设35MW高炉煤气发电工程，之后双方又签订了一份《会议纪要》。上述合同签订后，A公司又与C公司、D公司、E公司签订《连带责任担保书》。后因支付的款项发生争议，A公司向法院提起诉讼，就两工程剩余款项要求B公司、C公司、D公司、E公司按月支付工程款并承担违约责任。

【裁判观点】法院裁判认为，关于《会议纪要》效力问题。本案中，B公司以签署《会议纪要》的人员未取得公司授权为由主张该《会议纪要》对其公司不产生约束力。对此问题，法院认为，根据该院查明事实及已经发生法律效力的阿勒泰地区中级人民法院(2017)新43民终70号民事判决所确定的事实，代表B公司签署《会议纪要》的人员均为其公司高层管理人员，且直接参与了案涉《发电工程合同》的签订以及工程施工的全部过程。为解决《发电工程合同》后续履行问题，其工作人员与A公司经协商并签订《会议纪要》的行为应认定为履行职务行为，该行为的法律后果应由B公司承担。B公司抗辩其签字人员未取得公司授权，故该《会议纪要》对其公司无约束力的理由无事实和法律依据，法院不予支持。该《会议纪要》是双方当事人在充分协商的基础上签订，系双方的真实意思表示，应为合法有效。

3. 合同履行法律风险

其一，关于签证索赔的法律风险点。

根据《民法典》第577条规定："当事人一方不履行合同义务或者履行合同义务不符合约定的，应当承担继续履行、采取补救措施或者赔偿损失等违约责任。"在合同履行过程中，建设单位应当对各合同相对方的合同履约情况保持实时跟踪，尤其是对施工单位的施工进度、施工质量等。一旦发现施工单位存在进度不达标、质量不合格等情况时，应当积极进行索赔。否则，若建设单位索赔意识不到位、索赔内容不全面、索赔权利行使不及时、索赔证据收集不充分，都将导致索赔事项不成功或索赔权利消灭，最终因索赔事项而产生的一切损失均需建设单位自行承担，无法得到相对方的合理补偿。

其二，关于诉讼仲裁纠纷的法律风险点。

《民法典》第188条规定："向人民法院请求保护民事权利的诉讼时效期间为三年。法律另有规定的，依照其规定。诉讼时效期间自权利人知道或者应当知道权利受到损害以及义务人之日起计算。法律另有规定的，依照其规定。但是，自权利受到损害之日起超过二十年的,人民法院不予保护,有特殊情况的,人民法院可以根据权利人的申请决定延长。”《民事诉讼法》第 67 条第 1 款规定:“当事人对自己提出的主张,有责任提供证据。”第 68 条第 1 款规定:“当事人对自己提出的主张应当及时提供证据。”当建设单位与合同相对方因合同项下的争议纠纷需诉至法院或是仲裁庭加以解决时,若建设单位超过诉讼时效,将丧失胜诉权,若逾期举证或是举证不全面、不充分,将承担举证不利的后果。

典型案例 7－10

【案号】最高人民法院(2019)最高法司惩复 7 号

【案情简介】在 A 公司与 B 公司建设工程施工合同纠纷一案中,一审法院于 2018 年 2 月 22 日向公司送达举证通知书,通知于 2018 年 3 月 21 日前向该院提交证据。但 A 公司一审时未能提交《工程决算书》等证据。A 公司认为其一审时未能提交上述证据非因主观故意或重大过失造成,请求撤销(2019)甘司惩 1 号决定书,变更惩罚措施或减少罚款数额。

【裁判观点】法院裁判认为,A 公司于本案二审诉讼期间提交的《工程决算书》《建筑安装工程决算书》等证据与案件基本要件事实有关。上述证据 2017 年 12 月即已形成,证据形成时间早于一审法院通知 A 公司举证日期,A 公司有机会且有可能在举证期限届满前向一审法院提交。B 公司是否变更诉讼请求不影响 A 公司就本案基本要件事实进行举证。A 公司未于一审开庭前提交上述证据且不能对逾期原因作出合理解释,主观上具有过错。A 公司逾期举证存在重大过失并对 A 公司作出罚款决定具有事实及法律依据。A 公司的复议理由不能成立。

典型案例 7－11

【案号】黑龙江省高级人民法院(2019)黑民终 341 号

【案情简介】A 单位与 B 集团签订《学生公寓设计、采购、施工交钥匙工程(EPC)合同》,由 B 集团承建学生公寓工程。A 单位又与 C 单位签订监理合同,与审计公司签订《审计协议书》。B 集团上诉主张应依据与 C 单位签订的监理合同,并以监理确认数额作为结算价款,无案涉合同相对方 A 单位对工程价款的意见,亦未体现案涉当事人双方将监理确认价款的《审核表》作为最终结算的意思表示。现因如何确定工程价款以及 B 集团的起诉是否超过法定诉讼时效发生争议。

【裁判观点】法院裁判认为,本案双方关于 B 起诉是否超过诉讼时效的问题争议在于案涉工程价款的给付,EPC 合同中未明确约定工程价款的给付时间,依据 2004《施工合同司法解释》第 18 条“当事人对付款时间没有约定或者约定不明的,下列时间视为应付款时间:(一)建设工程已实际交付的,为交付之日……”的规定,B 集团于 2005 年 9 月末将案涉工程实际交付,A 单位在此时相应的承担付款义务。如果存在欠付工程款的情形,利息亦可从此日开始计算。故案涉工程诉讼时效应从交付之日起算。一审法院对诉讼时效起算时间认定有误。B 集团上诉所称“未结算工程的诉讼时效尚未起算”的观点,来源不明,亦不符合上述法律规定,法院不予支持。在诉讼时效起算后,双方进行审计、申请仲裁等事由,符合《最高人民法院关于审理民事案件适用诉讼时效制度若干问题的规定》第 13 条等规定,产生诉讼时效中断的效力,而建工集团在一审期间举示证人证言欲证实诉讼时效中断,一审法院因证人与 B 集团存在利害关系,证实内容又无其他充分证据相佐证,对证人证言未予采信,并无不当。故一审法院认定本案已超过法定诉讼时效期间正确。B 集团该项上诉请求不能成立。

(二)全过程工程咨询单位的法律风险

全过程工程咨询单位在施工项目管理阶段需协助委托方做好从合同评审、到合同订立、到合同实施、最后到合同总结的综合性合同管理工作。对于前述委托方于合同评审、合同订立以及合同履行过程中存在的法律风险点,在全过程工程咨询服务介入的情况下,全过程工程咨询单位便需帮助委托方规避前述风险,包括:在合同评审阶段做好对合同相对方资质与信誉情况、合同实质性内容、项目合法性的审核;在合同签订阶段协助委托方建立切实可行且规范化的合同印章及授权审批制度;在合同履行阶段协助委托方积极索赔与反索赔,高效解决委托方与合同相对方的合同争议问题,同时在委托方涉诉时帮助委托方全面且充分收集、整理证据材料等。倘若全过程工程咨询单位未能全面履行前述合同管理义务,一旦委托方因此而产生一定损失,包括过错赔偿损失、工期延误损失、行政处罚损失等,委托方同样可据此追究全过程工程咨询单位的违约责任。

除前述全过程工程咨询单位应当准确识别委托方的风险点并协助委托方有

效防范风险外,对于全过程工程咨询单位在自行分包诸如投资决策咨询、勘察设计咨询、运营维护咨询、专项咨询等服务工作时,也应当关注自身在下游合同订立到合同履行全阶段的法律风险,避免因自身服务款项支付不足额、不及时等原因而被合同相对方追究违约赔偿责任等风险。

典型案例7-12

【案号】湖南省张家界市中级人民法院(2022)湘08民终48号

【案情简介】2020年8月10日,A公司与案外人B公司就桑植县红色教育培训暨研学基地建设一期项目工程的全过程工程咨询服务签订《合同协议书》。2020年11月2日,A公司的工作人员通过"智联"招聘网站发布造价招聘信息,C公司的工作人员袁某看到信息后与A公司工作人员以微信聊天的方式就造价咨询项目合作问题进行磋商,双方因服务费用等合同主要条款未达成合意,最终未签订协议。但在拟签订协议磋商过程中,C公司经A公司工作人员同意,于2020年11月6日,指派工作人员龙某、赵某到A公司与案外人B公司签订《合同协议书》的建设项目"桑植县红色教育培训暨研学基地建设一期项目工程"施工现场参与工程造价咨询服务相关工作,并在A公司项目部盖章确认的"工作联系单""工程形象进度确认单"上对其所完成的工作成果进行签字确认。2021年4月16日,C公司接到A公司要求其退场的通知。在此期间,A公司支付C公司7185元费用。

【裁判观点】法院裁判认为,本案中双方就造价咨询项目合作事宜进行过磋商,但未签署相关合同,故应认定双方的造价咨询合作协议未成立。结合查明的事实,双方在磋商过程中,C公司经A公司工作人员同意,指派一名普通造价员和一名有造价经验的工作人员参与现场造价咨询工作,时间长达5个月有余,双方之间在合同未成立时便展开实质性合作工作,从而造成相关费用结算依据不足的后果,双方均有过错,但C公司已完成的工作成果为A公司所享用,A公司理应支付C公司相应费用。考虑C公司参与案涉合同磋商及现场工作的工作量、人数、时长以及当地建设工程造价咨询服务行业收费现状等因素,并参考湖南省2021年度信息技术服务业在岗职工年平均工资标准,酌定由A公司支付C公司服务费125,000元(不含已支付的7185元)。C公司要求A公司支付预算费、伙食费的请求,缺乏证据证实,不予支持。

三、进度管理法律风险

（一）委托方的法律风险识别

根据《民法典》第798条规定："隐蔽工程在隐蔽以前，承包人应当通知发包人检查。发包人没有及时检查的，承包人可以顺延工程日期，并有权请求赔偿停工、窝工等损失。"第803条规定："发包人未按照约定的时间和要求提供原材料、设备、场地、资金、技术资料的，承包人可以顺延工程日期，并有权请求赔偿停工、窝工等损失。"第804条规定："因发包人的原因致使工程中途停建、缓建的，发包人应当采取措施弥补或者减少损失，赔偿承包人因此造成的停工、窝工、倒运、机械设备调迁、材料和构件积压等损失和实际费用。"

在建设工程施工过程中，工期顺延的情形有以下几种：(1)发包人未按约提供图纸及开工条件；(2)发包人未能按约支付工程预付款、进度款，致使施工不能正常进行；(3)监理未按约定提供所需指令、批准等，致使施工不能正常进行；(4)设计变更和工程量增加；(5)不可抗力，不利物质条件，异常恶劣的气候条件；(6)隐蔽工程在隐蔽前，承包人通知发包人检查，发包人没有及时检查；(7)发包人未按约定的时间和要求提供原材料、设备、场地、资金、技术资料等；(8)因发包人的原因致使工程中途停建、缓建。

其中，若因发包人原因导致工期延误和(或)费用增加的，由发包人承担由此延误的工期和(或)增加的费用，且发包人应支付承包人合理的利润。与此同时，承包人亦可据此主张合同解除，要求发包人赔偿停工、窝工、倒运、机械设备调迁、材料和构件积压等损失和实际费用。除此之外，根据《建设工程质量管理条例》第10条、第56条之规定，若建设工程发包单位存在任意压缩合理工期的情况，将被科以"责令改正，处20万元以上50万元以下罚款"的行政处罚。

典型案例7－13

【案号】最高人民法院(2019)最高法民终126号

【案情简介】A公司与B公司经过招投标签订了《施工合同》，并进行了备案。涉诉工程经过了公开招投标，B公司依据电子版图纸进行的工程量清单报价。工程未能够在约定期限完工，A公司要求B公司承担违约责任，而B公司主张工期顺延是由A公司在B公司进场后将招标图变更并迟迟不给付图纸的行为所导致。因此,双方就 B 公司应否向 A 公司承担违约责任、案涉工程造价应如何认定和案涉工程欠付工程款利息的起算时间应如何认定发生争议。

【裁判观点】法院裁判认为,根据合同约定,发包人应当在开工前提供图纸并在开工后 7 天内,由发包人组织设计、勘查、监理、施工等单位进行图纸会审及设计交接。而从实际履行情况看,在开工许可证下发之前,尤其是新图纸下发前,工期延误的原因在于 A 公司重新下发图纸。在开工许可证下发之后,在实际施工过程中,工期延误的主要原因是 A 公司仍然存在多次图纸设计变更和签证洽商变更的情形。A 公司的上述行为导致工程施工不能正常进行。B 公司申请对人工费、材料费调差、窝工损失进行鉴定,鉴定机构结合 B 公司进场施工日期、B 公司签收最终完整图纸的日期以及《建设工程施工许可证实际下发》的日期,依照天津市工程取费标准,计算人工费、材料费调差以及窝工损失费等,符合实际。一审法院对鉴定结论予以采信,并支持 B 公司关于增加上述工程价款的主张,并无不当。

典型案例 7 - 14

【案号】上海市奉贤区建设和管理委员会第 2020180120 号

【案情简介】上海某房地产开发有限公司违反建设工程质量管理规定,任意压缩合理工期。

【行政处罚】上海市奉贤区建设和管理委员会根据《建设工程质量管理条例》第 56 条第 2 项对其处以罚款。

(二)全过程工程咨询单位的法律风险

全过程工程咨询单位接受委托方委托进行施工项目进度管理时,一方面,应当明确项目工程的整体进度方案,对于施工过程中存在的进度偏差,应当及时纠正,尤其是涉及工期变更内容,全过程工程咨询单位应进行综合评估,并及时上报委托方,协助委托方或是在委托方的授权下自行审批工期变更签证,进而保证项目工程的施工按时完成。另一方面,全过程工程咨询单位履行进度管理职责,应当督促施工单位、勘察单位、设计单位、监理单位等在内的各参建方明确各自进度职责,积极落实各自进度计划。其中应特别注意的是,全过程工程咨询单位应协助委托方履行好工期职责,包括按时按约提供图纸、原材料、设备、场地、资金、技术资料、开工条件,按时支付工程款,按时检查施工进度等。

一旦项目工程因全过程工程咨询单位管理不到位而导致无法按期完成，或是委托方因全过程工程咨询单位协助不当而产生工期延误损失或是其他费用增加的，全过程工程咨询单位都将承担履约不力的过错赔偿责任。

典型案例 7－15

【案号】上海市奉贤区人民法院（2021）沪 0120 民初 12663 号

【案情简介】2015 年，A 公司规划在某园某园区投资开发建筑面积约 20,000 平方米的“透景体外诊断医疗器械产业化项目”。为保证建设项目的顺利实施，充分发挥投资效益，A 公司委托 B 公司管理该项目。双方于 2015 年 4 月 17 日签订《项目管理咨询服务合同》，约定 B 公司向 A 公司提供报批配套管理、设计管理、采购管理、施工管理等服务，项目管理服务费为 900,000 元，服务期限为 30 个月。合同签订后，B 公司即按合同约定开始负责“透景体外诊断医疗器械产业化项目”的管理，履行了报批配套管理、设计管理、采购管理、施工管理等合同义务。该项目未能在约定的 30 个月完成，直至 2019 年 10 月 25 日该项目才通过上海市奉贤区建设和管理委员会的建设工程综合竣工验收合格，并于 2019 年 11 月 7 日办理了不动产权登记。2019 年 11 月 13 日，B 公司将项目完工资料全部移交 A 公司。

【裁判观点】法院裁判认为，双方对合同履行完毕并无争议，争议的焦点在于项目延期竣工的责任在 B 公司抑或 A 公司，如因 B 公司的原因造成竣工延期，则应退还延期管理费，如因 A 公司的原因造成竣工延期则按合同约定的方式继续履行付款义务至合同履行完毕。法院认为，项目延期竣工是由于 A 公司的原因造成的。理由在于，首先根据查明的事实，A 公司两次向上海市临港地区开发建设管理委员会致函提出延期竣工申请，并告知延期竣工的原因，延期原因明确归于 A 公司自身，与 B 公司无关；其次，A 公司在项目延期后，已按合同约定的每月 40,000 元的标准向 B 公司实际履行延期管理费。因此，法院采纳 B 公司的本诉主张和反诉抗辩，A 公司应按某合同约定继续履行义务，即支付延期服务费至 2019 年 11 月。关于 B 公司提出 A 公司已付款中 28,000 元系为 A 公司代缴的罚款，鉴于该主张与本案的委托服务合同关系并非同一法律关系，而 A 公司予以当庭否认，故法院认定该款为 A 公司支付的服务费，B 公司就垫付罚款事宜可另案主张。

四、质量及安全生产管理法律风险

(一)委托方的法律风险识别

1. 关于工程质量的民事、行政法律风险

根据《民法典》第 793 条第 3 款规定:“发包人对因建设工程不合格造成的损失有过错的,应当承担相应的责任。”第 1252 条第 1 款规定:“建筑物、构筑物或者其他设施倒塌、塌陷造成他人损害的,由建设单位与施工单位承担连带责任,但是建设单位与施工单位能够证明不存在质量缺陷的除外。建设单位、施工单位赔偿后,有其他责任人的,有权向其他责任人追偿。”《建筑法》第 54 条第 1 款规定:“建设单位不得以任何理由,要求建筑设计单位或者建筑施工企业在工程设计或者施工作业中,违反法律、行政法规和建筑工程质量、安全标准,降低工程质量。”2020《施工合同司法解释(一)》第 13 条规定:“发包人具有下列情形之一,造成建设工程质量缺陷,应当承担过错责任:(一)提供的设计有缺陷;(二)提供或者指定购买的建筑材料、建筑构配件、设备不符合强制性标准;(三)直接指定分包人分包专业工程。承包人有过错的,也应当承担相应的过错责任。”第 14 条规定:“建设工程未经竣工验收,发包人擅自使用后,又以使用部分质量不符合约定为由主张权利的,人民法院不予支持;但是承包人应当在建设工程的合理使用寿命内对地基基础工程和主体结构质量承担民事责任。”除此之外,《建设工程质量管理条例》第 7 条至第 17 条也就建设单位的质量责任和义务进行了归纳总结。

根据前述规定,建设单位依法应对建设工程质量负责,若建设单位存在下述情形之一,则需承担相应的质量责任:(1)将工程发包给不具有相应资质等级的单位;(2)肢解发包建设工程;(3)提供的设计本身有缺陷;(4)提供或者指定购买的建筑材料、建筑构配件、设备不符合强制性标准;(5)直接指定分包人分包专业工程;(6)未经竣工验收擅自使用建设工程。

就民事法律风险而言:一方面,若建设单位因前述情形造成建设工程质量缺陷的,建设单位应对承包人承担相应的过错责任,且无法向承包人进行质量修复的主张,承包人仅在建设工程的合理使用寿命内对地基基础工程和主体结构质量承担民事责任。另一方面,若建筑物、构筑物或者其他设施倒塌、塌陷造成他人损害的,建设单位作为建筑物的质量责任主体之一,还应与施工单位共同承担侵权赔偿连带责任。

就行政法律风险而言,根据《建设工程质量管理条例》第 54 ~ 59 条以及《建筑工程五方责任主体项目负责人质量终身责任追究暂行办法》第 11 条之规定,建设单位应对工程质量问题承担下述行政法律责任:责令改正,罚款;对全部或者部分使用国有资金的项目暂停项目执行或者暂停资金拨付;未取得施工许可证或者开工报告未经批准而擅自施工的责令停止施工、限期改正;对建设单位项目负责人处罚款,向社会公布曝光,若其为国家公职人员的,将其违法违规行为告知其上级主管部门及纪检监察部门,并建议对项目负责人给予相应的行政、纪律处分。

典型案例 7 - 16

【案号】最高人民法院(2019)最高法民终 1490 号

【案情简介】经公开招投标,A 公司与 B 公司签订《施工合同》,约定由 B 公司承包电厂二期 4 × 330MW 机组工程建设工程。A 公司、C 公司与 B 公司签订补充协议一份,约定 A 公司将案涉施工合同的一切权利义务转让给 C 公司,A 公司对合同履行承担连带担保责任。B 公司还与 D 公司、E 公司(业主方)签订三方协议,确定二期 5#、6#机组主厂房系统等土建部分,经业主方竣工验收检查提出的质量缺陷整改项及尾工尾项项目费用从 B 公司结算款中扣除。而后 A 公司与 B 公司双方关于工程欠款数额的支付情况和工程停窝工损失的认定的问题发生争议。

【裁判观点】法院裁判认为,关于尾工尾项费用是否应从结算款中扣除。B 公司主张案涉工程已于 2016 年 7 月 16 日全部移交 C 公司控制、使用,C 公司已经认可了工程现状,三方协议载明的质量缺陷属于 C 公司擅自及不当使用所造成,其无权主张质量责任。另外,部分尾工尾项工程并不属于 B 公司施工内容,一审法院不应要求 B 公司承担此部分费用。二审法院认为,2015 年 12 月 25 日及 2016 年 7 月 16 日,B 公司将长山电厂二期 6#、5#机组分别移交 C 公司试运行。试运行并不等于案涉工程竣工验收,亦不能认定 C 公司擅自使用。应当待机组移交生产验收并消除缺陷,完成尾工尾项后案涉工程才能进行竣工验收。根据 B 公司与 F 公司、E 公司(业主方)及 B 公司与 D 公司、E 公司(业主方)签订的两份三方协议,确定长山电厂二期 5#、6#机组主厂房系统等土建部分,经业主方竣工验收检查提出的质量缺陷整改项及尾工尾项项目费用共计 602, 500

元,此部分费用应由B公司承担。一审法院将案涉尾工尾项费用从B公司结算款中扣除,并无不当。

典型案例7-17

【案号】北京市昌平区住建委员会京建法罚(昌建)字〔2020〕第640016号

【案情简介】北京某房地产开发有限公司在建设位于昌平区北七家镇11#住宅楼等12项(昌平区北七家镇GZT-05-1、GZT-07、GZT-09地块R2二类居住、A33基础教育、B4综合性商业金融服务业用地,配建"限价商品住房"项目时存在将工程中的消防工程肢解发包的行为。

【行政处罚】北京市昌平区住建委责令北京某房地产开发有限公司于下发行政处罚决定书之日起15日内改正该行为,处工程合同价款(6,358,745.31元)的0.625%的罚款,即39,742.16元罚款的行政处罚。

2. 关于安全生产的民事、行政法律风险

根据《建设工程安全生产管理条例》第4条规定:"建设单位、勘察单位、设计单位、施工单位、工程监理单位及其他与建设工程安全生产有关的单位,必须遵守安全生产法律、法规的规定,保证建设工程安全生产,依法承担建设工程安全生产责任。"其中,就建设单位的安全生产义务,《建设工程安全生产管理条例》第6~11条进行了如下列举:(1)应当向施工单位提供施工现场及毗邻区域内供水、排水、供电、供气、供热、通信、广播电视等地下管线资料,气象和水文观测资料,相邻建筑物和构筑物、地下工程的有关资料,并保证资料的真实、准确、完整;(2)不得对勘察、设计、施工、工程监理等单位提出不符合建设工程安全生产法律、法规和强制性标准规定的要求,不得压缩合同约定的工期;(3)在编制工程概算时,应当确定建设工程安全作业环境及安全施工措施所需费用;(4)不得明示或者暗示施工单位购买、租赁、使用不符合安全施工要求的安全防护用具、机械设备、施工机具及配件、消防设施和器材;(5)在申请领取施工许可证时,应当提供建设工程有关安全施工措施的资料;(6)依法批准开工报告的建设工程,建设单位应当自开工报告批准之日起15日内,将保证安全施工的措施报送建设工程所在地的县级以上地方人民政府建设行政主管部门或者其他有关部门备案;(7)应当将拆除工程发包给具有相应资质等级的施工单位。

建筑工程安全生产管理与质量管理相同,均是保障人民群众生命和财产安全的重要防线之一，而建设单位作为依法承担建设工程安全生产责任的主体，若未能全面履行安全生产管理职责，不但应就安全生产事故造成的伤亡、财产损失承担赔偿责任，还需面临下述行政处罚：未提供建设工程安全生产作业环境及安全施工措施所需费用的，责令限期改正，逾期未改正的责令该建设工程停止施工；未将保证安全施工的措施或者拆除工程的有关资料报送有关部门备案的，责令限期改正，给予警告；提出不符合安全生产法律、法规和强制性标准规定的要求的，要求压缩工期，将拆除工程发包给不具有相应资质等级的施工单位的，责令限期改正，罚款等。

典型案例 7－18

【案号】天津市滨海新区中塘镇人民政府(津滨)应急罚〔2020〕96 号

【案情简介】某建设集团有限公司未依照《建筑施工升降机安装、使用、拆卸安全技术规程》(JGJ 215—2010)设置层门，致使整个项目的楼层层门反向安装且未处于常闭状态，长期存在事故隐患。安全教育培训缺失。未对入场作业的潘某等人进行专门安全教育和技术交底，导致作业人员不熟悉必备的安全生产知识，不掌握安全生产操作规程。事故隐患整改不到位，在安全检查中发现了层门反向安装且未处于常闭状态的事故隐患，但未按照规定进行整改。中标项目经理长期不在现场履职，导致现场安全管理得不到有效落实。

【行政处罚】某建设集团有限公司违反了《安全生产法》第 4 条、第 25 条、第 43 条和《建设工程安全生产管理条例》第 4 条、第 21 条、第 37 条的规定，天津市滨海新区中塘镇人民政府依据《安全生产法》第 109 条第 1 项，处以罚款 350, 000 元。

典型案例 7－19

【案号】江苏省高级人民法院(2018)苏行终 634 号

【案情简介】A 公司作为施工承包及总包管理，对分包商所进行的工程进行管理，对整个项目负责。A 公司与 B 公司签订合同，约定由 B 公司对电梯装修。后电梯装修施工现场发生一起高处坠落事故，事故造成一名装修工人死亡。

【裁判观点】法院裁判认为，根据《建设工程安全生产管理条例》第 4 条的规定，施工单位必须遵守安全生产法律、法规的规定，保证建设工程安全生产，依法承担建设工程安全生产责任。《南京市安全生产条例》第 34 条第 1 款规定，建设工程施工现场安全由建筑施工单位负总责；实行施工总承包的，由总承包单位负责。本案中，A 公司系涉案金库电梯井的施工方，双方当事人均无异议。南京市政府提交的《安全防护设施交接记录表》证明，涉案事故发生于 2016 年 8 月 25 日，该事故发生时，A 公司尚未移交涉案金库电梯井，A 公司作为涉案金库电梯井的施工方，依法负有现场管理责任。A 公司于 2016 年 9 月 21 日将涉案金库电梯井移交给 B 公司南京分公司。且该记录表明确载明“6#楼金库、厨房电梯现移交给电梯安装单位，从移交起，由移交接收单位对安全管理负责”。在该电梯井移交之前，现场发生安全事故，管理责任应当由施工方 A 公司负责。事故调查组认定 A 公司负现场安全管理责任，南京市政府作出批复同意该责任认定正确。无论顺通公司是否系涉案工程的总承包单位，均不影响涉案事故的责任认定结果。

3. 关于工程质量与安全生产的刑事法律风险

建设单位未能履行或是未能切实有效履行前述涉及工程质量以及安全生产相关职责，由此造成重大工程质量或是安全生产事故，构成犯罪的，将被苛以最为严厉的刑事处罚。

建设单位在工程质量以及安全生产管理过程中涉嫌的主要刑事罪名如下：

（1）工程重大安全事故罪。根据《刑法》第 137 条规定：“建设单位、设计单位、施工单位、工程监理单位违反国家规定，降低工程质量标准，造成重大安全事故的，对直接责任人员，处五年以下有期徒刑或者拘役，并处罚金；后果特别严重的，处五年以上十年以下有期徒刑，并处罚金。”

（2）重大责任事故罪，强令、组织他人违章冒险作业罪，危险作业罪。根据《刑法》第 134 条规定：“在生产、作业中违反有关安全管理的规定，因而发生重大伤亡事故或者造成其他严重后果的，处三年以下有期徒刑或者拘役；情节特别恶劣的，处三年以上七年以下有期徒刑。强令他人违章冒险作业，或者明知存在重大事故隐患而不排除，仍冒险组织作业，因而发生重大伤亡事故或者造成其他严重后果的，处五年以下有期徒刑或者拘役；情节特别恶劣的，处五年以上有期徒刑。”第 134 条之一规定：“在生产、作业中违反有关安全管理的规定，有下列情形之一，具有发生重大伤亡事故或者其他严重后果的现实危险的，处一年以下有期徒刑、拘役或者管制:(一)关闭、破坏直接关系生产安全的监控、报警、防护、救生设备、设施,或者篡改、隐瞒、销毁其相关数据、信息的;(二)因存在重大事故隐患被依法责令停产停业、停止施工、停止使用有关设备、设施、场所或者立即采取排除危险的整改措施,而拒不执行的;(三)涉及安全生产的事项未经依法批准或者许可,擅自从事矿山开采、金属冶炼、建筑施工,以及危险物品生产、经营、储存等高度危险的生产作业活动的。"

(3)重大劳动安全事故罪。根据《刑法》第135条规定:"安全生产设施或者安全生产条件不符合国家规定,因而发生重大伤亡事故或者造成其他严重后果的,对直接负责的主管人员和其他直接责任人员,处三年以下有期徒刑或者拘役;情节特别恶劣的,处三年以上七年以下有期徒刑。"

典型案例7-20

【案号】最高人民法院(2018)最高法刑申111号

【案情简介】某公司将承建的位于江苏省南京市鼓楼区金川河上的景观廊桥施工工程分包给没有取得相应施工资质的A公司。在施工过程中,管某系某公司派驻现场的项目负责人,对A公司违反施工规范、降低工程标准未履行工程质量监管职责,导致该廊桥项目工程质量存在重大安全隐患。2012年7月3日,该廊桥在暴雨大风中倒塌,造成2死6伤和人民币80余万元的直接经济损失。

【裁判观点】法院裁判认为,管某犯工程重大安全事故罪,判处有期徒刑2年,缓刑2年,并处罚金人民币1万元。

典型案例7-21

【案号】广东省惠州市中级人民法院(2020)粤13刑终101号

【案情简介】2019年1月开始,李某在未取得任何建设许可手续的情况下,在其惠州市惠城区某屋上进行违规加建4~5层,并将加建工程承包给无施工资质的张某,由张某组织工人施工。施工期间,李某、张某均未按照生产安全规范要求工人施工,且在施工过程中为躲避相关部门检查,未在外墙搭架施工。同年2月9日,施工工人张某军在施工工程中,因无安全防护措施导致坠楼身亡。案发后,李某、张某与被害人张某军家属达成和解,赔偿了被害人家属,获得谅解。

【裁判观点】法院裁判认为,李某作为房屋建设的实际控制人、张某作为房屋建设施工负责人，违反生产安全管理规定，违规进行房屋加建，发生致一人死亡的重大安全事故，其行为已构成重大责任事故罪。李某犯重大责任事故罪，判处有期徒刑7个月。张某犯重大责任事故罪，判处有期徒刑6个月。

典型案例7－22

【案号】江苏省常熟市人民法院(2021)苏0581刑初30号

【案情简介】江苏某建设工程有限公司承包了常熟市农村生活污水治理工程尚湖镇王庄南村坝村村庄生活污水治理工程(第二批)。同年，被告人邵某安排工人杨某二、杨某三等人在该工地进行PVC－U污水管道铺装作业，被害人杨某二在沟槽底部安装污水管时，被突然坍塌的沟槽西侧壁掩埋，后经抢救无效于当日死亡。经法医鉴定，杨某二系机械性窒息死亡。被告人邵某作为直接负责的主管人员，安全生产条件不符合国家规定，造成1人死亡的重大伤亡事故。

【裁判观点】法院裁判认为，被告人邵某犯重大劳动安全事故罪，判处有期徒刑7个月，缓刑1年。

(二)全过程工程咨询单位的法律风险

质量管理以及安全生产管理均系全过程工程咨询单位于施工项目管理阶段最为核心的服务内容。一方面，全过程工程咨询单位需通过对项目工程的人、材、机等进行全过程管理，从而确保工程质量满足质量标准和相关方要求。另一方面，全过程工程咨询单位还应督促及管理各参建主体，尤其是施工单位，建立安全生产管理制度，落实安全生产职责，确保项目工程处于本质安全的状态。

基于此，全过程工程咨询单位在施工项目管理阶段履行质量管理以及安全生产管理职责时，除了会面临因对委托方涉及工程质量以及安全生产的风险关注不到位，以致不能及时协助委托方有效避免因自身原因出现工程质量缺陷或是安全生产事故的不利情形，从而需对委托方的损失承担相应的违约赔偿责任外，更为重要的是，全过程工程咨询单位还应关注其作为工程质量以及安全生产的主体责任。

2014年8月25日，住建部颁布《建筑工程五方责任主体项目负责人质量终身责任追究暂行办法》，明确了建筑工程五方责任主体项目负责人的质量终身责任，分别为承担建筑工程项目建设的建设单位项目负责人、勘察单位项目负责人、设计单位项目负责人、施工单位项目经理、监理单位总监理工程师。随着传统建筑施工组织结构的不断改革创新，全过程工程咨询服务模式应运而生，作为工程咨询行业的一种新兴趋势，2017 年 11 月 6 日，国家发改委发布《工程咨询行业管理办法》，明令“工程咨询单位对咨询质量负总责，实行咨询成果质量终身负责制”。在此前提下，鉴于全过程工程咨询服务的不断推广适用必将成为大势所趋，即全过程工程咨询单位作为同建设单位、施工单位、勘察单位、设计单位、监理单位一样参与工程项目建设的重要责任主体之一，我国法律法规将进一步完善细化全过程工程咨询单位涉及工程质量及安全生产相关的民事、行政法律责任，而全过程工程咨询单位项目负责人亦将被纳入建筑工程“六方”责任主体项目负责人范畴，依法被追究质量终身责任。

除此之外，因建设工程领域各类质量、安全生产事故频发，故各参建主体均成为刑事处罚的重点关注对象。具体来说：其一，工程重大安全事故罪的犯罪主体被限定为建设单位、设计单位、施工单位、工程监理单位。但鉴于建设工程安全生产责任贯穿于整个工程建设的全过程，随着全过程工程咨询服务的普及，全过程工程咨询单位亦有可能成为该罪的规制对象。其二，重大责任事故罪的犯罪主体，根据《高检高法办理危害生产安全刑事案件司法解释》第 1 条之规定，包括对生产、作业负有组织、指挥或者管理职责的负责人、管理人员、实际控制人、投资人等人员，以及直接从事生产、作业的人员。强令违章冒险作业罪的犯罪主体，根据《高检高法办理危害生产安全刑事案件司法解释》第 2 条之规定，包括对生产、作业负有组织、指挥或者管理职责的负责人、管理人员、实际控制人、投资人等人员。重大劳动安全事故罪的犯罪主体则为主管和直接管理安全生产设施和安全生产条件的人员。在全过程工程咨询服务活动中，全过程工程咨询单位及其从业人员，包括项目负责人、实际控制人、实际管理人等，对于项目工程的建设从本质而言便是履行一种咨询管理职责，故在涉及工程质量以及安全生产管理时，全过程工程咨询单位及其从业人员均应更为谨慎，防止因自身管理不到位而作为犯罪主体被处以重大责任事故罪，强令、组织他人违章冒险作业罪，危险作业罪重大劳动安全事故罪等，从而面临严苛的刑事处罚。

典型案例 7 – 23

【案号】天津市宝坻区应急管理局(宝)应急罚〔2022〕1 – 6002 – 1 号

【案情简介】2021 年 10 月 30 日 10 点 30 分左右，位于宝坻区宝平街道的某项目在进行化粪池水泥预制件安装作业过程中边坡坍塌,致一名工人死亡。经事故调查组调查后认定,A项目管理公司履行监理职责不力,未能及时发现并制止违规作业行为,对事故的发生负有责任。

【行政处罚】天津市宝坻区应急管理局依据《安全生产法》第41条规定,对A项目管理公司处罚款30万元。

五、资源管理法律风险

(一)委托方的法律风险识别

1. 农民工管理法律风险

《保障农民工工资支付条例》于2019年12月4日由国务院第73次常务会议通过,自2020年5月1日开始施行。其中,就建设单位对于农民工工资支付的责任承担,主要有以下内容(如表7-2所示)。

表7-2 建设单位关于农民工工资支付的责任承担

序号	违规情形	法律后果	《保障农民工工资支付条例》相关法条
1	建设单位未依法提供工程款支付担保	(1)逾期不改正的,责令项目停工,并处5万元以上10万元以下的罚款; (2)导致拖欠农民工工资的,限制其新建项目,并记入信用记录,纳入国家信用信息系统进行公示	第49条 第57条
2	建设单位未及时足额向农民工工资专用账户拨付工程款中的人工费用	(1)逾期不改正的:责令项目停工,并处5万元以上10万元以下的罚款; (2)以未结清的工程款为限先行垫付被拖欠的农民工工资	第29条 第57条
3	建设单位拒不提供或者无法提供工程施工合同、农民工工资专用账户有关资料	逾期不改正的,责令项目停工,并处5万元以上10万元以下的罚款	第57条

续表

序号	违规情形	法律后果	《保障农民工工资支付条例》相关法条
4	政府投资项目政府投资资金不到位，导致拖欠农民工工资	(1)责令限期足额拨付所拖欠的资金； (2)逾期不拨付的，由上一级政府人力资源社会保障部门约谈直接责任部门和相关监管部门负责人，必要时进行通报，约谈地方政府负责人； (3)情节严重的，对地方政府及其有关部门负责人、直接负责的主管人员和其他直接责任人员给予处分； (4)构成情形(2)的，见情形(2)法律后果	第59条
5	政府投资项目拖欠工程款，导致拖欠农民工工资	(1)限制其新建项目； (2)记入信用记录，纳入国家信用信息系统进行公示； (3)有关部门按照职责约谈建设单位负责人，并作为其业绩考核、薪酬分配、评优评先、职务晋升等的重要依据； (4)构成情形(2)的，见情形(2)法律后果	第49条 第60条
6	政府投资项目建设单位未经批准立项建设、擅自扩大建设规模、擅自增加投资概算等，导致拖欠农民工工资	(1)依法承担违法违规建设的责任； (2)有关部门按照职责约谈建设单位负责人，并作为其业绩考核、薪酬分配、评优评先、职务晋升等的重要依据； (3)由建设单位清偿拖欠的农民工工资； (4)构成情形(2)的，见情形(2)法律后果	第37条 第60条
7	社会投资项目建设资金不到位，导致拖欠农民工工资	(1)有关部门按照职责依法对建设单位进行处罚，对建设单位负责人依法依规给予处分； (2)构成情形(2)的，见情形(2)法律后果	第61条
8	社会投资项目违法违规开工建设，导致拖欠农民工工资	(1)依法承担违法违规建设的责任； (2)有关部门按照职责依法对建设单位进行处罚，对建设单位负责人依法依规给予处分； (3)由建设单位清偿拖欠的农民工工资； (4)构成情形(2)的，见情形(2)法律后果	第37条 第61条

除表7－2所列之外，若建设单位存在严重拖欠农民工工资的行为，还将涉嫌拒不支付劳动报酬罪。根据《刑法》第276条之一规定："以转移财产、逃匿等

方法逃避支付劳动者的劳动报酬或者有能力支付而不支付劳动者的劳动报酬，数额较大，经政府有关部门责令支付仍不支付的，处三年以下有期徒刑或者拘役，并处或者单处罚金；造成严重后果的，处三年以上七年以下有期徒刑，并处罚金。单位犯前款罪的，对单位判处罚金，并对其直接负责的主管人员和其他直接责任人员，依照前款的规定处罚。有前两款行为，尚未造成严重后果，在提起公诉前支付劳动者的劳动报酬，并依法承担相应赔偿责任的，可以减轻或者免除处罚。"

该罪的犯罪主体既可以是单位也可以是自然人，《拒不支付劳动报酬案件司法解释》进一步明确，不具备用工主体资格的单位或者个人，只要满足拒不支付劳动报酬罪的法定构成要件，同样也将被纳入该罪的规制范畴。因此，在建设工程施工领域，只要建设单位具有拖欠农民工工资的恶意，存在以转移财产、逃匿等方法逃避支付劳动者的劳动报酬或者有能力支付而不支付劳动者的劳动报酬两种行为，且经政府有关部门责令支付仍不支付，在达到"数额较大"标准的情况下，即涉嫌拒不支付劳动报酬罪。

典型案例7－24

【案号】昆山市住建局昆建罚字〔2020〕第16号

【案情简介】位于昆山市千灯镇炎东路南侧，陆泥浦东侧的住宅楼1#～12#、物业用房、社区用房、配电房一至四、门卫、垃圾房工程是由昆山某房地产开发有限公司建设，当事人未按约定及时足额向农民工工资专用账户拨付工程款中的人工费用。

【行政处罚】根据《保障农民工工资支付条例》第57条第2项规定，昆山市住建局对昆山某房地产开发有限公司处以罚款10万元。

典型案例7－25

【案号】广东省梅州市中级人民法院(2020)粤14刑终162号

【案情简介】2015年至2019年，黄某洪承包了广东省大埔县湖寮镇某建筑工程，在发包方已支付其工程款9065万余元的情况下，仍拖欠70余名工人工资共计651万余元。2019年8月9日，大埔县人力资源和社会保障局向黄某洪送达了限期改正指令书。黄某洪在规定期限内仍未支付工人工资，大埔县人力资源和社会保障局将该案移送大埔县公安局立案。经大埔县公安局提请批准逮捕，同年9月25日,大埔县人民检察院依法作出批准逮捕决定。在审查起诉期间,检察机关先后两次退回补充侦查,引导公安机关进一步查清拖欠工资的人数及薪资数额,并督促黄某洪在起诉前将拖欠工资全部还清。在黄某洪付清拖欠工资后,检察机关根据疫情以来民营经济复工复产的实际需要,积极开展羁押必要性审查,变更了强制措施。

【裁判观点】法院裁判认为,黄某洪犯拒不支付劳动报酬罪,判处有期徒刑2年,缓刑2年,并处罚金人民币3万元。黄某洪提出上诉,梅州市中级人民法院于10月13日裁定驳回上诉,维持原判。

2. 材料设备管理法律风险

建设单位除了应保障农民工工资按时足额支付外,还应保障中小企业材料款、设备款等款项的支付。2020年9月1日,国务院《保障中小企业款项支付条例》正式实施,该条例对机关、事业单位和大型企业支付中小企业货物、工程、服务等款项的要求进行了规制,明令要求机关、事业单位和大型企业不得违约拖欠中小企业的货物、工程、服务款项。具体规定如下:(1)第25条规定:"机关、事业单位违反本条例,有下列情形之一的,由其上级机关、主管部门责令改正;拒不改正的,对直接负责的主管人员和其他直接责任人员依法给予处分:(一)未在规定的期限内支付中小企业货物、工程、服务款项;(二)拖延检验、验收;(三)强制中小企业接受商业汇票等非现金支付方式,或者利用商业汇票等非现金支付方式变相延长付款期限;(四)没有法律、行政法规依据或者合同约定,要求以审计机关的审计结果作为结算依据;(五)违法收取保证金,拒绝接受中小企业提供的金融机构保函,或者不及时与中小企业对保证金进行核实、结算;(六)以法定代表人或者主要负责人变更,履行内部付款流程,或者在合同未作约定的情况下以等待竣工验收批复、决算审计等为由,拒绝或者迟延支付中小企业款项;(七)未按照规定公开逾期尚未支付中小企业款项信息;(八)对投诉人进行恐吓、打击报复"。(2)第26条规定:"机关、事业单位有下列情形之一的,依照法律、行政法规和国家有关规定追究责任:(一)使用财政资金从中小企业采购货物、工程、服务,未按照批准的预算执行;(二)要求施工单位对政府投资项目垫资建设。"(3)第27条规定:"大型企业违反本条例,未按照规定在企业年度报告中公示逾期尚未支付中小企业款项信息或者隐瞒真实情况、弄虚作假的,由市场监督管理部门依法处理。国有大型企业没有合同约定或者法律、行政法规依据,要求以审计机关的审计结果作为结算依据的,由其主管部门责令改正;拒不改正的,对直接负责的主管人员和其他直接责任人员依法给予处分。"(4)第28条规定:"部分或者全部使用财政资金的团体组织采购货物、工程、服务支付中小企业款项,参照本条例对机关、事业单位的有关规定执行。军队采购货物、工程、服务支付中小企业款项,按照军队的有关规定执行。"

由上可见,若建设单位存在拖欠中小企业货物、工程、服务款项时,不仅应承担逾期付款的合同违约责任,更多的是将面临被投诉,从而被苛以责令改正、拒不改正的对直接负责的主管人员和其他直接责任人员依法给予处分、失信信息被纳入全国信用信息共享平台并依法实施失信惩戒等处罚。

典型案例7－26

【案号】吉林省吉林市丰满区人民法院(2020)吉0211民初2245号

【案情简介】A公司与B单位签订《建设工程勘察设计合同》,约定由A公司承担"吉林市丰满区2018年农村饮水安全工程巩固提升项目"实施方案编制工作。合同并约定:工程勘察设计费按照国家发改委、原建设部《工程勘察设计收费标准》(计价格10号文)计算,以行业行政主管部门批复为准,支付时间为原告提交阶段性设计成果时。合同签订后,A公司依约履行了合同义务,将项目实施方案编制完成并交付B单位。A公司交付工作成果后,至今没有收到勘察设计费。A公司主张B单位作为合同签订主体,应当履行约定。并主张C单位是案涉工程项目勘察、设计和施工合同的实际履行主体,应当承担连带责任。B单位辩称财政未给予支付相应的设计费款。C单位辩称,A公司诉请其与B单位承担连带责任,没有事实基础和法律依据。

【裁判观点】法院裁判认为,B单位与A公司签订的建设工程勘察设计合同系双方真实意思表示,且不违反法律、行政法规强制性规定,该合同合法有效,依法应予保护。双方作为合同相对人,应按合同约定,遵循诚实信用原则履行相关合同义务。A公司具有相关勘察资质,以自身具备的专业能力,依合同约定,向B单位提交勘察资料后,B单位亦应按合同约定给付相应的勘察费用,且经多部门报批审批后,均对涉案工程的勘察费为43.88万元予以确认,故本院对A公司要求B单位给付勘察费的请求予以支持。B单位作为事业单位并非C单位的内设机构,其有独立的注册资金、业务范围、法定代表人,以其自身名义对外实施民事法律行为,亦应独自承担民事法律责任,故法院对A公司要求C单位承担连带责任的请求不予支持。因此,B单位于本判决生效后10日内给付吉林省A公司勘察设计费43.88万元。

典型案例7-27

【案号】吉林省长春林区中级法院(2021)吉76民终5号

【案情简介】A单位(甲方)与C公司(乙方)签订建设工程施工劳务分包合同(包括专用条款、通用条款、工程施工补充协议),将工程的桥梁(胜地桥)劳务工程分包。双方约定给投标人(乙方)甲方招标时在单价上多考虑了10%的成本风险利润费用,作为甲方将来可能因不能按时支付乙方工程款/货款时的一项经济补偿金。而在甲方资金紧张,未按合同付款比例及时付款时,乙方同意给予理解,并不采用诉讼方式解决;如违反上述约定则自愿放弃起诉时向甲方主张的利息并承诺按本合同约定的结算方式下浮10%作为最终结算价款,甲方有权从乙方的工程款中扣除。后双方因工程款及利息的支付发生争议。

【裁判观点】法院裁判认为,本案双方当事人对A单位欠付C公司工程款的事实和数额无异议,仅对A单位是否应支付C公司欠付工程款的利息有争议,亦即双方对合同单价是否包含上浮10%价格产生争议,如包含上浮10%的价格,C公司按合同约定无权主张利息,否则,C公司可根据法律规定要求A单位支付欠付工程款的利息。根据《保障中小企业款项支付条例》第1条、第4条、第27条的规定,该条例是行政机关为了促进机关、事业单位和大型企业及时支付中小企业款项,维护中小企业合法权益,优化营商环境的管理性行政法规,违反该条例的相关规定并不导致合同无效,而是由行政机关依法予以处理。故C公司依据该条例的相关规定提出限制违约责任条款无效的主张不能成立。关于A单位应给付C公司欠付工程款利息数额的问题。原审判决根据劳务分包合同中关于工程款结算的相关约定,确定利息起算时间,并按照同期全国银行间同业拆借中心公布的贷款市场报价利率计算利息给付至付清为止,符合法律规定,法院予以确认。

(二)全过程工程咨询单位的法律风险

全过程工程咨询单位的资源管理咨询服务内容包括劳务管理、工程材料与设施设备管理、资金管理等，其中农民工工资以及中小企业材料设备等款项的支付问题系资源管理工作的重中之重。全过程工程咨询单位应当借助法律服务的介入，充分掌握我国法律法规对于农民工工资以及中小企业款项支付问题的规定，进而协助委托方并督促各施工单位妥善处理好农民工工资以及中小企业款项的发放事宜，避免出现委托方因自身拖欠农民工工资、中小企业款项或是因未管理好施工单位支付农民工工资而承担直接清偿或是代为垫付等责任。一旦因农民工工资以及中小企业款项拖欠问题导致项目工程进度受阻、委托方资信受损等，全过程工程咨询单位都将承担相应的过错责任。

典型案例7－28

【案号】宁夏回族自治区石嘴山市惠农区人民法院(2021)宁0205民初1351号

【案情简介】2018年2月5日，A民政局与B公司签订《惠农区老年康养护理院项目全过程管理服务委托合同》，约定A民政局(委托方)委托B公司(受托方)对位于惠农区红果子镇的惠农区老年康养护理院项目进行全过程项目管理。2018年5月12日，B公司与C建筑公司签订《建设工程施工合同》，B公司作为发包人将A民政局作为建设单位的惠农区老年康养护理院项目发包给C建筑公司进行施工。2018年6月15日，C建筑公司与D工程公司签订《桩基工程分包施工合同》，约定C建筑公司将惠农区老年康养护理院项目工程中的碎石挤密桩工程分包D工程公司进行施工，施工中因A民政局图纸发生变更导致《桩基工程分包施工合同》无法继续履行，D工程公司与C建筑公司、A民政局因对欠付D工程公司的工程款及停工损失无法协商一致，D工程公司于2019年6月20日以C建筑公司、A民政局为被告向法院提起民事诉讼，要求C建筑公司支付欠付工程款、材料款及停工损失共计922,537.27元，并要求A民政局对上述债务承担连带清偿责任。该案件在法院主持调解过程中，D工程公司、C建筑公司、A民政局经协商对D工程公司的工程款及停工损失一致确认为260,000元，A民政局明确了该260,000元由其承担。后因A民政局、C建筑公司未履行(2019)宁0205民初1341号民事调解书确定的付款义务，D工程公司向法院申请强制执行，C建筑公司于2020年5月22日向D工程公司支付了工程款及停工损失260,000元，并缴纳执行费3800元。

【**裁判观点**】法院裁判认为，A 民政局与 B 公司签订《惠农区老年康养护理院项目全过程管理服务委托合同》，约定由 B 公司对惠农区老年康养护理院项目进行全过程项目管理，并负责工程建设过程中有关合同的洽谈与签订。B 公司作为 A 民政局的受托人，依照委托服务合同的授权规定，与 C 建筑公司签订了《建设工程施工合同》。根据《合同法》第 402 条“受托人以自己的名义，在委托人的授权范围内与第三人订立的合同，第三人在订立合同时知道受托人与委托人之间的代理关系的，该合同直接约束委托人和第三人，但有确切证据证明该合同只约束受托人和第三人的除外”的规定，B 公司以自己名义与 C 建筑公司签订的《建设工程施工合同》，对委托人 A 民政局依法具有约束力，A 民政局作为惠农区老年康养护理院项目的建设单位应当承担该项目的付款责任，故 C 建筑公司要求 A 民政局支付其垫付的工程款及停工损失 260,000 元的诉讼请求，符合法律规定，法院予以支持。

六、收尾管理法律风险

（一）委托方的法律风险识别

1. 竣工验收法律风险

《2017 版建设工程施工合同（示范文本）》对项目工程的竣工验收流程进行了梳理（如图 7－2 所示）。

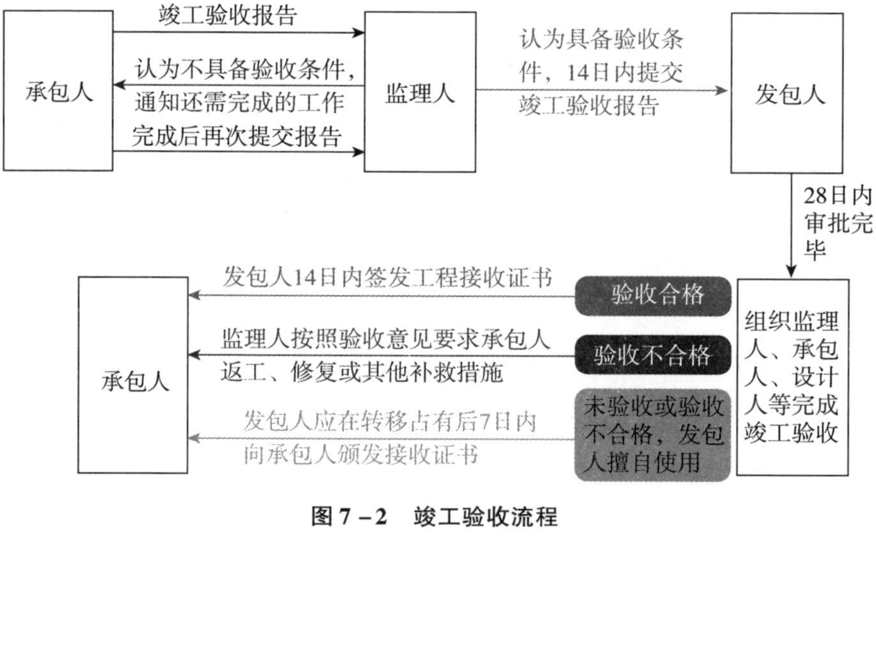

图 7－2　竣工验收流程

在竣工验收阶段,建设单位的主要法律风险来自以下几个方面:

其一,逾期组织验收。《2017 版建设工程施工合同(示范文本)》通用条款第 13.2.2 条约定:"……除专用合同条款另有约定外,发包人不按照本项约定组织竣工验收、颁发工程接收证书的,每逾期一天,应以签约合同价为基数,按照中国人民银行发布的同期同类贷款基准利率支付违约金。"通用条款第 13.2.3 条约定:"工程经竣工验收合格的,以承包人提交竣工验收申请报告之日为实际竣工日期,并在工程接收证书中载明;因发包人原因,未在监理人收到承包人提交的竣工验收申请报告 42 天内完成竣工验收,或完成竣工验收不予签发工程接收证书的,以提交竣工验收申请报告的日期为实际竣工日期;工程未经竣工验收,发包人擅自使用的,以转移占有工程之日为实际竣工日期。"建设单位逾期组织验收,不但需承担逾期验收违约责任,同时在建设单位与施工单位就工程竣工日期的认定产生纠纷时将产生对建设单位不利的解释。

其二,逾期提出整改意见或签发工程接收证书。《2017 版建设工程施工合同(示范文本)》通用条款第 13.2.2 条规定:"……竣工验收合格的,发包人应在验收合格后 14 天内向承包人签发工程接收证书。发包人无正当理由逾期不颁发工程接收证书的,自验收合格后第 15 天起视为已颁发工程接收证书。"同前,建设单位逾期提出整改意见或签发工程接收证书,当建设单位与施工单位就工程交付日期的认定存在争议时,将出现对建设单位不利的解释,增加建设单位对施工单位关于工期违约的责任主张,加重建设单位工程款支付的责任负担。

其三,未经竣工验收但擅自使用。根据 2020《施工合同司法解释(一)》第 14 条规定:"建设工程未经竣工验收,发包人擅自使用后,又以使用部分质量不符合约定为由主张权利的,人民法院不予支持;但是承包人应当在建设工程的合理使用寿命内对地基基础工程和主体结构质量承担民事责任。"建设单位在项目工程具备竣工验收条件时应当及时组织各方参加验收,没有经过竣工验收或者验收未通过的,建设单位不得提前使用。若建设单位违反规定擅自或强行使用,即可视为建设单位对建筑工程的质量表示认可,或者虽然工程质量不合格但其自愿承担相应的质量问题。此时,随着建设单位的提前使用,工程质量责任风险也由施工单位转移给建设单位。

典型案例7－29

【案号】广东省高级人民法院(2020)粤民申72号

【案情简介】A公司与B公司签订《日光大棚项目施工合同》,双方当事人均确认涉案工程至今尚未验收。二审法院推定工程视为已验收合格,并将涉案工程未能如期验收归责于A公司,A公司申请广东省高院再审。

【裁判观点】法院裁判认为,关于涉案工程是否竣工验收的问题。双方签订的《日光大棚项目施工合同》第10条第1款约定:“乙方在工程完工后提供相关竣工验收文件给甲方,甲方应当予以签收并在3天内组织验收,逾期签收或逾期组织验收超过5天的,视为验收合格。”B公司于2014年12月2日向A公司提交《日光大棚项目工程竣工报告》后,A公司应于签收该竣工报告后3天内对涉案工程组织验收,A公司至今仍未对涉案工程组织验收,故一、二审法院认定涉案工程视为竣工验收合格,并无不当。

典型案例7－30

【案号】最高人民法院(2019)最高法民申1165号

【案情简介】在A公司拖欠支付工程款的情况下,B公司撤离施工场地,并向A公司交付了房屋钥匙,将涉案工程交由A公司管理多年。涉案工程虽未经竣工验收,但A公司已经进行管理并使用。后双方关于B公司实际施工量以及应支付的工程价款问题发生争议。

【裁判观点】法院裁判认为,在A公司拖欠支付工程款的情况下,B公司撤离施工场地,并于2015年6月2日向A公司交付了房屋钥匙,将涉案工程交由A公司管理多年,A公司在本案一、二审庭审中也当庭认可其对部分房屋进行了使用,应当认定B公司已经完成了合同约定的主要义务。涉案工程虽未经竣工验收,但A公司已经进行管理并使用,获得了涉案工程的现实价值,应当按照实际工程量向B公司支付全部工程款,A公司主张只需支付涉案工程80%工程款的再审申请理由不能成立。2004《施工合同司法解释》第13条规定,“建设工程未经竣工验收,发包人擅自使用后,又以使用部分质量不符合约定为由主张权利的,不予支持”;第14条第3项规定,“建设工程未经竣工验收,发包人擅自使用的,以转移占有建设工程之日为竣工日期”。原审法院依照上述法律规定,确认2015年6月2日为涉案工程的实际交工日期和竣工日期并无不当。

2. 竣工结算法律风险

《2017 版建设工程施工合同(示范文本)》对项目工程的竣工结算流程进行了梳理(如图 7-3 所示)。

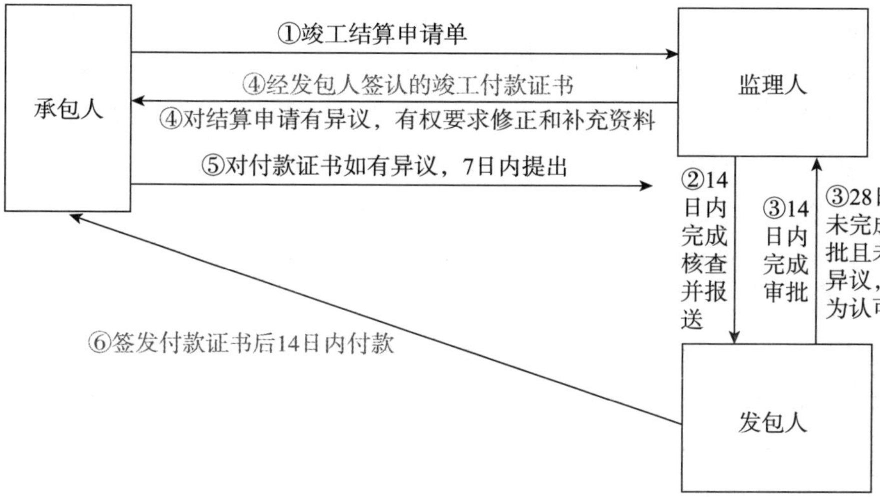

图 7-3　竣工结算流程

在竣工结算阶段,建设单位的主要法律风险体现在"逾期结算"方面。

根据 2020《施工合同司法解释(一)》第 21 条规定:"当事人约定,发包人收到竣工结算文件后,在约定期限内不予答复,视为认可竣工结算文件的,按照约定处理。承包人请求按照竣工结算文件结算工程价款的,人民法院应予支持。"《建设工程价款结算暂行办法》第 16 条规定:"发包人收到竣工结算报告及完整的结算资料后,在本办法规定或合同约定期限内,对结算报告及资料没有提出意见,则视同认可。"《2017 版建设工程施工合同(示范文本)》通用条款第 14.2 条规定,发包人在收到承包人提交竣工结算申请书后 28 日内未完成审批且未提出异议的,视为发包人认可承包人提交的竣工结算申请单,并自发包人收到承包人提交的竣工结算申请单后第 29 日起视为已签发竣工付款证书。

在建设单位与施工单位已经于施工合同中明确对"发包人收到竣工结算文件后,在××日内不予答复,视为认可竣工结算文件"这一内容进行约定的情况下,若建设单位逾期不进行结算,则项目工程结算价款将根据施工单位报送的结算文件进行认定,建设单位由此产生的工程款超付风险则需自行承担。

典型案例7-31

【案号】最高人民法院(2020)最高法民申2575号

【案情简介】A公司与B公司签订《建设工程施工合同》,由B公司承建案涉工程。B公司提交《结算书》后,A公司在未进行竣工验收的情况下对案涉工程进行了使用。双方就案涉工程是否应视为已经竣工并具备结算条件发生争议。

【裁判观点】法院裁判认为,A公司作为案涉工程的开发商,对于项目工程主要用于出售,其在明知工程未经竣工验收的情况下,将案涉工程房屋交付业主并装修入住,其行为已经构成擅自使用。同时,案涉工程除零星工程外已经基本完成,主体工程已经验收合格,双方办理了水电交接手续。综合以上情况,应视为工程已经竣工并具备结算条件。

关于B公司提交的《结算书》能否作为认定工程价款依据的问题。2004《施工合同司法解释》第20条规定,"当事人约定,发包人收到竣工结算文件后,在约定期限内不予答复,视为认可竣工结算文件的,按照约定处理。承包人请求按照竣工结算文件结算工程价款的,应予支持"。A公司和B公司于2016年6月18日签订的《补充协议》第4条约定,工程完工后双方进行结算,A公司在接到B公司工程结算通知之日起15日内给予答复,逾期视为认可。该约定符合上述司法解释规定,因此B公司向A公司送达的《结算书》应视为竣工结算文件,B公司依照《结算书》内容向A公司主张工程款,不违反法律规定。至于A公司提出,B公司诉讼主张的工程款总额与工程结算书中数额不符的问题。经查,B公司起诉主张的工程总价款为62,313,485.72元,但向A公司送交的《结算书》中显示工程价款为62,513,760.42元,其诉讼主张的价款总金额少于《结算书》中的价款金额,属于B公司处分自身权利的行为,并未加重A公司义务。因此,原审在以《结算书》为结算依据基础上,按照B公司的诉求金额判决A公司支付工程款并无不当。

(二)全过程工程咨询单位的法律风险

全过程工程咨询单位在收尾管理阶段的工作重点为协助委托方组织各参建方按时按约完成项目工程的竣工验收以及竣工结算工作,从而保证建设工程的顺利交付。简言之,若委托方存在逾期组织验收、逾期提出整改意见或签发工程接收证书、未经竣工验收擅自使用、逾期结算等竣工缺陷问题时,不但会导致项目工程的竣工以及交付日期认定存在争议,从而增加委托方对施工单位的工期追责难度,加重委托方的工程款支付责任,同时还将丧失对施工单位主张质量责任的权利。此时,全过程工程咨询单位作为以维护委托方最大权益为宗旨的服务方,根据《民法典》第 929 条“有偿的委托合同,因受托人的过错造成委托人损失的,委托人可以请求赔偿损失”以及第 933 条“委托人或者受托人可以随时解除委托合同。因解除合同造成对方损失的,除不可归责于该当事人的事由外,无偿委托合同的解除方应当赔偿因解除时间不当造成的直接损失,有偿委托合同的解除方应当赔偿对方的直接损失和合同履行后可以获得的利益”之规定,将因委托事项完成不到位而面临委托方行使合同解除权并追究损失赔偿责任的法律风险。

典型案例 7－32

【案号】白银市住建局白建建罚决〔2021〕7 号

【案情简介】A 项目管理公司在白银市北京路(诚信大道—人民路)提升改造工程(人行天桥、照明工程、绿化、交通工程)标段竣工结算审核中,未认真履行审核责任和义务。

【行政处罚】白银市住建局依据《甘肃省建设工程质量和建设工程安全生产管理条例》第 51 条的规定,对 A 项目管理公司处以罚款 1 万元。

本章围绕全过程咨询单位在项目管理阶段所提供的服务内容,对全过程工程咨询单位的法律角色进行了定位,明确了其与工程监理的关系,并从工程报批管理、合同管理、质量及安全生产管理、资源管理以及收尾管理的角度提示了施工项目管理阶段法律风险防范的重要性。建设方在项目开始的报批环节就委托全过程工程咨询单位为工程提供咨询服务,能够使施工项目在管理和合法合规等方面获得有力的支撑,从而保障项目施工的顺利进行。

第八章

全过程工程咨询单位在运营维护阶段的法律风险

随着工程项目经竣工验收并投入使用，为了实现对全过程工程项目投资效益的整体评估、确保建设项目及其附属设施的保值升值，委托方往往会要求全过程工程咨询单位提供运营维护相关咨询服务。在全过程工程项目运营维护阶段，全过程工程咨询单位须通过运用科学、规范、系统的方法，对项目建成后所达成的包括经济、社会、生态效益等在内的实际效果与影响进行综合分析，对项目设施及资产进行包括运行维护、招商筹划、租赁管理等方面的咨询管理工作，从而为委托方提供合理化建议，协助委托方实现投资效益的最大化，确保全过程工程咨询服务模式项下的建筑物达到生命周期成本最优的状态。

基于前述，本章将对全过程工程咨询单位在运营维护阶段的咨询服务内容、法律角色定位及重大法律风险进行分析，以期为全过程工程咨询单位在提供运营维护咨询服务过程中提供有效的风险防范参考依据。

第一节　运营维护阶段咨询服务内容

全过程工程咨询单位在运营维护阶段，应当就运营维护的实施先行编制策划方案，报委托方批准后具体实施。具体来说，全过程工程咨询单位在运营维护阶段的主要咨询服务内容为：项目后评价、项目绩效评价、设施管理咨询、资产管理咨询及保修期管理咨询等。

一、项目后评价与绩效评价

全过程工程咨询服务项目经竣工验收并投入使用或运营一段时间后，为了充分评估项目建成所达到的实际效果与项目最初制定的可行性研究报告、初步设计等文件主要内容之间的差距及原因，进而便于全过程工程咨询单位以及委托方更好地总结经验教训，全过程工程咨询单位的咨询服务内容往往还包括对全过程工程咨询项目的后评价及绩效评价。

（一）项目后评价与绩效评价管理要求

项目后评价与绩效评价管理要求如下：①(1)全过程工程咨询单位应制定和实施项目管理后评价和绩效评价制度，规定相关职责和工作程序，采纳项目相关方的合理评价意见。(2)全过程工程咨询单位应组建满足专业评价要求的工作组，在现场调查和资料收集的基础上，结合项目自我总结评价报告，对照项目可行性研究报告及审批文件的相关内容，对项目进行全面系统地分析评价。必要时应参照初步设计文件的相关内容进行对比分析。(3)全过程工程咨询单位对项目运营阶段的评价和管理过程应公开、公平、公正，评价结果应符合规定的要求。(4)对项目的后评价及绩效评价应采取适合工程项目特点的评价方法，过程评价与结果评价相配套，定性评价与定量评价相结合。(5)全过程工程咨询单位在开展项目后评价的过程中，应重视公众参与，广泛听取各方面意见，并在后评价报告中予以客观反映。(6)项目后评价资料应及时归档和保存。

---

① 黑龙江省住建厅《黑龙江省全过程工程咨询导则(征求意见稿)》第3.2.3条。

(二)项目后评价与绩效评价报告编制要求

项目后评价报告编制内容主要包括项目概况、项目过程评价、项目效果评价、项目目标及可持续性评价、项目总结五个部分。项目绩效报告编制的内容则侧重于项目基本概况、绩效评价的组织实施情况、绩效评价指标体系及评价标准和评价方法、绩效分析及绩效评价结论、主要经验及做法、存在问题及原因分析、相关建议七个部分。①

其中,参照《中央政府投资项目后评价管理办法》规定,参加过同一项目前期、建设实施工作或编写自我总结评价报告的工程咨询机构不得承担该项目的后评价任务,即全过程工程咨询单位不得同时承接同一项目的前期、建设实施工作、自我总结评价报告编写工作以及后评价工作。

二、项目设施管理咨询与资产管理咨询

全过程工程咨询单位在全过程项目运营前期,须在对项目本身及项目各种相关资源进行合理分析与统筹安排的基础上,对项目的经营管理过程进行全方位的构思,进而将项目的运营策划具体应用到项目设施及资产管理之上,以促使项目在经营使用过程中发挥其最大价值的活动。

(一)设施管理咨询服务内容

全过程工程咨询单位应当在全过程工程咨询服务项目建设完成后,组织包括总包施工单位、各分包单位、建设单位或使用单位在内的各方主体进行资产交接。在这一阶段,全过程工程咨询单位既需对所有拟进行交接的设施提供使用说明书,亦须负责对资产接收单位提供相应的设施使用培训服务。具体来说,全过程工程咨询单位提供的设施管理服务内容主要为:空间管理、租赁管理、运维管理、环境与风险管理、家具和设备管理、工作场所管理、物业管理、其他系统与运维系统的数据交换管理。

根据中国建筑业协会团体标准《全过程工程咨询服务管理标准》第 10. 4. 2 条规定,设施管理服务的具体要求如下:(1)空间管理。优化空间分配、分析空间利用率、分摊空间费用。(2)租赁管理。根据业务发展合理配置不动产和办公空间。(3)运维管理。通过应需维护、定期维护流程对建筑运维进行规范化。

① 黑龙江省住建厅《黑龙江省全过程工程咨询导则(征求意见稿)》第 3. 2. 3 条。

(4)环境与风险管理。在发生灾难和紧急情况时确保业务连续性,加快设施功能恢复。(5)家具和设备管理。监控固定资产成本和分配,计算折旧,规划人员和资产的搬迁。(6)工作场所管理。包括服务台,为公共服务请求提供一站式自助服务门户,降低行政成本;预定管理,帮助员工或客户查找并预定空间、设备或其他任何资源;共享办公空间管理,有效安排多人共享一个工位,减少空间成本支出。(7)物业管理。以项目管理的方式管理物业的重要维护、翻修、装修工作。(8)绿色运行管理。从绿色发展的视角研究企业运行的过程,主要包括绿色运行环境、绿色运行战略的选择、绿色产品的开发与设计、企业绿色供应链管理、绿色知识产权管理等。(9)其他系统与运维系统的数据交换管理。运维管理系统中心的部门、员工、供应商、采购订单等数据和流程与业主的企业资源计划或协同工作平台交互。

(二)资产管理咨询服务内容

在全过程工程项目建设完成并经竣工决算完成后,全过程工程咨询单位还应当就项目资产进行分类,通过协调并优化资产管理系统,以最大限度地提高资金的价值和利益相关方期望的满意度。具体来说,全过程工程咨询单位提供的资产管理服务内容主要包括:资产的保值和增值,运营安全分析和策划,项目的运营资产清查和评估,项目的招商策划和租赁管理①。

根据中国建筑业协会团体标准《全过程工程咨询服务管理标准》第 10. 5. 3 条规定,全过程工程咨询单位在提供资产管理咨询服务时,应当厘清项目运营各部门和单位的职责和界面,对工作流程的运转开展全过程管理和闭环控制。

(三)设施管理及资产管理咨询服务成果要求

根据由中国工程建筑标准化协会《建设项目全过程工程咨询标准》第 12 条要求,在全过程工程咨询项目运营维护阶段,全过程工程咨询单位应当设置运营维护机构并派驻运营维护咨询负责人,为项目设施以及资产管理运营工作提供现场支持以及技术指导。与此同时,鼓励运营维护咨询负责人建立数字化运维管理平台,从项目设施以及项目资产的空间地理信息管理、巡检管理、运行状态管理、监控管理、应急联动管理等方面为委托方提供咨询服务。

全过程工程咨询单位在提供项目设施及资产管理过程中,需要编制相应的

① 广东省住建厅《建设项目全过程工程咨询服务指引(咨询企业版)(征求意见稿)》第 11. 5 条。

设施及资产运营维护实施方案,以作为对全过程工程咨询单位提供运营维护咨询服务的审核考察标准之一。其中,实施方案一般应包括以下内容:(1)设置项目设施及资产运行维护机构,并明确人员具体分工;(2)明确项目设施及资产运行维护标准;(3)制定项目设施及资产运行维护管理制度;(4)制定项目设施及资产运行维护巡检和应急事件处理方案;(5)制定项目设施及资产运行维护环境危险因素识别控制方案;(6)制定项目设施及资产运行维护劳动保护安全卫生实施方案;(7)制定项目设施及资产运行维护消防实施方案;(8)制定项目设施及资产运行维护运营保险方案;(9)明确移交方案;(10)其他咨询服务事项。

三、保修期管理咨询

在项目运营维护阶段,全过程工程咨询单位应协助委托方与施工单位签订项目工程保修期保修合同,并制定相应的工程保修期管理制度,具体如下:(1)全过程工程咨询单位应督促施工单位根据保修合同文件、保修责任期、质量要求、回访安排和有关规定编制保修工作计划。(2)全过程工程咨询单位应对施工单位执行保修工作计划进行监督,定期回访。(3)当全过程工程咨询服务项目出现工程质量缺陷或是设备故障时,如该质量缺陷系由施工单位造成,则全过程工程咨询单位应督促施工单位及时安排人员进行修复,监督施工单位落实整改工作并完成验收;如该质量缺陷非因施工单位而造成,则全过程工程单位应当认真审核施工单位提报的修复费用,同时报委托方予以最终确认。(4)全过程工程咨询单位应协助委托方对项目质量原因进行调查,及时明确质量责任主体。

第二节　全过程工程咨询单位的法律角色定位

在全过程工程项目运营维护阶段,无论全过程工程咨询单位提供的是一体化的综合咨询服务模式,还是与多家具有不同资质的咨询单位共同提供的联合咨询服务模式,抑或由全过程工程咨询单位或是委托方主导的分包型咨询服务模式,全过程工程咨询单位均须遵循独立、公正、科学的原则,提供质量合格的咨询服务成果。

具体来说,全过程工程咨询单位在运营维护阶段,主要存在以下两种法律角色：

一是全过程工程咨询单位接受委托方的委托，编制咨询服务项目后评价与绩效评价报告，实施项目设施管理、资产管理以及保修期管理等咨询服务工作。此时，全过程工程咨询单位基于与委托方之间的委托关系，其承担的法律角色便为“受托人”，即全过程工程咨询单位应全面履行全过程工程咨询服务合同义务，切实维护委托方的合法权益，避免出现因全过程工程咨询单位自身违约行为以致被委托方追责的法律风险。

二是全过程工程咨询单位作为承担项目后评价及绩效评价任务的咨询服务机构，根据《工程咨询行业管理办法》规定，应对项目评价报告质量及相关结论负责。此时全过程工程咨询单位便承担了“咨询人”一角，如有违法违规行为，将受到行业监管、行政乃至刑罚处罚等法律风险。

第三节　全过程工程咨询单位的法律风险

根据前述，全过程工程咨询单位在运营维护阶段，主要面临因未能全面履行全过程工程咨询服务合同而导致的违约风险以及因未能提供质量合格的咨询服务成果而招致的各类处罚风险。以下将从全过程工程咨询单位在编制后评价及绩效评价报告、保修期管理、招商管理、物业管理期间的主要法律风险进行阐述。

一、后评价及绩效评价报告编制法律风险

一方面，根据《中央政府投资项目后评价管理办法》第 28 条规定：“项目单位存在不按时限提交自我总结评价报告、隐匿、虚报瞒报有关情况和数据资料，或者拒不提交资料、阻挠后评价等行为的，根据情节轻重给予通报批评，在一定限期内暂停安排该单位其他项目的中央投资。”

对于明确列入后评价计划的中央投资全过程工程咨询项目，如全过程工程咨询单位编制的后评价报告存在前述问题，并导致委托方被给予通报批评或是被暂停安排其他项目的中央投资，则全过程工程咨询单位将被委托方依法追究包括合同解除、违约损失赔偿等在内的民事法律责任。

另一方面，根据《中央政府投资项目后评价管理办法》第 25 条规定：“工程咨

询机构应对项目后评价报告质量及相关结论负责,并承担对国家秘密、商业秘密等的保密责任。”《工程咨询行业管理办法》第 14 条第 2、3 款规定:“工程咨询单位对咨询质量负总责。主持该咨询业务的人员对咨询成果文件质量负主要直接责任,参与人员对其编写的篇章内容负责。实行咨询成果质量终身负责制。工程咨询单位在开展项目咨询业务时,应在咨询成果文件中就符合本办法第十三条要求,及独立、公正、科学的原则作出信用承诺。工程项目在设计使用年限内,因工程咨询质量导致项目单位重大损失的,应倒查咨询成果质量责任,并根据本办法第三十、三十一条进行处理,形成工程咨询成果质量追溯机制。”全过程工程咨询单位作为“咨询人”时,应避免出现下列行为,否则全过程工程咨询单位将被发展改革部门责令改正;情节严重的,被给予警告处罚并从备案名录中移除;已获得资信评价等级的,由开展资信评价的组织取消其评价等级;触犯法律的,还将被依法追究法律责任,包括但不限于因工程质量问题而导致的侵权法律责任以及安全事故刑事法律责任:(1)备案信息存在弄虚作假或与实际情况不符的;(2)违背独立公正原则,帮助委托单位骗取批准文件和国家资金的;(3)弄虚作假、泄露委托方的商业秘密以及采取不正当竞争手段损害其他工程咨询单位利益的;(4)咨询成果存在严重质量问题的;(5)未建立咨询成果文件完整档案的;(6)伪造、涂改、出租、出借、转让资信评价等级证书的;(7)弄虚作假、提供虚假材料申请资信评价的;(8)弄虚作假、帮助他人申请咨询工程师(投资)登记的;(9)其他违反法律法规的行为。

其中,对于全过程工程咨询单位的直接责任人员,由发展改革部门责令改正,或给予警告处罚。

与此同时,如全过程工程咨询总负责人或是其他专业咨询负责人存在下列行为之一的,将被中国工程咨询协会视情节轻重给予警告、通报批评、注销登记证书并收回执业专用章,触犯法律的,依法追究法律责任:(1)在执业登记中弄虚作假的;(2)准许他人以本人名义执业的;(3)涂改或转让登记证书和执业专用章的;(4)接受任何影响公正执业的酬劳的。

典型案例 8 - 1

【案号】陕西省榆林市中级人民法院(2019)陕 08 民终 2899 号

【案情简介】2011 年 12 月 27 日,A 咨询公司与 B 公司签订《陕煤集团神木红柳林矿业有限公司项目后评价报告编制合同书》,合同约定A咨询公司为B公司编制红柳林矿井项目后评价报告。合同签订后,B公司向A咨询公司支付了40%的费用。2012年11月A咨询公司将纸质报告书及电子版报送B公司,由B公司逐级申报评审事宜。当月25日召开红柳林矿井项目后评价报告评审会,由A咨询公司汇报了后评价报告编制文本,但之后一直不向A咨询公司出具评审结论,B公司对剩余的费用也一直未予支付。A咨询公司自2013年10月起曾多次派人或致函催办,B公司也一直不履行付款义务,故A公司提起诉讼。

【裁判观点】法院裁判认为,根据双方当事人的诉辩主张,双方当事人对双方签订的《陕煤集团神木红柳林矿业有限公司项目后评价报告编制合同书》成立并生效不持异议,本案争议的焦点问题是B公司应否向A咨询公司支付剩余的项目编制报告费用。B公司以支付剩余编制费用的义务是合同后履行义务,其支付条件尚不具备为由请求驳回A咨询公司的诉讼请求。法院认为,B公司的该上诉理由不能成立,应予驳回,理由如下:A咨询公司与B公司签订《陕煤集团神木红柳林矿业有限公司项目后评价报告编制合同书》合法有效,双方均应全面履行合同义务。A咨询公司在合同签订后按照合同约定完成了项目后评价报告编制初稿,并在评审会做了汇报,已经完成了合同约定的基本义务。合同约定的评审单位系B公司的上级单位,该公司应在评审会后的合理期限内作出评审报告是否通过或提出修改意见的明确意见,但该单位在截至A咨询公司起诉前,长达六年多时间,既未对A咨询公司提供的评价报告作出评审通过的评审文件,又未作出评审不通过的修改意见,B公司亦至今未给A咨询公司关于项目后评价报告是否通过的明确答复,远超了通常人的合理预期,应当视为对A咨询公司提供的项目后评价报告的认可,B公司应当按照合同约定向A咨询公司支付剩余费用55.8万元。

典型案例8-2

【案号】贵州省贵阳市南明区人民法院(2020)黔0102民初5327号

【案情简介】2018年9月,原告、被告签订《建设项目环境影响评价技术咨询合同》,约定原告为被告名称为A公司2×12,600kVA矿热炉技改项目进行后环境影响评价工作并出具相应环境影响评价报告书。合同签订后,原告按约定完成了相应工作,并出具了相应环境评估报告书。被告也向原告支付了部分款项,但对于尚欠的80,000元尾款迟迟拖延。

【裁判观点】法院裁判认为,依法成立的合同,对当事人具有法律约束力。当事人应当按照约定履行自己的义务。本案中,原告、被告双方签订的《建设项目环境影响后评价技术咨询合同》,是双方当事人的真实意思表示,内容合法,属有效合同,受法律保护。合同签订后,原告按约定对涉案项目开展了后环评检测等工作并出具了环境影响后评价报告书,经专家评审委员会对报告书评审通过后,为被告向环保厅进行了报告书备案登记工作,完全履行了自己的义务。但被告仅向原告支付服务费80,000元,尚欠80,000元经原告多次催收,至今未付,构成违约,责任在于被告。故原告诉请被告支付剩余服务费尾款80,000元及逾期付款违约金,符合合同约定且于法有据,法院予以支持。

二、保修期管理咨询法律风险

根据《建设工程质量管理条例》第39条规定:"建设工程实行质量保修制度。建设工程承包单位在向建设单位提交工程竣工验收报告时,应当向建设单位出具质量保修书。质量保修书中应当明确建设工程的保修范围、保修期限和保修责任等。"

在全过程工程项目运营维护阶段,全过程工程咨询单位应督促施工单位根据保修合同文件、保修责任期、质量要求、回访安排和有关规定编制保修期监督管理工作计划。否则,如因全过程工程咨询单位监督管理不当等失职行为以致对施工单位的保修责任安排不明确,那么在发生保修事项时,将导致委托方无法追究施工单位或是分包单位的保修责任,届时质量风险将转由委托方自行承担,而由此给委托方带来的额外保修成本支出以及损失赔偿等,委托方可依据全过程工程咨询服务合同之约定向全过程工程咨询单位进行追偿。除此之外,如委托方、施工方因质量保修问题互相推诿扯皮,以致工程质量问题得不到有效解决,并造成严重损害后果的,各方还将涉嫌工程重大安全事故罪、重大责任事故罪等刑事犯罪。

应当注意的是,在建设工程的缺陷责任期内,为了保证承包人对建设工程出现的缺陷进行及时维修,发承包双方往往会在工程承包合同中约定从应付的工程款中预留部分资金作为质量保证金。一方面,全过程工程咨询单位应督促委托方按规定预留比例不高于工程价款结算总额3%的质量保证金,以便后续在承包人未履行缺陷修复义务时,委托方可以及时安排并按照合同约定对质量保证金予以扣除。另一方面,全过程工程咨询单位还应督促委托方按时向施工单位返还预留的质量保证金,否则如因全过程工程咨询单位的原因导致委托方被施工单位追究逾期返还质量保证金的违约责任时,相应的全过程工程咨询单位也需按照全过程工程咨询服务合同约定向委托方承担一定的损失赔偿责任。

典型案例8－3

【案号】北京市丰台区人民法院民事判决书(2017)京0106民初21071号

【案情简介】原告A与被告B签订了《建设工程项目管理委托服务合同》,约定由A承担B投资建设的安置房项目全过程项目管理服务。B辩称,A未向B提交各类工程保修协议,工程保修监督事务也是B独立完成,A并未监督协调相关方履行保修责任,且至今未提供项目后评价报告。

【裁判观点】法院裁判认为,A未举证证明竣工验收后提交各类保修协议书、监督各方履行工程保修、提交后评价报告,A管理工作未全部完成,后期服务存在瑕疵,对其达标项目管理费应予核减。鉴于合同约定A应全面超额完成项目管理建设目标才能取得50万元奖励服务费,本案中A后期服务存在瑕疵,项目管理建设目标并未全面超额完成,故对A此项诉讼请求,法院不予支持。

典型案例8－4

【案号】广东省清远市中级人民法院(2020)粤18民终1503号

【案情简介】2010年10月,A公资办通过招投标方式将案涉工程发包给B公司,双方于2010年10月11日签订了《广东省建设工程标准施工合同》。合同签订后,B公司即开工建设。A公资办提供的《房屋建筑工程和市政基础设施工程竣工验收备案表》显示,工程竣工验收日期为2013年7月12日,备案日期为2013年8月13日,勘察单位意见、设计单位意见、施工单位意见三栏均有"合格"的字样,监理单位意见一栏写明"同意",而建设单位意见一栏写明"同意现状验收"。案涉工程建成至验收后,A公资办分批次陆续安排交付给回迁户,但是,由于部分房屋存在严重的质量问题,部分房屋的业主未使用房屋。

【裁判观点】法院裁判认为,根据《装修装饰工程质量鉴定意见书》,案涉房屋装修装饰存在质量问题,A公资办支付了59,605元维修款及向业主支付了

4,292,125 补偿款。B 公司应否赔偿上述款项给 A 公资办,关键是如何认定工程实际竣工时间及质量问题是否发生在合同约定的保修期内。

装修装饰质量问题是否发生在合同约定的保修期内。在案证据表明,2014 年 7 月 12 日前,不断有业主到阳山县信访部门反映案涉房屋存在诸多影响公众人身安全及住户日常生活起居基本便利等质量问题;诉讼期间受法院委托的鉴定部门出具的鉴定结论认定的部分质量问题与业主反映的问题相同;2014 年 12 月 23 日,A 公资办发函要求 B 公司对存在的质量问题进行处理;阳山县人民政府为了维护业主的正当权益和社会稳定,在本案诉讼期间要求 A 公资办对业主进行补偿。根据以上事实,依据《民事诉讼司法解释》第 105 条"人民法院应当按照法定程序,全面、客观地审核证据,依照法律规定,运用逻辑推理和日常生活经验法则,对证据有无证明力和证明力大小进行判断,并公开判断的理由和结果"之法律事实认定规则,可以认定案涉房屋装修装饰质量问题发生在合同约定的保修期内。

按照合同约定,在收到 A 公资办要求对存在的质量缺陷进行处理的通知后,B 公司应当在 7 日内保修,但其没有履行义务,应当承担相应的后果。A 公资办通过阳城镇财政所的账号支付了维修费和补偿款,按照《房屋建筑工程质量保修办法》第 14 条"在保修期内,因房屋建筑工程质量缺陷造成房屋所有人、使用人或者第三方人身、财产损害的,房屋所有人、使用人或者第三方可以向建设单位提出赔偿请求。建设单位向造成房屋建筑工程质量缺陷的责任方追偿"的规定,A 公资办有权就实际发生的维修费和补偿金向 B 公司追偿。A 公资办支付了维修费和补偿款,B 公司没有及时偿还,导致 A 公资办相应利息的损失,B 公司应当赔偿。

三、招商策划管理咨询法律风险

全过程工程咨询单位在提供招商管理咨询服务过程中,往往会涉及商业广告的投放宣传以及建设项目的对外营销等咨询服务内容。

(一)广告宣传法律风险

根据《广告法》的规定,全过程工程咨询单位在协助委托方进行招商过程中,应当避免出现如下违法违规的广告宣传行为:

1. 根据《广告法》第 9 条的规定,广告不得有下列情形:(1)使用或者变相使用中华人民共和国的国旗、国歌、国徽，军旗、军歌、军徽；(2)使用或者变相使用国家机关、国家机关工作人员的名义或者形象；(3)使用“国家级”“最高级”“最佳”等用语；(4)损害国家的尊严或者利益，泄露国家秘密；(5)妨碍社会安定，损害社会公共利益；(6)危害人身、财产安全，泄露个人隐私；(7)妨碍社会公共秩序或者违背社会良好风尚；(8)含有淫秽、色情、赌博、迷信、恐怖、暴力的内容；(9)含有民族、种族、宗教、性别歧视的内容；(10)妨碍环境、自然资源或者文化遗产保护；(11)法律、行政法规规定禁止的其他情形。

2. 根据《广告法》第10条的规定：“广告不得损害未成年人和残疾人的身心健康。”

3. 根据《广告法》第11条的规定：“广告内容涉及的事项需要取得行政许可的，应当与许可的内容相符合。广告使用数据、统计资料、调查结果、文摘、引用语等引证内容的，应当真实、准确，并表明出处。引证内容有适用范围和有效期限的，应当明确表示。”

4. 根据《广告法》第12条的规定：“广告中涉及专利产品或者专利方法的，应当标明专利号和专利种类。未取得专利权的，不得在广告中谎称取得专利权。禁止使用未授予专利权的专利申请和已经终止、撤销、无效的专利作广告。”

5. 根据《广告法》第13条的规定：“广告不得贬低其他生产经营者的商品或者服务。”

6. 根据《广告法》第25条的规定：“招商等有投资回报预期的商品或者服务广告，应当对可能存在的风险以及风险责任承担有合理提示或者警示，并不得含有下列内容：(1)对未来效果、收益或者与其相关的情况作出保证性承诺，明示或者暗示保本、无风险或者保收益等，国家另有规定的除外；(2)利用学术机构、行业协会、专业人士、受益者的名义或者形象作推荐、证明。”

7. 根据《广告法》第26条的规定，房地产广告，房源信息应当真实，面积应当表明为建筑面积或者套内建筑面积，并不得含有下列内容：(1)升值或者投资回报的承诺；(2)以项目到达某一具体参照物的所需时间表示项目位置；(3)违反国家有关价格管理的规定；(4)对规划或者建设中的交通、商业、文化教育设施以及其他市政条件作误导宣传。

8. 根据《广告法》第31条的规定：“广告主、广告经营者、广告发布者不得在广告活动中进行任何形式的不正当竞争。”

9. 根据《广告法》第 32 条的规定，广告主委托设计、制作、发布广告，应当委托具有合法经营资格的广告经营者、广告发布者。

10. 根据《广告法》第 33 条的规定，广告主或者广告经营者在广告中使用他人名义或者形象的，应当事先取得其书面同意；使用无民事行为能力人、限制民事行为能力人的名义或者形象的，应当事先取得其监护人的书面同意。

11. 根据《广告法》第 34 条的规定，广告经营者、广告发布者应当按照国家有关规定，建立、健全广告业务的承接登记、审核、档案管理制度。广告经营者、广告发布者依据法律、行政法规查验有关证明文件，核对广告内容。对内容不符或者证明文件不全的广告，广告经营者不得提供设计、制作、代理服务，广告发布者不得发布。

12. 根据《广告法》第 37 条的规定，法律、行政法规规定禁止生产、销售的产品或者提供的服务，以及禁止发布广告的商品或者服务，任何单位或者个人不得设计、制作、代理、发布广告。

13. 根据《广告法》第 42 条的规定，有下列情形之一的，不得设置户外广告：(1)利用交通安全设施、交通标志的；(2)影响市政公共设施、交通安全设施、交通标志、消防设施、消防安全标志使用的；(3)妨碍生产或者人民生活，损害市容市貌的；(4)在国家机关、文物保护单位、风景名胜区等的建筑控制地带，或者县级以上地方人民政府禁止设置户外广告的区域设置的。

14. 根据《广告法》第 28 条的规定，不得发布虚假广告。广告有下列情形之一的，为虚假广告：(1)商品或者服务不存在的；(2)商品的性能、功能、产地、用途、质量、规格、成分、价格、生产者、有效期限、销售状况、曾获荣誉等信息，或者服务的内容、提供者、形式、质量、价格、销售状况、曾获荣誉等信息，以及与商品或者服务有关的允诺等信息与实际情况不符，对购买行为有实质性影响的；(3)使用虚构、伪造或者无法验证的科研成果、统计资料、调查结果、文摘、引用语等信息作证明材料的；(4)虚构使用商品或者接受服务的效果的；(5)以虚假或者引人误解的内容欺骗、误导消费者的其他情形。

当全过程工程咨询项目在进行广告宣传过程中出现前述情形时，委托方以及全过程工程咨询单位将面临以下风险：

1. 根据《广告法》第 55 条的规定："违反本法规定，发布虚假广告的，由市场监督管理部门责令停止发布广告，责令广告主在相应范围内消除影响，处广告费用三倍以上五倍以下的罚款,广告费用无法计算或者明显偏低的,处二十万元以上一百万元以下的罚款;两年内有三次以上违法行为或者有其他严重情节的,处广告费用五倍以上十倍以下的罚款,广告费用无法计算或者明显偏低的,处一百万元以上二百万元以下的罚款,可以吊销营业执照,并由广告审查机关撤销广告审查批准文件、一年内不受理其广告审查申请。广告经营者、广告发布者明知或者应知广告虚假仍设计、制作、代理、发布的,由市场监督管理部门没收广告费用,并处广告费用三倍以上五倍以下的罚款,广告费用无法计算或者明显偏低的,处二十万元以上一百万元以下的罚款;两年内有三次以上违法行为或者有其他严重情节的,处广告费用五倍以上十倍以下的罚款,广告费用无法计算或者明显偏低的,处一百万元以上二百万元以下的罚款,并可以由有关部门暂停广告发布业务、吊销营业执照、吊销广告发布登记证件。广告主、广告经营者、广告发布者有本条第一款、第三款规定行为,构成犯罪的,依法追究刑事责任。”

2. 根据《广告法》第 56 条的规定,发布虚假广告,欺骗、误导消费者,使购买商品或者接受服务的消费者的合法权益受到损害的,由广告主依法承担民事责任。广告经营者、广告发布者不能提供广告主的真实名称、地址和有效联系方式的,消费者可以要求广告经营者、广告发布者先行赔偿。涉及关系消费者生命健康以外的商品或者服务的虚假广告,造成消费者损害的,其广告经营者、广告发布者、广告代言人,明知或者应知广告虚假仍设计、制作、代理、发布或者作推荐、证明的,应当与广告主承担连带责任。

3. 根据《广告法》第 58 条的规定,违反规定发布招商等有投资回报预期的商品或者服务广告以及房地产广告的,由市场监督管理部门责令停止发布广告,对广告主处 20 万元以上 100 万元以下的罚款,情节严重的,并可以吊销营业执照,由广告审查机关撤销广告审查批准文件、1 年内不受理其广告审查申请;对广告经营者、广告发布者,由市场监督管理部门没收广告费用,处 20 万元以上 100 万元以下的罚款,情节严重的,并可以吊销营业执照。广告经营者、广告发布者明知或者应知有前述规定违法行为仍设计、制作、代理、发布的,由市场监督管理部门没收广告费用,并处广告费用 1 倍以上 3 倍以下的罚款,广告费用无法计算或者明显偏低的,处 10 万元以上 20 万元以下的罚款;情节严重的,处广告费用 3 倍以上 5 倍以下的罚款,广告费用无法计算或者明显偏低的,处 20 万元以上 100 万元以下的罚款,并可以由有关部门暂停广告发布业务、吊销营业执照、吊销广告发布登记证件。

4. 根据《广告法》第 59 条的规定，广告内容、广告引证内容、涉及专利的广告违反规定或是广告贬低其他生产经营者的商品或者服务的，由市场监督管理部门责令停止发布广告，对广告主处 10 万元以下的罚款；广告经营者、广告发布者明知或者应知有前款规定违法行为仍设计、制作、代理、发布的，由市场监督管理部门处 10 万元以下的罚款。

5. 根据《广告法》第 65 条的规定，隐瞒真实情况或者提供虚假材料申请广告审查的，广告审查机关不予受理或者不予批准，予以警告，1 年内不受理该申请人的广告审查申请；以欺骗、贿赂等不正当手段取得广告审查批准的，广告审查机关予以撤销，处 10 万元以上 20 万元以下的罚款，3 年内不受理该申请人的广告审查申请。

6. 根据《广告法》第 66 条的规定，伪造、变造或者转让广告审查批准文件的，由市场监督管理部门没收违法所得，并处 1 万元以上 10 万元以下的罚款。

7. 根据《广告法》第 67 条的规定，存在前述广告发布违法行为的，由市场监督管理部门记入信用档案，并依照有关法律、行政法规规定予以公示。

8. 根据《广告法》第 68 条的规定，广告主、广告经营者、广告发布者下列侵权行为之一的，依法承担民事责任：(1)在广告中损害未成年人或者残疾人的身心健康的；(2)假冒他人专利的；(3)贬低其他生产经营者的商品、服务的；(4)在广告中未经同意使用他人名义或者形象的；(5)其他侵犯他人合法民事权益的。

9. 根据《广告法》第 69 条的规定，因发布虚假广告，或者有其他违法行为，被吊销营业执照的公司、企业的法定代表人，对违法行为负有个人责任的，自该公司、企业被吊销营业执照之日起 3 年内不得担任公司、企业的董事、监事、高级管理人员。

总而言之，如因全过程工程咨询单位自身咨询管理服务不到位以致委托方因前述违法违规的广告发布行为而被追究民事、行政或是刑事处罚责任时，委托方有权基于全过程工程咨询服务合同向全过程工程咨询服务单位进行追偿，并可要求全过程工程咨询单位承担相应的违约损失赔偿责任。除此之外，如全过程工程咨询单位本身即作为广告发布人或是广告经营人，在其于全过程工程咨询项目运营维护阶段发布或是代理广告宣传服务过程中存在前述违法违规行为的，除依法须承担民事赔偿责任以及行政处罚责任外，情节严重的，还将涉嫌《刑法》第 222 条之虚假广告罪，被处 2 年以下有期徒刑或者拘役、并处或者单处罚金的刑事法律责任。

典型案例 8－5

【案号】广东省高级人民法院(2017)粤行申 1002 号

【案情简介】海珠区市场和质量监督局(以下简称海珠区质监局)曾作出《行政处罚决定书》，对 A 在其官网发布含有"盖世集团""全球最大""成立多年"等与事实不符内容的行为，责令其立即停止违法行为，消除影响，并处以人民币 6 万元罚款。后海珠区质监局再次发现 A 公司官网存在"投资零风险，双重保证绝对不赔钱"等不实表述，属于引人误解的虚假宣传。海珠区质监局决定责令 A 公司立即停止违法行为，消除影响，并处 95 万元罚款。

【裁判观点】法院裁判认为，本案中，经一、二审法院查明，海珠区质监局于 2015 年 7 月对 A 公司官网发布与事实不符内容的行为，作出《行政处罚决定书》，决定责令其立即停止违法行为，消除影响，并处以人民币 6 万元罚款。2015 年 9 月海珠区质监局接到群众举报后，再次发现 A 公司存在发布引人误解的虚假广告，使用了不能提供确切来源或证实的数据进行宣传，以及对相关收益作出暗示保本、无风险或者保收益等承诺的行为，违反了上述法律规定。海珠区质监局经审查后于 2016 年 2 月作出穗工商海分处字〔2016〕33 号《行政处罚决定书》，决定责令 A 立即停止违法行为，消除影响，并处 95 万元罚款。一审法院驳回 A 公司的诉讼请求，二审法院予以维持，并无不当。

典型案例 8－6

【案号】北京市门头沟区市场监督管理局京门市监罚字〔2021〕59 号

【案情简介】微信公众号"华润置地西山墅"是 A 公司的微信公众号，当事人在微信公众号"华润置地西山墅"宣传西山墅项目时使用了"经莲石路、阜石路两大快速道路，30 分钟直抵金融街、中关村"字样的宣传内容，以项目到达某具体参照物的所需时间表示项目位置。这一内容是当事人委托 B 广告有限公司设计并上传到微信公众号"华润置地西山墅"的，广告费用是 2 万元。当事人于 2020 年 1 月 7 日因违反《广告法》第 26 条被北京市门头沟区市监局处罚过，这次是当事人 2 年内再次发布违反《广告法》第 26 条规定的广告。

【行政处罚】根据《广告法》第 26 条“房地产广告,房源信息应当真实,面积应当表明为建筑面积或者套内建筑面积,并不得含有下列内容:(一)升值或者投资回报的承诺;(二)以项目到达某一具体参照物的所需时间表示项目位置;(三)违反国家有关价格管理的规定;(四)对规划或者建设中的交通、商业、文化教育设施以及其他市政条件作误导宣传”的规定,北京市门头沟区市监局决定处罚款 80,000 元。

典型案例 8-7

【案号】海门市市场监督管理局海市监处字〔2021〕00119 号

【案情简介】A 置业公司申请注册的公众号名称为“首开紫宸江湾”,账号主体为 A 置业公司。2020 年 11 月 28 日,A 置业公司在公众号上发布标题为“上海来海门的桥头堡项目一线江景洋房坐等升值”。公众号的管理权限在 A 置业公司经营部,所发布内容由上海 B 经纪有限公司拟定,由 A 置业公司经营部自行在公众号上发布。发布上述内容未支付任何广告费用。

【行政处罚】根据《广告法》第 26 条规定:“房地产广告,房源信息应当真实,面积应当表明为建筑面积或者套内建筑面积,并不得含有下列内容:(一)升值或者投资回报的承诺……”海门市市监局认为,当事人在公众号文章中使用了“坐等升值”这一内容来吸引消费者购房,该行为已经违反了上述规定,应当予以处罚。鉴于当事人案发后能够积极配合调查,及时对违法行为进行了纠正,依据《行政处罚法》第 27 条第 1 款第 1 项“当事人有下列情形之一的,应当依法从轻或者减轻行政处罚:(一)主动消除或者减轻违法行为危害后果的”规定,拟对当事人发布违法广告的行为予以从轻处罚。依据《广告法》第 58 条“有下列行为之一的,由市场监督管理部门责令停止发布广告,责令广告主在相应范围内消除影响,处广告费用一倍以上三倍以下的罚款,广告费用无法计算或者明显偏低的,处十万元以上二十万元以下的罚款……(八)违反本法第二十六条规定发布房地产广告的”的规定,拟对当事人处理如下:(1)责令在相应范围内消除影响;(2)罚款人民币 10 万元整。

典型案例 8-8

【案号】四川省广元市中级人民法院(2016)川 08 刑终 40 号

【案情简介】2011 年 4 月 8 日,A 公司总经理毛某与 B 公司经理梁某某共同委托C公司杨某某，对由A公司开发、B公司承建的江南星城A栋1～3层营业房进行全程营销。杨某某向毛某、梁某某提出A数码公司在全国有名气，要对外宣传说A数码公司要强势进入广元，要在江南星城A幢1～3层设立赛博数码广场，因此三方商议制定了以冒用赛博数码广场名义进行宣传，由梁某某与杨某某成立的D公司与购房户强制性签订委托经营协议，要求售后包租12年和承诺满5年可回购的不以房产销售为主要目的的销售方案后，于2011年5月，在未取得商品房预售许可证的情况下，由A公司提供销售场地和售房手续，B公司提供收款人员，C公司负责市场宣传和组织销售人员，C公司的营销人员向前来购房的客户宣称，赛博数码广场是全国的连锁企业，江南星城A栋1～3层营业房要建立赛博数码广场，以吸引客户购买该营业房。后，江南星城A栋1～3层营业房开始以内部申购协议收取诚意金的方式，通过报纸、传单等形式对社会公众进行宣传和销售。截至2012年7月，江南星城A栋1～3层营业房全部销售完成，实现销售额69, 844, 184元。后该项目资金断链，导致工程停工，无法按照向购房者承诺的2012年12月30日完工交房，购房户利用网络舆论平台大量发帖，并多次到政府有关部门上访，至今没有向购房者交房，造成恶劣社会影响。

【裁判观点】法院裁判认为，杨某某作为受委托销售房屋一方的公司负责人，接受销售委托后进行销售宣传是必经程序，因此属于广告发布者，其为使房屋尽快销售和高价销售，虚构A数码公司名下的“赛博数码广场”要进入销售楼盘的事实，向消费者进行虚假宣传，诱使购房者购房，客观上导致消费者信以为真而购房，至今购房后一直无法实现商业目的，造成了重大经济损失，出现了购房者上访等社会不良后果，影响了正常的社会秩序，情节严重，其行为触犯了我国《刑法》第222条的规定，构成虚假广告罪，依法应当追究被告人杨某某的刑事责任。

A公司作为开发商虽将本案所涉房屋抵偿给实际承建方的梁某某作为工程款，但仍是楼盘的销售主体，因此双方均是楼盘销售的利益享有者，其共同委托C公司销售，应当清楚销售方要对销售的商品进行销售，必然要进行宣传和推介，广告的宣传自然成为委托销售房屋一方的委托事项，说明A公司和梁某某是广告主。当C公司的负责人杨某某提出虚假广告宣传方案后，A公司的负责人毛某和承建人梁某某均表示同意，说明三被告人具有共同犯意。客观上，杨某某正是在委托方的同意下才实施的虚假广告宣传，并造成恶劣社会影响，A公司与梁某某、杨某某理应承担共同犯罪的刑事责任；毛某作为A公司的直接负责人依法应当承担刑事责任。

在共同犯罪中,由于A公司和梁某某系广告主,杨某某系广告发布者,三方是共谋对外虚假广告宣传,因此不宜划分主从,但杨某某作为犯意提起者和实施人,其作用略大于其他被告人,在量刑上应重于毛某和梁某某。

(二)建设项目产品营销法律风险

根据《反不正当竞争法》规定,全过程工程咨询单位在协助委托方进行建设项目销售过程中,应当避免出现如下涉嫌反不正当竞争的违法违规的销售行为:

1.《反不正当竞争法》第6条规定,经营者不得实施下列混淆行为,引人误认为是他人商品或者与他人存在特定联系:(1)擅自使用与他人有一定影响的商品名称、包装、装潢等相同或者近似的标识;(2)擅自使用他人有一定影响的企业名称(包括简称、字号等)、社会组织名称(包括简称等)、姓名(包括笔名、艺名、译名等);(3)擅自使用他人有一定影响的域名主体部分、网站名称、网页等;(4)其他足以引人误认为是他人商品或者与他人存在特定联系的混淆行为。

2.《反不正当竞争法》第8条规定,经营者不得对其商品的性能、功能、质量、销售状况、用户评价、曾获荣誉等作虚假或者引人误解的商业宣传,欺骗、误导消费者。经营者不得通过组织虚假交易等方式,帮助其他经营者进行虚假或者引人误解的商业宣传。

3.《反不正当竞争法》第10条规定,经营者进行有奖销售不得存在下列情形:(1)所设奖的种类、兑奖条件、奖金金额或者奖品等有奖销售信息不明确,影响兑奖;(2)采用谎称有奖或者故意让内定人员中奖的欺骗方式进行有奖销售;(3)抽奖式的有奖销售,最高奖的金额超过5万元。

4.《反不正当竞争法》第11条规定,经营者不得编造、传播虚假信息或者误导性信息,损害竞争对手的商业信誉、商品声誉。

当全过程工程咨询项目在进行对外销售过程中出现前述情形时,委托方将面临以下风险:

1.《反不正当竞争法》第17条规定,经营者因不正当竞争行为给他人造成损害的,应当依法承担民事责任。权利人因被侵权所受到的实际损失、侵权人因侵权所获得的利益难以确定的,由人民法院根据侵权行为的情节判决给予权利人300万元以下的赔偿。

2.《反不正当竞争法》第 18 条规定，经营者实施混淆行为的，由监督检查部门责令停止违法行为，没收违法商品。违法经营额 5 万元以上的，可以并处违法经营额 5 倍以下的罚款；没有违法经营额或者违法经营额不足 5 万元的，可以并处 25 万元以下的罚款。情节严重的，吊销营业执照。

3.《反不正当竞争法》第 20 条规定，经营者对其商品作虚假或者引人误解的商业宣传，或者通过组织虚假交易等方式帮助其他经营者进行虚假或者引人误解的商业宣传的，由监督检查部门责令停止违法行为，处 20 万元以上 100 万元以下的罚款；情节严重的，处 100 万元以上 200 万元以下的罚款，可以吊销营业执照。如属于发布虚假广告的，依照《广告法》的规定处罚。

4.《反不正当竞争法》第 22 条规定，经营者违反规定进行有奖销售的，由监督检查部门责令停止违法行为，处 5 万元以上 50 万元以下的罚款。

5.《反不正当竞争法》第 23 条规定，经营者违反规定损害竞争对手商业信誉、商品声誉的，由监督检查部门责令停止违法行为、消除影响，处 10 万元以上 50 万元以下的罚款；情节严重的，处 50 万元以上 300 万元以下的罚款。

6.《反不正当竞争法》第 26 条规定，经营者从事不正当竞争，受到行政处罚的，由监督检查部门记入信用记录，并依照有关法律、行政法规的规定予以公示。

7.《反不正当竞争法》第 27 条规定，经营者违反规定，应当承担民事责任、行政责任和刑事责任，其财产不足以支付的，优先用于承担民事责任。

8.《反不正当竞争法》第 31 条规定，经营者违反规定，构成犯罪的，依法追究刑事责任。

在前述情况下，全过程工程咨询单位在提供运营维护咨询服务时，如委托方因全过程工程咨询单位履职不到位以致其面临前述法律风险，则全过程工程咨询单位将被追究违约赔偿法律责任。

除此之外，在运营维护阶段，委托方往往会与全过程工程咨询单位就运营阶段的对外营销业绩达成一定共识，如全过程工程咨询单位无法达到与委托方既定的运营目标，不但其咨询服务费将在一定程度上受到折损，甚者还需要向委托方承担一定的违约损失赔偿责任。

典型案例 8－9

【案号】山东省青岛市中级人民法院（2021）鲁 02 民终 9455 号

【案情简介】2017 年 12 月 20 日,A 办事处与 B 公司签订了《山东省青岛市即墨区——(亿蜂)国际化创新产业示范基地合作协议》,约定 A 办事处确定 B 公司为本项目运营方,并对 B 公司之运营给予特定配套财政、税收政策支持,并向 B 公司提供商业写字楼场地作为本项目物业载体,B 公司对所提供的物业载体以“亿蜂”品牌予以运营。协议签订后,A 办事处于 2018 年 5 月向 B 公司交付位于青岛市即墨区共计 5596.62 平方米物业载体;于 2018 年 8 月 2 日再次交付 18 层、20 层、21 层、22 层、23 层共计 9403.38 平方米物业载体。B 公司于 2018 年 5 月引入第一家企业,直至 2019 年 9 月 10 日双方之间合作协议解除,B 公司共引进企业 32 家,使用面积共 7013.87 平方米,截至庭审之日在涉案物业载体处尚有 28 家企业,共使用面积 6318.33 平方米,B 公司引进的企业在 2018 年和 2019 年第一季度纳税额总计不足 6 万元。

【裁判观点】法院裁判认为,A 办事处认为 B 公司并未按照合同约定出租房屋,故提前解除合同,而 B 公司认为 A 办事处提前解除合同无事实和法律依据。对此,法院认为,B 公司在合同约定的第一年应完成的考核指标为 85%,至 A 办事处要求解除合同之日,距 A 办事处第一期交付房屋已经经过约 17 个月,B 公司仅出租 7013.87 平方米,仅完成第一年应出租面积的 59% 左右。因此,A 办事处为避免损失进一步扩大而提前解除合同,并无不当。

双方损失的认定问题。根据双方合同的约定,若累计 3 年未完成考核指标,B 公司应补偿 A 办事处前两年免租期 50% 的房屋租赁费,故本案双方对于未完成考核指标的损失赔偿约定清楚,3 年未完成考核指标的损失赔偿数额亦只有 50%,故应当按照双方的约定进行认定,各承担截至本案合同解除之日即 2019 年 9 月 10 日 A 办事处所支付的房屋租金的 50%,一审法院所酌定的比例不当,应予纠正。B 公司应当赔偿的数额为 2,543,404.79(5,086,809.58 × 50%)元。关于运营费用的问题,根据双方约定,第一年应当出租房屋 85%,即 B 公司应当完成出租面积 11,900 平方米,本案双方合同履行期间约 17 个月,而在合同解除之日,B 公司仅完成上述应出租面积的约 59%(7013.87 ÷ 11,900 = 0.59),远低于合同约定,考虑到双方的在本案合同中的实际履行情况,法院酌定对于相应运营费用,应当按照上述比例予以返还,即 82 万元(200 - 200 × 0.59 = 82)。另外,关于 B 公司的相应损失问题,法院认为,本案 A 办事处所支付的运营费用其目的之一就是为 B 公司开展有关业务,故其举证证明的相应损失无事实和法律依据,法院不予支持。

典型案例8-10

【案号】上海市松江区市场监督管理局沪市监松处〔2022〕272021004714号

【案情简介】A公司与B公司均从事房地产开发相关经营活动。

违法事实一:为提升车位的销售量,A公司作为山水华庭小区的开发商,B公司作为旭日华庭小区的开发商,共同组织策划在2021年5月10日至6月26日,通过放置宣传展板、发放宣传单页的方式,面向上述两小区居民通过付定金、双方签订《车位认购书》的方式对位于崇南公路599弄114号的山水华庭以及崇南公路499弄516号的旭日华庭两个小区开展团购车位的有奖销售活动。2021年6月27日,两当事人共同组织并进行车位现场抽奖,参与抽奖的对象为前期付定金并签订《车位认购书》的两小区104户居民。此次有奖销售设定的一等奖是4名,奖品是支付1元购买居民前期认购的车位;二等奖是15名,奖品是5折购买居民前期认购的车位;三等奖是20名,奖品是8折购买居民前期认购的车位。后由上述两当事人分别与对应小区的购买者签订正式的《上海市商品房出售合同》作为车位销售的正式购买合同。而A公司、B公司向上海市松江区住房保障和房屋管理局进行车位销售价格承诺以及备案的普通车位销售价格为125,000元/个和137,500元/个,微型车位销售价格为75,000元/个,子母车位销售价格为180,000元/个、无障碍车位销售价格为137,500元/个。故上述两当事人在此次车位抽奖式有奖销售中设定的奖品中最高奖的金额超过5万元。

违法事实二:为有利于活动中消费争议的解决,上述两当事人在开展团购车位有奖销售的活动中印发的宣传单页中发布"本活动最终解释权由路劲地产持有"的表述内容。此次车位有奖销售活动后,两当事人分别与对应小区的购买者签订正式的《上海市商品房出售合同》作为车位销售的正式购买合同并收取相应的车位价款。路劲地产为本案两当事人所属的集团公司简称,两当事人作为此次活动的实际组织、策划以及开展者,同时印发上述宣传单页,故该有奖销售活动的实际最终解释权归A公司、B公司,排除了消费者解释格式条款的权利。

违法事实三:在此次有奖销售活动前期,两小区居民通过付定金签订《车位认购书》的方式参与活动。在参与购买普通车位(备案价为125,000元/个)的居民签订的认购书中,本案两当事人写明的车位的销售价格为135,000元/个;在参与购买普通充电桩车位(备案价为137,500元/个)的居民签订的认购书中,写明的车位的销售价格为147,500元/个;在参与购买微型车位(备案价为75,000元/个)的居民签订的认购书中,写明的车位的销售价格为85,000元/个。同时根据活动规则两小区参与活动的居民达到104人,两小区所有购买车位的居民除参与抽奖活动外,可享受92%的优惠价来购买车位。实际操作中,两当事人是按照车位认购书中写明的车位价格对购买车位的居民实行优惠,最终在备案价格范围内签订正式合同达成交易。对于《车位认购书》中写明的车位价格,由两当事人共同决定,从2021年5月22日开始在销售中的《车位认购书》中予以写明,意让居民觉得优惠力度大,促进车位销售交易的达成。两当事人在车位销售中虚构优惠折价,诱使相关小区居民购买,属于价格欺诈行为,构成利用使人误解的价格手段的不正当价格行为。

【行政处罚】上海市松江区市监局认定,两当事人在违法事实一中实施的在车位抽奖式有奖销售中设定的奖品中最高奖的金额超过5万元的行为,违反了《反不正当竞争法》第10条第3项的规定。鉴于当事人设定的奖品中最高奖的金额超过5万元,只涉及一项违法情节,违法行为持续时间不足6个月,未造成人体健康和人身、财产受损,根据《行政处罚法》第32条第1项的规定,对当事人不正当有奖销售的行为从轻处罚。根据《反不正当竞争法》第22条和《行政处罚法》第32条第1项的规定,决定除责令当事人停止违法行为以外,对当事人从轻处罚如下:罚款人民币7万元整。

两当事人在违法事实二中实施的在格式条款中排除了消费者解释权的行为,违反了《消费者权益保护法》第26条第2款以及《合同违法行为监督处理办法》第11条第4项的规定。鉴于两当事人在活动印发宣传单页上写明此类排除消费者解释权的格式条款仅有1处,违法行为持续时间不足6个月,未造成人体健康和人身、财产受损,根据《行政处罚法》第32条第1项的规定,对当事人的上述行为从轻处罚。因此,根据《合同违法行为监督处理办法》第12条和《行政处罚法》第28条第1款、第32条第1项的规定,决定除责令改正外,对当事人从轻处罚如下:罚款人民币2000元整。

两当事人在违法事实三中在车位销售中虚构优惠折价,诱使相关小区居民购买的价格欺诈行为,违反了《禁止价格欺诈行为的规定》第7条第1项以及《价格法》第14条第4项的规定,构成利用使人误解的价格手段的不正当价格行为。

鉴于两当事人在该项违法行为中，只涉及一项商品，违法行为持续时间不足6个月，没有违法所得，根据《行政处罚法》第32条第1项的规定，对当事人的上述行为从轻处罚。因此根据《价格法》第40条第1款、《价格违法行为行政处罚规定》第7条和《行政处罚法》第32条第1项的规定，决定除责令改正外，对当事人利用使人误解的价格手段的不正当价格行为从轻处罚如下：罚款人民币8万元整。

综上，我局决定除责令当事人改正、停止违法行为以外，对当事人合并从轻处罚如下：罚款人民币152,000元。

典型案例8－11

【案号】射洪县市场监督管理局射市监罚（2019）234号

【案情简介】经查明，杨某是"泰和美邸"项目的客户，杨某于2019年5月21日在A开发有限公司"泰和美邸"售楼部（射洪县太和大道北段）签订了认购协议，协议编号为：000163，房号为：北区2栋1单元8楼1号，建筑面积：110.01平方米，单价5960元/平方米，首付款194,103万元。杨某2019年5月21日在签订"泰和美邸"认购协议后，置业顾问告诉杨某可以参加2019年6月A开发有限公司举行的"泰和美邸"项目"买洋房，抽奥迪，分享百万豪礼"活动。2019年6月16日晚，认购协议客户杨某在现场抽奖活动中抽中特等奖，奖品为奥迪A32019款Sportback35TFSI进取型国V 1台（价值为150,000元）。该行为违反了《反不正当竞争法》第10条第3项"经营者进行有奖销售不得存在下列情形：抽奖式的有奖销售，最高奖金额不超过五万元"的规定。

【行政处罚】根据《反不正当竞争法》第10条第3项的规定，B房地产营销策划有限公司涉嫌不正当竞争，射洪县市监局决定处其罚款5万元。

四、物业管理咨询法律风险

全过程工程咨询单位在运营维护阶段向委托方提供物业管理咨询服务，主要是以项目管理的方式管理物业的重要维护、翻修、装修工作。全过程工程咨询单位在提供物业管理咨询服务时，一方面，应当协助委托方选择好具有专业资质能力的物业服务单位，以保障物业服务单位在后续物业服务合同的履行过程中能够尽职尽责地提供质量优异的物业服务。另一方面，全过程工程咨询单位还应监督管理好已选定的物业服务单位,督促其做好物业服务工作,以避免因物业单位服务不到位等因素以致业主或是第三方发生人身、财产等合法权益受损等给委托方造成损失的不利情况,届时全过程工程咨询单位将向委托方承担相应的违约赔偿法律责任。

在物业管理过程中,最为核心的问题即是设备设施的管理工作。鉴于设备设施的管理到位与否,不但关系业主的日常生活以及人身安全保障问题,同时也关系设备设施的使用寿命、维修频率等与委托方成本支出息息相关的部分,因此全过程工程咨询单位对物业服务单位的监督管理重点应落物业设备设施上。

首先,全过程工程咨询单位应协助委托方做好物业设备设施的配置选型,一旦出现前期选项与后期使用不匹配,或是选择的物业设备存在质量安全隐患,将导致后期物业技术人员无法进行有效操作及维护,同时还将产生较大的设备维护成本以及造成人员、财产损失等安全风险。

其次,全过程工程咨询单位应做好物业服务单位承接物业设备设施的全过程查验工作,做好物业设备设施运行交底工作,留存交接书面记录,明确物业设备设施责任划分,以避免日后出现安全隐患等纠纷时,委托方无证可举以致承担较重责任的不利后果。

再次,全过程工程咨询单位应当全面监督物业服务合同的履行情况,针对属于物业服务单位应当实施日常维修和养护的部位,全过程工程咨询单位应当监督物业服务单位切实履职,包括实施定期巡查制度、建立岗位责任制、完善事故报告机制等,既保证物业设施设备的正常运转,同样可以在发生安全事故时快速反应、将损失缩减至最小化。

最后,基于人员的行为不规范系导致物业设备设施发生安全隐患的最大诱因,因此全过程工程咨询单位还应当对物业服务单位派驻的物业服务人员的身份信息、劳动关系、专业能力等进行核查,同时督促物业服务企业做好对其服务人员的日常培训以及定期考核工作,以避免出现物业服务单位转包物业服务、物业服务人员专业能力不达标、人员擅离职守、提报服务人员与实际到岗人员不符、人员不按规范标准操作使用设备等可能产生安全隐患的不稳定因素。

典型案例 8 – 12

【案号】甘肃省高级人民法院(2021)甘民终 550 号

【案情简介】A物业管理公司作为甲方分别与郑某、贾某、郑潇某、郑丽某签订《商铺使用合同》各一份，合同分别将169.4平方米的商铺租赁给郑某，将166.28平方米的商铺三间分别租赁给贾某、郑潇某、郑丽某。2015年4月28日，被告B公司作为甲方与郑潇某签订《商品房预售协议》五份，分别将新张掖国际商贸城28栋房号为108～112的五间商铺预售给郑潇某，郑潇某至今未交清上述房款。2017年12月29日4时36分许，C公司经营的张掖市新张掖商贸城28栋金牛商场店发生火灾，起火点位于张掖市××栋钢架楼梯南侧处。张掖市公安消防支队甘州区大队接到报警后，经调查，作出了甘区消火认字〔2018〕第0003号《火灾事故认定书》，对起火原因认定如下：起火时间为2017年12月29日3时21分许；起火部位为张市新张掖国际商贸城28栋金牛商场一层；起火点为张市新张掖国际商贸城28金牛商场店一层钢架楼梯南侧处；起火原因经现场勘验及调查询，可以排除人为放火，排除自燃，不排除遗留火种、不排除电气线路故障引燃周边可燃物蔓延成灾。

【裁判观点】法院裁判认为，关于责任承担问题，经查：2014年11月4日，A物业管理公司作为甲方分别与郑某、贾某、郑潇某、郑丽某签订《商铺使用合同》各一份。郑某和郑潇某是一家人，两人共同经营28栋一层张掖市海忠五金机电有限责任公司金牛商场店。以上两份合同中总共涉及16间商铺，郑某一家人将这16间商铺由金牛商场店打通后统一使用。2015年4月28日，B公司作为甲方与郑潇某签订《商品房预售协议》五份，分别将新张掖国际商贸城28栋房号为108～112的五间商铺（案涉的16间商铺之中）预售给郑潇某，该五间商铺的产权变更登记正在办理过程中。

依据上述合同，A物业公司为该商场提供物业服务，未对其管理的消防设备尽到定期维修保养的义务，导致火灾发生，存在一定的过错，应当负赔偿责任。B公司作为商铺所有人，对消防安全工作重视不够，未严格落实消防安全责任制，监督、检查力度不够，致使金牛商场店重新装修后未经公安消防机构审核验收就投入使用，导致火灾隐患长期存在，存在相应的过错，也应当对海忠五金及金牛商场店因火灾造成的损失承担赔偿责任。

至于各方承担责任的比例问题，张掖市公安消防支队甘州区大队接到报警后，经调查，作出了甘区消火认字〔2018〕第0003号《火灾事故认定书》，于2018年8月12日作出张公消火复字〔2018〕第0001号《火灾事故认定复核决定书》。

以上《火灾事故认定书》和《火灾事故认定复核决定书》虽未排除C公司和A物业公司、B公司在此次火灾中的责任，但对各方的责任大小未进行明确。原《侵权责任法》第20条规定："侵害他人人身权益造成财产损失的，按照被侵权人因此受到的损失赔偿；被侵权人的损失难以确定，侵权人因此获利的，按照其获得的利益赔偿；侵权人因此获得的利益难以确定，被侵权人和侵权人就赔偿额协商不一致，向人民法院起诉的，由人民法院根据实际情况确定赔偿数额。"

本案中，C公司及D商场店对商铺火灾隐患疏于监管、排查和防范，对租用的商铺未尽到消防管理职责和安全保障义务，导致发生火灾发生，存在过错，应当对其受到的损失承担主要责任。A物业公司作为管理人，对其负责的消防设备尽到定期维修保养的义务，在火灾发生后不能及时扑灭造成的扩大损失有一定的过错，应承担次要责任。C公司对消防安全工作重视不够，未严格落实消防安全责任制，监督、检查力度不够，致使金牛商场店重新装修后未经公安消防机构审核验收就投入使用也有一定过错，应当承担相应的责任。一审法院根据火灾的实际情况认定C公司及D商场店承担70%的责任，A物业公司承担20%的责任，B公司承担10%的责任并无不当。

典型案例8－13

【案号】贵州省铜仁市（地区）中级人民法院（2019）黔06民终121号

【案情简介】2017年8月16日上午，龙某进入位于江口某商业街的熙豪大厦，欲前往新开业的超市购物。因超市系新开业，龙某未读懂超市指示方向标识，沿着临近正门的楼梯上到三楼。龙某上到三楼后仍未见超市，欲通过三楼楼梯转角的门寻找出路，在打开门后向前一步踩空，从三楼跌到一楼。龙某跌落受伤，被送往江口县人民医院治疗，龙某所受之伤经诊断为左侧粉碎性多发性骨盆骨折、2型糖尿病。龙某跌落处为大厦内临近楼梯的一消防井，该消防井共4层高，楼层之间无楼板相隔，二楼、三楼与楼梯以一门相隔，且该门无任何安全警示及禁止入内标识，四楼与楼梯以墙体相隔。

【裁判观点】法院裁判认为，根据《建设设计防火规范》第6.4.2（2）条规定："除楼梯间的出入口和外窗外，楼梯间的墙上不应开设其他门、窗、洞口。"2014年8月27日，住建部发布的第517号公告，《建设设计防火规范》第6.4.2条为强制性条文，必须严格执行。

本案中,A 作为熙豪大厦的业主方,建设的楼梯间 3 楼平台处设置电源井和防火门,违反《建设设计防火规范》第 6.4.2 条的规定,存在设计安全漏洞,系导致被龙某跌落入电源井造成损害的主要原因。B 作为管理方,在电源井存在重大安全隐患的情况下,因楼梯间无自然光线,未提供灯光照明,未在防火门上张贴必要的警示标志,致使龙某购物时造成人身损害,存在一定的管理漏洞,是事故发生的次要原因。

根据《侵权责任法》第 37 条第 1 款"宾馆、商场、银行、车站、娱乐场所等公共场所的管理人或者群众性活动的组织者,未尽到安全保障义务,造成他人损害的,应当承担侵权责任"的规定,A 与 B 作为商场的所有人及管理者,未尽到安全保障义务,造成龙某人身损害,应当承担侵权赔偿责任。另外,龙某进入没有照明的楼梯间,应当具有一定的警惕性,其未对周围环境进行必要的观察,未尽到一般的审慎注意义务,最终导致事故发生,故根据过失相抵原则,可适当减轻侵权人的赔偿责任。综上,酌定 A 承担 70% 的责任,即赔偿 92,068.12 元,B 承担 20% 的责任,即赔偿 26,305.18 元,龙某自行承担 10% 的责任。

全过程工程咨询单位在项目运营维护阶段,通过开展项目后评价以及绩效评价咨询、项目设施及资产管理咨询、项目保修期咨询等服务,有助于进一步提升全过程工程项目的投资效益,实现全过程工程项目的保值增值,同时也有助于为委托方的决策提供更为有效的经验建议,协助委托方形成良好的项目决策机制。鉴于运营维护阶段系全过程工程咨询项目交付使用后的一个较为重要的阶段,在一定程度上决定全过程工程项目能否达到既定效益,故该阶段作为全过程工程咨询单位的重要履约环节,全过程工程咨询单位应全面识别其履约风险点,进而做到防患于未然。

第九章

全过程工程咨询单位的合规管理

合规是指企业及其员工的经营管理行为须符合外部合规规范和内部合规规范。其中，外部合规规范涉及法律、法规、部门规章、司法解释、规范性文件、行业监管规定、标准、行政许可和授权、行业准则、法院判决、行政决定、党内法规、商业惯例、道德规范以及国际条约、国际规则、国际组织的决定等；内部合规规范则涵盖企业章程、规章制度、股东决议、董事会决议、管理层决议、企业与第三方之间的协议、企业所在行业的自律性规则、企业自愿性对外承诺等。

近年来，随着《中央企业合规管理指引（试行）》《合规管理体系指南》《企业境外经营合规管理指引》《中央企业合规管理办法》等政策文件的陆续出台，国内各企业纷纷开启自身合规管理的探

索之路。尤其是全过程工程咨询单位，在《房屋建筑和市政基础设施建设项目全过程工程咨询服务技术标准（征求意见稿）》《全过程工程咨询服务合同示范文本（征求意见稿）》《关于推进全过程工程咨询服务发展的指导意见》等规范性文件的要求下，其面临的合规管理风险更甚。一旦全过程工程咨询单位在开展全过程工程咨询服务过程中存在不合规行为，其将面临包括内部追责、民事索赔、行政处罚、刑事惩处等在内的诸多内部及外部风险。

故本章将以全过程工程咨询服务相关的合规规范为依据，按照全过程工程咨询服务合同的履约过程，主要从业务承接、合同签订、合同履行、争议解决四个阶段着手，全面梳理全过程工程咨询单位的合规管理工作应当如何有效推行。

第一节　合规管理概述

合规管理是指以有效防控合规风险为目的,以企业和员工经营管理行为为对象,开展包括制度制定、合规组织设立、风险识别、合规审查、风险应对、责任追究、考核评价、合规培训等有组织、有计划的管理活动。① 鉴于目前已出台的合规管理政策大多仅针对中央企业,若全过程工程咨询单位的性质属于中央企业,可直接适用相关政策文件以构建自身合规管理体系,开展合规管理工作;但若全过程工程咨询单位的性质不属于中央企业,则可在参照相关政策文件的基础上,结合工程咨询行业特点以及各地区的合规要求等,制定符合自身发展的合规管理制度,开展合规风险识别与评估、合规审查、合规咨询与举报、合规培训、合规考核与评价等具体工作。必要或遇疑难复杂情形时,全过程工程咨询单位可聘请外部专业人士或第三方机构协助开展合规管理工作,也可以定期委托具有专业资质的外部专业人士或第三方机构对合规管理的有效性进行分析评估,以协助全过程工程咨询单位对重大合规风险和违规问题深入探查,明确问题根本,完善相关机制。

本节将从宏观层面入手,就全过程工程咨询单位如何构建合规管理体系、开展合规管理工作进行阐述。本章第二节至第五节,将结合全过程工程咨询单位的行业特征及运营模式,全面梳理与分析全过程工程咨询单位在业务承接、合同签订、合同履行、争议解决阶段开展合规管理工作的重点审查和管理内容。

一、合规制度

建立合规制度是落实合规政策监管的有效途径,是构建合规管理体系的基础,是开展合规管理工作的重要依据。合规制度不仅包括合规行为准则、合规管理办法等基本制度,还包括合规组织、合规管理运行、合规管理保障等具体制度,以及结合自身实际情况就市场交易、安全环保、质量管理、合同管理等重点领域建立的专项制度。对全过程工程咨询单位而言,建立合规管理基本制度应重点

① 《中央企业合规管理指引(试行)》第2条。

关注合规管理的目标、机构职责、运行机制、保障机制、监督机制、奖惩问责等内容;建立合规管理具体制度应重点关注合规管理运行具体制度是否包含合规风险管理、合规评估、合规审查、合规报告等重点内容,合规管理保障具体制度是否包含合规考核评价、违规管理、合规奖惩、合规管理信息化、合规文化建设等重点内容。此外,全过程工程咨询单位作为工程咨询类企业应针对合同管理、质量管理、安全环保、市场交易这四个重点领域设立合规专项制度。

总而言之,全过程工程咨询单位设立合规制度应遵循以下六个原则:

1. 全面性原则。全过程工程咨询单位设立的合规制度,其合规要求应覆盖各业务领域、各业务部门、全体员工,其合规管理应贯穿决策、执行、监督全流程。

2. 协同性原则。全过程工程咨询单位需推动合规管理与法务、监察、审计、内控、风险管理等协同运作,确保合规管理制度有效施行。

3. 责任性原则。全过程工程咨询单位需把加强合规管理作为企业主要负责人履行推进法治建设第一责任人职责的重要内容,建立全员合规责任制,明确管理人员和各岗位员工的合规责任并督促有效落实,畅通举报渠道,严肃追究违规人员责任。

4. 客观独立性原则。全过程工程咨询单位需严格依照法律规定对企业和员工行为进行客观评价和处理,其中合规管理部门及相关人员须独立履行合规管理职责,不受其他业务部门和人员的干涉,同时其他相关业务部门应积极配合合规管理,不得以任何方式加以干涉或阻挠。

5. 适用性原则。全过程工程咨询单位需结合经营范围、组织结构和业务规模等自身实际出发,兼顾成本与效率,合理设定合规目标和合规管理重点领域,提高合规管理制度的有效性、适用性。

6. 持续性原则。全过程工程咨询单位需持续关注和跟踪合规规范的修改、更新,确保持续适用有效的合规规范,同时需根据自身阶段性的合规评价情况,进入合规风险再识别、合规制度再制定等持续改进阶段,并积极配合监管机构的监督检查,及时更新改进合规管理制度。

二、合规组织

目前已出台的相关政策文件中,合规管理组织虽然所采用的名称、职责不尽相同,但可以确定的是,合规管理组织的设立是合规管理工作开展的必然要求。

基于此,全过程工程咨询单位可结合自身业务特征、企业规模等实际情况,参考《中央企业合规管理指引(试行)》以及《中央企业合规管理办法》相关规定搭建合规管理组织,明确合规管理职责(如表9－1所示)。

表9－1　合规管理组织和职责对比

《中央企业合规管理指引(试行)》	《中央企业合规管理办法》
—	第七条【党委(党组)作用】　中央企业党委(党组)发挥把方向、管大局、促落实的领导作用,推动合规要求在本企业得到严格遵循和落实,不断提升依法合规经营管理水平。 中央企业应当严格遵守党内法规制度,企业党建工作机构在党委(党组)领导下,按照有关规定履行相应职责,推动相关党内法规制度有效贯彻落实
第五条　董事会的合规管理职责主要包括: (一)批准企业合规管理战略规划、基本制度和年度报告; (二)推动完善合规管理体系; (三)决定合规管理负责人的任免; (四)决定合规管理牵头部门的设置和职能; (五)研究决定合规管理有关重大事项; (六)按照权限决定有关违规人员的处理事项	第八条【董事会职责】　中央企业董事会发挥定战略、作决策、防风险作用,主要履行以下职责: (一)审议批准合规管理基本制度、体系建设方案和年度报告等。 (二)研究决定合规管理重大事项。 (三)推动完善合规管理体系并对其有效性进行评价。 (四)决定合规管理部门设置及职责
第六条　监事会的合规管理职责主要包括: (一)监督董事会的决策与流程是否合规; (二)监督董事和高级管理人员合规管理职责履行情况; (三)对引发重大合规风险负有主要责任的董事、高级管理人员提出罢免建议; (四)向董事会提出撤换公司合规管理负责人的建议	—

续表

《中央企业合规管理指引(试行)》	《中央企业合规管理办法》
第七条　经理层的合规管理职责主要包括: (一)根据董事会决定,建立健全合规管理组织架构; (二)批准合规管理具体制度规定; (三)批准合规管理计划,采取措施确保合规制度得到有效执行; (四)明确合规管理流程,确保合规要求融入业务领域; (五)及时制止并纠正不合规的经营行为,按照权限对违规人员进行责任追究或提出处理建议; (六)经董事会授权的其他事项	第九条【经理层职责】　中央企业经理层发挥谋经营、抓落实、强管理作用,主要履行以下职责: (一)拟订合规管理体系建设方案,经董事会批准后组织实施。 (二)拟订合规管理基本制度,批准年度计划等,组织制定合规管理具体制度。 (三)组织应对重大合规风险事件。 (四)指导监督各部门和所属单位合规管理工作
—	第十条【第一责任人职责】　中央企业主要负责人作为推进法治建设第一责任人,应当切实履行依法合规经营管理重要组织者、推动者和实践者的职责,积极推进合规管理各项工作
第八条　中央企业设立合规委员会,与企业法治建设领导小组或风险控制委员会等合署,承担合规管理的组织领导和统筹协调工作,定期召开会议,研究决定合规管理重大事项或提出意见建议,指导、监督和评价合规管理工作	第十一条【合规委员会职责】　中央企业设立合规委员会,可以与法治建设领导机构等合署办公,统筹协调合规管理工作,定期召开会议,研究解决重点难点问题
第九条　中央企业相关负责人或总法律顾问担任合规管理负责人,主要职责包括: (一)组织制订合规管理战略规划; (二)参与企业重大决策并提出合规意见; (三)领导合规管理牵头部门开展工作; (四)向董事会和总经理汇报合规管理重大事项; (五)组织起草合规管理年度报告	第十二条【首席合规官职责】　中央企业应当结合实际设立首席合规官,不新增领导岗位和职数,由总法律顾问兼任,对企业主要负责人负责,领导合规管理部门组织开展相关工作,指导所属单位加强合规管理

续表

《中央企业合规管理指引(试行)》	《中央企业合规管理办法》
第十条　法律事务机构或其他相关机构为合规管理牵头部门,组织、协调和监督合规管理工作,为其他部门提供合规支持,主要职责包括: (一)研究起草合规管理计划、基本制度和具体制度规定; (二)持续关注法律法规等规则变化,组织开展合规风险识别和预警,参与企业重大事项合规审查和风险应对; (三)组织开展合规检查与考核,对制度和流程进行合规性评价,督促违规整改和持续改进; (四)指导所属单位合规管理工作; (五)受理职责范围内的违规举报,组织或参与对违规事件的调查,并提出处理建议; (六)组织或协助业务部门、人事部门开展合规培训	第十三条【合规管理主体职责】　中央企业业务及职能部门承担合规管理主体责任,主要履行以下职责: (一)建立健全本部门业务合规管理制度和流程,开展合规风险识别评估,编制风险清单和应对预案。 (二)定期梳理重点岗位合规风险,将合规要求纳入岗位职责。 (三)负责本部门经营管理行为的合规审查。 (四)及时报告合规风险,组织或者配合开展应对处置。 (五)组织或者配合开展违规问题调查和整改。 中央企业应当在业务及职能部门设置合规管理员,由业务骨干担任,接受合规管理部门业务指导和培训
第十一条　业务部门负责本领域的日常合规管理工作,按照合规要求完善业务管理制度和流程,主动开展合规风险识别和隐患排查,发布合规预警,组织合规审查,及时向合规管理牵头部门通报风险事项,妥善应对合规风险事件,做好本领域合规培训和商业伙伴合规调查等工作,组织或配合进行违规问题调查并及时整改。 监察、审计、法律、内控、风险管理、安全生产、质量环保等相关部门,在职权范围内履行合规管理职责	第十四条【合规管理职责】　中央企业合规管理部门牵头负责本企业合规管理工作,主要履行以下职责: (一)组织起草合规管理基本制度、具体制度、年度计划和工作报告等。 (二)负责规章制度、经济合同、重大决策合规审查。 (三)组织开展合规风险识别、预警和应对处置,根据董事会授权开展合规管理体系有效性评价。 (四)受理职责范围内的违规举报,提出分类处置意见,组织或者参与对违规行为的调查。 (五)组织或者协助业务及职能部门开展合规培训,受理合规咨询,推进合规管理信息化建设。 中央企业应当配备与经营规模、业务范围、风险水平相适应的专职合规管理人员,加强业务培训,提升专业化水平

续表

《中央企业合规管理指引(试行)》	《中央企业合规管理办法》
—	第十五条【监督部门职责】 中央企业纪检监察机构和审计、巡视巡察、监督追责等部门依据有关规定,在职权范围内对合规要求落实情况进行监督,对违规行为进行调查,按照规定开展责任追究

在此,笔者建议全过程工程咨询单位可设立如下组织:董事会、监事会、合规委员会、经理层、合规管理负责人(首席合规官或总法律顾问兼任)、合规管理部门、各业务部门、其他相关部门(监察、审计、法律、内控、风险管理、安全生产、质量环保等)。具体职责如下:(1)董事会、监事会、经理层、合规委员会作为决策层,负责对重大事项进行决策并处理合规管理工作中的权力配置问题。(2)经理层、合规管理负责人作为管理层,主要负责合规管理体系的建立、合规管理制度的制定、合规管理工作的实施、评价、维护和改进等。(3)合规管理部门、各业务部门、其他相关部门作为执行层,负责落实和实施企业合规管理制度和程序,包括识别归口管理领域的合规要求,就职责范围内事项收集合规风险信息、合规审查、合规监督、合规检查、合规培训、改进合规管理措施等。

三、合规风险管理

所谓合规风险管理包括对合规风险进行识别、评估、处置应对、控制、问题整改和持续改进全过程。合规风险管理既是合规管理工作开展的基础和核心,亦是全过程工程咨询单位应格外重视的一个环节。

参考《中央企业合规管理指引(试行)》以及《中央企业合规管理办法》相关规定,全过程工程咨询单位开展合规风险管理工作,可按以下步骤进行:

首先,全过程工程咨询单位应建立合规风险识别与评估机制(如表9-2、表9-3所示)。全过程工程咨询单位应根据自身业务领域、业务模式、所有权性质、行业监管等实际情况,组织各业务部门全面、系统地梳理日常经营管理活动中所面临的合规风险,建立合规风险库。在对风险起因、风险发生的可能性、影响程度、潜在后果等进行系统分析、合理评估后,对风险进行分级管理。其中,针对影响程度高、发生概率大、后果严重的合规风险应纳入重点合规领域,及时发布预警。合规风险的识别与评估工作必要时可聘请专业的法律服务机构、人员或其他第三方机构辅助完成。

除此之外,若企业组织结构或战略发生变更,或者是法律法规、监管政策、经济环境、市场环境、客户关系等合规环境发生变化时,全过程工程咨询单位应对合规风险库进行及时更新、再评估,并定期安排归口部门不断更新与完善合规风险库。"合规风险库定期更新完善"也是《中央企业合规管理办法》在《中央企业合规管理指引(试行)》基础上新增的内容,全过程工程咨询单位需要加强重视。在合规风险不断更新这一过程中,全过程工程咨询单位可采取下列措施及时获取合规环境的变化信息:定期跟踪监管部门的网站动态或与监管部门直接沟通;与法律、合规顾问或外部专业人士、第三方机构沟通交流;参加行业论坛和研讨会;向外部专业人士、第三方机构订阅相关信息服务等。

其次,全过程工程咨询单位应在建立合规风险识别与评估机制的基础上进一步完善合规风险应对机制。"应急预案的同步完善"同样是《中央企业合规管理办法》在《中央企业合规管理指引(试行)》基础上新增的要求。具体来说,全过程工程咨询单位应针对可能发现的风险制定应急预案,针对已经发生的风险事件落实相应措施并不断形成成熟有效的解决机制。与此同时,伴随着合规风险库的更新完善,全过程工程咨询单位应同步完善应急预案,加强并提升重大合规风险的应对处置能力。

再次,全过程工程咨询单位应强化合规审查工作(如图9-1、图9-2所示)。合规审查是合规管理工作的重要组成部分,要求对日常经营管理活动(包括公司规章制度的制定、修改及废止,重大事项决策,重大项目运营,重要合同签订等)与法律法规、行业规则、商业道德准则等外部规范以及企业规章制度等内部规范是否一致进行审核,并提出合规意见及建议或进行风险提示。全过程工程咨询单位可以根据自身规模、业务模式、可利用资源、合规风险识别与评估情况等,确定重大合规事项的范围以及合规审查范围。其中,针对重大合规事项,若合规管理部门出具合规审查意见的,全过程工程咨询单位需要及时掌握相关部门对该事项合规审查意见的采纳情况,监督合规审查意见的落实情况,这也是《中央企业合规管理办法》规定"合规审查意见落实情况的监督机制"的意义。

最后,全过程工程咨询单位应就合规风险在处理应对环节以及控制环节(合规审查)所暴露出的问题,通过完善制度机制、优化业务流程等方式,及时进行整改。与此同时,全过程工程咨询单位应定期对合规风险的整改情况进行检查,如有必要可将合规整改情况纳入对业务部门或是子企业的考核指标范畴。

表9-2　安全生产管理——合规风险识别与评估表示例

××公司合规风险识别与评估表 （安全生产管理）							
序号	风险类别	风险识别要点	风险	依据	影响重要程度	风险发生的可能性	风险等级
1	安全生产保障	1.1　安全生产许可证： ①生产前应当向安全生产许可证颁发管理机关申请领取安全生产许可证； ②不得转让、冒用安全生产许可证或者使用伪造的安全生产许可证 ……	①民事：发生安全生产事故造成伤亡、财产损失的承担赔偿责任 ②行政：责令停止生产，没收违法所得，罚款；罚款、没收违法所得、吊销安全生产许可证 ③刑事：重大责任事故罪，重大劳动安全事故罪，工程重大安全事故罪	①《刑法》第134、135、137条 ②《安全生产许可证条例》第6、7、9、13条 ……	高	高	重要
		1.2　安全生产资质： 企业不得将生产经营项目、场所、设备发包或者出租给不具备安全生产条件或者相应资质的单位或者个人	①民事：合同无效；与承包方、承租方承担连带赔偿责任 ②行政：责令限期改正，没收违法所得，罚款 ③刑事：重大责任事故罪，重大劳动安全事故罪，工程重大安全事故罪	①《安全生产法》第103条 ②《刑法》第134、135、137条	高	中	重要
		1.3　安全生产资金投入： ①具备安全生产条件所必需的资金投入； ②明确安全费用提取和使用的程序、职责及权限，按照规定标准与范围提取和使用安全生产费用，不得挤占或挪用 ……	①民事：发生安全生产事故造成伤亡、财产损失的承担赔偿责任 ②行政：责令限期改正，提供必需的资金；逾期未改正的，责令停产停业整顿 ③刑事：重大责任事故罪，重大劳动安全事故罪，工程重大安全事故罪	①《安全生产法》第23、93条 ②《刑法》第134、135、137条 ③《企业安全生产费用提取和使用管理办法》第19、27、31～36条 ……	高	中	重要

续表

序号	风险类别	风险识别要点	风险	依据	影响重要程度	风险发生的可能性	风险等级
		1.4　安全生产机构或人员： ①应当设置安全生产管理机构或者配备专职安全生产管理人员； ②项目经理和专职安全生产管理人员不得同时在两个或两个以上工程项目上担任职务 ……	①民事：发生安全生产事故造成伤亡、财产损失的承担赔偿责任 ②行政：责令限期改正，罚款；逾期未改正的，责令停产停业整顿，罚款 ③刑事：重大责任事故罪，重大劳动安全事故罪，工程重大安全事故罪	①《安全生产法》第24、26、97条 ②《刑法》第134、135、137条 ③《建设工程安全生产管理条例》第23条 ……	高	中	重要
		1.5　安全生产设备： ①安全设备的设计、制造、安装、使用、检测、维修、改造和报废，应当符合国家标准或者行业标准； ②在有较大危险因素的生产经营场所和有关设施、设备上，应当设置明显的安全警示标志 ……	①民事：发生安全生产事故造成伤亡、财产损失的承担赔偿责任 ②行政：责令限期改正，罚款；逾期未改正的责令停业整顿，罚款；情节严重的，降低资质等级，直至吊销资质证书 ③刑事：重大责任事故罪，重大劳动安全事故罪，工程重大安全事故罪	①《安全生产法》第35、99条 ②《刑法》第134、135、137条 ③《建设工程安全生产管理条例》第35、62、65条 ……	高	高	重大
		1.6　劳动防护用品： ①企业必须为从业人员提供符合国家标准或者行业标准的劳动防护用品，并监督、教育从业人员按照使用规则佩戴、使用； ②采购、租赁的安全防护用具、机械设备、施工机具及配件，应当具有生产（制造）许可证、产品合格证，并在进入施工现场前进行查验 ……	①民事：发生安全生产事故造成伤亡、财产损失的承担赔偿责任 ②行政：责令限期改正，罚款；情节严重的、责令停产停业整顿 ③刑事：重大责任事故罪，重大劳动安全事故罪，工程重大安全事故罪	①《安全生产法》第28、45、47、99条 ②《刑法》第134、135、137条 ③《建设工程安全生产管理条例》第32、34条 ……	高	高	重大

续表

序号	风险类别	风险识别要点	风险	依据	影响重要程度	风险发生的可能性	风险等级
		1.7 安全生产培训与教育： ①未经安全生产教育和培训合格的从业人员，不得上岗作业； ②采用新工艺、新技术、新材料或者使用新设备，必须对从业人员进行专门的安全生产教育和培训 ……	①民事：发生安全生产事故造成伤亡、财产损失的承担赔偿责任 ②行政：责令限期改正，罚款；逾期未改正的，责令停产停业整顿 ③刑事：重大责任事故，重大劳动安全事故罪，工程重大安全事故罪	①《安全生产法》第28、47、97条 ②《刑法》第134、135、137条 ③《建设工程安全生产管理条例》第37条 ……	高	高	重要
2	安全生产事故应急救援与调查处理	2.1 事故报告： ①事故发生后，事故现场有关人员应当立即向本单位负责人报告，单位负责人接到报告后，应当于1小时内向事故发生地县级以上人民政府安全生产监督管理部门和负有安全生产监督管理职责的有关部门报告； ②任何单位和个人对事故不得迟报、漏报、谎报或者瞒报 ……	①行政：对事故发生单位处罚款，对有关责任人员处罚款，属于国家工作人员的依法给予处分，或可面临治安管理处罚 ②刑事：不报、谎报安全事故罪	①《安全生产法》第68、83、101条 ②《刑法》第139条 ③《生产安全事故报告和调查处理条例》第9、13、36条 ……	高	高	重要
		2.2 事故处理： ①不得故意破坏事故现场、毁灭有关证据，并不得在事故调查处理期间擅离职守； ②任何单位和个人不得阻挠和干涉对事故的依法调查处理 ……	①行政：事故发生单位依法暂扣或者吊销其有关证照；有关人员依法暂停或者撤销其与安全生产有关的执业资格、岗位证书 ②刑事：重大责任事故罪，重大劳动安全事故罪，工程重大安全事故罪	①《安全生产法》第50、83、85、88、110条 ②《刑法》第134、135、137条 ③《生产安全事故报告和调查处理条例》第33、35、40条 ……	高	高	重要

续表

序号	风险类别	风险识别要点	风险	依据	影响重要程度	风险发生的可能性	风险等级
		2.3　安全事故隐患排查治理： ①未对事故隐患进行排查治理擅自生产经营的； ②整改不合格或者未经安全监管监察部门审查同意擅自恢复生产经营的 ……	①民事：发生安全生产事故造成伤亡、财产损失的承担赔偿责任 ②行政：责令限期改正，罚款；逾期未改正的，责令停产停业整顿 ③刑事：重大责任事故罪，强令违章冒险作业罪，重大劳动安全事故罪，工程重大安全事故罪，国有公司、企业、事业单位人员失职罪	①《安全生产法》第41、46、59、97、102条 ②《刑法》第134、135、137、168条 ③《安全生产事故隐患排查治理暂行规定》第8、16、25条 ……	高	高	重大
		2.4　安全事故应急管理： ①生产经营单位对重大危险源应当登记建档，进行定期检测、评估、监控，并制定应急预案； ③建筑施工单位应当配备必要的应急救援器材、设备和物资，并进行经常性维护、保养，保证正常运转 ……	①民事：发生安全生产事故造成伤亡、财产损失的承担赔偿责任 ②行政：责令限期改正，罚款；逾期未改正的，责令停产停业整顿 ③刑事：重大责任事故罪，强令、组织他人违章冒险作业罪，重大劳动安全事故罪，工程重大安全事故罪，国有公司、企业、事业单位人员失职罪	①《安全生产法》第21、81条 ②《刑法》第134、137、168条 ③《生产安全事故应急预案管理办法》第45条 ……	高	高	重大
3	消防安全	3.1　消防设计与施工： ①建设工程的消防设计、施工必须符合国家工程建设消防技术标准 ……	①民事：发生安全生产事故造成伤亡、财产损失的承担赔偿责任 ②行政：责令停止施工、停止使用或者停产停业，罚款 ③刑事：重大责任事故罪，重大劳动安全事故罪，工程重大安全事故罪，消防责任事故罪	①《消防法》第12、58、59条 ②《刑法》第134、135、137、139条 ……	高	中	重要

续表

序号	风险类别	风险识别要点	风险	依据	影响重要程度	风险发生的可能性	风险等级
		3.2 消防安全设施： ①按照国家标准、行业标准配置消防设施、器材，设置消防安全标志，并定期组织检验、维修； ②不得损坏、挪用或者擅自拆除、停用消防设施、器材 ……	①民事：承担违约责任；造成伤亡、财产损失的承担赔偿责任 ②行政：对单位责令改正，罚款；对个人处警告或者罚款 ③刑事：重大责任事故罪，重大劳动安全事故罪，工程重大安全事故罪，消防责任事故罪	①《消防法》第16、28、60条 ②《刑法》第134、135、137、139条 ……	高	中	重要
		3.3 消防安全管理： ①组织防火检查，及时消除火灾隐患； ②因施工等特殊情况需要使用明火作业的，应当按照规定事先办理审批手续，采取相应的消防安全措施 ……	①民事：造成伤亡、财产损失的承担赔偿责任 ②行政：对单位责令改正，罚款；对个人处警告或者罚款； ③治安管理处罚：处5日以上10日以下拘留，可以并处500元以下罚款；情节较轻的，处5日以下拘留或者500元以下罚款 ④刑事：放火罪，失火罪，重大责任事故罪，消防责任事故罪，不报、谎报安全事故罪	①《消防法》第60、63、64条 ②《治安管理处罚法》第25条 ③《刑法》第114、115、134、135、137、139条 ……	高	中	重要
4	特种设备安全	4.1 使用标准： ①应当使用取得许可生产并经检验合格的特种设备； ②禁止使用国家明令淘汰和已经报废的特种设备 ……	①民事：发生安全生产事故造成伤亡、财产损失的承担赔偿责任 ②行政：责令停止使用并处罚款 ③刑事：重大责任事故罪，重大劳动安全事故罪，工程重大安全事故罪	①《特种设备安全法》第8、32、84条 ②《特种设备安全监察条例》第24条 ③《刑法》第134、135、137条	高	中	重要

续表

序号	风险类别	风险识别要点	风险	依据	影响重要程度	风险发生的可能性	风险等级
		4.2 使用登记: ①特种设备在投入使用前或者投入使用后30日内,特种设备使用单位应当向直辖市或者设区的市的特种设备安全监督管理部门登记,登记标志应当置于或者附着于该特种设备的显著位置 ……	①民事:发生安全生产事故造成伤亡、财产损失的承担赔偿责任 ②行政:责令限期改正;逾期未改正的,处罚款;情节严重的,责令停止使用或者停产停业整顿 ③刑事:重大责任事故罪,重大劳动安全事故罪,工程重大安全事故罪	①《特种设备安全法》第33、83条 ②《特种设备安全监察条例》第25、83条 ③《刑法》第134、135、137条 ……	高	高	重要
		4.3 检查检验: ①特种设备使用单位应当对在用特种设备进行经常性日常维护保养,并定期自行检查; ②特种设备使用单位应当按照安全技术规范的要求向特种设备检验、检测机构及其人员提供特种设备相关资料和必要的检验、检测条件,并对资料真实性负责 ……	①民事:发生安全生产事故造成伤亡、财产损失的承担赔偿责任 ②行政:责令限期改正,逾期未改正的,处罚款;情节严重的,责令停止使用或者停产停业整顿 ③刑事:重大责任事故罪,重大劳动安全事故罪,工程重大安全事故罪	①《特种设备安全法》第41、54、83条 ②《特种设备安全监察条例》第27、28、83条 ③《刑法》第134、135、137条	高	中	重要
		4.4 特种作业人员: ①从事特种设备作业的人员,应取得相应特种作业人员证书,方可上岗作业 ……	①民事:发生安全生产事故造成伤亡、财产损失的承担赔偿责任 ②行政:责令限期改正,逾期未改正的,处罚款;情节严重的,责令停止使用或者停产停业整顿 ③刑事:重大责任事故罪,工程重大安全事故罪,不报、谎报安全事故罪	①《特种设备安全法》第86、92条 ②《特种设备安全监察条例》第38、86条 ③《刑法》第134、135、137条 ……	高	高	重大

续表

序号	风险类别	风险识别要点	风险	依据	影响重要程度	风险发生的可能性	风险等级
5	危险物品安全	5.1 危险源管理 ①生产经营单位应当在有较大危险因素的生产经营场所和有关设施、设备上，设置明显的安全警示标志 ……	①民事：发生安全生产事故造成伤亡、财产损失的承担赔偿责任 ②行政：责令限期改正，罚款；情节严重的，责令停产停业整顿 ③刑事：重大责任事故罪，重大劳动安全事故罪，工程重大安全事故罪	①《安全生产法》第35、40、99、101条 ②《刑法》第134、135、137条 ……	高	中	重要
		5.2 生产、储存危险化学品的建设项目： ①建设项目的安全设施设计应当按照国家有关规定报经有关部门审查， ②必须按照批准的安全设施设计施工 ……	①民事：发生安全生产事故造成伤亡、财产损失的承担赔偿责任 ②行政：责令停止建设或者停产停业整顿；限期改正；逾期未改正的，处罚款 ③刑事：重大责任事故罪，重大劳动安全事故罪，工程重大安全事故罪	①《安全生产法》第29、30、31、96条 ②《危险化学品安全管理条例》第12、76条 ③《刑法》第134、135、137条 ……	高	高	重大

表9－3 质量管理——合规风险识别与评估表示例

××公司合规风险识别与评估表 （质量管理）							
序号	风险类别	风险识别要点	风险	依据	影响重要程度	风险发生的可能性	风险等级
1	质量检查	1.1 建筑材料、建筑构配件、设备和商品混凝土等未经检验或者检验不合格的，不得使用	①民事：赔偿责任 ②行政：责令改正、责令停业整顿、降低资质登记或者吊销资质证书 ③刑事：重大责任事故罪，强令违章冒险作业罪，工程重大安全事故罪	①《建设工程质量管理条例》第29条 ②《刑法》第134、137条 ……	高	中	重大

续表

序号	风险类别	风险识别要点	风险	依据	影响重要程度	风险发生的可能性	风险等级
		1.2　对涉及结构安全的试块、试件以及有关材料，应当在建设单位或者工程监理单位监督下现场取样，并送具有相应资质等级的质量检测单位进行检测	①民事：赔偿责任 ②行政：责令改正、责令停业整顿、降低资质登记或者吊销资质证书 ③刑事：重大责任事故罪，强令违章冒险作业罪，工程重大安全事故罪	①《建设工程质量管理条例》第31条 ②《刑法》第134、137条 ……	高	中	重大
		1.3　隐蔽工程的质量检查和记录，施工单位应当通知建设单位和建设工程质量监督机构	①民事：赔偿损失 ②行政：责令改正、返工修理、责令停业整顿、降低资质等级或者吊销资质证书 ③刑事：重大责任事故罪，强令违章冒险作业罪，工程重大安全事故罪	①《建设工程质量管理条例》第30条 ②《刑法》第134、137条 ……	高	中	重大
		1.4　应当按照规定对隐蔽工程、检验批、分项和分部工程进行自检	①行政：责令改正，处3万元以上10万元以下的罚款；造成质量事故的，责令停业整顿，降低资质等级或者吊销资质证书 ②刑事：重大责任事故罪，强令违章冒险作业罪，工程重大安全事故罪	①《建设工程质量管理条例》第29条 ②《刑法》第134、137条 ……	高	低	重大
		1.5　实施监理的建设工程，施工单位自检合格后应当报监理单位进行验收；经验收不合格的，监理单位应当要求施工单位整改并重新报验	①行政：责令改正，处3万元以上10万元以下的罚款；造成质量事故的，责令停业整顿，降低资质等级或者吊销资质证书 ②刑事：重大责任事故罪，强令违章冒险作业罪，工程重大安全事故罪	①《建设工程质量管理条例》第30条 ②《刑法》第134、137条 ……	高	低	重大

续表

序号	风险类别	风险识别要点	风险	依据	影响重要程度	风险发生的可能性	风险等级
2	质量控制	2.1　禁止超越本单位资质等级许可的业务范围或者以其他单位的名义承揽工程;禁止允许其他单位或者个人以本单位的名义承揽工程	①行政:责令改正、没收违法所得、责令停业整顿、降低资质等级、吊销资质证书 ②刑事:重大责任事故罪,强令违章冒险作业罪,工程重大安全事故罪	①《建设工程质量管理条例》第25条 ②《刑法》第134、137条 ……	高	高	重要
		2.2　不得转包或者违法分包工程	①行政:责令改正、没收违法所得、责令停业整顿、降低资质等级、吊销资质证书 ②刑事:重大责任事故罪,强令违章冒险作业罪,工程重大安全事故罪	①《建设工程质量管理条例》第25条 ②《刑法》第134、137条 ……	高	高	重大
		2.3　未经教育培训或者考核不合格的人员,不得上岗作业	①民事:经济损失 ②行政:行政处罚、工程事故 ③刑事:重大责任事故罪,强令违章冒险作业罪,工程重大安全事故罪	①《建设工程质量管理条例》第33条 ②《刑法》第134、137条 ……	高	中	重大
		2.4　应当建立质量责任制,确定工程项目的项目经理、技术负责人和施工管理负责人。建设工程实行总承包的,总承包单位应当对全部建设工程质量负责;建设工程勘察、设计、施工、设备采购的一项或者多项实行总承包的,总承包单位应当对其承包的建设工程或者采购的设备的质量负责	①民事:违约赔偿责任、侵权赔偿责任	①《建设工程质量管理条例》第26、30条 ……	中	低	重要

续表

序号	风险类别	风险识别要点	风险	依据	影响重要程度	风险发生的可能性	风险等级
		2.5　总承包单位依法将建设工程分包给其他单位的，分包单位应当按照分包合同的约定对其分包工程的质量向总承包单位负责，总承包单位与分包单位对分包工程的质量承担连带责任	①民事：违约赔偿责任、连带责任	①《建设工程质量管理条例》第27条 ……	中	低	重要
		2.6　不得与工程监理单位或建设单位串通，弄虚作假、降低工程质量	①民事：赔偿责任 ②行政：责令改正、处以罚款、降低资质等级或者吊销资质证书、没收违法所得 ③刑事：重大责任事故罪，强令违章冒险作业罪，工程重大安全事故罪	①《建筑法》第69条 ②《刑法》第134、137条 ……	高	低	重大
		2.7　建筑工程的保修范围应当包括地基基础工程、主体结构工程、屋面防水工程和其他土建工程，以及电气管线、上下水管线的安装工程，供热、供冷系统工程等项目；保修的期限应当按照保证建筑物合理寿命年限内正常使用，维护使用者合法权益的原则确定	①民事：赔偿损失 ②行政：责令改正、处以罚款	①《建筑法》第62、75条 ……	中	低	重要
		2.8　建筑工程竣工时，屋顶、墙面不得留有渗漏、开裂等质量缺陷；对已发现的质量缺陷，建筑施工企业应当修复	①民事：违约赔偿责任	①《建筑法》第60条 ……	中	低	重要
		2.9　交付竣工验收的建筑工程，必须符合规定的建筑工程质量标准，有完整的工程技术经济资料和经签署的工程保修书，并具备国家规定的其他竣工条件。建筑工程竣工经验收合格后，方可交付使用；未经验收或者验收不合格的，不得交付使用	①民事：违约赔偿责任 ②刑事：重大责任事故罪，强令违章冒险作业罪，工程重大安全事故罪	①《建筑法》第61条 ②《民法典》第799条 ③《刑法》第134、137条 ……	高	中	重大

续表

序号	风险类别	风险识别要点	风险	依据	影响重要程度	风险发生的可能性	风险等级
3	问题处理	3.1 发生事故时，建筑施工企业应当采取紧急措施减少人员伤亡和事故损失，并按照国家有关规定及时向有关部门报告	①行政：对直接负责的主管人员和其他责任人员依法给予行政处分 ②刑事：重大责任事故罪，强令违章冒险作业罪，工程重大安全事故罪	①《建筑法》第51条 ②《刑法》第134、137条 ……	中	低	一般

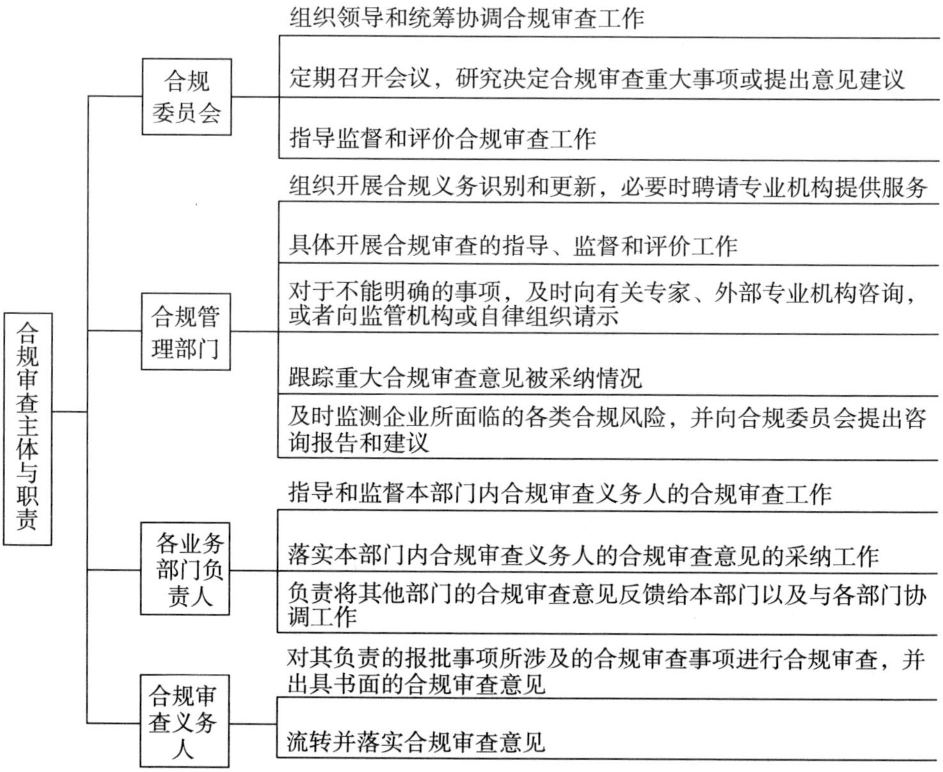

图9-1 合规审查主体与职责

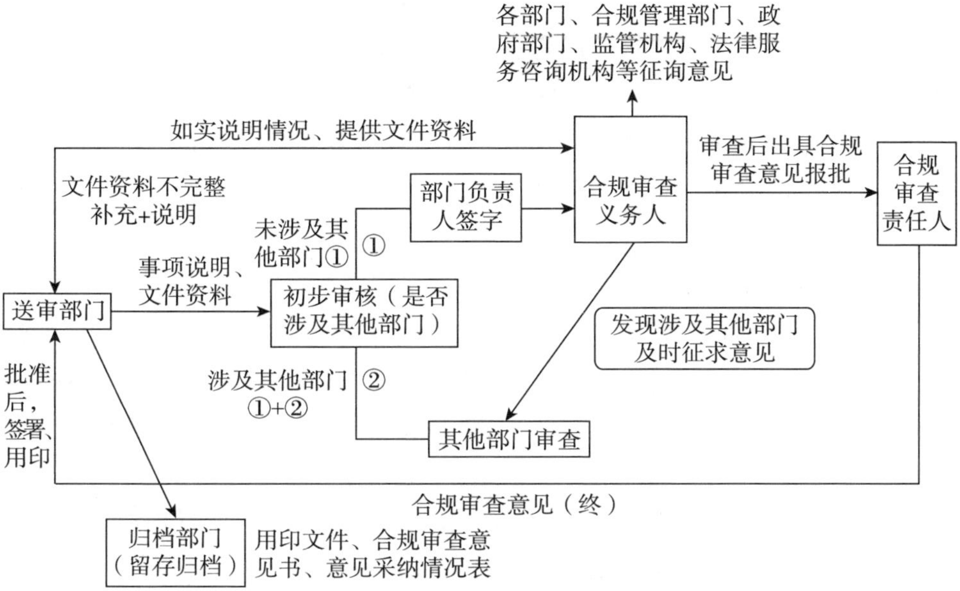

图9-2　合规审查流程

四、合规咨询与举报

合规咨询与举报机制的设立是开展合规管理工作的润滑剂，可以有效提高业务部门及相关人员对经营管理行为中所存在合规风险的关注程度，进而起到帮助企业妥善解决、处理合规问题以避免损失发生或扩大等风险的目的。

参考《中央企业合规管理指引（试行）》及《中央企业合规管理办法》相关规定，全过程工程咨询单位应建立畅通有效的合规咨询与举报渠道，合理设置并公开咨询及举报电话、邮箱等，明确受理主体、受理范围、调查流程、处理原则、奖惩办法以及对举报人、举报线索的保护措施等。具体来说，如果面临下列情形时，任何部门、人员都可通过实名或匿名的方式，及时、主动地向合规管理部门进行咨询或举报：（1）对某种行为的合规性存在疑问；（2）特定情形下难以判断如何遵守本企业合规要求；（3）业务合作伙伴、同事的行为违反相关法律法规、本企业规章制度、职业道德等合规要求；（4）各单位或个人受到外部的合规调查、质询或举报。

与此同时，全过程工程咨询单位应建立合规咨询与举报的奖惩及保护机制。一方面，对于举报人身份、举报内容及后续调查人、证人、调查情况等，全过程工程咨询单位均应严格保密,且任何单位和个人都不得以任何借口和手段阻止、压制举报人进行举报,更不得打击报复举报人、调查人、证人及其亲属。同时,举报人应如实举报并就举报的事实提供初步证据,禁止利用举报对他人进行诬告、陷害。另一方面,对于举报不合规行为或积极提出合规建议并为企业避免或挽回重大损失的员工,全过程工程咨询单位应给予举报人一定奖励。

五、合规管理保障

合规考核评价是开展合规管理工作的有效保障措施之一。所谓合规考核,即全过程工程咨询单位可将合规管理工作的开展情况作为对各业务部门及子企业相关人员的年度综合考核标准之一,也可将其作为绩效考核、干部任用、评优评先等工作的重要依据。参考《中央企业合规管理指引(试行)》及《中央企业合规管理办法》相关规定,全过程工程咨询单位可以定期指定内部部门或委托外部专业机构,对决策层、管理层、执行层在日常经营管理中开展合规管理工作的情况进行全面评价,以是否有效、是否认真履职、是否及时整改等作为评断标准。

违规追责机制亦是开展合规管理工作的有效保障措施之一。参考《中央企业合规管理指引(试行)》及《中央企业合规管理办法》相关规定,全过程工程咨询单位需就违规行为责任范围、惩处标准进行明确限定和细化。若合规管理工作开展过程中出现合规风险线索和问题的,全过程工程咨询单位应当及时安排合规管理部门调查并核实。一经核实,确有相关人员在合规管理工作中玩忽职守、未尽职责的,全过程工程咨询单位可根据损失大小、情节轻重、过错程度等因素综合考虑给予责任人约谈、批评教育、警告、经济处罚、撤职、解聘、开除等处分。

合规文化建设是保障合规管理工作得以有效开展的内在要求。参考《中央企业合规管理指引(试行)》及《中央企业合规管理办法》相关规定,全过程工程咨询单位的领导人员应带头签署合规承诺,树立合规意识,带头开展合规经营管理活动。同时,全过程工程咨询单位可借助签署合规承诺、制定合规手册、合规宣誓等方式,进一步将合规理念传达给全体员工。最为重要的是,全过程工程咨询单位应当建立制度化、常态化的合规培训机制,在领导干部初任、重点合规风险岗位人员业务培训、新员工入职培训中加入合规管理理论知识学习以及实践经验的分享,借助合规培训强化全员守法诚信意识,进一步提升干部职工合规意识。

合规管理信息化建设是提高合规管理工作效率的有效手段。参考《中央企业合规管理指引(试行)》及《中央企业合规管理办法》相关规定,全过程工程咨询单位应建立合规管理信息系统,就合规制度、合规人员管理、重点领域合规风险、合规培训、违规行为记录等重点内容纳入合规管理信息系统。同时,全过程工程咨询单位尤其需要注意合规要求与业务流程的嵌入工作,即在全面梳理业务流程的基础上,分析合规风险点,充分利用大数据、云计算等技术,将合规要求、合规审查要求嵌入业务流程之中,实时动态监测重点领域合规风险、关键节点合规审查意见等内容,主动截停违规事项,强化过程管控。

第二节　业务承接阶段

在全过程工程咨询业务承接阶段,委托方主要通过招标或者直接委托的方式以选定全过程工程咨询单位,而全过程工程咨询单位则是通过采取"一家全能"、"另行分包"、"联合体经营"或是"委托方另行发包/平行发包"的方式承接全过程工程咨询业务。在此期间,全过程工程咨询单位不仅会面临因自身资质不够而导致的投标无效、合同无效、行政处罚等合规风险,还会面临因委托方主体资信不达标或是全过程工程咨询单位的联营单位、另行分包单位、协助委托方选择的咨询单位等资质不合格所带来的项目履约障碍等合规风险。基于全过程工程咨询业务通常具有技术难度高、专业性强、持续时间长等特点,故在业务承接阶段,全过程工程咨询单位应加大对自身以及对委托方、联营单位、另行发包单位、协助委托方选择的咨询单位等主体的资质、资信以及全过程工程咨询项目基本情况等内容的合规审查力度,在加强内控的基础上进一步防范全过程工程咨询单位在全过程工程咨询业务承接阶段的合规管理风险。

一、主体资信合规管理

《房屋建筑和市政基础设施建设项目全过程工程咨询服务技术标准(征求意见稿)》《民法典》《建筑法》《建设工程质量管理条例》等均明确规定,全过程工程咨询单位向委托方提供工程勘察、工程设计、工程监理和工程造价等服务时,不仅应当具有与工程规模及委托内容相适应的资质条件，还需具有与工程规模相适应的资金实力。因此，全过程工程咨询单位除了保证自身资质条件、资金实力符合合规规范要求之外，对于其采用“联合体经营”或是“另行分包”模式下的联合单位以及另行分包单位，又或者是协助委托方选定其他咨询单位的资质、资信审查也是其合规管理工作的重中之重，否则极易引发合同无效、赔偿等民事法律风险，以及罚款、停业整顿、吊销资质证书等行政法律风险。除此之外，对于委托方的信用审查以及全过程工程项目的项目基本手续材料等内容的审查也不容忽视，如委托方不具有一定的资金实力或是其履约诚信度不高，都将导致全过程工程咨询单位在履约过程中面临被拖欠咨询服务费等后果。

（一）全过程工程咨询单位对自身及联营单位、分包单位、协助委托方选择的其他咨询单位资质的合规审查

资质审查是全过程工程咨询单位承接全过程工程咨询业务的一项重要准备工作。

一方面，全过程工程咨询单位不论是采取“一家全能型”“联合体经营型”还是“另行分包型”的运营模式，其在承接全过程工程咨询业务前，都必须保证自身以及其联营单位或是分包单位具有全过程工程咨询服务合同的签约资格。具体来说，全过程工程咨询单位在对自身及其联营单位、分包单位的资质进行审查时，应当首先审查是否具备独立的民事行为能力以及民事责任能力，主要包括是否具有法人资格、是否依法成立、经营状态是否正常、是否被吊销营业执照或是营业执照是否过期等。其中需要强调的是，全过程工程咨询单位尤其需要加强对自身营业执照、资质证书等相关证照的年检管理力度，保证好自身经营行为的合法合规性，避免自身出现被吊销营业执照而丧失独立承担民事责任的行为能力。

另一方面，全过程工程咨询单位承接全过程工程咨询业务，还应保证其自身及联营单位、分包单位均系在自有资质证书的许可范围内完成相应的咨询服务工作。故全过程工程咨询单位对自身及其联营单位、分包单位的资质审查重点应落在对资质等级的审查之上。具体为全过程工程咨询单位应审查其自身及其联营单位、分包单位具备与合同履行要求、工程项目规模相符合的资质等级，且涉及的资质证照文件应合法完整且真实有效。若系通过招投标方式承接业务的，则全过程工程咨询单位还需审查自身及其联营单位、分包单位是否具备承担

招标项目的相应能力、是否满足招标文件中要求投标人所具备的专业资质条件。

此外，若全过程工程咨询单位根据委托方要求选定其他咨询单位，并协助咨询单位与委托方签订咨询服务合同的，亦可参考上述分析，即全过程工程咨询单位必须保证其他咨询单位具有相应咨询服务合同的签约资格，也应保证其他咨询单位系在自有资质证书的许可范围内完成相应的咨询服务工作。

（二）全过程工程咨询单位对委托方信用的合规审查

在业务承接阶段，若全过程工程咨询单位对委托方的信用情况审查不到位，譬如，委托方存在因诉讼、仲裁、欠缴税款等被法院或税务部门查封、冻结名下财产并被列入失信执行人名单的情况，或者出现欺诈、单方毁约、恶意索赔、拖欠合同款项等严重失信行为，全过程工程咨询单位将面临全过程工程咨询服务合同履行不能、咨询服务费支付不到位等诸多侵害全过程工程咨询单位自身合法权益的风险。

因此，全过程工程咨询单位在业务承接阶段需严格审查委托方的信用情况。在实践中，全过程工程咨询单位可通过“全国企业信用信息公示系统”查询委托方的基本注册信息，也可通过“全国法院被执行人信息查询”平台、中国裁判文书网、中国执行信息公开网、“信用中国”平台等多种渠道查询委托方涉及的执行、失信、行政处罚及诉讼等信用状况。除此之外，全过程工程咨询单位还可以通过行业排名、地区影响力、信用评级、媒体报道等信息来判断委托方的社会评价情况。全过程工程咨询单位对委托方的信用审查内容主要包括：(1)与建设工程相适应的资金或者资金来源是否落实；(2)注册资本是否实缴；(3)注册资本是否与项目金额比例相宜；(4)资产状况是否存在恶化或者明显恶化趋势；(5)营业执照是否正常年检；(6)是否存在因诉讼、仲裁、欠缴税款、行政处罚等被法院或税务部门查封、冻结财产以致影响生产经营的情形；(7)是否存在欺诈、毁约、恶意索赔、拖欠合同款等不诚信行为；(8)是否存在经营异常的情况；(9)是否被纳入失信名单。

（三）合规规范

综合上述分析可知，全过程工程咨询单位为有效防范主体资信审查不到位而引发的合规风险，应当加强对自身及其联营单位、分包单位、其他咨询单位的资质审查合规管理，以及加强对委托方信用的合规审查。笔者就全过程工程咨询单位在主体资信方面应该严格遵守的重点合规规范进行了梳理（见表 9－4）。

表 9－4 主体资信合规规范

序号	名称	条文	内容
1	《民法典》	143	具备下列条件的民事法律行为有效： （一）行为人具有相应的民事行为能力； （二）意思表示真实； （三）不违反法律、行政法规的强制性规定，不违背公序良俗
2	《建筑法》	12	从事建筑活动的建筑施工企业、勘察单位、设计单位和工程监理单位，应当具备下列条件： （一）有符合国家规定的注册资本； （二）有与其从事的建筑活动相适应的具有法定执业资格的专业技术人员； （三）有从事相关建筑活动所应有的技术装备； （四）法律、行政法规规定的其他条件
3	《建筑法》	13	从事建筑活动的建筑施工企业、勘察单位、设计单位和工程监理单位，按照其拥有的注册资本、专业技术人员、技术装备和已完成的建筑工程业绩等资质条件，划分为不同的资质等级，经资质审查合格，取得相应等级的资质证书后，方可在其资质等级许可的范围内从事建筑活动
4	《招投标法》	31	两个以上法人或者其他组织可以组成一个联合体，以一个投标人的身份共同投标。 联合体各方均应当具备承担招标项目的相应能力；国家有关规定或者招标文件对投标人资格条件有规定的，联合体各方均应当具备规定的相应资格条件。由同一专业的单位组成的联合体，按照资质等级较低的单位确定资质等级。 联合体各方应当签订共同投标协议，明确约定各方拟承担的工作和责任，并将共同投标协议连同投标文件一并提交招标人。联合体中标的，联合体各方应当共同与招标人签订合同，就中标项目向招标人承担连带责任。 招标人不得强制投标人组成联合体共同投标，不得限制投标人之间的竞争
5	《房屋建筑和市政基础设施建设项目全过程工程咨询服务技术标准（征求意见稿）》	3.0.3	全过程工程咨询业务应由具有相应能力和业绩的工程咨询方承担，其中涉及工程勘察、设计、监理、造价等咨询业务的，应由具有相应资质的工程咨询类单位承担

续表

序号	名称	条文	内容
6	国家发改委、住建部《关于推进全过程工程咨询服务发展的指导意见》	3	(三)促进工程建设全过程咨询服务发展。全过程咨询单位提供勘察、设计、监理或造价咨询服务时,应当具有与工程规模及委托内容相适应的资质条件。全过程咨询服务单位应当自行完成自有资质证书许可范围内的业务,在保证整个工程项目完整性的前提下,按照合同约定或经建设单位同意,可将自有资质证书许可范围外的咨询业务依法依规择优委托给具有相应资质或能力的单位,全过程咨询服务单位应对被委托单位的委托业务负总责。建设单位选择具有相应工程勘察、设计、监理或造价咨询资质的单位开展全过程咨询服务的,除法律法规另有规定外,可不再另行委托勘察、设计、监理或造价咨询单位

二、招投标行为合规管理

全过程工程咨询单位不论作为全过程工程咨询服务的投标人,在参与委托方组织的招投标活动时,还是作为“另行分包”模式下的招标人,需自行组织招投标活动以选定另行分包的勘察、设计、监理、施工、材料供应、造价咨询等单位时,抑或是作为委托方委托的招标代理人,在协助委托方组织对另行发包的勘察、设计、监理、施工、运营维护等单位的招投标活动时,均需严格执行招标投标相关法律法规、政策文件,严格遵守招投标程序,不得出现规避招标、串标、围标等违法违规行为。具体来说,全过程工程咨询单位作为投标人时,需全面审查投标文件、投标担保等是否合法合规;而全过程工程咨询单位在作为招标人或是招标代理人时,则需保证招标范围、招标方式、招标公告、招标文件、招标程序等行为同样合法合规。

(一)全过程工程咨询单位投标行为的合规审查

1. 投标文件审查

全过程工程咨询单位应审查投标文件内容是否具体明确且真实合法。根据《招投标法》第 27 条、第 30 条之规定,全过程工程咨询单位投标时应当严格按照招标文件的要求编制内容明确、形式合法的投标文件,并且投标文件中应当对招标文件提出的实质性要求和条件作出响应。与此同时,全过程工程咨询单位在投标文件中还应列明拟派出的咨询总负责人与专业咨询负责人名单,并附该人员基本信息、资质证书、业绩奖惩等。除此之外,如全过程工程咨询项目拟通过“联合体经营”“另行分包”“另行发包/平行发包”模式完成,则全过程工程咨询单位需要根据招标文件载明的项目实际情况,于投标文件中载明联合体单位的基本信息以及拟分包咨询服务内容。

2. 投标时间审查

全过程工程咨询单位应关注投标文件的提交时间是否合法合规。根据《招投标法》第28条以及《工程建设项目货物招投标办法》第34条、第36条之规定,全过程工程咨询单位应当在招标文件要求提交投标文件的截止时间前将投标文件密封并送达投标地点,并且在投标文件提交时间截止后,全过程工程咨询单位不得撤销投标文件。

3. 投标担保审查

全过程工程咨询单位应审查投标担保数额是否合法合规。根据《招投标法实施条例》第26条之规定,若全过程工程咨询单位作为依法必须进行招标项目的投标单位时,其以现金或者支票形式提交的投标保证金必须从其基本账户转出。全过程工程咨询单位不得擅自挪用投标保证金,并且投标保证金不得超过招标项目估算价的2%。

4. 投标程序审查

关于投标程序是否合法合规,根据《招投标法》第32条、第33条以及《招投标法实施条例》第39条、第40条、第42条、第74条的规定,全过程工程咨询单位作为投标人时,在投标程序中不得实施以下行为:(1)不同投标人之间不得相互串通投标,不得为谋取中标或者排斥特定投标人而采取联合行动,包括不得协商投标报价等实质性内容、不得约定中标人、不得约定部分投标人放弃投标或者中标等,同时避免出现以下可视为相互串通投标行为:①多个投标文件由同一单位或者个人编制;②多个投标文件载明的项目管理成员为同一人;③多个投标文件异常一致或者投标报价呈规律性差异;④多个投标文件相互混装;⑤多个投标人委托同一单位或者个人办理投标事宜;⑥多个投标人的投标保证金从同一单位或者个人的账户转出。(2)禁止向招标人或者评标委员会成员行贿以谋取中标。(3)不得以低于成本的报价竞标。(4)不得使用通过受让或者租借等方式获取的资格、资质证书投标或其他以他人名义投标方式,骗取中标。(5)不得弄虚作假,骗取中标,主要包括不得使用伪造、变造的许可证件,提供虚假的财务状况或者业绩、虚假的信用状况、虚假的项目负责人或者主要技术人员简历以及劳动关系证明以骗取中标。(6)不得未按招标文件要求提交履约保证金。(7)中标后不得与招标人订立背离合同实质性内容的协议等相关规定,即拟签订合同与招标文件、投标文件、中标通知书的服务范围、服务期限、服务成果、服务价款等实质内容应一致。

(二)全过程工程咨询单位招标行为的合规审查

1. 招标范围审查

根据《招投标法》第3条第1款"在中华人民共和国境内进行下列工程建设项目包括项目的勘察、设计、施工、监理以及与工程建设有关的重要设备、材料等的采购,必须进行招标:(一)大型基础设施、公用事业等关系社会公共利益、公众安全的项目;(二)全部或者部分使用国有资金投资或者国家融资的项目;(三)使用国际组织或者外国政府贷款、援助资金的项目"以及《必须招标的工程项目规定》第2条、第3条、第4条、第5条的规定,全过程工程咨询单位若接受委托人的全权委托作为招标人或者招标代理人时,其应参照上述规定,就必须招标的项目依法进行招标,不得将必须进行招标的项目化整为零或者采取其他任何方式规避招标。

2. 招标公告审查

根据《招投标法》第16条之规定,全过程工程咨询单位若采用公开招标方式的,应当发布招标公告。其中,依法必须招标的项目应当通过国家指定的报刊、信息网络或者其他媒介发布招标公告。招标公告的内容应当包括招标人的名称和地址、招标项目的性质、数量、实施地点和时间以及获取招标文件的办法等事项。

3. 招标文件审查

关于招标文件的内容,根据《招投标法》第19条以及《房屋建筑和市政基础设施工程施工招标投标管理办法》第17条之规定,全过程工程咨询单位应根据招标项目的特点和需要编制招标文件,招标文件应当包括招标项目的技术要求、对投标人资格审查的标准、投标报价要求和评标标准等涉及实质性内容的所有要求和条件以及拟签订合同的主要条款。但应注意的是,根据《招投标法》第20条规定,招标文件不得要求或标明特定的生产供应者。进而言之,招标文件不得含有具有明显倾向性或者排斥潜在投标人的内容。

关于招标文件中涉及的时间,根据《招投标法》第 23 条、第 24 条之规定,全过程工程咨询单位应确定投标人编制投标文件所需要的合理时间,若属于依法必须进行招标的项目,编制投标文件的合理时间最短不得少于 20 日;如果已发出的招标文件需要澄清、修改的,全过程工程咨询单位应在提交投标文件截止时间至少 15 日前,以书面形式通知所有招标文件收受人。

4. 招标程序审查

根据《招投标法》第 22 条、第 38 条、第 43 条、第 46 条以及《招投标法实施条例》第 27 条、第 28 条、第 32 条、第 57 条、第 73 条、第 75 条、第 74 条的规定,全过程工程咨询单位作为招标人时,在招标程序中不得实施以下行为:(1)招标人应当采取必要的措施,做好评标、标底等保密工作,不得向他人透露已获取招标文件的潜在投标人的名称、数量以及可能影响公平竞争的有关招标投标的其他情况。(2)在确定中标人前,招标人不得与投标人就投标价格、投标方案等实质性内容进行谈判。(3)招标人和中标人应当自中标通知书发出之日起 30 日内按照招标文件和投标文件订立合同,合同的标的、价款、质量、履行期限等主要条款应与招投标文件一致,不得再行订立背离合同实质性内容的其他协议。(4)招标人不得组织单个或者部分潜在投标人踏勘项目现场。(5)招标人不得以不合理的条件限制、排斥潜在投标人或者投标人,具体包括:①不得就同一招标项目向潜在投标人或者投标人提供有差别的项目信息;②不得设定的资格、技术、商务条件与招标项目的具体特点和实际需要不相适应或者与合同履行无关;③依法必须进行招标的项目不得设定以特定行政区域或者特定行业的业绩、奖项作为加分条件或者中标条件;④不得对潜在投标人或者投标人采取不同的资格审查或者评标标准;⑤不得限定或者指定特定的专利、商标、品牌、原产地或者供应商;⑥依法必须进行招标的项目不得非法限定潜在投标人或者投标人的所有制形式或者组织形式。(6)招标人不得在评标委员会依法推荐的中标候选人以外确定中标人,尤其是在依法必须进行招标的项目中,不得在所有投标被评标委员会否决后自行确定中标人。

另外,根据《招投标法》第 50 条以及《招投标法实施条例》第 13 条、第 65 条等相关规定,全过程工程咨询单位作为招标代理人时,在招标程序中不得实施以下行为:(1)不得泄露应当保密的与招标投标活动有关的情况和资料,包括标底、评标委员会的名单或应当保密的其他资料和情况;(2)不得与招标人、投标人串通损害国家利益、社会公共利益或者他人合法权益；(3)不得存在招标代理机构在所代理的招标项目中投标的情况；(4)不得存在招标代理机构在所代理的招标项目中同时代理他人投标的情况；(5)不得存在招标代理机构在所代理的招标项目中为投标人编制投标文件、提供咨询的情况。

(三)合规规范

综合上述分析可知，全过程工程咨询单位为有效防范招投标行为引发的合规风险，应当加强对招投标文件、投标时间、投标担保、招投标程序、招标范围、招标公告等方面的合规审查。笔者就全过程工程咨询单位在招标投标方面应该严格遵守的重点合规规范进行了梳理(如表9－5所示)。

表9－5　招投标阶段合规规范

序号	名称	条文	内容
1	《招投标法》	16	招标人采用公开招标方式的，应当发布招标公告。依法必须进行招标的项目的招标公告，应当通过国家指定的报刊、信息网络或者其他媒介发布。 招标公告应当载明招标人的名称和地址、招标项目的性质、数量、实施地点和时间以及获取招标文件的办法等事项
2	《招投标法》	19	招标人应当根据招标项目的特点和需要编制招标文件。招标文件应当包括招标项目的技术要求、对投标人资格审查的标准、投标报价要求和评标标准等所有实质性要求和条件以及拟签订合同的主要条款。 国家对招标项目的技术、标准有规定的，招标人应当按照其规定在招标文件中提出相应要求。 招标项目需要划分标段、确定工期的，招标人应当合理划分标段、确定工期，并在招标文件中载明
3	《招投标法》	20	招标文件不得要求或者标明特定的生产供应者以及含有倾向或者排斥潜在投标人的其他内容
4	《招投标法》	22	招标人不得向他人透露已获取招标文件的潜在投标人的名称、数量以及可能影响公平竞争的有关招标投标的其他情况。 招标人设有标底的，标底必须保密
5	《招投标法》	23	招标人对已发出的招标文件进行必要的澄清或者修改的，应当在招标文件要求提交投标文件截止时间至少15日前，以书面形式通知所有招标文件收受人。该澄清或者修改的内容为招标文件的组成部分

续表

序号	名称	条文	内容
6	《招投标法》	24	招标人应当确定投标人编制投标文件所需要的合理时间;但是,依法必须进行招标的项目,自招标文件开始发出之日起至投标人提交投标文件截止之日止,最短不得少于20日
7	《招投标法》	27	投标人应当按照招标文件的要求编制投标文件。投标文件应当对招标文件提出的实质性要求和条件作出响应。 招标项目属于建设施工的,投标文件的内容应当包括拟派出的项目负责人与主要技术人员的简历、业绩和拟用于完成招标项目的机械设备等
8	《招投标法》	28	投标人应当在招标文件要求提交投标文件的截止时间前,将投标文件送达投标地点。招标人收到投标文件后,应当签收保存,不得开启。投标人少于3个的,招标人应当依照本法重新招标。 在招标文件要求提交投标文件的截止时间后送达的投标文件,招标人应当拒收
9	《招投标法》	30	投标人根据招标文件载明的项目实际情况,拟在中标后将中标项目的部分非主体、非关键性工作进行分包的,应当在投标文件中载明
10	《招投标法》	32	投标人不得相互串通投标报价,不得排挤其他投标人的公平竞争,损害招标人或者其他投标人的合法权益。 投标人不得与招标人串通投标,损害国家利益、社会公共利益或者他人的合法权益。 禁止投标人以向招标人或者评标委员会成员行贿的手段谋取中标
11	《招投标法》	33	投标人不得以低于成本的报价竞标,也不得以他人名义投标或者以其他方式弄虚作假,骗取中标
12	《招投标法》	38	招标人应当采取必要的措施,保证评标在严格保密的情况下进行。 任何单位和个人不得非法干预、影响评标的过程和结果
13	《招投标法》	43	在确定中标人前,招标人不得与投标人就投标价格、投标方案等实质性内容进行谈判
14	《招投标法》	46	招标人和中标人应当自中标通知书发出之日起30日内,按照招标文件和中标人的投标文件订立书面合同。招标人和中标人不得再行订立背离合同实质性内容的其他协议。 招标文件要求中标人提交履约保证金的,中标人应当提交

续表

序号	名称	条文	内容
15	《招投标法实施条例》	13	招标代理机构在招标人委托的范围内开展招标代理业务，任何单位和个人不得非法干涉。 招标代理机构代理招标业务，应当遵守招标投标法和本条例关于招标人的规定。招标代理机构不得在所代理的招标项目中投标或者代理投标，也不得为所代理的招标项目的投标人提供咨询
16	《招投标法实施条例》	26	招标人在招标文件中要求投标人提交投标保证金的，投标保证金不得超过招标项目估算价的2%。投标保证金有效期应当与投标有效期一致。 依法必须进行招标的项目的境内投标单位，以现金或者支票形式提交的投标保证金应当从其基本账户转出。 招标人不得挪用投标保证金
17	《招投标法实施条例》	27	招标人可以自行决定是否编制标底。一个招标项目只能有一个标底。标底必须保密。 接受委托编制标底的中介机构不得参加受托编制标底项目的投标，也不得为该项目的投标人编制投标文件或者提供咨询。 招标人设有最高投标限价的，应当在招标文件中明确最高投标限价或者最高投标限价的计算方法。招标人不得规定最低投标限价
18	《招投标法实施条例》	28	招标人不得组织单个或者部分潜在投标人踏勘项目现场
19	《招投标法实施条例》	32	招标人不得以不合理的条件限制、排斥潜在投标人或者投标人。 招标人有下列行为之一的，属于以不合理条件限制、排斥潜在投标人或者投标人： (一)就同一招标项目向潜在投标人或者投标人提供有差别的项目信息； (二)设定的资格、技术、商务条件与招标项目的具体特点和实际需要不相适应或者与合同履行无关； (三)依法必须进行招标的项目以特定行政区域或者特定行业的业绩、奖项作为加分条件或者中标条件； (四)对潜在投标人或者投标人采取不同的资格审查或者评标标准； (五)限定或者指定特定的专利、商标、品牌、原产地或者供应商； (六)依法必须进行招标的项目非法限定潜在投标人或者投标人的所有制形式或者组织形式； (七)以其他不合理条件限制、排斥潜在投标人或者投标人

续表

序号	名称	条文	内容
20	《招投标法实施条例》	39	禁止投标人相互串通投标。 有下列情形之一的,属于投标人相互串通投标: (一)投标人之间协商投标报价等投标文件的实质性内容; (二)投标人之间约定中标人; (三)投标人之间约定部分投标人放弃投标或者中标; (四)属于同一集团、协会、商会等组织成员的投标人按照该组织要求协同投标; (五)投标人之间为谋取中标或者排斥特定投标人而采取的其他联合行动
21	《招投标法实施条例》	40	有下列情形之一的,视为投标人相互串通投标: (一)不同投标人的投标文件由同一单位或者个人编制; (二)不同投标人委托同一单位或者个人办理投标事宜; (三)不同投标人的投标文件载明的项目管理成员为同一人; (四)不同投标人的投标文件异常一致或者投标报价呈规律性差异; (五)不同投标人的投标文件相互混装; (六)不同投标人的投标保证金从同一单位或者个人的账户转出
22	《招投标法实施条例》	41	禁止招标人与投标人串通投标。 有下列情形之一的,属于招标人与投标人串通投标: (一)招标人在开标前开启投标文件并将有关信息泄露给其他投标人; (二)招标人直接或者间接向投标人泄露标底、评标委员会成员等信息; (三)招标人明示或者暗示投标人压低或者抬高投标报价; (四)招标人授意投标人撤换、修改投标文件; (五)招标人明示或者暗示投标人为特定投标人中标提供方便; (六)招标人与投标人为谋求特定投标人中标而采取的其他串通行为

续表

序号	名称	条文	内容
23	《招投标法实施条例》	42	使用通过受让或者租借等方式获取的资格、资质证书投标的,属于招标投标法第33条规定的以他人名义投标。 投标人有下列情形之一的,属于招标投标法第33条规定的以其他方式弄虚作假的行为: (一)使用伪造、变造的许可证件; (二)提供虚假的财务状况或者业绩; (三)提供虚假的项目负责人或者主要技术人员简历、劳动关系证明; (四)提供虚假的信用状况; (五)其他弄虚作假的行为
24	《招投标法实施条例》	57	招标人和中标人应当依照招标投标法和本条例的规定签订书面合同,合同的标的、价款、质量、履行期限等主要条款应当与招标文件和中标人的投标文件的内容一致。招标人和中标人不得再行订立背离合同实质性内容的其他协议。 招标人最迟应当在书面合同签订后5日内向中标人和未中标的投标人退还投标保证金及银行同期存款利息
25	《招投标法实施条例》	58	招标文件要求中标人提交履约保证金的,中标人应当按照招标文件的要求提交。履约保证金不得超过中标合同金额的10%
26	《招投标法实施条例》	59	中标人应当按照合同约定履行义务,完成中标项目。中标人不得向他人转让中标项目,也不得将中标项目肢解后分别向他人转让。 中标人按照合同约定或者经招标人同意,可以将中标项目的部分非主体、非关键性工作分包给他人完成。接受分包的人应当具备相应的资格条件,并不得再次分包。 中标人应当就分包项目向招标人负责,接受分包的人就分包项目承担连带责任
27	《房屋建筑和市政基础设施工程施工招标投标管理办法》	17	招标人应当根据招标工程的特点和需要,自行或者委托工程招标代理机构编制招标文件。招标文件应当包括下列内容: (一)投标须知,包括工程概况,招标范围,资格审查条件,工程资金来源或者落实情况,标段划分,工期要求,质量标准,现场踏勘和答疑安排,投标文件编制、提交、修改、撤回的要求,投标报价要求,投标有效期,开标的时间和地点,评标的方法和标准等; (二)招标工程的技术要求和设计文件; (三)采用工程量清单招标的,应当提供工程量清单; (四)投标函的格式及附录; (五)拟签订合同的主要条款; (六)要求投标人提交的其他材料

续表

序号	名称	条文	内容
28	《工程建设项目货物招投标办法》	34	投标人应当在招标文件要求提交投标文件的截止时间前,将投标文件密封送达招标文件中规定的地点。招标人收到投标文件后,应当向投标人出具标明签收人和签收时间的凭证,在开标前任何单位和个人不得开启投标文件。 在招标文件要求提交投标文件的截止时间后送达的投标文件,为无效的投标文件,招标人应当拒收,并将其原封不动地退回投标人。 在招标文件要求提交投标文件的截止时间后送达的投标文件,招标人应当拒收。 依法必须进行招标的项目,提交投标文件的投标人少于3个的,招标人在分析招标失败的原因并采取相应措施后,应当重新招标。重新招标后投标人仍少于3个,按国家有关规定需要履行审批、核准手续的依法必须进行招标的项目,报项目审批、核准部门审批、核准后可以不再进行招标
29	《工程建设项目货物招投标办法》	36	在提交投标文件截止时间后,投标人不得撤销其投标文件,否则招标人可以不退还其投标保证金
30	《必须招标的工程项目规定》	2	全部或者部分使用国有资金投资或者国家融资的项目包括: (一)使用预算资金200万元人民币以上,并且该资金占投资额10%以上的项目; (二)使用国有企业事业单位资金,并且该资金占控股或者主导地位的项目
31	《必须招标的工程项目规定》	3	使用国际组织或者外国政府贷款、援助资金的项目包括: (一)使用世界银行、亚洲开发银行等国际组织贷款、援助资金的项目; (二)使用外国政府及其机构贷款、援助资金的项目
32	《必须招标的工程项目规定》	4	不属于本规定第2条、第3条规定情形的大型基础设施、公用事业等关系社会公共利益、公众安全的项目,必须招标的具体范围由国务院发展改革部门会同国务院有关部门按照确有必要、严格限定的原则制订,报国务院批准

续表

序号	名称	条文	内容
33	《必须招标的工程项目规定》	5	本规定第2条至第4条规定范围内的项目,其勘察、设计、施工、监理以及与工程建设有关的重要设备、材料等的采购达到下列标准之一的,必须招标: (一)施工单项合同估算价在400万元人民币以上; (二)重要设备、材料等货物的采购,单项合同估算价在200万元人民币以上; (三)勘察、设计、监理等服务的采购,单项合同估算价在100万元人民币以上。 同一项目中可以合并进行的勘察、设计、施工、监理以及与工程建设有关的重要设备、材料等的采购,合同估算价合计达到前款规定标准的,必须招标

第三节　合同签订阶段

全过程工程咨询单位在承接全过程工程咨询服务过程中,根据服务模式的不同,往往会涉及全过程工程咨询服务合同以及包括勘察设计咨询合同、工程造价咨询合同、投融资咨询合同、工程监理合同、项目管理咨询合同、物资采购合同、施工合同等在内的专业合同文本的拟定。若涉及印章管理、委托授权管理、合同管理等合规工作无法在全过程工程咨询单位内控体系中得到充分重视,难免不会发生全过程工程咨询单位分支机构、部门或工作人员等超出授权代理权限、期限、范围等对外签订合同、确认相关资料文件的行为,此时极易引发表见代理风险,而全过程工程咨询单位作为被代理人则须承担诸多不利后果。因此,在这一阶段,全过程工程咨询单位应当制定全面严密的合同签订合规管理制度,并对合同签署流程以及公司印章、授权委托手续等进行严格的合规防控。以下将就全过程工程咨询服务合同的合规管理为例,以探寻全过程工程咨询单位在合同签订阶段的合规管理要求。

一、合同条款合规审查

(一)审查主体

在全过程工程咨询服务合同的拟定过程中,全过程工程咨询单位应对合同主要条款,特别是对涉及进度、质量、安全、计价计量、结算等实质性内容的部分予以重点关注。合同条款的合规审查往往需要在全过程工程咨询单位内部各部门的共同协作下方能有效完成。因此,对于全过程工程咨询单位而言,在对合同条款进行合规审查时,应首先明确各部门的职责范围,具体如下:

1. 全过程工程咨询单位业务部门应当对合同文本进行全面的业务风险审查,就咨询服务范围、咨询服务期限、咨询服务报酬等内容予以确认。

2. 全过程工程咨询单位技术部门应当重点审查技术协议或者合同文本中的技术条款。

3. 全过程工程咨询单位财务部门应当重点审查咨询服务计费方式、付款方式、税费承担等条款约定是否明确、是否符合公司相关制度以及公司资金管理规划。

4. 全过程工程咨询单位法务部门应当在充分了解商务背景、交易模式等信息基础上对合同文本进行整体审核,主要内容如下:(1)若全过程工程咨询单位系通过招投标方式承接全过程工程咨询业务的,法务部门应当确认拟签订合同文本与招标文件、投标文件、中标通知书的服务范围、服务期限、质量、服务费用、支付与结算、风险范围等内容保持一致。(2)法务部门应就双方主体资格再次核查确认,同时审查合同内容是否符合法律、公司章程以及规章制度的要求。譬如,合同的签订是否属于公司“三重一大”范畴以及是否附有相应的表决文件等,在此基础上兼顾公司交易的目的以确保公司合法权益最大化。(3)合同文本若是采取合同协议书、通用合同条件以及专用合同条件的方式,法务部门还要再次审查咨询服务报酬、服务范围等主要条款前后是否保持了一致。(4)法务部门需审查合同文本中权利义务条款的约定是否具体、明确、严谨,关于违约责任、管辖、合同成立与生效等内容的约定是否合理,避免出现文本前后文存在歧义、权责不清或者表述不明确等情况。

(二)审查重点

在本书第 2 章“全过程工程咨询单位在业务承接阶段的法律风险”第 3 节

“全过程工程咨询单位的法律风险”第2部分对《全过程工程咨询服务合同(示范文本)》的使用进行了部分风险提示的基础上,下述将就合同条款的重点审查内容进行详述。

1. 服务范围条款

全过程工程咨询服务合同的服务范围条款要全面、明确。一方面,该条款牵涉全过程工程咨询单位向委托方提供咨询服务范围;另一方面,该条款制订的越完善,越有利于支撑全过程工程咨询单位向委托方追讨相应的咨询服务报酬,从而确保全过程工程咨询单位的核心利益得到切实保障和最大实现。在对服务范围条款进行审查时,全过程工程咨询单位主要注意如下两方面:

(1)咨询服务范围应当明确。根据全过程工程咨询服务模式的不同,全过程工程咨询服务合同应当将不同模式对应的咨询服务内容进行明确,即是否包括投资决策综合性咨询服务内容、工程建设全过程咨询服务内容、专项咨询服务内容。其中,投资决策综合性咨询服务内容中是否包含投资机会研究咨询、可行性研究咨询、环境影响评价咨询或其他咨询项目;工程建设全过程咨询服务内容是否包含运营维护咨询等。总而言之,凡是需要全过程工程咨询单位承担的咨询服务,均应在全过程工程咨询服务合同中明确且具体地表述出来。

(2)咨询服务范围表述应当具体。全过程工程咨询单位应当避免全过程工程咨询服务合同中出现咨询范围描述模糊不清甚至存在歧义的情况,如合同中应当避免出现“包括但不限于”“包括工程监理咨询、工程勘察咨询等内容”此类不确定的描述,或者“详见实际咨询需要”等简单模糊的约定。

2. 服务费用条款

全过程工程咨询单位应当明确约定咨询服务费用的支付方式。目前,各地发布的全过程工程咨询服务合同示范文本中,对于咨询服务费用的支付时间并未作统一示范。为了合理维护全过程工程咨询单位的权益,在对服务费用条款进行审查时,全过程工程咨询单位应从以下几方面入手:

(1)服务酬金。全过程工程咨询服务合同的计费方式主要分为三种,即“单项收费汇总”模式、“‘1+N’叠加计费”模式、“总价×费率”模式以及“人工时计费”模式。全过程工程咨询单位应根据全过程工程项目的咨询服务内容和周期,结合项目规模大小、复杂程度(自然环境因素、社会因素、投资人要求等)以及行业计费惯例等因素综合考虑,以此选定最适合该全过程工程项目的计费模式。

此外,全过程工程咨询单位应当明确收取的各项咨询费用是否含税,税率是多少。

(2)服务开支。对于全过程工程咨询单位在履行合同中所发生的差旅费、通讯费、检测费或向第三方支付的合理开支等费用,如需委托方补偿的,应当在全过程工程咨询服务合同中明确委托方同意另行支付或是由全过程工程咨询单位向委托方实报实销。

(3)奖励费用。若全过程工程咨询单位在与委托方进行业务谈判过程中,委托方承诺如全过程工程咨询服务单位提供的咨询服务工作能够有效帮助委托方达成投资效益最大化或是合理规避潜在风险等目的,则将给予全过程工程咨询单位一定的奖励。此时为了进一步督促委托方对奖励承诺的履行,全过程工程咨询单位可与委托方于全过程工程咨询合同中就奖励事项、奖励金额、奖励金支付方式等进行明确约定。

(4)支付方式。作为服务提供者在服务准备阶段和服务过程中预计将发生的成本以及成本回收时间,全过程工程咨询单位应当事先进行核算并在咨询服务费用条款的拟定中充分考虑,避免出现过多委托方设置付款前置条件的情况。至于咨询服务费用支付方式的约定,则应以现金、电汇为主,保理、承兑汇票等金融借贷措施为辅,如确需借助金融贷款措施完成付款的,需明确因金融借贷措施而产生的手续费等相关费用全部由委托方自行承担。

3.服务期限条款

全过程工程咨询服务具备涉及面广、跨阶段、服务期限随着工程建设周期较长等特点,因此全过程工程咨询单位应当明确咨询服务的具体执行期限、进度计划、服务延误、服务暂停等内容。

(1)具体执行期限

全过程工程咨询服务具体的执行期限应当明确具体的开始和完成时间:①针对投资决策综合性咨询或工程实施前的咨询,只是提供咨询报告、建议书等服务,可以约定具体的开始和完成时间;②针对为履行完成某一项具体的咨询项目服务,可以约定为服务实际开始日起至负责的咨询项目对应的工程或者其他任务完成之日止;③针对与工程项目建设进度相关联的咨询服务,如工程监理或施工项目管理等咨询服务,则可以约定为服务开始日至咨询项目工程竣工日期或者缺陷责任期满或者其他日期。

(2)进度计划

全过程工程咨询单位应当明确完成每一项咨询服务的开始顺序和时间、提供各项服务成果的交付时间,以及委托方审查时间以及再次提交与审查进度计划的时间和需要委托方或其他第三方提供决策或批准相关资料的时间。若委托方要求全过程工程咨询单位提供进度报告的,则应当明确具体提供进度报告的进度信息。

(3)咨询服务进度延误

若咨询服务非因全过程工程咨询单位原因(包括委托方未能按时提供相关资料、工作条件、设施场地人员服务、提供的资料存在错误或者委托方未按约定日期足额付款等)导致延误,全过程工程咨询单位应当在合同中明确因此产生的任何责任与全过程工程咨询单位无关,并且其有权利向委托方提出咨询服务延期。

若咨询服务因全过程工程咨询单位原因导致进度延误,全过程工程咨询单位需要尽量采取限制范围和违约责任的方式进行约定,要尽可能避免自身承担的民事赔偿责任没有上限或者其他不合理的民事责任约定。

(4)咨询服务暂停

若因委托方根据工程建设情况需要暂停咨询服务的,全过程工程咨询单位应当在合同中明确约定委托方应在合理时间之前发出通知,并列明咨询服务暂停的原因、暂停日期以及预计暂停的期限。在咨询服务可以恢复时,委托方也应当通知全过程工程咨询单位在合理时间内恢复咨询服务。此外,全过程工程咨询单位应当在全过程工程咨询服务合同中明确约定有权利单方面暂停全部或部分服务的具体情形,如因委托方未按约定足额支付咨询服务费用、不可抗力、政策因素等。

关于咨询服务暂停的后果,全过程工程咨询服务合同中应当明确约定咨询服务暂停后,委托方依然应当支付暂停前已经履行的咨询服务工作相应的咨询服务费用。对于非因全过程工程咨询单位的原因所导致的服务暂停,咨询服务暂停以及恢复的所有费用应当由委托方自行承担,同时应当约定该类费用支付的时间和方式等内容。

4. 服务成果条款

(1)服务成果标准

全过程工程咨询服务合同应当对咨询服务成果标准进行明确,具体到应当符合哪一部法律法规、哪一条技术规范、哪部分专业标准等，尽量避免过于笼统、没有任何限制的表述方式。同时，全过程工程咨询服务合同还需明确，若委托方在合同签订后提出其他咨询服务标准的，双方应当另行签订书面补充协议，若是由此导致咨询服务费用增加或者服务期限延长的，相应责任由委托方一方承担。

(2)服务成果交付

关于咨询服务成果的交付，全过程工程咨询单位应当在合同中明确约定咨询服务成果的交付形式、期限。若委托方要求全过程工程咨询单位提前交付咨询服务成果的，全过程工程咨询单位有权利视项目的具体开展情况选择是否接受，若接受，则可与委托方协商并约定由此增加的服务费用由委托方承担。

(3)服务成果审查

关于咨询服务成果的审查，全过程工程咨询单位应当在合同中明确约定委托方对于咨询服务成果的审查时间，并明确约定若审查时间届满，委托方未对咨询服务成果提过异议也未作出审查结论的，视为全过程工程咨询服务成果已经获得了委托方认可。同时，合同需包含审查意见超范围的相关内容，即若委托方出具的审查结论或意见实际上超出了或者更改了合同约定的咨询服务范围，应当视为委托方单方要求咨询服务变更，由此产生的服务期限延长或者服务费用增加等责任均应由委托方按照服务范围变更相关条款的约定自行承担。

(4)责任承担

全过程工程咨询服务合同中应当明确约定非因全过程工程咨询单位的原因造成咨询服务成果不合格，如数据不实、计算方法错误等需要全过程工程咨询单位采取补救措施的，由此导致的咨询服务费用增加或者服务期限延长等责任，由委托方自行承担。同时，在委托方未能按时向全过程工程咨询单位提供与咨询服务有关的一切文件资料和信息，如咨询项目相关资料、委托方基于咨询服务项目的其他供应商相关信息等，导致服务费用增加或者服务期限延长的，合同应当约定相关责任均应由委托方自行承担。除此之外，合同中还应约定委托方在任何情况下都要遵守法律和技术标准，若委托方要求全过程工程咨询单位违反法律法规、压缩合理咨询服务期限、降低技术标准和工程质量、安全标准提供咨询服务工作等，全过程工程咨询单位有权利拒绝，且不因此承担任何责任。

5. 不可抗力条款

司法实践中，在合同对不可抗力没有特别约定的情况下，如合同双方产生纠纷需援引不可抗力条款时,往往无法得到法院的有效认定。因此,全过程工程咨询服务合同中应当对不可抗力的范围、处理程序以及后果等进行明确。

(1)关于不可抗力的范围。全过程工程咨询单位应当结合全过程工程项目所在地的自然环境、政策环境等具体情况进行约定。具体来说,双方在签订合同时可以将不能预见、不能避免且不能克服的自然灾害和社会性突发事件约定为属于不可抗力,常见的不可抗力事项有地震、海啸、瘟疫、骚乱、戒严、暴动、战争等。但除前述情形外的其他自然灾害和社会性突发事件,需要在达成怎样的程度才有可能被认定为不可抗力,这就需要在合同中进一步细化。比如,可以对风、雨、雪、洪、震等自然灾害的程度进行一定量化,具体为几级以上的大风、几级以上的地震、持续多少天达到多少毫米的降水等可被认定为不可抗力;再如,还可以对政府部门的大气污染管控政策进行具象化,即需要达到橙色还是红色抑或是其他警戒线时可以被认定为不可抗力等。只有将不可抗力条款进行细化完善,方才有利于全过程工程咨询单位在争议纠纷发生时以此为据,更好地维护自身合法权益。

(2)关于不可抗力事件的处理程序。合同中应明确约定任何一方遇到不可抗力事件以致合同履行受阻时,都应在合理期限内通知合同相对方,书面说明不可抗力和受阻碍的详细情况,并在合理期限内提供必要的证明。否则,因通知不到位或是无法按时提交证明等产生的期限顺延或是损失扩大责任,将由过错方自行承担。

(3)关于不可抗力的责任承担。全过程工程咨询单位应当根据全过程工程项目的特点与委托方就不可抗力的承担方式进行协商约定。不可抗力的责任承担应包括损失分配、延期处理、免责范围,以及因不可抗力造成的合同终止或解除权分配等内容。其中应强调的是,不可抗力事件发生后,合同当事人均应采取措施尽量避免和减少损失的扩大,任何一方当事人没有采取有效措施导致损失扩大的,应对扩大的损失部分承担相应责任。另外,不可抗力事件发生前已经完成的咨询服务工作,委托方应当按照全过程工程咨询服务合同的约定如期支付,而对于因一方迟延履行之故导致在迟延履行期间遭遇不可抗力事件的,不得免除该方的违约责任。

6. 违约责任条款

全过程工程咨询单位应当根据全过程工程咨询项目的具体内容和咨询服务流程,全面列举委托方可能涉及的违约事项以及违约责任的承担方式。但应注意的是,该违约责任的计算不得过于严苛,避免出现不分原因承担违约责任或违约责任过重的情形。而对于全过程工程咨询单位自身的违约责任约定,同样需注意应保持在合理的范畴之内,不得出现合同双方违约责任承担严重不对等导致合同条款无效的情况。

7. 争议解决条款

合同争议解决方式主要包括协商、调解、仲裁、诉讼以及争议评审。全过程工程咨询单位可根据全过程工程咨询项目的地缘特点,应尽量选择与己方有最密切联系的法院或仲裁委员会,规避不利于己方的法律环境因素。与此同时,全过程工程咨询单位还应当避免出现既约定法院管辖又约定仲裁受理,或同时约定两个以上法院管辖的无效条款。除此之外,如全过程工程咨询单位最终选择采用仲裁方式解决争议的,应明确仲裁机构和仲裁解决的争议范围。

二、合同签署合规审查

(一)合同签署形式

《房屋建筑和市政基础设施建设项目全过程工程咨询服务技术标准(征求意见稿)》第1.0.3条以及《民法典》第135条、第490条之规定,全过程工程咨询单位与委托方应当采用书面形式签署全过程工程咨询服务合同并加盖合同专用章,同时需严格审查合同相对方的签字是否真实准确、合同加盖的印章名称是否与工商登记的名称以及签约主体的名称保持一致。在合同依法签订后,全过程工程咨询单位应当分类保存商务合同、技术协议等资料原件,合同管理人员应当对生效合同编号登记,按咨询项目建立档案。此外,由于建设工程领域存在大量需要报批、备案的合同,故全过程工程咨询单位应遵守各类报批备案政策规定,对于合同文本须报经国家有关主管部门审查或备案的,应当严格履行相应的报批、备案程序。

(二)合同签署流程

根据最高院《关于当前形势下审理民商事合同纠纷案件若干问题的指导意见》第14条规定:"人民法院在判断合同相对人主观上是否属于善意且无过失时,应当考虑以谁的名义签字、是否盖有相关印章及印章真伪等各种因素。"实践中,全过程工程咨询单位需尤为关注签字盖章流程是否合法合规:(1)合同的签署应当与合同相对方当面或由相对方先行签字、用印盖章后签订;(2)对于确需全过程工程咨询单位先行签字、盖章然后寄送相对方的,应当采用在合同各页码之间加盖骑缝章、每页角签，或者使用其他防伪印记等方法对合同文书加以控制；(3)严禁将仅有全过程工程咨询单位已签字、盖章，却无合同条款具体内容的合同末页，交、寄给对方签字盖章；(4)严禁向合同相对方出具盖有印章的空白合同书、空白证明信、空白委托书、空白单据等空白文件；(5)盖章前需检查是否按规定的流程、权限办理了用印审批手续，如有不符合要求的，应及时说明情况及具体补办措施，否则不得用印；(6)对公章使用范围作出明确规定，对外发文、开具介绍信、报送报表等情形，一律加盖公章，凡属合同类的使用合同专用章，凡属财务会计业务的用财务专用章，职能部门印章仅限部门内部使用。

(三)合规规范

综合上述分析可知，全过程工程咨询单位为有效防范合同签署合规审查不到位引发的合规风险，应当加强对合同签署形式的合规审查以及合同签署流程的合规管理。笔者就全过程工程咨询单位在合同签署方面应该严格遵守的重点合规规范进行了梳理(如表9－6所示)。

表9－6　合同签署阶段合规规范

序号	名称	条文	内容
1	《民法典》	135	民事法律行为可以采用书面形式、口头形式或者其他形式；法律、行政法规规定或者当事人约定采用特定形式的，应当采用特定形式
2	《民法典》	490	当事人采用合同书形式订立合同的，自当事人均签名、盖章或者按指印时合同成立。在签名、盖章或者按指印之前，当事人一方已经履行主要义务，对方接受时，该合同成立。法律、行政法规规定或者当事人约定合同应当采用书面形式订立，当事人未采用书面形式但是一方已经履行主要义务，对方接受时，该合同成立
3	《民法典》	502	依法成立的合同，自成立时生效，但是法律另有规定或者当事人另有约定的除外。 依照法律、行政法规的规定，合同应当办理批准等手续的，依照其规定。未办理批准等手续影响合同生效的，不影响合同中履行报批等义务条款以及相关条款的效力。应当办理申请批准等手续的当事人未履行义务的，对方可以请求其承担违反该义务的责任。 依照法律、行政法规的规定，合同的变更、转让、解除等情形应当办理批准等手续的，适用前款规定

三、授权委托合规审查

根据《民法典》第165条规定:“委托代理授权采用书面形式的,授权委托书应当载明代理人的姓名或者名称、代理事项、权限和期限,并由被代理人签名或者盖章。”根据《民法典》第170条、第171条、第172条和最高院《关于当前形势下审理民商事合同纠纷案件若干问题的指导意见》第13条、第14条的规定,全过程工程咨询单位在合同签订阶段应当尽到谨慎、合理注意的审查义务,避免与主体资格有瑕疵的委托方或授权代理人签署合同,同时全过程工程咨询单位还应加强内部授权委托的合规管理。

关于对委托方的授权审查,全过程工程咨询单位应当明确签署人是否具备法定代表权或者是否具有授权范围、期间等与合同相适应的合法授权。对于由企业分支机构或其他被授权方作为委托方的情况下,全过程工程咨询单位应当审查该分支机构、其他被授权的法人或自然人是否能够提供书面的授权委托书。此外,全过程工程咨询单位还需审查本次全过程工程咨询业务是否在授权委托书中明确授权的业务范围之内,避免发生委托方在签署合同时已经超出其授权期限或范围。若出现委托方签字人并非委托方在工商系统公开网站公示的法定代表人时,应当审查证明该签字人是否具有代表权相关证明资料,如签字人的法人授权书、与委托方的劳动合同、在委托方工作证件等。

关于对全过程工程咨询单位自身的授权审查,作为合同签署人不得未经本公司授权擅自签署合同,不得在授权范围、授权期间不明确或者被授权人不符合授权条件的情形下擅自签署合同。对于全过程工程咨询单位的各事业部、分支机构不得未经授权或委托签订超越权限的合同。此外,全过程工程咨询单位应将全过程工程咨询服务项目的内部授权情况向合同相对方进行明示,以防发生表见代理风险。

前述已对全过程工程咨询单位在全过程工程咨询服务合同签订阶段所涉及的合同重点条款、合同签署形式的合规审查要点,以及合同签署流程、授权委托手续的合规防控要点进行了详述,至于全过程工程咨询项目建设过程中还将涉及的包括勘察设计咨询合同、工程造价咨询合同、投融资咨询合同、工程监理合同、项目管理咨询合同、物资采购合同、施工合同等在内的专业合同文本的签订,全过程工程咨询单位可在借鉴全过程工程咨询服务合同的签订要求,结合各合同文本的专业特性,梳理出专业合同文本需要重点关注的条款,从而完成合规审查。

第四节　合同履行阶段

在全过程工程咨询服务合同的履行阶段,全过程工程咨询单位需要按照委托方的要求以及全过程工程咨询服务合同的约定,统筹协调与委托方、勘查单位、设计单位、监理单位、施工单位等各参与主体之间的关系,开展包括投资决策、勘察设计、招标采购、监理及施工项目管理等在内的咨询服务工作。在这一阶段内,全过程工程咨询单位往往面临因自身原因无法按约保质保量完成委托事务以致向委托方承担违约损失赔偿等民事法律责任,更为严重的还需承担行政法律责任和刑事法律责任。故为保证高效、高质量地建设全过程工程项目,进一步实现建设项目综合效益的整体提升,全过程工程咨询单位在合同履行阶段应当做好项目工程的总体控制工作,监督检查好各参建方的合同履约情况以及协助处理好合同的变更、中止、解除等事宜,并重点关注项目报批、工期、质量及安全生产、费用结算、签证索赔等内容,加强重点领域的合规管理工作,积极维护好自身以及委托方的合法权益。

一、投资决策阶段

全过程工程咨询单位在投资决策阶段主要面临的合规风险,一方面是基于其被定位为“咨询人”,因其出具的可行性研究报告、环境影响评价报告、投资估算报告等质量不合格或提供投资决策咨询服务履约不到位等,将受到的行业监管、行政乃至刑罚处罚等风险;另一方面则是基于其被定位为“受托人”,因其提供的咨询服务成果编制服务、报批报审协助服务不到位、不全面等,将面临的被委托方追责的法律风险。现结合全过程工程咨询投资决策服务的特点,主要从可行性研究报告、环境影响评价报告、投资估算报告、项目建议书、建设条件单项咨询报告等咨询服务成果编制以及项目报批报审流程方面,详述全过程工程咨询单位在两种角色定位下应该遵守的合规要求。

(一)咨询服务成果编制合规管理

全过程工程咨询单位不论是作为“咨询人”还是“受托人”,在提供编制可行性研究报告、环境影响评价报告、投资估算报告等咨询服务时,均需对其编制的咨询服务成果的真实性、有效性和科学性负责,亦需严格遵守相关成果编制合规规范,确保咨询服务成果符合委托方需求以及规范要求。

由于包含项目建议书、可行性研究报告、项目申请报告、资金申请报告等成果文件的可行性研究论证是最具综合性咨询特征的核心内容,故笔者以可行性研究论证为例梳理全过程工程咨询单位在编制此类咨询服务成果过程中的合规管理要点。具体如下:

其一,为有效防范咨询服务成果编制过程中的民事合规风险,全过程工程咨询单位应全面履行合同义务,即应协助委托方及时获悉政府职能部门就可行性研究、环境影响评价等咨询服务成果的工作安排及要求,以便按照合同进度要求及时编制完成,同时应保证成果质量符合约定和行政监管要求。

其二,为有效防范咨询服务成果质量不达标或可行性研究论证过程中可能引发的行政、刑事合规风险,全过程工程咨询单位及其人员应建立和实行咨询成果质量审核等岗位人员责任制,加强备案信息、咨询成果、咨询成果档案、执业登记文件等材料的合规审查,即审查备案信息是否真实、咨询成果是否泄露他人商业秘密、咨询成果是否存在严重质量问题、咨询成果文件完整档案是否建立;资信评价等级证书是否伪造、涂改、出租、出借等;资信评价申请材料、执业登记是否虚假等。若合规审查过程中发现文件材料虚假、存在质量问题等违规行为时,全过程工程咨询单位应就违规行为及时发布合规整改意见并及时安排负责机构进行处置和应对。

(二)项目报批合规管理

全过程工程咨询单位作为“受托人”时还需协助委托方向主管部门完成项目报批或是备案手续。根据项目类别的不同,报审程序亦不相同,其中政府投资项目需要报投资主管部门或有关部门审批,而企业投资项目则需依据《企业投资项目核准和备案管理条例》的规定进行核准或是备案。

1. 政府投资项目报批管理

根据《政府投资条例》第 9 条规定,全过程工程咨询单位需要编制项目建议书、可行性研究报告、初步设计文件等材料,报投资主管部门或者其他有关部门审批。在整个政府投资项目报批管理过程中，首先，全过程工程咨询单位应当对其编制的项目建议书、可行性研究报告、初步设计以及依法应当附具的其他文件的真实性负责。其次，全过程工程咨询单位应严格遵守审批、重新审批等程序要求。根据《政府投资条例》第20条、第21条之规定，如果属于国务院规定应当审批开工报告的重大政府投资项目，全过程工程咨询单位需在按照规定办理开工报告审批手续后方可开工建设。政府投资项目应严格按照投资主管部门或者其他有关部门批准的建设地点、建设规模和建设内容实施，若出现变更建设地点或者对建设规模、建设内容等作较大变更的，全过程工程咨询单位应当按照规定的程序报原审批部门审批。此外，由于政府投资项目可能会涉及投资补助、贷款贴息等政府投资资金，故全过程工程咨询单位不得弄虚作假骗取政府投资项目审批或者投资补助、贷款贴息等政府投资资金，也不得擅自增加投资概算。最后，当全过程工程咨询单位办理好审批手续后，应当将项目审批和实施过程中的有关文件、资料进行存档备查，不得擅自转移、隐匿、篡改、毁弃项目有关文件、资料。

2. 企业投资项目报批管理

根据《企业投资项目核准和备案管理办法》第4条第2款规定："对关系国家安全、涉及全国重大生产力布局、战略性资源开发和重大公共利益等项目，实行核准管理。其他项目实行备案管理。"企业投资项目实行核准、备案管理制度，并须严格遵守国土（海洋）资源、城乡规划、环境保护、节能、安全监管、建设等方面法律法规涉及审批文件的要求。由于全过程工程咨询单位及相关人员在报审过程中往往会涉及行政审批环节，易滋生钱权交易等贿赂腐败风险，故全过程工程咨询单位应格外注意，不得采用欺骗、贿赂等不正当手段取得项目核准文件。

（1）企业投资项目核准管理

若全过程工程咨询单位根据委托方要求协助办理项目核准手续，应当遵守《企业投资项目核准和备案管理办法》第17条至第22条的规范要求，并按照项目申请报告通用文本和行业示范文本的要求编制和报送项目申请报告。项目申请报告内容应当包括项目单位情况、拟建项目情况（项目名称、建设地点、建设规模、建设内容等）、项目资源利用情况分析以及对生态环境的影响分析、项目对经济和社会的影响分析等。同时，全过程工程咨询单位在报送项目申请报告时，应当按照法律法规要求附具城乡规划行政主管部门出具的选址意见书(仅指以划拨方式提供国有土地使用权的项目)、国土资源(海洋)行政主管部门出具的用地(用海)预审意见(国土资源主管部门明确可以不进行用地预审的情形除外)等文件,不得以分拆项目、隐瞒有关情况或者提供虚假申报材料等不正当手段申请核准。此外,如果该项目依法办理核准手续的,全过程工程咨询单位应监督项目按照核准的建设地点、建设规模、建设内容等进行建设。否则,根据《企业投资项目核准和备案管理办法》第37条之规定,已经取得项目核准文件的项目的建设地点、投资规模、建设规模、建设内容等发生变更,并可能对经济、社会、环境等产生重大不利影响的,全过程工程咨询单位项目单位应当及时以书面形式向原项目核准机关提出变更申请。

(2)企业投资项目备案管理

若全过程工程咨询单位根据委托方要求协助办理项目备案手续,应当遵守《企业投资项目核准和备案管理办法》第39条、第40条的规范要求,在开工建设前通过在线平台将备案项目信息告知项目备案机关。备案项目信息主要包括项目单位基本情况、项目名称、建设地点、建设规模、建设内容、项目总投资额、项目符合产业政策声明等,不得以分拆项目、隐瞒有关情况或者提供虚假申报材料等不正当手段申请核准。此外,根据《企业投资项目核准和备案管理办法》第43条之规定,项目备案后,若项目法人发生变化,项目建设地点、规模、内容发生重大变更,或者放弃项目建设的,全过程工程咨询单位应当通过在线平台及时告知项目备案机关,并修改相关信息。

(三)合规规范

综合上述分析可知,全过程工程咨询单位为有效防范投资决策阶段的合规风险,应当对咨询服务成果编制过程以及项目报批过程加强合规管理。笔者就全过程工程咨询单位在投资决策阶段应该严格遵守的重点合规规范进行了梳理(如表9-7所示)。

表 9 – 7　投资决策阶段合规规范

序号	名称	条文	内容
1	《中央预算内直接投资项目管理办法》	14	项目建议书批准后，项目单位应当委托工程咨询机构编制可行性研究报告，对项目在技术和经济上的可行性以及社会效益、节能、资源综合利用、生态环境影响、社会稳定风险等进行全面分析论证，落实各项建设和运行保障条件，并按照有关规定取得相关许可、审查意见。可行性研究报告的编制格式、内容和深度应当达到规定要求。 由国家发展改革委负责审批的项目，其可行性研究报告应当由具备相应资质的甲级工程咨询机构编制
2	《环境影响评价法》	20	建设单位应当对建设项目环境影响报告书、环境影响报告表的内容和结论负责，接受委托编制建设项目环境影响报告书、环境影响报告表的技术单位对其编制的建设项目环境影响报告书、环境影响报告表承担相应责任
3	《工程咨询行业管理办法》	10	工程咨询单位应当建立健全咨询质量管理制度，建立和实行咨询成果质量、成果文件审核等岗位人员责任制
4	《工程咨询行业管理办法》	13	编写咨询成果文件应当依据法律法规、有关发展建设规划、技术标准、产业政策以及政府部门发布的标准规范等
5	《工程咨询行业管理办法》	14	咨询成果文件上应当加盖工程咨询单位公章和咨询工程师（投资）执业专用章。 工程咨询单位对咨询质量负总责。主持该咨询业务的人员对咨询成果文件质量负主要直接责任，参与人员对其编写的篇章内容负责。 实行咨询成果质量终身负责制。工程咨询单位在开展项目咨询业务时，应在咨询成果文件中就符合本办法第 13 条要求，及独立、公正、科学的原则作出信用承诺。工程项目在设计使用年限内，因工程咨询质量导致项目单位重大损失的，应倒查咨询成果质量责任，并根据本办法第 30、31 条进行处理，形成工程咨询成果质量追溯机制
6	《工程咨询行业管理办法》	15	工程咨询单位应当建立从业档案制度，将委托合同、咨询成果文件等存档备查
7	《政府投资条例》	9	政府采取直接投资方式、资本金注入方式投资的项目（以下统称政府投资项目），项目单位应当编制项目建议书、可行性研究报告、初步设计，按照政府投资管理权限和规定的程序，报投资主管部门或者其他有关部门审批。 项目单位应当加强政府投资项目的前期工作，保证前期工作的深度达到规定的要求，并对项目建议书、可行性研究报告、初步设计以及依法应当附具的其他文件的真实性负责

续表

序号	名称	条文	内容
8	《政府投资条例》	12	经投资主管部门或者其他有关部门核定的投资概算是控制政府投资项目总投资的依据。 初步设计提出的投资概算超过经批准的可行性研究报告提出的投资估算10%的,项目单位应当向投资主管部门或者其他有关部门报告,投资主管部门或者其他有关部门可以要求项目单位重新报送可行性研究报告
9	《政府投资条例》	20	政府投资项目开工建设,应当符合本条例和有关法律、行政法规规定的建设条件;不符合规定的建设条件的,不得开工建设。 国务院规定应当审批开工报告的重大政府投资项目,按照规定办理开工报告审批手续后方可开工建设
10	《政府投资条例》	21	政府投资项目应当按照投资主管部门或者其他有关部门批准的建设地点、建设规模和建设内容实施;拟变更建设地点或者拟对建设规模、建设内容等作较大变更的,应当按照规定的程序报原审批部门审批
11	《企业投资项目核准和备案管理办法》	17	企业办理项目核准手续,应当按照国家有关要求编制项目申请报告,取得第22条规定依法应当附具的有关文件后,按照本办法第23条规定报送
12	《企业投资项目核准和备案管理办法》	18	组织编制和报送项目申请报告的项目单位,应当对项目申请报告以及依法应当附具文件的真实性、合法性和完整性负责
13	《企业投资项目核准和备案管理办法》	19	项目申请报告应当主要包括以下内容: (一)项目单位情况; (二)拟建项目情况,包括项目名称、建设地点、建设规模、建设内容等; (三)项目资源利用情况分析以及对生态环境的影响分析; (四)项目对经济和社会的影响分析
14	《企业投资项目核准和备案管理办法》	20	项目申请报告通用文本由国务院投资主管部门会同有关部门制定,主要行业的项目申请报告示范文本由相应的项目核准机关参照项目申请报告通用文本制定,明确编制内容、深度要求等

续表

序号	名称	条文	内容
15	《企业投资项目核准和备案管理办法》	21	项目申请报告可以由项目单位自行编写,也可以由项目单位自主委托具有相关经验和能力的工程咨询单位编写。任何单位和个人不得强制项目单位委托中介服务机构编制项目申请报告。 项目单位或者其委托的工程咨询单位应当按照项目申请报告通用文本和行业示范文本的要求编写项目申请报告。 工程咨询单位接受委托编制有关文件,应当做到依法、独立、客观、公正,对其编制的文件负责
16	《企业投资项目核准和备案管理办法》	22	项目单位在报送项目申请报告时,应当根据国家法律法规的规定附具以下文件: (一)城乡规划行政主管部门出具的选址意见书(仅指以划拨方式提供国有土地使用权的项目); (二)国土资源(海洋)行政主管部门出具的用地(用海)预审意见(国土资源主管部门明确可以不进行用地预审的情形除外); (三)法律、行政法规规定需要办理的其他相关手续
17	《企业投资项目核准和备案管理办法》	37	取得项目核准文件的项目,有下列情形之一的,项目单位应当及时以书面形式向原项目核准机关提出变更申请。原项目核准机关应当自受理申请之日起 20 个工作日内作出是否同意变更的书面决定: (一)建设地点发生变更的; (二)投资规模、建设规模、建设内容发生较大变化的; (三)项目变更可能对经济、社会、环境等产生重大不利影响的; (四)需要对项目核准文件所规定的内容进行调整的其他重大情形
18	《企业投资项目核准和备案管理办法》	39	实行备案管理的项目,项目单位应当在开工建设前通过在线平台将相关信息告知项目备案机关,依法履行投资项目信息告知义务,并遵循诚信和规范原则
19	《企业投资项目核准和备案管理办法》	40	项目备案机关应当制定项目备案基本信息格式文本,具体包括以下内容: (一)项目单位基本情况; (二)项目名称、建设地点、建设规模、建设内容; (三)项目总投资额; (四)项目符合产业政策声明。 项目单位应当对备案项目信息的真实性、合法性和完整性负责

续表

序号	名称	条文	内容
20	《企业投资项目核准和备案管理办法》	43	项目备案后,项目法人发生变化,项目建设地点、规模、内容发生重大变更,或者放弃项目建设的,项目单位应当通过在线平台及时告知项目备案机关,并修改相关信息

二、勘察设计阶段

全过程工程咨询单位在勘察设计阶段主要面临的合规风险,一方面是基于其被定位为“勘察单位”“设计单位”,因工程勘察设计技术咨询及管理职责履行不到位、不合规而导致被内部追责、民事索赔、行政处罚、刑事惩处等合规风险;另一方面则是基于其被定位为“勘察设计咨询管理人”,因工程勘察设计管理职责履行不到位、不合规而导致被内部追责、民事索赔、行政处罚、刑事惩处等合规风险。现结合全过程工程咨询勘察设计服务的特点,主要从工期、质量、成果文件报批、签证索赔等方面详述全过程工程咨询单位在两种角色定位下应该遵守的合规要求。

(一)勘察设计工期合规管理

其一,全过程工程咨询单位自行承担勘察设计咨询服务工作时,应该按照勘察设计项目的工程规模、技术需求、质量标准、自身勘察设计能力等实际情况编制进度计划,保证充足的时间进行勘察设计工作,不得任意压缩合理工期。如果全过程工程咨询单位仅履行工程勘察设计管理职责的,其应监督敦促勘察设计专业咨询单位按照勘察设计工作性质预估进度计划。一旦发现勘察设计专业咨询单位出现片面赶抢工期、影响工程进度等行为,全过程工程咨询单位应及时发布合规整改意见并督促勘察设计专业咨询单位及时完成勘察设计任务。

其二,全过程工程咨询单位自行承担勘察设计咨询服务工作时,根据《民法典》第509条规定,应严格按照合同约定形式、期限、数量、质量等交付勘察设计成果。如果全过程工程咨询单位仅承担工程勘察设计管理职责,即对另行分包单位的勘察设计咨询服务活动进行监督管理时,那么,全过程工程咨询单位应加强对其他勘察设计单位的管控,督促其按照合同约定的履行方式、质量、期限、数量等保质保量完成勘察设计工作,避免出现因迟延交付勘察设计成果而延误工程进度的情况。

其三，全过程工程咨询单位自行承担勘察设计咨询服务工作时，其应遵守自行编制且经委托方确认的进度计划、开工日期正常开展勘察或者设计工作，不得擅自停止勘察或者设计工作。因擅自停止勘察或者设计工作受到委托方催告时，全过程工程咨询单位若有正当理由的应当及时以书面方式向委托方反馈，若无正当理由的则应当在合理期限内仍继续开展工作。如果全过程工程咨询单位仅承担工程勘察设计管理职责，其需严格管控其他勘察设计单位按进度及时开展勘察设计工作。一旦发生其他勘察设计单位出现未按照开工日期、进度计划开展或擅自停止勘察设计工作等行为，全过程工程咨询单位应及时发布合规整改意见并督促勘察设计单位予以整改。

(二)勘察设计质量合规管理

针对勘察设计阶段的质量及安全生产问题，全过程工程咨询单位无论是被定位为“勘察单位”“设计单位”履行工程勘察设计技术咨询及管理职责，还是定位为“勘察设计咨询管理人”仅履行工程勘察设计管理职责时，均应对勘察设计质量负主体责任。故这一阶段，全过程工程咨询单位应严格遵守勘察设计质量相关合规规范，落实勘察、设计单位的质量主体责任和勘察、设计负责人的质量终身负责制，有效防范工程质量风险。

1. 全过程工程咨询单位的质量及安全生产管控责任

全过程工程咨询单位在勘察设计阶段，不论是作为勘察设计咨询服务主体，还是作为勘察设计管理人，都应保证勘察设计的服务质量符合合同约定以及国家规范标准要求，避免发生质量事故。为保障全过程工程项目质量达标，全过程工程咨询单位在勘察设计阶段应做到：

(1)全过程工程咨询单位承担勘察设计咨询服务时，其自行编制的勘察原始取样记录、勘察报告应真实、准确、完整，并需在相关文件上签字盖章，保证勘察原始取样记录、勘察报告等文件具有法律效力。全过程工程咨询单位仅履行勘察管理职责的，其需审查督促承担勘察职责的勘察单位编制的勘察原始取样记录、勘察报告真实、准确、完整，且已在相关文件签字盖章，不存在任何形式或是实质方面的瑕疵。

(2)全过程工程咨询单位应严格按照前期编制的勘察成果文件进行工程设计或者严格督促其他设计单位按照勘察成果文件进行工程设计。

(3)全过程工程咨询单位应避免工程设计出现标注、计算错误，设计不合理，设计深度等不符合合同约定的规范要求。

(4)全过程工程咨询单位不得违反工程建设强制性标准擅自降低设计标准,即全过程工程咨询单位以及其所督促管理的其他勘察设计单位都应严格遵守工程建设强制性标准。

(5)全过程工程咨询单位应将施工图设计文件提交施工图设计审查机构进行质量审查,未审查合格的施工图设计文件需及时向施工、监理单位作出准确说明,若审查合格后,其不得擅自修改施工图设计。

(6)全过程工程咨询单位应保证自行编制的或其督促管理的其他勘察设计单位编制的勘察设计成果文件应符合相应的质量要求:①符合国家相关法律法规的规定以及行业规范的要求;②符合质量、安全、节能、环保等工程建设强制性标准;③符合勘察、设计任务书中明确约定的功能需求和使用要求。

(7)全过程工程咨询单位应编制安全生产管理计划以及安全生产事故预防、应急处理方案,落实安全生产设备的配置,做好安全生产管理的准备工作。

(8)督促各参建方落实安全生产计划、做好安全教育培训工作,协助委托方定期或不定期对施工现场安全生产情况进行监督,跟踪落实各参建方安全生产职责的履行情况,审核、监督安全生产费用的使用情况,确保施工安全。

(9)协助委托方对项目的安全生产状况进行总体评估,识别可能发生的安全生产突发情况,消除安全生产隐患;发生安全生产事故时,及时启动应急准备并采取安全救援措施,协助委托方查清安全事故并妥善处理安全生产事故。

2. 勘察、设计负责人的质量管控责任

根据《建筑工程五方责任主体项目负责人质量终身责任追究暂行办法》的规定,全过程工程咨询单位任命的勘察、设计负责人对工程项目全过程进行勘察设计质量管理,并对建筑工程质量安全承担终身责任。因此,勘察负责人、设计负责人应当严格遵守以下行为规范:

(1)勘察负责人应严格审查勘察人员是否具备相应的注册执业资格要求、专业技术能力,而设计负责人则应审查设计人员是否具备相应的注册执业资格要求、专业技术能力。

(2)严禁他人使用本人的名义承担工程勘察设计项目。

(3)勘察负责人应严格按照法律法规、工程建设强制性标准、合同约定及勘察深度要求编制勘察成果文件,而设计负责人则应严格按照法律法规、工程建设强制性标准、合同约定及设计深度要求、项目批准文件、工程勘察成果文件编制设计成果文件。

(4)勘察、设计负责人应向勘察、设计人员进行全面交底,具体组织实施工程勘察设计工作。

(5)勘察负责人需督促勘察作业人员严格执行操作规程,采取措施保证各类人员、场地内和周边建筑物、构筑物及各类管线设施的安全。

(6)设计负责人应根据国家规定的设计深度要求编制已注明工程合理使用年限的设计文件,并在设计文件中注明选用的建筑材料、建筑构配件和设备的规格、型号、性能等技术指标以及施工安全的重点环节。

(7)设计负责人需核验技术人员、注册建筑师、注册结构工程师等注册执业人员在设计文件上的签字签章是真实有效的,而勘察负责人需组织人员及时整理、核对原始记录,核验有关现场和试验人员在记录上的签字,并保证原始取样、记录的真实、准确、完整。

(8)设计负责人在施工前就审查合格的施工图设计文件,组织设计人员向施工及监理单位做出详细说明,不得在违反强制性标准或不满足设计要求的情况下变更文件。

(9)勘察、设计负责人应及时组织勘察、设计人员参与相关工程质量安全事故分析,并及时提出与勘察、设计工作有关的技术处理措施。

(10)勘察、设计负责人需负责勘察设计资料的归档保存工作,并保证勘察设计资料的真实完整性。

(三)成果文件报批合规管理

目前建筑领域对勘察设计成果文件大多采用事中、事后监管模式,但仍有部分地区采用事前审批模式来监管管理勘察设计咨询工作。正是因为一些特殊的建设工程项目、一些特殊的地区仍保留对勘察设计成果文件进行审查报批的要求,所以全过程工程咨询单位无论是被定位为“勘察单位”“设计单位”履行工程勘察设计技术咨询及管理职责,还是定位为“勘察设计咨询管理人”仅履行工程勘察设计管理职责,均需要保证向委托方提交符合标准的勘察设计成果文件并按照项目当地要求协助委托方办理审查报批以及备案等手续。在勘察设计成果文件报批过程中,全过程工程咨询单位应注意以下行为规范:

1. 勘察成果文件报批合规管理

全过程工程咨询单位应按照委托方要求或地方规定履行报批职责，及时将勘察成果文件提交给具有相应工程勘察质量审查资质的机构进行质量审查，经审查合格的勘察成果文件再报建设工程勘察行政主管部门批准。在勘察成果文件未提交审查或审查不合格时，不得交付委托方使用，不得交付给设计单位作为设计依据。此外，勘察成果文件的编制应符合国家现行规范、行业标准等合规规范要求，勘察记录应真实、合理、准确、完整。

2. 施工图设计文件报批合规管理

根据《房建市政工程施工图审查管理办法》，在施工图设计文件报批过程中，全过程工程咨询单位应做到：

（1）全过程工程咨询单位按照委托方要求或地方规定，需配合将施工图设计文件提交审查机构进行审查的，应对施工图设计文件资料进行合规审查，先自行审查是否真实完整、符合合规要求等，并待审查机构审查合格后再报工程所在地县级以上地方人民政府住建主管部门备案。

（2）全过程工程咨询单位不得明示或者暗示审查机构违反法律法规和工程建设强制性标准进行施工图审查，不得压缩合理审查周期、压低合理审查费用。

（3）全过程工程咨询单位应审查送审资料是否真实完整、符合合规要求等，送审资料主要包括：①作为勘察、设计依据的政府有关部门的批准文件及附件；②全套施工图。

（4）施工图设计文件的编制应满足以下条件：①符合工程建设强制性标准；②满足地基基础和主体结构的安全性；③满足消防安全性；④满足人防工程（不含人防指挥工程）防护安全性；⑤符合民用建筑节能强制性标准；⑥注册执业人员以及相关人员是否按规定在施工图上加盖相应的图章和签字。

（5）审查不合格的施工图设计文件退回后，全过程工程咨询单位应当及时发布合规整改意见，要么自行修改，要么督促其他勘察设计单位进行修改，并将修改后的施工图设计文件送原审查机构复审。

（6）全过程工程咨询单位不得擅自修改经审查合格的施工图设计文件。

（四）签证索赔合规管理

根据《房屋建筑和市政基础设施建设项目全过程工程咨询服务技术标准（征求意见稿）》6.1.2.5规定："工程咨询方应分析可能发生的工程勘察索赔原因，

并应制定防范对策。工程勘察索赔事件发生后，应协调处理勘察延期、费用索赔等事宜。”6.1.3.7 规定：“工程咨询方应分析可能发生的工程设计索赔原因，并应制定防范对策。工程设计索赔事件发生后，应协调处理设计延期、费用索赔等事宜。”

全过程工程咨询单位无论是被定位为“勘察单位”“设计单位”履行工程勘察设计技术咨询及管理职责还是定位为“勘察设计咨询管理人”仅履行工程勘察设计管理职责时，均应在合同履行过程中提前做好索赔防范准备，尽早分析可能发生的工程勘察、设计索赔原因，并应制定防范对策。

如果发生工程勘察设计索赔事件的，全过程工程咨询单位应积极协调处理勘察或设计延期、费用索赔等事宜。此外，全过程工程咨询单位应重视索赔过程中的有利于己方的证据收集工作，及时固定证据以协助委托方减轻可能需承担的赔偿责任。

（五）合规规范

综合上述分析可知，全过程工程咨询单位为有效防范勘察设计阶段的合规风险，应当注重对勘察设计工期、质量、成果文件报批、签证索赔方面的合规管理。笔者就全过程工程咨询单位在勘察设计阶段应该严格遵守的重点合规规范进行了梳理（如表9－8所示）。

表9－8　勘察设计阶段合规规范

序号	名称	条文	内容
1	《民法典》	800	勘察、设计的质量不符合要求或者未按照期限提交勘察、设计文件拖延工期，造成发包人损失的，勘察人、设计人应当继续完善勘察、设计，减收或者免收勘察、设计费并赔偿损失
2	《建筑法》	52	建筑工程勘察、设计、施工的质量必须符合国家有关建筑工程安全标准的要求，具体管理办法由国务院规定。 有关建筑工程安全的国家标准不能适应确保建筑安全的要求时，应当及时修订
3	《建筑法》	56	建筑工程的勘察、设计单位必须对其勘察、设计的质量负责。勘察、设计文件应当符合有关法律、行政法规的规定和建筑工程质量、安全标准、建筑工程勘察、设计技术规范以及合同的约定。设计文件选用的建筑材料、建筑构配件和设备，应当注明其规格、型号、性能等技术指标，其质量要求必须符合国家规定的标准

续表

序号	名称	条文	内容
4	《建设工程勘察设计管理条例》	25	编制建设工程勘察、设计文件,应当以下列规定为依据: (一)项目批准文件; (二)城乡规划; (三)工程建设强制性标准; (四)国家规定的建设工程勘察、设计深度要求。 铁路、交通、水利等专业建设工程,还应当以专业规划的要求为依据
5	《建设工程勘察设计管理条例》	26	编制建设工程勘察文件,应当真实、准确,满足建设工程规划、选址、设计、岩土治理和施工的需要。 编制方案设计文件,应当满足编制初步设计文件和控制概算的需要。 编制初步设计文件,应当满足编制施工招标文件、主要设备材料订货和编制施工图设计文件的需要。 编制施工图设计文件,应当满足设备材料采购、非标准设备制作和施工的需要,并注明建设工程合理使用年限
6	《建设工程勘察设计管理条例》	27	设计文件中选用的材料、构配件、设备,应当注明其规格、型号、性能等技术指标,其质量要求必须符合国家规定的标准。 除有特殊要求的建筑材料、专用设备和工艺生产线等外,设计单位不得指定生产厂、供应商
7	《建设工程勘察设计管理条例》	28	建设单位、施工单位、监理单位不得修改建设工程勘察、设计文件;确需修改建设工程勘察、设计文件的,应当由原建设工程勘察、设计单位修改。经原建设工程勘察、设计单位书面同意,建设单位也可以委托其他具有相应资质的建设工程勘察、设计单位修改。修改单位对修改的勘察、设计文件承担相应责任。 施工单位、监理单位发现建设工程勘察、设计文件不符合工程建设强制性标准、合同约定的质量要求的,应当报告建设单位,建设单位有权要求建设工程勘察、设计单位对建设工程勘察、设计文件进行补充、修改。 建设工程勘察、设计文件内容需要作重大修改的,建设单位应当报经原审批机关批准后,方可修改
8	《建设工程勘察设计管理条例》	30	建设工程勘察、设计单位应当在建设工程施工前,向施工单位和监理单位说明建设工程勘察、设计意图,解释建设工程勘察、设计文件。 建设工程勘察、设计单位应当及时解决施工中出现的勘察、设计问题

续表

序号	名称	条文	内容
9	《建设工程质量管理条例》	19	勘察、设计单位必须按照工程建设强制性标准进行勘察、设计,并对其勘察、设计的质量负责。 注册建筑师、注册结构工程师等注册执业人员应当在设计文件上签字,对设计文件负责
10	《建设工程质量管理条例》	20	勘察单位提供的地质、测量、水文等勘察成果必须真实、准确
11	《建设工程质量管理条例》	21	设计单位应当根据勘察成果文件进行建设工程设计。 设计文件应当符合国家规定的设计深度要求,注明工程合理使用年限
12	《建设工程质量管理条例》	22	设计单位在设计文件中选用的建筑材料、建筑构配件和设备,应当注明规格、型号、性能等技术指标,其质量要求必须符合国家规定的标准。 除有特殊要求的建筑材料、专用设备、工艺生产线等外,设计单位不得指定生产厂、供应商
13	《建设工程质量管理条例》	23	设计单位应当就审查合格的施工图设计文件向施工单位作出详细说明
14	《建设工程质量管理条例》	24	设计单位应当参与建设工程质量事故分析,并对因设计造成的质量事故,提出相应的技术处理方案
15	《建设工程安全生产管理条例》	12	勘察单位应当按照法律、法规和工程建设强制性标准进行勘察,提供的勘察文件应当真实、准确,满足建设工程安全生产的需要。 勘察单位在勘察作业时,应当严格执行操作规程,采取措施保证各类管线、设施和周边建筑物、构筑物的安全
16	《建设工程安全生产管理条例》	13	设计单位应当按照法律、法规和工程建设强制性标准进行设计,防止因设计不合理导致生产安全事故的发生。 设计单位应当考虑施工安全操作和防护的需要,对涉及施工安全的重点部位和环节在设计文件中注明,并对防范生产安全事故提出指导意见。 采用新结构、新材料、新工艺的建设工程和特殊结构的建设工程,设计单位应当在设计中提出保障施工作业人员安全和预防生产安全事故的措施建议。 设计单位和注册建筑师等注册执业人员应当对其设计负责
17	《建设工程勘察质量管理办法》	3	工程勘察企业应当按照有关建设工程质量的法律、法规、工程建设强制性标准和勘察合同进行勘察工作,并对勘察质量负责。 勘察文件应当符合国家规定的勘察深度要求,必须真实、准确

续表

序号	名称	条文	内容
18	《建设工程勘察质量管理办法》	8	工程勘察企业应当拒绝用户提出的违反国家有关规定的不合理要求,有权提出保证工程勘察质量所必需的现场工作条件和合理工期
19	《建设工程勘察质量管理办法》	9	工程勘察企业应当向设计、施工和监理等单位进行勘察技术交底,参与施工验槽,及时解决工程设计和施工中与勘察工作有关的问题,按规定参加工程竣工验收
20	《建设工程勘察质量管理办法》	10	工程勘察企业应当参与建设工程质量事故的分析,并对因勘察原因造成的质量事故,提出相应的技术处理方案
21	《建设工程勘察质量管理办法》	13	工程勘察企业的法定代表人、项目负责人、审核人、审定人等相关人员,应当在勘察文件上签字或者盖章,并对勘察质量负责。 工程勘察企业法定代表人对本企业勘察质量全面负责;项目负责人对项目的勘察文件负主要质量责任;项目审核人、审定人对其审核、审定项目的勘察文件负审核、审定的质量责任
22	《建设工程勘察质量管理办法》	14	工程勘察工作的原始记录应当在勘察过程中及时整理、核对,确保取样、记录的真实和准确,禁止原始记录弄虚作假。钻探、取样、原位测试、室内试验等主要过程的影像资料应当留存备查。 司钻员、描述员、土工试验员等作业人员应当在原始记录上签字。工程勘察企业项目负责人应当对原始记录进行验收并签字。 鼓励工程勘察企业采用信息化手段,实时采集、记录、存储工程勘察数据
23	《建设工程勘察质量管理办法》	17	工程勘察企业应当建立工程勘察档案管理制度。工程勘察企业应当在勘察报告提交建设单位后 20 日内将工程勘察文件和勘探、试验、测试原始记录及成果、质量安全管理记录归档保存。归档资料应当经项目负责人签字确认,保存期限应当不少于工程的设计使用年限
24	《建筑工程五方责任主体项目负责人质量终身责任追究暂行办法》	5	建设单位项目负责人对工程质量承担全面责任,不得违法发包、肢解发包,不得以任何理由要求勘察、设计、施工、监理单位违反法律法规和工程建设标准,降低工程质量,其违法违规或不当行为造成工程质量事故或质量问题应当承担责任。 勘察、设计单位项目负责人应当保证勘察设计文件符合法律法规和工程建设强制性标准的要求,对因勘察、设计导致的工程质量事故或质量问题承担责任。 施工单位项目经理应当按照经审查合格的施工图设计文件和施工技术标准进行施工,对因施工导致的工程质量事故或质量问题承担责任。 监理单位总监理工程师应当按照法律法规、有关技术标准、设计文件和工程承包合同进行监理,对施工质量承担监理责任

续表

序号	名称	条文	内容
25	《建筑工程勘察单位项目负责人质量安全责任七项规定(试行)》	3	勘察项目负责人应当负责勘察现场作业安全,要求勘察作业人员严格执行操作规程,并根据建设单位提供的资料和场地情况,采取措施保证各类人员,场地内和周边建筑物、构筑物及各类管线设施的安全
26	《建筑工程勘察单位项目负责人质量安全责任七项规定(试行)》	4	勘察项目负责人应当对原始取样、记录的真实性和准确性负责,组织人员及时整理、核对原始记录,核验有关现场和试验人员在记录上的签字,对原始记录、测试报告、土工试验成果等各项作业资料验收签字
27	《建筑工程勘察单位项目负责人质量安全责任七项规定(试行)》	5	勘察项目负责人应当对勘察成果的真实性和准确性负责,保证勘察文件符合国家规定的深度要求,在勘察文件上签字盖章
28	《建筑工程勘察单位项目负责人质量安全责任七项规定(试行)》	6	勘察项目负责人应当对勘察后期服务工作负责,组织相关勘察人员及时解决工程设计和施工中与勘察工作有关的问题;组织参与施工验槽;组织勘察人员参加工程竣工验收,验收合格后在相关验收文件上签字,对城市轨道交通工程,还应参加单位工程、项目工程验收并在验收文件上签字;组织勘察人员参与相关工程质量安全事故分析,并对因勘察原因造成的质量安全事故,提出与勘察工作有关的技术处理措施
29	《建筑工程勘察单位项目负责人质量安全责任七项规定(试行)》	7	勘察项目负责人应当对勘察资料的归档工作负责,组织相关勘察人员将全部资料分类编目,装订成册,归档保存
30	《建筑工程设计单位项目负责人质量安全责任七项规定(试行)》	2	设计项目负责人应当依据有关法律法规、项目批准文件、城乡规划、工程建设强制性标准、设计深度要求、设计合同(包括设计任务书)和工程勘察成果文件,就相关要求向设计人员交底,组织开展建筑工程设计工作,协调各专业之间及与外部各单位之间的技术接口工作
31	《建筑工程设计单位项目负责人质量安全责任七项规定(试行)》	3	设计项目负责人应当要求设计人员在设计文件中注明建筑工程合理使用年限,标明采用的建筑材料、建筑构配件和设备的规格、性能等技术指标,其质量要求必须符合国家规定的标准及建筑工程的功能需求
32	《建筑工程设计单位项目负责人质量安全责任七项规定(试行)》	4	设计项目负责人应当要求设计人员考虑施工安全操作和防护的需要,在设计文件中注明涉及施工安全的重点部位和环节,并对防范安全生产事故提出指导意见;采用新结构、新材料、新工艺和特殊结构的,应在设计中提出保障施工作业人员安全和预防生产安全事故的措施建议

续表

序号	名称	条文	内容
33	《建筑工程设计单位项目负责人质量安全责任七项规定（试行）》	5	设计项目负责人应当核验各专业设计、校核、审核、审定等技术人员在相关设计文件上的签字，核验注册建筑师、注册结构工程师等注册执业人员在设计文件上的签章，并对各专业设计文件验收签字
34	《建筑工程设计单位项目负责人质量安全责任七项规定（试行）》	6	设计项目负责人应当在施工前就审查合格的施工图设计文件，组织设计人员向施工及监理单位做出详细说明；组织设计人员解决施工中出现的设计问题。不得在违反强制性标准或不满足设计要求的变更文件上签字。应当根据设计合同中约定的责任、权利、费用和时限，组织开展后期服务工作
35	《建筑工程设计单位项目负责人质量安全责任七项规定（试行）》	7	设计项目负责人应当组织设计人员参加建筑工程竣工验收，验收合格后在相关验收文件上签字；组织设计人员参与相关工程质量安全事故分析，并对因设计原因造成的质量安全事故，提出与设计工作相关的技术处理措施；组织相关人员及时将设计资料归档保存

三、工程监理阶段

全过程工程咨询单位在工程监理阶段主要面临的合规风险，一方面是基于其被定位为“监理人”，因工程监理咨询服务履行不到位、不合规而导致被内部追责、民事索赔、行政处罚、刑事惩处等合规风险。另一方面则是基于其被定位为“监理管理人”，因对提供工程监理咨询服务的单位协调管理不到位、不合规而导致被内部追责、民事索赔、行政处罚、刑事惩处等合规风险。现结合全过程工程监理咨询服务的特点，主要从监理人员、监理指令和监理资料等服务、质量及安全生产控制、进度及造价控制等方面，详述全过程工程咨询单位在两种角色定位下应遵守的合规要求。

（一）监理人员、监理指令和监理资料等合规管理

全过程工程咨询单位在工程监理阶段，不论是由其自行提供监理咨询服务，还是由其对另行分包的监理咨询单位或是对联合体中负责监理咨询服务的其他成员的监理服务总负责，全过程工程咨询单位都应当利用自身的专业知识提供符合法律法规标准、合同要求的监理咨询服务。

1. 关于安排监理人员提供监理服务过程中的合规管理。在工程监理阶段，不论是由其自行提供监理咨询服务，还是对其他监理咨询单位进行监督管理，全过程工程咨询单位都应当对监理人员的服务质量负责。全过程工程咨询单位首先应对监理人员是否具备相应的资质从事相关监理服务工作予以审查，审查不合格的监理人员不得安排其从事相关监理工作。同时，全过程工程咨询单位应按照合同要求配备数量充足的监理人员，不得擅自变更或减少监理人员。此外，监理人员已经开始实施相关监理服务过程中，全过程工程咨询单位亦需对监理人员进行督促和合规管理，即监管过程中发现其指派的监理人员长期不到岗、未及时发现并报告工程施工设计不符合质量标准、未组织召开监理例会、未审查和及时处理工程变更等违约违规行为的，全过程工程咨询单位应对上述行为及时发出合规整改意见并监督监理人员及时予以改正。

2. 关于签发监理指令过程中的合规管理。全过程工程咨询单位在提供工程监理咨询服务过程中，有义务确保发布监理指令这一工作的专业性、独立性与科学性。全过程工程咨询单位事前应安排专业人员就开工令、停工令、复工令、监理指令等工程指令准确性、及时性予以审查。一旦出现未及时签发或错误签发开工令、停工令、复工令、监理指令等工程指令，又或者未报告有关单位与人员拒不执行工程指令等违规行为的，全过程工程咨询单位应对上述工程指令、风险行为出具相应的合规审查意见、合规整改意见及时予以调整。

3. 关于出具、签发、审核监理资料过程中的合规管理。由于监理资料大多涉及工程质量、价款、工期等工程建设中的实质性问题，故全过程工程咨询单位在工程监理阶段，不论是由其自行提供监理咨询服务，还是对其他监理咨询单位进行监督管理，全过程工程咨询单位都应当及时、准确、完整地收集、整理、编制这些日常文件资料。同时，全过程工程咨询单位事前制定监理资料保管制度，并安排专人就工作日志、周报、形象进度表、监理费申请单等与监理工作量相关的资料，以及开竣工时间、停工时间、交付使用时间、申请付款时间等与服务期限相关的节点证明文件，还包括一些设计交底和图纸会审会议纪要、工程质量检查报验资料、工程材料设备报验文件资料、工程验收资料、工程变更资料、费用索赔文件资料等监理资料予以妥善保存。

（二）进度及造价合规管理

全过程工程咨询单位在工程监理阶段，不论是由其自行提供监理咨询服务，还是由其对另行分包的监理咨询单位或是对联合体负责监理咨询服务的其他成员的监理服务负总责,全过程工程咨询单位都应当全面控制建设项目的整体进度及造价。进度及造价控制过程中,全过程工程咨询单位需要对工程款支付申请、竣工结算申请、施工进度计划、工程部位验收等严格按照程序予以审查。若审查合格、符合委托方要求的出具相应的合规审查意见并签发相应的工程款支付证书、工程计量签证、竣工结算文件。若全过程工程咨询单位审查发现施工进度计划不符合合同中工期的约定,或是发现施工进度计划中主要工程项目遗漏,抑或是发现实际进度与计划进度不符、严重滞后未及时签发监理调整通知、未及时报告工期延误的,均应出具相应的合规整改意见并督促自身或其他监理咨询单位及时予以整改。

(三)质量及安全生产合规管理

全过程工程咨询单位在工程监理阶段,应监督施工单位施工、保证工程质量以及安全生产。与此同时,全过程工程咨询单位应当设立监理项目机构,选派具备相应资格的总监理工程师和监理工程师进驻施工现场,按照工程监理规范的要求,采取旁站、巡视和平行检验等形式,对建设工程实施监理。如全过程工程咨询单位在监理咨询服务过程中存在应检查而未检查,应旁站而未旁站,发现工程施工不符合工程设计要求、施工技术标准和合同约定未要求改正,未组织对隐蔽工程及重点部位进行验收,将不合格的建设工程、建筑材料、建筑构配件和设备按照合格签字,未对安全施工方案进行审核,安全技术交底监理不到位,未组织审查工程质量检验资料,安全教育流于形式,发现安全生产隐患未能有效解决或是未能及时向相关部门报告等违规行为的,应出具相应的合规整改意见并督促自身或其他监理咨询单位及时予以整改。

(四)签证索赔合规管理

根据《房屋建筑和市政基础设施建设项目全过程工程咨询服务技术标准(征求意见稿)》第6.3.2.10条规定:“项目监理机构应审查施工单位报送的工程进度款支付申请,并应按相关规定审查工程变更和索赔申请,协调处理施工进度调整、费用索赔、合同争议等事项。”以及第7.3.6条规定:“在项目施工阶段,工程咨询方可协助委托方编制资金使用计划,进行工程计量及预付款、进度款支付审核,并可确定工程变更、索赔费用,进行工程造价动态分析和审核合同价款调整等工作。”

全过程工程咨询单位在工程监理及施工项目管理阶段,应严格按照规定及时审查施工单位提出的变更、索赔申请,确定变更、索赔费用,协调处理好索赔相关争议事项。具体来说,如出现因委托方原因导致的各施工单位提出索赔申请的,全过程工程咨询单位应当协助委托方查明索赔事件的发生始末,确定责任承担比例,减轻委托方的赔偿责任。在此过程中,如存在因施工单位原因导致的工期延误或是质量风险等事由的,全过程工程咨询单位则应协助委托方做好证据收集工作,并督促委托方向施工单位进行反索赔,从而更好地维护委托方的合法权益,以达到全过程工程咨询单位全面履行全过程工程咨询服务合同之目的。

(五)合规规范

综合上述分析可知,全过程工程咨询单位为有效防范工程监理阶段的合规风险,应当注重对监理人员、监理指令和监理资料等服务、质量及安全生产控制、进度及造价控制方面的合规管理。笔者就全过程工程咨询单位在工程监理阶段应该严格遵守的重点合规规范进行了梳理(如表9-9所示)。

表9-9　工程监理阶段合规规范

序号	名称	条文	内容
1	《建筑法》	32	建筑工程监理应当依照法律、行政法规及有关的技术标准、设计文件和建筑工程承包合同,对承包单位在施工质量、建设工期和建设资金使用等方面,代表建设单位实施监督。 工程监理人员认为工程施工不符合工程设计要求、施工技术标准和合同约定的,有权要求建筑施工企业改正。 工程监理人员发现工程设计不符合建筑工程质量标准或者合同约定的质量要求的,应当报告建设单位要求设计单位改正
2	《建筑法》	34	工程监理单位应当在其资质等级许可的监理范围内,承担工程监理业务。 工程监理单位应当根据建设单位的委托,客观、公正地执行监理任务。 工程监理单位与被监理工程的承包单位以及建筑材料、建筑构配件和设备供应单位不得有隶属关系或者其他利害关系。 工程监理单位不得转让工程监理业务

续表

序号	名称	条文	内容
3	《建设工程质量管理条例》	34	工程监理单位应当依法取得相应等级的资质证书，并在其资质等级许可的范围内承担工程监理业务。 禁止工程监理单位超越本单位资质等级许可的范围或者以其他工程监理单位的名义承担工程监理业务。禁止工程监理单位允许其他单位或者个人以本单位的名义承担工程监理业务。 工程监理单位不得转让工程监理业务
4	《建设工程质量管理条例》	35	工程监理单位与被监理工程的施工承包单位以及建筑材料、建筑构配件和设备供应单位有隶属关系或者其他利害关系的，不得承担该项建设工程的监理业务
5	《建设工程质量管理条例》	36	工程监理单位应当依照法律、法规以及有关技术标准、设计文件和建设工程承包合同，代表建设单位对施工质量实施监理，并对施工质量承担监理责任
6	《建设工程质量管理条例》	37	工程监理单位应当选派具备相应资格的总监理工程师和监理工程师进驻施工现场。 未经监理工程师签字，建筑材料、建筑构配件和设备不得在工程上使用或者安装，施工单位不得进行下一道工序的施工。未经总监理工程师签字，建设单位不拨付工程款，不进行竣工验收
7	《建设工程质量管理条例》	38	监理工程师应当按照工程监理规范的要求，采取旁站、巡视和平行检验等形式，对建设工程实施监理
8	《建设工程安全生产管理条例》	14	工程监理单位应当审查施工组织设计中的安全技术措施或者专项施工方案是否符合工程建设强制性标准。 工程监理单位在实施监理过程中，发现存在安全事故隐患的，应当要求施工单位整改；情况严重的，应当要求施工单位暂时停止施工，并及时报告建设单位。施工单位拒不整改或者不停止施工的，工程监理单位应当及时向有关主管部门报告。 工程监理单位和监理工程师应当按照法律、法规和工程建设强制性标准实施监理，并对建设工程安全生产承担监理责任

续表

序号	名称	条文	内容
9	《建设工程勘察设计管理条例》	28	建设单位、施工单位、监理单位不得修改建设工程勘察、设计文件;确需修改建设工程勘察、设计文件的,应当由原建设工程勘察、设计单位修改。经原建设工程勘察、设计单位书面同意,建设单位也可以委托其他具有相应资质的建设工程勘察、设计单位修改。修改单位对修改的勘察、设计文件承担相应责任。 施工单位、监理单位发现建设工程勘察、设计文件不符合工程建设强制性标准、合同约定的质量要求的,应当报告建设单位,建设单位有权要求建设工程勘察、设计单位对建设工程勘察、设计文件进行补充、修改
10	《建筑工程项目总监理工程师质量安全责任六项规定(试行)》	1	项目监理工作实行项目总监负责制。项目总监应当按规定取得注册执业资格;不得违反规定受聘于两个及以上单位从事执业活动
11	《建筑工程项目总监理工程师质量安全责任六项规定(试行)》	2	项目总监应当在岗履职。应当组织审查施工单位提交的施工组织设计中的安全技术措施或者专项施工方案,并监督施工单位按已批准的施工组织设计中的安全技术措施或者专项施工方案组织施工;应当组织审查施工单位报审的分包单位资格,督促施工单位落实劳务人员持证上岗制度;发现施工单位存在转包和违法分包的,应当及时向建设单位和有关主管部门报告
12	《建筑工程项目总监理工程师质量安全责任六项规定(试行)》	3	工程监理单位应当选派具备相应资格的监理人员进驻项目现场,项目总监应当组织项目监理人员采取旁站、巡视和平行检验等形式实施工程监理,按照规定对施工单位报审的建筑材料、建筑构配件和设备进行检查,不得将不合格的建筑材料、建筑构配件和设备按合格签字
13	《建筑工程项目总监理工程师质量安全责任六项规定(试行)》	4	项目总监发现施工单位未按照设计文件施工、违反工程建设强制性标准施工或者发生质量事故的,应当按照建设工程监理规范规定及时签发工程暂停令
14	《建筑工程项目总监理工程师质量安全责任六项规定(试行)》	5	在实施监理过程中,发现存在安全事故隐患的,项目总监应当要求施工单位整改;情况严重的,应当要求施工单位暂时停止施工,并及时报告建设单位;施工单位拒不整改或者不停止施工的,项目总监应当及时向有关主管部门报告,主管部门接到项目总监报告后,应当及时处理

续表

序号	名称	条文	内容
15	《建筑工程项目总监理工程师质量安全责任六项规定(试行)》	6	项目总监应当审查施工单位的竣工申请,并参加建设单位组织的工程竣工验收,不得将不合格工程按照合格签认。项目总监责任的落实不免除工程监理单位和其他监理人员按照法律法规和监理合同应当承担和履行的相应责任

四、项目管理阶段

全过程工程咨询单位在项目管理阶段主要面临的合规风险,一方面是基于其被定位为“施工项目管理人”,因对施工项目各参建方统筹协调及组织管理不到位、不合规而导致的民事、行政乃至刑事合规风险;另一方面基于其被定位为“施工项目管理人”,因对承担监理职责之外其他施工项目各参建方统筹协调及组织管理不到位、不合规而导致的民事、行政乃至刑事合规风险。由于全过程工程咨询单位履行监理职责时合规管理要点已经在前述“三、工程监理阶段”予以详细阐述,故此处不再赘述。以下仅对全过程工程咨询单位作为“施工项目管理人”的合规管理要求展开详述。

(一)项目报批合规管理

项目报批系工程项目能否顺利推进以及是否符合合法合规性要求的基本保证,尤其是涉及国有土地使用权证、建设用地规划许可证、建设工程规划许可证和建设工程施工许可证等审批手续的办理。根据《建筑法》第 7 条、《建筑工程施工许可管理办法》第 3 条、第 13 条及、第 14 条等合规规范要求,全过程工程咨询单位在协助委托方办理建设用地规划许可证、建设工程规划许可证、国有土地使用权证和建设工程施工许可证等审批手续前,需提前熟悉好全过程工程项目当地的报批流程,并协助委托方准备好真实完整且符合要求的项目报批材料,保证建设工程规划许可证等规划审批许可顺利通过相关主管部门的审查许可。与此同时,全过程工程咨询单位在报批过程中,不得采用欺骗、贿赂等不正当手段取得施工许可证、规划许可证等文件,也不得隐瞒有关情况或者提供虚假材料申请施工许可证、规划许可证等文件。

(二)发承包行为合规管理

住建部《施工发承包违法行为管理办法》的实施,对工程建设领域中“违法发包、转包、违法分包、挂靠”等违法行为的认定与查处进行了统一规定。随着该管理办法的出台，全过程工程咨询单位在项目管理阶段，应当监督管理好委托方以及施工单位的发承包行为，避免违法发包、违法分包、挂靠、转包等违法行为的发生。

1. 违法发包行为审查

根据《建筑法》第 24 条、《建设工程质量管理条例》第 7 条、《施工发承包违法行为管理办法》第 5 条、第 6 条的规定，全过程工程咨询单位应监督委托方不得存在以下违法发包行为：(1) 不得肢解发包，不得将应当由一个承包单位完成的建筑工程肢解成若干部分发包给几个承包单位；(2) 不得将工程发包给个人的；(3) 不得将工程发包给不具有相应资质的单位的；(4) 依法应当招标未招标或未按照法定招标程序发包的；(5) 不得设置不合理的招标投标条件，限制、排斥潜在投标人或者投标人的；(6) 不得将一个单位工程的施工分解成若干部分发包给不同的施工总承包或专业承包单位的。

2. 违法分包行为审查

根据《建筑法》第 29 条、《建设工程质量管理条例》第 25 条、《建筑工程施工发包与承包违法行为认定查处管理办法》第 11 条、第 12 条的规定，全过程工程咨询单位应监督、管理现场各施工单位不得实施以下行为：(1) 将其承包的工程分包给个人的；(2) 将工程分包给不具备相应资质单位的；(3) 将施工总承包合同范围内工程主体结构的施工分包给其他单位的；(4) 将其承包的专业工程中非劳务作业部分再分包的；(5) 将其承包的劳务再分包的；(6) 作为专业作业承包人除计取劳务作业费用外，还计取主要建筑材料款和大中型施工机械设备、主要周转材料费用的。

3. 转包行为审查

根据《建筑法》第 28 条、《建设工程质量管理条例》第 25 条、《施工发承包违法行为管理办法》第 7 条、第 8 条的规定，全过程工程咨询单位应监督、管理现场各施工单位不得实施以下行为：(1) 将其承包的全部工程转给其他单位或个人施工；(2) 将其承包的全部工程肢解以后，以分包的名义分别转给其他单位或个人施工；(3) 未派驻项目负责人、技术负责人、质量管理负责人、安全管理负责人等主要管理人员，或派驻的项目负责人、技术负责人、质量管理负责人、安全管理负责人中一人及以上未与其订立劳动合同且没有建立劳动工资和社会养老保险关系，或派驻的项目负责人未对该工程的施工活动进行组织管理；(4)其自行负责采购的主要建筑材料、构配件及工程设备或租赁的施工机械设备交由其他单位或个人采购、租赁或无法提供有关采购、租赁合同及发票等证明；(5)采取合作、联营、个人承包等形式，直接或变相将其承包的全部工程转给其他单位或个人施工；(6)所涉及的施工合同主体之间没有工程款收付关系，或者收到款项后又将款项转拨给其他单位和个人，无法合理解释并提供材料证明；(7)联合体模式下，作为联合体一方不进行施工也未对施工活动进行组织管理的，并向联合体其他方收取管理费或者其他类似费用的。

4. 挂靠行为审查

根据《建筑法》第 26 条、《建设工程质量管理条例》第 25 条、《施工合同司法解释(一)》第 7 条、《施工发承包违法行为管理办法》第 9 条、第 10 条的规定，全过程工程咨询单位应监督、管理现场各施工单位不得实施以下行为：(1)不得借用其他单位的资质参与投标、订立合同、办理有关施工手续、从事施工等其他承揽工程的活动；(2)不得相互借用资质承揽工程的，包括资质等级低的借用资质等级高的，资质等级高的借用资质等级低的，相同资质等级相互借用的。

(三)进度合规管理

在施工项目管理阶段，全过程工程咨询单位的进度合规管理工作主要包括两方面：一方面，全过程工程咨询单位应当明确项目工程的整体进度方案，并定期比较进度计划值和实际值，严格按照工程进度开展管理工作，统筹协调好各参建主体涉及工程进度方面的各类问题。另一方面，全过程工程咨询单位履行进度管理职责时应协助委托方审批、处理工程停工、复工、工期延误等事项，并督促施工单位、勘察单位、设计单位、监理单位等在内的各参建方明确各自进度职责，积极落实各自进度计划。具体如下：

其一，全过程工程咨询单位首先应当按照合同约定或经委托方确认的计划开工日、实际开工日、计划完工日、实际完工日、计划竣工日和实际竣工日等时间内完成相应的工作任务。若施工过程中存在进度偏差的，全过程工程咨询单位应当及时纠正并保留关于进度延误通知到委托方以及委托方给予答复的相关材料。尤其是涉及工期变更内容的，全过程工程咨询单位应进行综合评估，并及时上报委托方，协助委托方或是在委托方的授权下自行审批工期变更签证，进而保证项目工程的施工按时完成。

其二,全过程工程咨询单位不得擅自发出停工指令,延误工程进度。根据《民法典》第798条规定“隐蔽工程在隐蔽以前,承包人应当通知发包人检查。发包人没有及时检查的,承包人可以顺延工程日期,并有权请求赔偿停工、窝工等损失。”第803条规定“发包人未按照约定的时间和要求提供原材料、设备、场地、资金、技术资料的,承包人可以顺延工程日期,并有权请求赔偿停工、窝工等损失。”第804条规定“因发包人的原因致使工程中途停建、缓建的,发包人应当采取措施弥补或者减少损失,赔偿承包人因此造成的停工、窝工、倒运、机械设备调迁、材料和构件积压等损失和实际费用。”因全过程工程咨询单位延误工程进度的,应当承担赔偿损失的责任。

其三,全过程工程咨询单位应避免出现基于委托方或是自身未按约向施工单位提供图纸、原材料、设备、场地、资金、技术资料或是未按约支付工程预付款、进度款,抑或是未按时进行分部分项验收等,致使施工不能正常进行的工期延误情形。

(四)质量及安全生产合规管理

2017年11月6日,国家发改委发布《工程咨询行业管理办法》,明令“工程咨询单位对咨询质量负总责,实行咨询成果质量终身负责制”,即全过程工程咨询单位与建设单位、施工单位、勘察单位、设计单位、监理单位一样,均为工程项目建设的重要责任主体之一。而日后我国法律法规也将进一步完善细化全过程工程咨询单位涉及工程质量及安全生产相关的民事、行政、刑事法律责任,全过程工程咨询单位项目负责人也将可能被纳入建筑工程“六方”责任主体的项目负责人范畴,依法被追究质量终身责任。

鉴于施工项目管理阶段易引发质量事故、安全生产事故,故全过程工程咨询单位及其从业人员,包括项目负责人、实际控制人、实际管理人等,在涉及工程质量以及安全生产管理时都应更为谨慎,防止因自身管理不到位而面临被处以行政乃至刑罚处罚等法律风险。具体来说,一方面,全过程工程咨询单位需通过对项目工程的人、材、机等进行全过程管理,从而确保工程质量满足质量标准和相关方要求。另一方面,全过程工程咨询单位还应督促及管理各参建主体,尤其是施工单位,建立安全生产管理制度,落实安全生产职责,确保项目工程处于本质安全的状态。

1. 项目质量合规管理

根据《建筑法》第54条第1款规定:“建设单位不得以任何理由,要求建筑设计单位或者建筑施工企业在工程设计或者施工作业中,违反法律、行政法规和建筑工程质量、安全标准,降低工程质量。”2020《施工合同司法解释(一)》第13条规定:“发包人具有下列情形之一,造成建设工程质量缺陷,应当承担过错责任:(一)提供的设计有缺陷;(二)提供或者指定购买的建筑材料、建筑构配件、设备不符合强制性标准;(三)直接指定分包人分包专业工程。承包人有过错的,也应当承担相应的过错责任。”《建设工程质量管理条例》第7条至第17条亦就建设单位的质量责任和义务进行了归纳总结。

依据前述规定,建设单位依法应对建设工程质量负责,而全过程工程咨询单位在履行项目管理职责过程中,应当全面识别委托方于项目工程施工阶段可能遇到的法律风险,进而为全过程工程咨询单位自身的合规管理工作提供参考依据。具体来说,全过程工程咨询单位需识别委托方是否存在下述涉及质量责任承担的情形:(1)将工程发包给不具有相应资质等级的单位;(2)肢解发包建设工程;(3)提供的设计本身有缺陷;(4)提供或者指定购买的建筑材料、建筑构配件、设备不符合强制性标准;(5)直接指定分包人分包专业工程;(6)未经竣工验收擅自使用建设工程。

除此之外,全过程工程咨询单位还需根据全过程工程咨询服务合同的质量目标约定,制定相应的质量管理计划,并参加勘察、设计、施工等各参建方的交底会议,明确质量控制重点以及难点,统筹协调各参建方做好工程施工过程中的质量控制工作。同时,全过程工程咨询单位应在委托方的授权范围内定期或是不定期地进行质量检验工作,既包括对施工工序、技术参数、分部分项工程、隐蔽工程等进行检验,亦包括对施工材料、构配件、设备等进行检验。对于全过程工程咨询单位在实施质量检验检查过程中发现的任何质量隐患,须及时通报委托方,并有权督促各参建方落实整改工作。如果项目工程建设过程中发生质量缺陷以及质量事故的,全过程工程咨询单位应当负责完成事故调查工作,协助委托方消除不利质量影响。如果在建设项目阶段性质量验收阶段发生质量争议,全过程工程咨询单位应当协助委托方及时就质量争议问题进行质量索赔,并督促施工单位履行质量整改维修义务。

2. 安全生产合规管理

安全生产合规管理亦是保障人民群众生命和财产安全的重要防线之一,委托方作为依法承担建设工程安全生产责任的主体,其应全面履行安全生产管理职责，而全过程工程咨询单位根据全过程工程咨询服务合同的约定，则应当协助委托方实施好安全生产合规管理工作。

一方面，全过程工程咨询单位需编制安全生产管理计划以及安全生产事故预防、应急处理方案，落实安全生产设备的配置，做好安全生产管理的前期准备工作。在项目建设过程中，全过程工程咨询单位需全面督促各参建方落实安全生产计划、做好安全教育培训工作，协助委托方定期或不定期对施工现场安全生产情况进行监督，并跟踪落实各参建方安全生产职责的履行情况，审核、监督安全生产费用的使用情况。同时，全过程工程咨询单位还应对项目工程的安全生产状况进行总体评估，识别可能发生的安全生产突发情况，消除安全生产隐患，如发生安全生产事故的，需及时启动应急机制并采取安全救援措施，协助委托方及相关部门查清安全事故并妥善处理。

另一方面，根据《建设工程安全生产管理条例》第 4 条规定："建设单位、勘察单位、设计单位、施工单位、工程监理单位及其他与建设工程安全生产有关的单位，必须遵守安全生产法律、法规的规定，保证建设工程安全生产，依法承担建设工程安全生产责任"。以及《建设工程安全生产管理条例》第 6 条、第 7 条、第 8 条、第 9 条、第 10 条、第 11 条的规定，全过程工程咨询单位同时需协助委托方及时履行下列安全生产义务：(1)应当向施工单位提供施工现场及毗邻区域内供水、排水、供电、供气、供热、通信、广播电视等地下管线资料，气象和水文观测资料，相邻建筑物和构筑物、地下工程的有关资料，并保证资料的真实、准确、完整；(2)将安全施工的措施或者拆除工程的有关资料报送有关部门进行备案；(3)不得对勘察、设计、施工、工程监理等单位提出不符合建设工程安全生产法律、法规和强制性标准规定的要求，不得压缩合同约定的工期；(4)在编制工程概算时，应当确定建设工程安全作业环境及安全施工措施所需费用；(5)不得明示或者暗示施工单位购买、租赁、使用不符合安全施工要求的安全防护用具、机械设备、施工机具及配件、消防设施和器材；(6)在申请领取施工许可证时，应当提供建设工程有关安全施工措施的资料；(7)依法批准开工报告的建设工程，应当自开工报告批准之日起 15 日内，将保证安全施工的措施报送建设工程所在地的县级以上地方人民政府建设行政主管部门或者其他有关部门备案；(8)应当将拆除工程发包给具有相应资质等级的施工单位。

(五)项目资源合规管理

全过程工程咨询单位在施工项目管理阶段还需提供劳务管理、工程材料与设施设备管理等资源管理服务。在劳务管理过程中,全过程工程咨询单位易面临劳务人员工资发放、劳务需求未匹配项目需求等风险,其中最为重要的即保障农民工工资支付的合规管理问题。在工程材料与设施设备管理过程中,全过程工程咨询单位会面临材料设备供应商的选择、材料设备的质量、材料设备的使用、材料设备款项支付是否符合法律法规、合同以及项目管理要求等问题。因此,全过程工程咨询单位需进一步加强对农民工、材料设备等方面的资源合规管理工作。

1. 农民工工资合规管理

《保障农民工工资支付条例》的出台,对建筑领域保障农民工工资的支付问题提出了更为详细的合规要求,一旦违反相关规定,企业将面临被民事索赔、行政处罚、刑事追责等诸多法律风险。因此,全过程工程咨询单位应当协助委托方并督促各施工单位妥善处理好农民工工资的发放事宜。

(1)协助委托方做好农民工工资支付管理工作

其一,提供满足工程建设所需的资金。根据《保障农民工工资支付条例》第23条规定:"建设单位应当有满足施工所需的资金安排……"以及国务院办公厅《关于全面治理拖欠农民工工资问题的意见》第15项规定:"……加强对政府投资工程项目的管理,对建设资金来源不落实的政府投资工程项目不予批准……"全过程工程咨询单位应协助委托方根据工程建设进度、资金需求,编制融资方案,落实建设资金,并提前与贷款金融机构核实建设资金的到位时间,及时准备满足施工所需的资金以及确保建设资金已经落实的承诺书。在建设过程中,因委托方原因发生的重大设计变更,全过程工程咨询单位除需协助委托方履行相应审批程序外,还应重点考虑变更所需的资金来源和落实因素。

其二,提供工程款支付担保。根据《保障农民工工资支付条例》第24条第1款规定:"建设单位应当向施工单位提供工程款支付担保。"以及国务院办公厅《关于全面治理拖欠农民工工资问题的意见》第15项规定:"……在工程建设领域推行工程款支付担保制度,采用经济手段约束建设单位履约行为,预防工程款拖欠……"全过程工程咨询单位应协助委托方在招投标以及合同签署过程中,结合全过程工程项目当地政策,与承包商充分协商提供工程款支付担保,鼓励按照国家政策规定采取独立保函的方式提供工程款支付担保，优化支付担保机制，降低法律风险。

其三，人工费用专款专用。根据《保障农民工工资支付条例》第 24 条第 2 款以及国务院办公厅《关于全面治理拖欠农民工工资问题的意见》第 8 项之规定，全过程工程咨询单位应协助委托方在订立施工总承包合同时，对人工费计量、拨付周期、支付比例、支付办法以及工程款计量周期、工程款进度结算办法等事宜作出详细约定，明确人工费用支付周期不得超过 1 个月，并将人工费用从工程进度款中单独分列出来，足额拨付至农民工工资专用账户。同时，根据《保障农民工工资支付条例》第 35 条规定，建设单位需限制自身享有的先履行抗辩权，即因工程数量、质量、造价等产生争议时，不得拒绝按照合同约定拨付工程款中的人工费用。

其四，项目规划审查。全过程工程咨询单位应协助委托方严格遵守《城乡规划法》《建筑法》《建设工程质量管理条例》等空间规划、工程建设相关法律法规，充分调查与审核工程项目的合法合规性，及时按照各地要求办理用地规划许可、工程规划许可、施工许可等工程建设报批手续，保证项目工程在程序上合法合规，避免出现因项目违法而引发工程停工、拖欠工资等风险。

(2)督促施工单位做好农民工工资支付管理工作

其一，开设农民工工资专用账户。依据《保障农民工工资支付条例》第 26 条之规定，全过程工程咨询单位应督促施工总承包单位按照规定开设农民工工资专用账户，并严格管理农民工工资专用账户的使用以及妥善保管开设、使用农民工工资专用账户的资料，不得擅自使用专用账户内的金额，不得将人工费与材料费、管理费等资金混同。与此同时，根据《保障农民工工资支付条例》第 27 条第 2 款之规定，施工总承包单位只有在工程完工且不存在拖欠农民工工资的情况，并经过 30 日的公示时间后，才可以申请注销农民工工资专用账户，否则应当继续受到全过程工程咨询单位的全民监督，不得擅自注销专用账号。

其二，用工实名制登记。全过程工程咨询单位应监督施工总承包单位依法与所招用的农民工订立劳动合同并通过信息管理服务平台进行用工实名登记。具体来说，根据《建筑工人实名制管理办法(试行)》第 12 条第 1 款之规定，施工总承包单位应认真采集、核实、实时更新建筑工人的基本信息(包括身份证、文化程度、工种、技能等级和基本安全培训等)，准确记录从业信息(包括工作岗位、劳动合同签订、考勤、工资支付和从业记录等）以及诚信信息（包括诚信评价、举报投诉、良好及不良行为记录等）。与此同时，结合项目所在地建筑工人实名制管理的具体要求，施工总承包单位还应建立建筑工人实名制管理台账并保存至工程完工且工资全部结清后至少 3 年，其间应将采集到的建筑工人信息及时上传至相关部门。此外，全过程工程咨询单位应监督施工总承包单位在工程项目部配备劳资专管员，配备相应的硬件设施设备，通过门禁系统、移动定位、电子围栏等技术掌握施工现场用工、考勤、工资支付等情况，对分包单位劳动用工实施监督管理，并严格审核分包单位编制的农民工工资支付表。

其三，存储农民工工资保证金。全过程工程咨询单位应督促施工总承包单位按照法律规定、各地政策要求或合同约定的存储日期、存储比例按时足额存储农民工工资保证金或提供金融机构保函。2021 年 8 月 17 日发布的《工程建设领域农民工工资保证金规定》，其中第 8 条、第 11 条、第 12 条、第 22 条、第 24 条，详细规定了农民工工资保证金的存储日期、存储比例要求以及工资保证金的使用监管。因此，全过程工程咨询单位以及施工总承包单位均需严格按照政策规定的存储日期、存储比例存储农民工工资保证金，保证专款专用。

其四，现场维权信息公示。为引导农民工依法理性维权，参照《保障农民工工资支付条例》第 34 条以及《关于全面治理拖欠农民工工资问题的意见》第 18 项的规定，全过程工程咨询单位应督促施工总承包单位在施工现场醒目位置设立维权信息告示牌，明示下列事项：建设单位、施工总承包单位及所在项目部、分包单位、相关行业工程建设主管部门、劳资专管员等基本信息；当地最低工资标准、工资支付日期等基本信息；相关行业工程建设主管部门和劳动保障监察投诉举报电话、劳动争议调解仲裁申请渠道、法律援助申请渠道、公共法律服务热线等信息。

2. 材料设备合规管理

2020 年 9 月 1 日，国务院《保障中小企业款项支付条例》正式实施，该条例对机关、事业单位和大型企业向中小企业支付货物、工程、服务等款项的行为进行了相应规制，明令要求机关、事业单位和大型企业不得违约拖欠中小企业的货物、工程、服务款项。全过程工程咨询单位应协助委托方并督促各施工单位妥善处理好中小企业材料款、设备款项的支付事宜。

根据《保障中小企业款项支付条例》第 8 条、第 9 条、第 10 条、第 11 条、第 13

条、第16条等规范要求，委托方、各施工单位应在合同规定的期限内支付中小企业货物、工程、服务款项，而全过程工程咨询单位应协助委托方并督促各施工单位妥善处理好中小企业材料款、设备款项的按时、足额发放。具体来说，全过程工程咨询单位需准确识别委托方、各施工单位不存在下述违法违规行为，从而确保自身项目管理工作的顺利开展：(1)未在规定的期限内支付中小企业货物、工程、服务款项；(2)无正当理由擅自拖延检验、验收；(3)强制中小企业接受商业汇票等非现金支付方式，或者利用商业汇票等非现金支付方式变相延长付款期限；(4)没有法律、行政法规依据或者合同约定，要求以审计机关的审计结果作为结算依据；(5)违法收取保证金，拒绝接受中小企业提供的金融机构保函，或者不及时与中小企业对保证金进行核实、结算；(6)以法定代表人或者主要负责人变更，履行内部付款流程，或者在合同未作约定的情况下以等待竣工验收批复、决算审计等为由，拒绝或者迟延支付中小企业款项；(7)未按照规定在企业年度报告中公示逾期尚未支付中小企业款项信息或者隐瞒真实情况、弄虚作假的。

(六)竣工验收合规管理

在全过程工程咨询项目竣工验收阶段，全过程工程咨询单位应编制经委托方批准的竣工验收管理计划，协助委托方组织各参建方完成项目工程的各类专项验收以及最终的竣工验收工作，保证项目工程的有序移交，并按规定做好资产权属的登记工作。

1.竣工验收合规管理

在竣工验收阶段，委托方通常会面临逾期组织验收、逾期提出整改意见或签发工程接收证书、未经竣工验收即擅自投入使用等法律风险，故全过程工程咨询单位需协助委托方完成组织验收、提出整改意见、签发工程接收证书、接收工程等竣工验收工作。

其一，协助委托方及时组织验收工作。依据《2017版施工合同示范文本》通用条款第2.7条、第13.2.2条、第13.2.3条等规范要求，全过程工程咨询单位应当协助委托方及时组织验收，并在收到经监理人审核的竣工验收申请报告后28天内审批完毕并组织监理人、承包人、设计人等相关单位完成竣工验收工作。

其二，协助委托方及时提出整改意见和签发工程接收证书。《2017版施工合同示范文本》通用条款第13.2.2条："……(3)竣工验收合格的，发包人应在验收合格后14天内向承包人签发工程接收证书。发包人无正当理由逾期不颁发工程接收证书的,自验收合格后第 15 天起视为已颁发工程接收证书……(5)工程未经验收或验收不合格,发包人擅自使用的,应在转移占有工程后 7 天内向承包人颁发工程接收证书;发包人无正当理由逾期不颁发工程接收证书的,自转移占有后第 15 天起视为已颁发工程接收证书。”依据前述规定,全过程工程咨询单位应当协助委托方及时对验收不合格的部分提出整改意见,并在项目验收合格后 14 天内向承包人及时签发工程接收证书。如果项目未经验收或验收不合格,委托方擅自使用的,全过程工程咨询单位应当协助委托方在转移占有工程后 7 天内向承包人颁发工程接收证书。

其三,协助委托方做好工程接收工作。《2017 版施工合同示范文本》通用条款第 13.2.4 条:“……对于竣工验收不合格的工程,承包人完成整改后,应当重新进行竣工验收,经重新组织验收仍不合格的且无法采取措施补救的,则发包人可以拒绝接收不合格工程,因不合格工程导致其他工程不能正常使用的,承包人应采取措施确保相关工程的正常使用,由此增加的费用和(或)延误的工期由承包人承担。……”第 13.2.5 条:“除专用合同条款另有约定外,合同当事人应当在颁发工程接收证书后 7 天内完成工程的移交。发包人无正当理由不接收工程的,发包人自应当接收工程之日起,承担工程照管、成品保护、保管等与工程有关的各项费用,合同当事人可以在专用合同条款中另行约定发包人逾期接收工程的违约责任。”依据前述规定,全过程工程咨询单位应当协助委托方完成工程接收工作,若项目工程已经通过竣工验收且达合格标准,则委托方无正当理由不得拒绝接收工程,否则委托方需自行负责工程照管、成品保护、保管等工作,同时还需向施工单位承担因逾期接收工程而产生的违约损失赔偿责任。

2. 竣工结算管理

根据 2020《施工合同司法解释(一)》第 21 条、《建设工程价款结算暂行办法》第 14 条第 4 项、第 16 条第 3 款以及《2017 版施工合同示范文本》通用条款第 14.2 条等规范要求,全过程工程咨询单位应当协助委托方完成竣工结算工作,提示委托方注意施工合同重点条款。如出现“发包人收到竣工结算文件后,在 × × 日内不予答复,视为认可竣工结算文件”的,全过程工程咨询单位则需要协助委托方在约定期限内及时答复,同时督促委托方按照经过确认的竣工结算报告、工程竣工结算款支付申请、竣工付款证书等材料及时向施工单位支付工程结算款。

(七)合规规范

综合上述分析可知,全过程工程咨询单位为有效防范项目管理阶段的合规风险,应当注重对项目报批、发承包行为、进度、质量及安全生产、项目资源、竣工验收等方面的合规管理。笔者就全过程工程咨询单位在项目管理阶段应该严格遵守的重点合规规范进行了梳理(如表 9-10 所示)。

表 9-10　项目管理阶段合规规范

序号	名称	条文	内容
1	《建筑法》	7	建筑工程开工前,建设单位应当按照国家有关规定向工程所在地县级以上人民政府建设行政主管部门申请领取施工许可证;但是,国务院建设行政主管部门确定的限额以下的小型工程除外。按照国务院规定的权限和程序批准开工报告的建筑工程,不再领取施工许可证
2	《建筑法》	24	提倡对建筑工程实行总承包,禁止将建筑工程肢解发包。 建筑工程的发包单位可以将建筑工程的勘察、设计、施工、设备采购一并发包给一个工程总承包单位,也可以将建筑工程勘察、设计、施工、设备采购的一项或者多项发包给一个工程总承包单位;但是,不得将应当由一个承包单位完成的建筑工程支解成若干部分发包给几个承包单位
3	《建筑法》	26	承包建筑工程的单位应当持有依法取得的资质证书,并在其资质等级许可的业务范围内承揽工程。 禁止建筑施工企业超越本企业资质等级许可的业务范围或者以任何形式用其他建筑施工企业的名义承揽工程。禁止建筑施工企业以任何形式允许其他单位或者个人使用本企业的资质证书、营业执照,以本企业的名义承揽工程
4	《建筑法》	40	建设单位应当向建筑施工企业提供与施工现场相关的地下管线资料,建筑施工企业应当采取措施加以保护
5	《建筑法》	42	有下列情形之一的,建设单位应当按照国家有关规定办理申请批准手续: (一)需要临时占用规划批准范围以外场地的; (二)可能损坏道路、管线、电力、邮电通讯等公共设施的; (三)需要临时停水、停电、中断道路交通的; (四)需要进行爆破作业的; (五)法律、法规规定需要办理报批手续的其他情形

续表

序号	名称	条文	内容
6	《建筑法》	54	建设单位不得以任何理由,要求建筑设计单位或者建筑施工企业在工程设计或者施工作业中,违反法律、行政法规和建筑工程质量、安全标准,降低工程质量。 建筑设计单位和建筑施工企业对建设单位违反前款规定提出的降低工程质量的要求,应当予以拒绝
7	《建筑工程施工许可管理办法》	3	本办法规定应当申请领取施工许可证的建筑工程未取得施工许可证的,一律不得开工。任何单位和个人不得将应当申请领取施工许可证的工程项目分解为若干限额以下的工程项目,规避申请领取施工许可证
8	《建设工程质量管理条例》	7	建设单位应当将工程发包给具有相应资质等级的单位。 建设单位不得将建设工程肢解发包
9	《建设工程质量管理条例》	8	建设单位应当依法对工程建设项目的勘察、设计、施工、监理以及与工程建设有关的重要设备、材料等的采购进行招标
10	《建设工程质量管理条例》	9	建设单位必须向有关的勘察、设计、施工、工程监理等单位提供与建设工程有关的原始资料。 原始资料必须真实、准确、齐全
11	《建设工程质量管理条例》	10	建设工程发包单位,不得迫使承包方以低于成本的价格竞标,不得任意压缩合理工期。 建设单位不得明示或者暗示设计单位或者施工单位违反工程建设强制性标准,降低建设工程质量
12	《建设工程质量管理条例》	11	施工图设计文件审查的具体办法,由国务院建设行政主管部门、国务院其他有关部门制定。 施工图设计文件未经审查批准的,不得使用
13	《建设工程质量管理条例》	12	实行监理的建设工程,建设单位应当委托具有相应资质等级的工程监理单位进行监理,也可以委托具有工程监理相应资质等级并与被监理工程的施工承包单位没有隶属关系或者其他利害关系的该工程的设计单位进行监理。 下列建设工程必须实行监理: (一)国家重点建设工程; (二)大中型公用事业工程; (三)成片开发建设的住宅小区工程; (四)利用外国政府或者国际组织贷款、援助资金的工程; (五)国家规定必须实行监理的其他工程

续表

序号	名称	条文	内容
14	《建设工程质量管理条例》	13	建设单位在开工前,应当按照国家有关规定办理工程质量监督手续,工程质量监督手续可以与施工许可证或者开工报告合并办理
15	《建设工程质量管理条例》	14	按照合同约定,由建设单位采购建筑材料、建筑构配件和设备的,建设单位应当保证建筑材料、建筑构配件和设备符合设计文件和合同要求。 建设单位不得明示或者暗示施工单位使用不合格的建筑材料、建筑构配件和设备
16	《建设工程质量管理条例》	15	涉及建筑主体和承重结构变动的装修工程,建设单位应当在施工前委托原设计单位或者具有相应资质等级的设计单位提出设计方案;没有设计方案的,不得施工。 房屋建筑使用者在装修过程中,不得擅自变动房屋建筑主体和承重结构
17	《建设工程质量管理条例》	16	建设单位收到建设工程竣工报告后,应当组织设计、施工、工程监理等有关单位进行竣工验收。 建设工程竣工验收应当具备下列条件: (一)完成建设工程设计和合同约定的各项内容; (二)有完整的技术档案和施工管理资料; (三)有工程使用的主要建筑材料、建筑构配件和设备的进场试验报告; (四)有勘察、设计、施工、工程监理等单位分别签署的质量合格文件; (五)有施工单位签署的工程保修书。 建设工程经验收合格的,方可交付使用
18	《建设工程质量管理条例》	17	建设单位应当严格按照国家有关档案管理的规定,及时收集、整理建设项目各环节的文件资料,建立、健全建设项目档案,并在建设工程竣工验收后,及时向建设行政主管部门或者其他有关部门移交建设项目档案
19	《建设工程质量管理条例》	49	建设单位应当自建设工程竣工验收合格之日起 15 日内,将建设工程竣工验收报告和规划、公安消防、环保等部门出具的认可文件或者准许使用文件报建设行政主管部门或者其他有关部门备案。 建设行政主管部门或者其他有关部门发现建设单位在竣工验收过程中有违反国家有关建设工程质量管理规定行为的,责令停止使用,重新组织竣工验收

续表

序号	名称	条文	内容
20	《建设工程安全生产管理条例》	4	建设单位、勘察单位、设计单位、施工单位、工程监理单位及其他与建设工程安全生产有关的单位，必须遵守安全生产法律、法规的规定，保证建设工程安全生产，依法承担建设工程安全生产责任
21	《建设工程安全生产管理条例》	6	建设单位应当向施工单位提供施工现场及毗邻区域内供水、排水、供电、供气、供热、通信、广播电视等地下管线资料，气象和水文观测资料，相邻建筑物和构筑物、地下工程的有关资料，并保证资料的真实、准确、完整。 建设单位因建设工程需要，向有关部门或者单位查询前款规定的资料时，有关部门或者单位应当及时提供
22	《建设工程安全生产管理条例》	7	建设单位不得对勘察、设计、施工、工程监理等单位提出不符合建设工程安全生产法律、法规和强制性标准规定的要求，不得压缩合同约定的工期
23	《建设工程安全生产管理条例》	8	建设单位在编制工程概算时，应当确定建设工程安全作业环境及安全施工措施所需费用
24	《建设工程安全生产管理条例》	9	建设单位不得明示或者暗示施工单位购买、租赁、使用不符合安全施工要求的安全防护用具、机械设备、施工机具及配件、消防设施和器材
25	《建设工程安全生产管理条例》	10	建设单位在申请领取施工许可证时，应当提供建设工程有关安全施工措施的资料。 依法批准开工报告的建设工程，建设单位应当自开工报告批准之日起 15 日内，将保证安全施工的措施报送建设工程所在地的县级以上地方人民政府建设行政主管部门或者其他有关部门备案
26	《建设工程安全生产管理条例》	11	建设单位应当将拆除工程发包给具有相应资质等级的施工单位。 建设单位应当在拆除工程施工 15 日前，将下列资料报送建设工程所在地的县级以上地方人民政府建设行政主管部门或者其他有关部门备案： (一)施工单位资质等级证明； (二)拟拆除建筑物、构筑物及可能危及毗邻建筑的说明； (三)拆除施工组织方案； (四)堆放、清除废弃物的措施。 实施爆破作业的，应当遵守国家有关民用爆炸物品管理的规定

续表

序号	名称	条文	内容
27	《施工发承包违法行为管理办法》	6	存在下列情形之一的,属于违法发包: (一)建设单位将工程发包给个人的; (二)建设单位将工程发包给不具有相应资质的单位的; (三)依法应当招标未招标或未按照法定招标程序发包的; (四)建设单位设置不合理的招标投标条件,限制、排斥潜在投标人或者投标人的; (五)建设单位将一个单位工程的施工分解成若干部分发包给不同的施工总承包或专业承包单位的
28	《施工发承包违法行为管理办法》	8	存在下列情形之一的,应当认定为转包,但有证据证明属于挂靠或者其他违法行为的除外: (一)承包单位将其承包的全部工程转给其他单位(包括母公司承接建筑工程后将所承接工程交由具有独立法人资格的子公司施工的情形)或个人施工的; (二)承包单位将其承包的全部工程肢解以后,以分包的名义分别转给其他单位或个人施工的; (三)施工总承包单位或专业承包单位未派驻项目负责人、技术负责人、质量管理负责人、安全管理负责人等主要管理人员,或派驻的项目负责人、技术负责人、质量管理负责人、安全管理负责人中一人及以上与施工单位没有订立劳动合同且没有建立劳动工资和社会养老保险关系,或派驻的项目负责人未对该工程的施工活动进行组织管理,又不能进行合理解释并提供相应证明的; (四)合同约定由承包单位负责采购的主要建筑材料、构配件及工程设备或租赁的施工机械设备,由其他单位或个人采购、租赁,或施工单位不能提供有关采购、租赁合同及发票等证明,又不能进行合理解释并提供相应证明的; (五)专业作业承包人承包的范围是承包单位承包的全部工程,专业作业承包人计取的是除上缴给承包单位“管理费”之外的全部工程价款的; (六)承包单位通过采取合作、联营、个人承包等形式或名义,直接或变相将其承包的全部工程转给其他单位或个人施工的; (七)专业工程的发包单位不是该工程的施工总承包或专业承包单位的,但建设单位依约作为发包单位的除外; (八)专业作业的发包单位不是该工程承包单位的; (九)施工合同主体之间没有工程款收付关系,或者承包单位收到款项后又将款项转拨给其他单位和个人,又不能进行合理解释并提供材料证明的。 两个以上的单位组成联合体承包工程,在联合体分工协议中约定或者在项目实际实施过程中,联合体一方不进行施工也未对施工活动进行组织管理的,并且向联合体其他方收取管理费或者其他类似费用的,视为联合体一方将承包的工程转包给联合体其他方

续表

序号	名称	条文	内容
29	《施工发承包违法行为管理办法》	10	存在下列情形之一的,属于挂靠: (一)没有资质的单位或个人借用其他施工单位的资质承揽工程的; (二)有资质的施工单位相互借用资质承揽工程的,包括资质等级低的借用资质等级高的,资质等级高的借用资质等级低的,相同资质等级相互借用的; (三)本办法第8条第1款第3至9项规定的情形,有证据证明属于挂靠的
30	《施工发承包违法行为管理办法》	12	存在下列情形之一的,属于违法分包: (一)承包单位将其承包的工程分包给个人的; (二)施工总承包单位或专业承包单位将工程分包给不具备相应资质单位的; (三)施工总承包单位将施工总承包合同范围内工程主体结构的施工分包给其他单位的,钢结构工程除外; (四)专业分包单位将其承包的专业工程中非劳务作业部分再分包的; (五)专业作业承包人将其承包的劳务再分包的; (六)专业作业承包人除计取劳务作业费用外,还计取主要建筑材料款和大中型施工机械设备、主要周转材料费用的
31	2020《施工合同司法解释(一)》	13	发包人具有下列情形之一,造成建设工程质量缺陷,应当承担过错责任: (一)提供的设计有缺陷; (二)提供或者指定购买的建筑材料、建筑构配件、设备不符合强制性标准; (三)直接指定分包人分包专业工程。 承包人有过错的,也应当承担相应的过错责任
32	2020《施工合同司法解释(一)》	21	当事人约定,发包人收到竣工结算文件后,在约定期限内不予答复,视为认可竣工结算文件的,按照约定处理。承包人请求按照竣工结算文件结算工程价款的,人民法院应予支持
33	《保障农民工工资支付条例》	23	建设单位应当有满足施工所需要的资金安排。没有满足施工所需要的资金安排的,工程建设项目不得开工建设;依法需要办理施工许可证的,相关行业工程建设主管部门不予颁发施工许可证。 政府投资项目所需资金,应当按照国家有关规定落实到位,不得由施工单位垫资建设

续表

序号	名称	条文	内容
34	《保障农民工工资支付条例》	24	建设单位应当向施工单位提供工程款支付担保。 建设单位与施工总承包单位依法订立书面工程施工合同，应当约定工程款计量周期、工程款进度结算办法以及人工费用拨付周期，并按照保障农民工工资按时足额支付的要求约定人工费用。人工费用拨付周期不得超过1个月。 建设单位与施工总承包单位应当将工程施工合同保存备查
35	《保障农民工工资支付条例》	29	建设单位应当按照合同约定及时拨付工程款，并将人工费用及时足额拨付至农民工工资专用账户，加强对施工总承包单位按时足额支付农民工工资的监督。 因建设单位未按照合同约定及时拨付工程款导致农民工工资拖欠的，建设单位应当以未结清的工程款为限先行垫付被拖欠的农民工工资。 建设单位应当以项目为单位建立保障农民工工资支付协调机制和工资拖欠预防机制，督促施工总承包单位加强劳动用工管理，妥善处理与农民工工资支付相关的矛盾纠纷。发生农民工集体讨薪事件的，建设单位应当会同施工总承包单位及时处理，并向项目所在地人力资源社会保障行政部门和相关行业工程建设主管部门报告有关情况
36	《保障农民工工资支付条例》	35	建设单位与施工总承包单位或者承包单位与分包单位因工程数量、质量、造价等产生争议的，建设单位不得因争议不按照本条例第24条的规定拨付工程款中的人工费用，施工总承包单位也不得因争议不按照规定代发工资
37	《保障农民工工资支付条例》	36	建设单位或者施工总承包单位将建设工程发包或者分包给个人或者不具备合法经营资格的单位，导致拖欠农民工工资的，由建设单位或者施工总承包单位清偿。 施工单位允许其他单位和个人以施工单位的名义对外承揽建设工程，导致拖欠农民工工资的，由施工单位清偿
38	《保障农民工工资支付条例》	37	工程建设项目违反国土空间规划、工程建设等法律法规，导致拖欠农民工工资的，由建设单位清偿
39	《保障中小企业款项支付条例》	8	机关、事业单位从中小企业采购货物、工程、服务，应当自货物、工程、服务交付之日起30日内支付款项；合同另有约定的，付款期限最长不得超过60日。 大型企业从中小企业采购货物、工程、服务，应当按照行业规范、交易习惯合理约定付款期限并及时支付款项。 合同约定采取履行进度结算、定期结算等结算方式的，付款期限应当自双方确认结算金额之日起算

续表

序号	名称	条文	内容
40	《保障中小企业款项支付条例》	9	机关、事业单位和大型企业与中小企业约定以货物、工程、服务交付后经检验或者验收合格作为支付中小企业款项条件的,付款期限应当自检验或者验收合格之日起算。 合同双方应当在合同中约定明确、合理的检验或者验收期限,并在该期限内完成检验或者验收。机关、事业单位和大型企业拖延检验或者验收的,付款期限自约定的检验或者验收期限届满之日起算
41	《保障中小企业款项支付条例》	10	机关、事业单位和大型企业使用商业汇票等非现金支付方式支付中小企业款项的,应当在合同中作出明确、合理约定,不得强制中小企业接受商业汇票等非现金支付方式,不得利用商业汇票等非现金支付方式变相延长付款期限
42	《保障中小企业款项支付条例》	11	机关、事业单位和国有大型企业不得强制要求以审计机关的审计结果作为结算依据,但合同另有约定或者法律、行政法规另有规定的除外
43	《房屋建筑和市政基础设施工程竣工验收备案管理办法》	4	建设单位应当自工程竣工验收合格之日起 15 日内,依照本办法规定,向工程所在地的县级以上地方人民政府建设主管部门(以下简称备案机关)备案
44	《保障中小企业款项支付条例》	5	建设单位办理工程竣工验收备案应当提交下列文件: (一)工程竣工验收备案表; (二)工程竣工验收报告。竣工验收报告应当包括工程报建日期,施工许可证号,施工图设计文件审查意见,勘察、设计、施工、工程监理等单位分别签署的质量合格文件及验收人员签署的竣工验收原始文件,市政基础设施的有关质量检测和功能性试验资料以及备案机关认为需要提供的有关资料; (三)法律、行政法规规定应当由规划、环保等部门出具的认可文件或者准许使用文件; (四)法律规定应当由公安消防部门出具的对大型的人员密集场所和其他特殊建设工程验收合格的证明文件; (五)施工单位签署的工程质量保修书; (六)法规、规章规定必须提供的其他文件。 住宅工程还应当提交《住宅质量保证书》和《住宅使用说明书》
45	《建设工程价款结算暂行办法》	14	工程完工后,双方应按照约定的合同价款及合同价款调整内容以及索赔事项,进行工程竣工结算。 (一)工程竣工结算方式 工程竣工结算分为单位工程竣工结算、单项工程竣工结算和建设项目竣工总结算。

续表

序号	名称	条文	内容
			(二)工程竣工结算编审 1.单位工程竣工结算由承包人编制,发包人审查;实行总承包的工程,由具体承包人编制,在总包人审查的基础上,发包人审查。 2.单项工程竣工结算或建设项目竣工总结算由总(承)包人编制,发包人可直接进行审查,也可以委托具有相应资质的工程造价咨询机构进行审查。政府投资项目,由同级财政部门审查。单项工程竣工结算或建设项目竣工总结算经发、承包人签字盖章后有效。 承包人应在合同约定期限内完成项目竣工结算编制工作,未在规定期限内完成的并且提不出正当理由延期的,责任自负。 (三)工程竣工结算审查期限 单项工程竣工后,承包人应在提交竣工验收报告的同时,向发包人递交竣工结算报告及完整的结算资料,发包人应按以下规定时限进行核对(审查)并提出审查意见。 工程竣工结算报告金额　审查时间 1.500万元以下　从接到竣工结算报告和完整的竣工结算资料之日起20天 2.500万~2000万元　从接到竣工结算报告和完整的竣工结算资料之日起30天 3.2000万~5000万元　从接到竣工结算报告和完整的竣工结算资料之日起45天 4.5000万元以上　从接到竣工结算报告和完整的竣工结算资料之日起60天 建设项目竣工总结算在最后一个单项工程竣工结算审查确认后15天内汇总,送发包人后30天内审查完成。 (四)工程竣工价款结算 发包人收到承包人递交的竣工结算报告及完整的结算资料后,应按本办法规定的期限(合同约定有期限的,从其约定)进行核实,给予确认或者提出修改意见。发包人根据确认的竣工结算报告向承包人支付工程竣工结算价款,保留5%左右的质量保证(保修)金,待工程交付使用一年质保期到期后清算(合同另有约定的,从其约定),质保期内如有返修,发生费用应在质量保证(保修)金内扣除。 (五)索赔价款结算 发承包人未能按合同约定履行自己的各项义务或发生错误,给另一方造成经济损失的,由受损方按合同约定提出索赔,索赔金额按合同约定支付。 (六)合同以外零星项目工程价款结算 发包人要求承包人完成合同以外零星项目,承包人应在接受发包人要求的7天内就用工数量和单价、机械台班数量和单价、使用材料和金额等向发包人提出施工签证,发包人签证后施工,如发包人未签证,承包人施工后发生争议的,责任由承包人自负

续表

序号	名称	条文	内容
46	《建设工程价款结算暂行办法》	16	发包人收到竣工结算报告及完整的结算资料后，在本办法规定或合同约定期限内，对结算报告及资料没有提出意见，则视同认可。 承包人如未在规定时间内提供完整的工程竣工结算资料，经发包人催促后14天内仍未提供或没有明确答复，发包人有权根据已有资料进行审查，责任由承包人自负。 根据确认的竣工结算报告，承包人向发包人申请支付工程竣工结算款。发包人应在收到申请后15天内支付结算款，到期没有支付的应承担违约责任。承包人可以催告发包人支付结算价款，如达成延期支付协议，发包人应按同期银行贷款利率支付拖欠工程价款的利息。如未达成延期支付协议，承包人可以与发包人协商将该工程折价，或申请人民法院将该工程依法拍卖，承包人就该工程折价或者拍卖的价款优先受偿
47	《2017版施工合同示范文本》	2.7	发包人应按合同约定及时组织竣工验收
48	《2017版施工合同示范文本》	13.2.2	(2)监理人审查后认为已具备竣工验收条件的，应将竣工验收申请报告提交发包人，发包人应在收到经监理人审核的竣工验收申请报告后28天内审批完毕并组织监理人、承包人、设计人等相关单位完成竣工验收
49	《2017版施工合同示范文本》	13.2.3	工程经竣工验收合格的，以承包人提交竣工验收申请报告之日为实际竣工日期，并在工程接收证书中载明；因发包人原因，未在监理人收到承包人提交的竣工验收申请报告42天内完成竣工验收，或完成竣工验收不予签发工程接收证书的，以提交竣工验收申请报告的日期为实际竣工日期；工程未经竣工验收，发包人擅自使用的，以转移占有工程之日为实际竣工日期
50	《2017版施工合同示范文本》	14.2	(1)除专用合同条款另有约定外，监理人应在收到竣工结算申请单后14天内完成核查并报送发包人。发包人应在收到监理人提交的经审核的竣工结算申请单后14天内完成审批，并由监理人向承包人签发经发包人签认的竣工付款证书。监理人或发包人对竣工结算申请单有异议的，有权要求承包人进行修正和提供补充资料，承包人应提交修正后的竣工结算申请单。发包人在收到承包人提交竣工结算申请书后28天内未完成审批且未提出异议的，视为发包人认可承包人提交的竣工结算申请单，并自发包人收到承包人提交的竣工结算申请单后第29天起视为已签发竣工付款证书。(2)除专用合同条款另有约定外，发包人应在签发竣工付款证书后的14天内，完成对承包人的竣工付款。发包人逾期支付的，按照中国人民银行发布的同期同类贷款基准利率支付违约金；逾期支付超过56天的，按照中国人民银行发布的同期同类贷款基准利率的两倍支付违约金

五、运营维护阶段

全过程工程咨询单位在运营维护阶段主要面临的合规风险,一方面是基于其被定位为“受托人”,因编制咨询服务项目后评价与绩效评价报告,实施项目设施管理、资产管理以及保修期管理等咨询服务履约不到位、不合规而被内部追责、民事索赔等合规风险;另一方面基于其被定位为“咨询人”。因项目后评价及绩效评价咨询服务履行不到位、不合规而被行政监管、行政处罚、刑事惩处等合规风险。现结合全过程工程运营维护阶段咨询服务的特点,主要从项目后评价与绩效评价、保修期管理、招商策划管理等方面详述全过程工程咨询单位应该遵守的合规要求。

(一)项目后评价与绩效评价合规管理

为充分评估项目建成所达到的实际效果与项目最初制定的可行性研究报告、初步设计等文件的主要内容之间的差距及原因,全过程工程咨询单位往往需对工程项目进行项目后评价及绩效评价。而全过程工程咨询单位无论定位为“受托人”还是“咨询人”均需提供项目后评价及绩效评价咨询服务并对项目评价报告质量及相关结论负责。在这一过程,全过程工程咨询单位将面临因未能全面履行项目后评价及绩效评价相关咨询服务职责或是未能合法合规编制项目后评价及绩效评价报告所引发的违约风险、行政处罚风险、刑事责任风险等。故全过程工程咨询单位需进一步加强项目后评价与绩效评价方面的合规管理。

1.项目后评价与绩效评价咨询服务要求

参照《房屋建筑和市政基础设施建设项目全过程工程咨询服务技术标准(征求意见稿)》等规定,全过程工程咨询单位应在遵守相关法律法规的基础上,严格按照委托方的要求履行项目后评价与绩效评价相关咨询服务职责。具体要求包括:(1)全过程工程咨询单位应根据委托方之需,有针对性地建立项目管理后评价和绩效评价制度,明确具体职责范围和工作程序,并采纳项目相关方的合理评价意见,监督该制度合法合规实施。(2)全过程工程咨询单位应组织满足专业评价要求的工作组,以现场调查和资料收集为基础,并结合项目自我总结评价报告,全面系统地分析项目可行性研究报告及审批文件的相关内容。(3)全过程工程咨询单位应结合工程项目特点选取合适的评价方法,实现过程评价与结果评价相配套、定性评价与定量评价相结合的目标,并且整个评价和管理过程应公开、公平、公正,评价结果也应合法合规。(4)全过程工程咨询单位在开展项目后评价的过程中,应注重广泛听取各方面意见,客观地反映在项目后评价报告中,并应及时归档和保存项目后评价资料。

2. 项目后评价与绩效评价报告编制要求

关于全过程工程咨询单位承接项目后评价与绩效评价报告编制工作的限制要求。参照《中央政府投资项目后评价管理办法》第 13 条规定,全过程工程咨询单位不得同时承接同一项目的前期、建设实施工作、自我总结评价报告编写工作以及后评价工作。

关于全过程工程咨询单位按期编制并交付相关书面报告的合规要求。根据《中央政府投资项目后评价管理办法》第 28 条规定:"项目单位存在不按时限提交自我总结评价报告、隐匿、虚报瞒报有关情况和数据资料,或者拒不提交资料、阻挠后评价等行为的,根据情节轻重给予通报批评,在一定限期内暂停安排该单位其他项目的中央投资。"对于明确列入后评价计划的中央投资全过程工程项目,全过程工程咨询单位应根据委托方要求,在规定的期限内编制并提交后评价报告,及时、准确、完整地提供相关数据,汇报相关情况。

关于全过程工程咨询单位提交符合合同标准及质量要求的评价报告的合规要求。根据《中央政府投资项目后评价管理办法》第 25 条以及《工程咨询行业管理办法》第 14 条等规定,全过程工程咨询单位作为工程咨询机构对咨询质量负总责,亦对项目后评价及绩效评价报告质量及其他相关结论质量负责。故全过程工程咨询单位在开展项目后评价及绩效评价咨询业务时,应遵守以下合规行为要求:(1)提供真实、准确、完整的备案信息,备案信息不得存在弄虚作假或与实际情况不符的情况;(2)遵守独立公正原则,不得帮助委托方骗取批准文件和国家资金;(3)保守委托方的商业秘密,不得采取弄虚作假、泄露秘密以及其他不正当竞争手段损害其他工程咨询单位的利益;(4)保证咨询成果符合质量要求,不存在严重质量问题;(5)建立完整且便于查询的咨询成果文件档案;(6)不得出现伪造、涂改、出租、出借、转让资信评价等级证书的情况;(7)不得以提供虚假材料及其他弄虚作假方式申请资信评价,或帮助他人申请咨询工程师(投资)登记。

(二)项目保修期合规管理

根据《建筑法》第 62 条规定:"建筑工程实行质量保修制度。建筑工程的保修范围应当包括地基基础工程、主体结构工程、屋面防水工程和其他土建工程,以及电气管线、上下水管线的安装工程，供热、供冷系统工程等项目；保修的期限应当按照保证建筑物合理寿命年限内正常使用，维护使用者合法权益的原则确定。具体的保修范围和最低保修期限由国务院规定。”全过程工程咨询单位在项目运营维护阶段应督促施工单位根据保修合同文件、保修责任期、质量要求、回访安排和有关规定编制保修工作计划，监督施工单位保修工作计划的执行并定期回访，面对存在质量问题的项目应督促施工单位及时安排人员进行检修，还需协助委托方调查项目质量原因并及时明确质量责任主体。

尤其需要注意的是，在建设工程的缺陷责任期内，为了保证承包人对建设工程出现的缺陷进行及时维修，发承包双方往往会在工程承包合同中约定从应付的工程款中预留部分资金作为质量保证金。一方面，全过程工程咨询单位应督促委托方按规定预留比例不高于工程价款结算总额3%的质量保证金，以便后续在承包人未履行质量缺陷修复义务时，委托方可以及时安排第三方进场维修并可按照合同约定对质保金予以扣除。另一方面，全过程工程咨询单位还应督促委托方按时向施工单位返还预留的质量保证金，以防逾期面临被施工单位追究损失赔偿责任的法律风险。

（三）招商策划合规管理

全过程工程咨询单位在提供招商策划管理咨询服务过程中，往往会涉及商业广告的投放与宣传以及建设项目的对外营销等咨询服务内容。

根据《广告法》的要求，全过程工程咨询单位在协助委托方进行招商的过程中应当建立健全广告业务的承接登记、审核、档案管理制度，避免违法违规的广告宣传活动。尤其是全过程工程咨询单位应对广告内容进行严格的审核，不得在广告活动中进行任何形式的不正当竞争，不得发布虚假广告，不得发布侵犯他人合法权益的内容。同时，对于招商等有投资回报预期的商品或者服务广告，全过程工程咨询单位在协助委托方进行投放时应当对可能存在的风险以及风险责任进行合理提示或者警示。

除此之外，根据《反不正当竞争法》的相关规定，全过程工程咨询单位在协助委托方进行建设项目销售过程中，应避免出现涉嫌不正当竞争的情况，如不得出现对商品的性能、功能、质量、销售状况、用户评价、曾获荣誉等作虚假或者引人误解的商业宣传，不得欺骗、误导消费者。涉及设置有奖销售环节时，还应避免出现所设奖的种类、兑奖条件、奖金金额或者奖品等有奖销售信息不明确以致影响兑奖，或采用谎称有奖或者故意让内定人员中奖的欺骗方式进行有奖销售，抑或抽奖式的有奖销售，最高奖的金额超过 5 万元等情形。

（四）合规规范

综合上述分析可知，全过程工程咨询单位为有效防范运营维护阶段的合规风险，应当注重对项目后评价与绩效评价、项目保修期管理、招商策划管理等方面的合规管理。笔者就全过程工程咨询单位在运营维护阶段应该严格遵守的重点合规规范进行了梳理（如表 9－11 所示）。

表 9－11　运营维护阶段合规规范

序号	名称	条文	内容
1	《中央政府投资项目后评价管理办法》	4	项目后评价应当遵循独立、客观、科学、公正的原则，保持顺畅的信息沟通和反馈，为建立和完善政府投资监管体系服务
2	《中央政府投资项目后评价管理办法》	15	承担项目后评价任务的工程咨询机构，应当按照国家发展改革委的委托要求和投资管理相关规定，根据业内应遵循的评价方法、工作流程、质量保证要求和执业行为规范，独立开展项目后评价工作，在规定时限内完成项目后评价任务，提出合格的项目后评价报告
3	《中央政府投资项目后评价管理办法》	19	工程咨询机构在开展项目后评价的过程中，应当采取适当方式听取社会公众和行业专家的意见，并在后评价报告中设立独立篇章予以客观反映
4	《工程咨询行业管理办法》	10	工程咨询单位应当建立健全咨询质量管理制度，建立和实行咨询成果质量、成果文件审核等岗位人员责任制
5	《工程咨询行业管理办法》	13	编写咨询成果文件应当依据法律法规、有关发展建设规划、技术标准、产业政策以及政府部门发布的标准规范等
6	《工程咨询行业管理办法》	14	咨询成果文件上应当加盖工程咨询单位公章和咨询工程师（投资）执业专用章。 工程咨询单位对咨询质量负总责。主持该咨询业务的人员对咨询成果文件质量负主要直接责任，参与人员对其编写的篇章内容负责。 实行咨询成果质量终身负责制。工程咨询单位在开展项目咨询业务时，应在咨询成果文件中就符合本办法第 13 条要求，及独立、公正、科学的原则作出信用承诺。工程项目在设计使用年限内，因工程咨询质量导致项目单位重大损失的，应倒查咨询成果质量责任，并根据本办法第 30、31 条进行处理，形成工程咨询成果质量追溯机制

续表

序号	名称	条文	内容
7	《建设工程质量管理条例》	39	建设工程实行质量保修制度。建设工程承包单位在向建设单位提交工程竣工验收报告时,应当向建设单位出具质量保修书。质量保修书中应当明确建设工程的保修范围、保修期限和保修责任等
8	《广告法》	4	广告不得含有虚假或者引人误解的内容,不得欺骗、误导消费者。 广告主应当对广告内容的真实性负责
9	《广告法》	9	广告不得有下列情形: (一)使用或者变相使用中华人民共和国的国旗、国歌、国徽,军旗、军歌、军徽; (二)使用或者变相使用国家机关、国家机关工作人员的名义或者形象; (三)使用“国家级”、“最高级”、“最佳”等用语; (四)损害国家的尊严或者利益,泄露国家秘密; (五)妨碍社会安定,损害社会公共利益; (六)危害人身、财产安全,泄露个人隐私; (七)妨碍社会公共秩序或者违背社会良好风尚; (八)含有淫秽、色情、赌博、迷信、恐怖、暴力的内容; (九)含有民族、种族、宗教、性别歧视的内容; (十)妨碍环境、自然资源或者文化遗产保护; (十一)法律、行政法规规定禁止的其他情形
10	《广告法》	11	广告内容涉及的事项需要取得行政许可的,应当与许可的内容相符合。 广告使用数据、统计资料、调查结果、文摘、引用语等引证内容的,应当真实、准确,并表明出处。引证内容有适用范围和有效期限的,应当明确表示
11	《广告法》	12	广告中涉及专利产品或者专利方法的,应当标明专利号和专利种类。 未取得专利权的,不得在广告中谎称取得专利权。 禁止使用未授予专利权的专利申请和已经终止、撤销、无效的专利作广告

续表

序号	名称	条文	内容
12	《广告法》	25	招商等有投资回报预期的商品或者服务广告,应当对可能存在的风险以及风险责任承担有合理提示或者警示,并不得含有下列内容: (一)对未来效果、收益或者与其相关的情况作出保证性承诺,明示或者暗示保本、无风险或者保收益等,国家另有规定的除外; (二)利用学术机构、行业协会、专业人士、受益者的名义或者形象作推荐、证明
13	《反不正当竞争法》	6	经营者不得实施下列混淆行为,引人误认为是他人商品或者与他人存在特定联系:(1)擅自使用与他人有一定影响的商品名称、包装、装潢等相同或者近似的标识;(2)擅自使用他人有一定影响的企业名称(包括简称、字号等)、社会组织名称(包括简称等)、姓名(包括笔名、艺名、译名等);(3)擅自使用他人有一定影响的域名主体部分、网站名称、网页等;(4)其他足以引人误认为是他人商品或者与他人存在特定联系的混淆行为
14	《反不正当竞争法》	8	经营者不得对其商品的性能、功能、质量、销售状况、用户评价、曾获荣誉等作虚假或者引人误解的商业宣传,欺骗、误导消费者。经营者不得通过组织虚假交易等方式,帮助其他经营者进行虚假或者引人误解的商业宣传
15	《反不正当竞争法》	10	经营者进行有奖销售不得存在下列情形:(1)所设奖的种类、兑奖条件、奖金金额或者奖品等有奖销售信息不明确,影响兑奖;(2)采用谎称有奖或者故意让内定人员中奖的欺骗方式进行有奖销售;(3)抽奖式的有奖销售,最高奖的金额超过5万元
16	《反不正当竞争法》	11	经营者不得编造、传播虚假信息或者误导性信息,损害竞争对手的商业信誉、商品声誉

第五节　争议解决阶段

鉴于全过程工程咨询项目所具备的跨越周期长、参建主体多、专业性强等特点,故在全过程工程项目的建设过程中,难免会出现各类争议纠纷。为此,全过程工程咨询单位应当做好争议纠纷合规管理工作，积极应对争议纠纷事项，及时收集整理证据材料，制定切实可行的解决方案及措施，最大限度地维护自身合法权益。

一、调解、诉讼及仲裁合规管理

全过程工程咨询单位与合同相对方因合同履行产生纠纷的，可自行选择通过调解、和解解决纠纷，也可通过诉至法院、仲裁委员会加以解决。为了防止出现超过诉讼时效、延期举证、举证不全面、不充分等不利情况，全过程工程咨询单位需进一步加强调解、仲裁、诉讼等方面的合规管理工作，及时高效解决纠纷。

（一）调解

《民事诉讼法》第 99 条规定："调解达成协议，必须双方自愿，不得强迫。调解协议的内容不得违反法律规定。"全过程工程咨询单位应当根据争议性质自行选择是否采用调解方式解决纠纷，不得强迫合同相对方进行调解，并且调解协议内容不得违反法律规定，不得违背公序良俗。此外，根据《民诉证据规定》的相关规定，全过程工程咨询单位若与合同相对方就已达成一致意见的部分未形成书面材料，或是对合同履行过程中的部分事实未及时进行书面确认的，待合同双方就争议事项再起纠纷时，全过程工程咨询单位将会面临因证据不足而无法支持自身主张的诉讼风险。因此，如果双方协商一致拟通过调解手段解决争议的，全过程工程咨询单位应及时将已达成一致意见的事项制作成会议纪要、补充协议等书面文件，交由双方授权人员签字并加盖法人公章、合同章。如果双方无法对争议事项的权利义务分配达成一致意见，也应对合同履行过程中的部分事实情况及时进行书面确认。

（二）仲裁

根据《仲裁法》第 4 条规定："当事人采用仲裁方式解决纠纷，应当双方自愿，达成仲裁协议。没有仲裁协议，一方申请仲裁的，仲裁委员会不予受理。"全过程工程咨询单位与合同相对方可选择通过仲裁程序解决纠纷，但须在合同中明确列明或双方达成仲裁协议。否则仲裁委员会不予受理。但若合同双方已经存在明确且有效的仲裁约定，但全过程工程咨询单位仍旧选择向法院起诉时，法院将不予受理。

综上，全过程工程咨询单位拟选择通过仲裁程序解决纠纷的，应首先保证仲裁条款或是仲裁协议的合法有效。具体来说,根据《仲裁法》第16条、第17条的规定,仲裁协议的拟定应当包括请求仲裁的意思表示、仲裁事项的具体范围以及双方选定的仲裁机构的具体名称。否则,如存在仲裁范围约定不明或是仲裁机构选定不清等,一旦提起仲裁,仲裁委员会极大可能将不予受理,届时也将导致自身维权成本增加。

(三)诉讼

在争议解决阶段,全过程工程咨询单位应积极行使诉讼权利并做好诉讼准备。

第一,全过程工程咨询单位应关注诉讼时效,由于不同类型的纠纷适用不同的诉讼时效,故其需严格遵守《民法典》第1编第9章诉讼时效的规范要求,避免超过诉讼时效而丧失胜诉权。

其二,全过程工程咨询单位应关注案件管辖问题,不得违背专属管辖原则。依据《民事诉讼司法解释》第28条之规定,涉及农村土地承包经营合同纠纷、房屋租赁合同纠纷、建设工程施工合同纠纷、政策性房屋买卖合同纠纷均需按照不动产纠纷适用专属管辖。

第三,全过程工程咨询单位应充分收集有利证据并及时举证,所收集的证据应满足真实性、关联性及合法性的特征。

第四,全过程工程咨询单位应当利用好财产保全这一诉讼手段。《民事诉讼法》第103条规定:"人民法院对于可能因当事人一方的行为或者其他原因,使判决难以执行或者造成当事人其他损害的案件,根据对方当事人的申请,可以裁定对其财产进行保全、责令其作出一定行为或者禁止其作出一定行为;当事人没有提出申请的,人民法院在必要时也可以裁定采取保全措施。人民法院采取保全措施,可以责令申请人提供担保,申请人不提供担保的,裁定驳回申请。人民法院接受申请后,对情况紧急的,必须在四十八小时内作出裁定;裁定采取保全措施的,应当立即开始执行。"第104条规定:"利害关系人因情况紧急,不立即申请保全将会使其合法权益受到难以弥补的损害的,可以在提起诉讼或者申请仲裁前向被保全财产所在地、被申请人住所地或者对案件有管辖权的人民法院申请采取保全措施。申请人应当提供担保,不提供担保的,裁定驳回申请。人民法院接受申请后,必须在四十八小时内作出裁定;裁定采取保全措施的,应当立即开始执行。申请人在人民法院采取保全措施后三十日内不依法提起诉讼或者申请仲裁的,人民法院应当解除保全。”全过程工程咨询单位可根据案件实际情况,有选择性地使用财产保全手段,既可维护自身受偿权,也可在一定程度上促使合同相对方尽快履行合同义务。

第四,全过程工程咨询单位应注意申请强制执行的时效,及时采取强制执行措施。根据《民事诉讼法》第 246 条之规定“申请执行的期间为二年。申请执行时效的中止、中断,适用法律有关诉讼时效中止、中断的规定。前款规定的期间,从法律文书规定履行期间的最后一日起计算;法律文书规定分期履行的,从规定的每次履行期间的最后一日起计算;法律文书未规定履行期间的,从法律文书生效之日起计算。”全过程工程咨询单位应当关注法律文书载明的履行期间,在法律规定的 2 年时效内及时申请执行。

二、证据资料合规管理

全过程工程咨询单位无论采取何种方式解决纠纷,都需要有扎实的证据材料予以支撑。因此,全过程工程咨询单位在争议解决阶段应当加强证据资料的收集及保管工作,避免出现维权依据不足的不利后果。

(一)资料范围

结合传统建筑领域实践经验,全过程工程咨询单位在合同履行过程中应当注意收集的材料范围主要包括:

1. 合同与附件,包括招投标文件,合同条款(协议书、专用条款、通用条款及附件)及评审资料,合同补充条款和协议及评审资料,质量保修协议书,委托方批准的施工组织设计(含进度计划),现场人员授权委托手续及变动情况确认函等。

2. 合同履行过程记录,包括收发函登记簿,图纸、图纸会审纪要、变更、设计交底文件及供应记录,建设单位设计变更通知单及变更工程价款报告,签证单及签证工程价款报告,会议纪要,工程师(监理)指令、通知及该指令和通知的复函,发生违约事件的原始资料,索赔申请、报告及依据资料,停、送水、电的记录,道路开通、封闭的日期记录,干扰事件影响的日期及恢复施工的日期记录,气象记录,质量事故记录,材料进场记录,工程预付款、进度款拨付的数额和日期,经审核的形象进度月报表、年报表,经审核的劳务及分包分供进度月报表、年报表,报送的已完工程量报告,开工报告,竣工验收报告,停工(复工)通知,工期延误报告,竣工验收证明,工程交接证明,工程预算书、分期、分段结算书、竣工结算报告、竣工结算书、审定的工程结算书,国家省市有关影响工程造价、工期的文件规定等。

3. 履行控制记录,包括合同交底记录,商务法务策划,各类合同台账、合同履行情况台账,警示通知单及处理结果记录,项目责任成本及经济活动分析资料,工程项目管理目标责任书、岗位目标责任书,总分包分供结算会签记录,合同总结等。

(二)资料收发

拟发送的资料内容应当具体、明确,确保达到资料发送的目的,而拟发送以及预接收的资料,全过程工程单位应当严格审核内容并慎重签收,对风险情况不能准确判断的,须由相关负责人员审核后方可实施,避免承担变更原约定的风险。尤其是关于工期、质量、价款等重要事宜的资料,全过程工程咨询单位需经主管领导及相关职能部门会签同意后,方可接收或发送。

此外,面对不同方式下收集的资料均需由全过程工程咨询单位确认。若采用直接送达方式发送或接收的资料,须经负责人或负责收发工作的具有授权权限的人员签字并盖章;若采用挂号信邮寄方式发送资料的,信封封面应注明能体现资料核心内容的名称与时间,并将信封封面复印件以及挂号信回执进行存档保管;若采用专递形式(包括 EMS、航空快递、快递公司)发送资料的,应对收件地址进行查证,一般以合同约定的通讯地址为准,专递封面应体现资料的主要内容及时间,转递回执应妥善保管并存档;若采用公正送达方式发送资料的,资料的时间、内容应明确。

(三)资料保管

全过程工程项目建成后,全过程工程咨询单位应组织将项目建设过程中产生的所有资料按归档要求进行整理并移交合同归口管理部门保管。在资料归档后,第三方如需要借阅使用的,应严格按照公司档案管理要求执行。注意资料正本不得外借,且未经许可不得传播、转让或复制。

三、合规规范

综合上述分析可知,全过程工程咨询单位为有效防范争议解决阶段的合规风险,应当注重对调解、诉讼及仲裁程序以及证据资料等方面的合规管理。笔者就全过程工程咨询单位在争议解决阶段应该严格遵守的重点合规规范进行了梳理(如表 9-12 所示)。

表 9-12　争议解决阶段合规规范

序号	名称	条文	内容
1	《民法典》	188	向人民法院请求保护民事权利的诉讼时效期间为 3 年。法律另有规定的,依照其规定。 诉讼时效期间自权利人知道或者应当知道权利受到损害以及义务人之日起计算。法律另有规定的,依照其规定。但是,自权利受到损害之日起超过 20 年的,人民法院不予保护,有特殊情况的,人民法院可以根据权利人的申请决定延长
2	《民法典》	189	当事人约定同一债务分期履行的,诉讼时效期间自最后一期履行期限届满之日起计算
3	《民法典》	199	法律规定或者当事人约定的撤销权、解除权等权利的存续期间,除法律另有规定外,自权利人知道或者应当知道权利产生之日起计算,不适用有关诉讼时效中止、中断和延长的规定。存续期间届满,撤销权、解除权等权利消灭
4	《民事诉讼法》	67	当事人对自己提出的主张,有责任提供证据。 当事人及其诉讼代理人因客观原因不能自行收集的证据,或者人民法院认为审理案件需要的证据,人民法院应当调查收集。 人民法院应当按照法定程序,全面地、客观地审查核实证据
5	《民事诉讼法》	68	当事人对自己提出的主张应当及时提供证据。 人民法院根据当事人的主张和案件审理情况,确定当事人应当提供的证据及其期限。当事人在该期限内提供证据确有困难的,可以向人民法院申请延长期限,人民法院根据当事人的申请适当延长。当事人逾期提供证据的,人民法院应当责令其说明理由;拒不说明理由或者理由不成立的,人民法院根据不同情形可以不予采纳该证据,或者采纳该证据但予以训诫、罚款
6	《民事诉讼法》	73	书证应当提交原件。物证应当提交原物。提交原件或者原物确有困难的,可以提交复制品、照片、副本、节录本。 提交外文书证,必须附有中文译本
7	《民事诉讼法》	99	调解达成协议,必须双方自愿,不得强迫。调解协议的内容不得违反法律规定
8	《民事诉讼法》	115	当事人之间恶意串通,企图通过诉讼、调解等方式侵害他人合法权益的,人民法院应当驳回其请求,并根据情节轻重予以罚款、拘留;构成犯罪的,依法追究刑事责任

续表

序号	名称	条文	内容
9	《民事诉讼法》	212	当事人申请再审,应当在判决、裁定发生法律效力后6个月内提出;有本法第207条第1项、第3项、第12项、第13项规定情形的,自知道或者应当知道之日起6个月内提出
10	《民事诉讼司法解释》	90	当事人对自己提出的诉讼请求所依据的事实或者反驳对方诉讼请求所依据的事实,应当提供证据加以证明,但法律另有规定的除外。 在作出判决前,当事人未能提供证据或者证据不足以证明其事实主张的,由负有举证证明责任的当事人承担不利的后果
11	《仲裁法》	16	仲裁协议包括合同中订立的仲裁条款和以其他书面方式在纠纷发生前或者纠纷发生后达成的请求仲裁的协议。 仲裁协议应当具有下列内容: (一)请求仲裁的意思表示; (二)仲裁事项; (三)选定的仲裁委员会
12	《仲裁法》	17	有下列情形之一的,仲裁协议无效: (一)约定的仲裁事项超出法律规定的仲裁范围的; (二)无民事行为能力人或者限制民事行为能力人订立的仲裁协议; (三)一方采取胁迫手段,迫使对方订立仲裁协议的
13	《仲裁法》	21	当事人申请仲裁应当符合下列条件: (一)有仲裁协议; (二)有具体的仲裁请求和事实、理由; (三)属于仲裁委员会的受理范围
14	《仲裁法》	43	当事人应当对自己的主张提供证据。 仲裁庭认为有必要收集的证据,可以自行收集
15	《民诉证据规定》	11	当事人向人民法院提供证据,应当提供原件或者原物。如需自己保存证据原件、原物或者提供原件、原物确有困难的,可以提供经人民法院核对无异的复制件或者复制品
16	《民诉证据规定》	12	以动产作为证据的,应当将原物提交人民法院。原物不宜搬移或者不宜保存的,当事人可以提供复制品、影像资料或者其他替代品。 人民法院在收到当事人提交的动产或者替代品后,应当及时通知双方当事人到人民法院或者保存现场查验

续表

序号	名称	条文	内容
17	《民诉证据规定》	13	当事人以不动产作为证据的,应当向人民法院提供该不动产的影像资料。 人民法院认为有必要的,应当通知双方当事人到场进行查验
18	《民诉证据规定》	15	当事人以视听资料作为证据的,应当提供存储该视听资料的原始载体。 当事人以电子数据作为证据的,应当提供原件。电子数据的制作者制作的与原件一致的副本,或者直接来源于电子数据的打印件或其他可以显示、识别的输出介质,视为电子数据的原件
19	《民诉证据规定》	16	当事人提供的公文书证系在中华人民共和国领域外形成的,该证据应当经所在国公证机关证明,或者履行中华人民共和国与该所在国订立的有关条约中规定的证明手续。 中华人民共和国领域外形成的涉及身份关系的证据,应当经所在国公证机关证明并经中华人民共和国驻该国使领馆认证,或者履行中华人民共和国与该所在国订立的有关条约中规定的证明手续。 当事人向人民法院提供的证据是在香港、澳门、台湾地区形成的,应当履行相关的证明手续
20	《民诉证据规定》	20	当事人及其诉讼代理人申请人民法院调查收集证据,应当在举证期限届满前提交书面申请。 申请书应当载明被调查人的姓名或者单位名称、住所地等基本情况、所要调查收集的证据名称或者内容、需要由人民法院调查收集证据的原因及其要证明的事实以及明确的线索
21	《民诉证据规定》	44	摘录有关单位制作的与案件事实相关的文件、材料,应当注明出处,并加盖制作单位或者保管单位的印章,摘录人和其他调查人员应当在摘录件上签名或者盖章。 摘录文件、材料应当保持内容相应的完整性

结　　语

为进一步促进“十四五”时期建筑业的高质量发展，住建部于 2022 年 1 月 19 日发布《“十四五”建筑业发展规划》。作为行业发展的风向标以及指路灯，《“十四五”建筑业发展规划》在进一步强调建筑业作为国民经济支柱产业，对促进经济增长、缓解社会就业压力、推进新型城镇化建设、保障和改善人民生活、决胜全面建成小康社会所作出的重要贡献的同时，也指出了当前建筑业发展还存在品质总体不高、方式较为粗放、事故时有发生等问题。为此，《“十四五”建筑业发展规划》提出须加快建筑业的转型升级，其中的关键便在于完善工程建设组织模式。具体来说，除了继续支持工程总承包模式的进一步优化外，鼓励推行近年来建筑领域最具创新意义的以满足委托方多样化需求的全过程工程咨询服务模式。《“十四五”建筑业发展规划》特别提出：“加快建立全过程工程咨询服务交付标准、工作流程、合同体系和管理体系，明确权责关系，完善服务酬金计取方式。发展涵盖投资决策、工程建设、运营等环节的全过程工程咨询服务模式，鼓励政府投资项目和国有企业投资项目带头推行。培养一批具有国际竞争力的全过程工程咨询企业和领军人才。”

随着全过程工程咨询服务模式被越来越多地应用于项目工程的建设之中，全过程工程咨询领域的不规范行为也逐渐显露。鉴于当前我国针对全过程工程咨询服务的法律规制尚待完善，而外部规范的不完善并不会导致全过程工程咨询单位的法律风险便完全免除，因此对全过程工程咨询单位在全过程工程项目建设各阶段可能遇到的法律风险进行探析迫在眉睫，本书的写作也正是基于该目的。

全过程工程咨询单位在提供全过程工程咨询服务过程中，无论是采用何种模式，其作为全过程工程咨询服务合同的相对方主体，最为重要的便是全面履行全过程工程咨询服务合同明确的义务，遵守《民法典》合同编相关法律法规，否则全过程工程咨询单位将因合同履约不到位而被委托方追究相应的违约损失赔偿责任。但全过程工程咨询单位除了作为合同相对方主体外,全过程工程咨询单位在不同的咨询服务阶段,可能还需要承担不同的咨询服务任务。譬如,在投资决策阶段提供可行性报告编制服务、工程造价咨询服务、投融资咨询服务等,在招标采购阶段提供招标代理咨询服务等,在勘察设计阶段提供勘察咨询服务、设计咨询服务,在工程监理阶段提供监理咨询服务,在项目管理阶段提供包括质量、安全、进度、造价、合同等在内的项目管理咨询服务,在运营维护阶段提供项目后评价与绩效评价服务、项目设施管理与资产管理咨询服务等。对于不同的咨询服务内容,全过程工程咨询单位须遵守的法律规范亦不相同,涉及范围包括但不限于《建筑法》《招投标法》《建设工程质量管理条例》《招投标实施条例》《建设工程勘察设计管理条例》《工程咨询行业管理办法》《建筑工程五方责任主体项目负责人质量终身责任追究暂行办法》《中央政府投资项目后评价管理办法》。

根据前述,本书在充分考虑全过程工程咨询单位于不同阶段所需承担的不同咨询服务内容的基础上,以传统工程领域已经相对成熟的责任承担主体与责任承担方式为参考依据,通过赋予全过程工程咨询单位以不同的法律角色,最终实现对全过程工程咨询单位在提供全过程工程咨询服务过程中存在的法律风险隐患的全面分析,以期为全过程工程咨询单位及从业人员提供有效参考。

但在此笔者须提请注意的是,任何风险的防范都绝不是一纸空文,都需要责任方内部从制度制定、组织设立、风险识别与审查、风险应对、责任追究、考核评价、培训等方面有组织、有计划地开展,这也是近年来"合规管理体系建设"的内涵所在。换言之,在当前国家全面贯彻落实依法治国方针政策并大力开展行政和解、合规不起诉、暂缓起诉等行政监管及刑事激励措施的情况下,包括全过程工程咨询单位等在内的建筑领域相关参建主体能否实现健康、可持续的高质量发展,极大程度上取决于该单位能否快速响应国家关于合规管理的号召、全面提升企业合规管理的能力和水平、尽快迈入合规管理的新阶段。

综上所述,对于全过程工程咨询单位而言,不论是在对内进行经营管理过程中,还是在对外提供全过程工程咨询服务过程中,想要实现全面有效的风险管控之目的,"合规管理"无疑是最优抓手。全过程工程咨询单位可在建立起自身合规管理制度的同时,将本书所涉各阶段法律风险纳入其合规风险识别与合规风险审查体系之中,在全面推进合规管理的基础上,结合自身实际,明确应当特别关注的重点领域、重点环节和重点人员，切实防范合规风险。鉴于整个合规管理制度的搭建是集法律、工程、管理等为一体的智慧结晶，因此全过程工程咨询单位极有必要组建或是外聘一支懂法律、懂合规、懂工程的高素质的合规管理队伍，有效预防单位重大法律纠纷案件的发生，全面提升单位法治建设能力和依法治企水平。